국가평생교육진흥원에서 제시한 과목별 평가영역에 맞춘 최고의 수험서!

학위취득의 지름길!

독학사, 최고의 권위서!

Bachelor's Degree

독학사
| 한 권으로 끝내기 |

국내 최고의 권위서!

교육부인정교과서지정업체
은하출판사
Eunha Publishing Co.

Bachelor's Degree

독·학·사 머리말
Preface

"뜻이 있는 곳에 길이 있다."고 했다. 그러나 아무리 훌륭한 여행계획을 세웠다 하더라도 방안의 천정만 바라보고 앉아 있다면 그 계획이 무슨 소용이 있겠는가?

반면 여행의 길을 떠났다 하더라도 계획없이 이리저리 방황만 하고 돌아왔다면 몸만 고되고 허탈감만 남게 될 것이다. 여기서 우리는 계획과 실천이 동시에 중요함을 알게 된다. 여러분은 이미 마음의 각오와 계획을 세웠으리라 생각한다. 다만 이 계획을 실천할 지침서가 필요한 것이다. 현재 다른 방면의 참고서는 다양하면서도 여러분들이 필요로 하는 참고서는 자신있게 추천할 만한 것이 없는 실정이다.

본사는 한국방송통신대학이 개원되면서부터 각 학과의 부교재인 참고서를 30년 넘게 오랫동안 발행해 온 노하우를 바탕으로 학습시간이 절대적으로 부족한 독학사를 준비하시는 여러분들을 위하여 시간과 노력을 절약하고 시험준비에 완벽을 기할 수 있도록 국가평생교육진흥원에서 제시하고 있는 과목별 평가영역에 맞추어 자신있게 본 책을 출간하였다.

현재 독학학위 취득시험은 2008년 2월 '평생교육법'의 전부개정으로 한국방송통신대학이 관장하던 독학학위 취득업무가 "국가평생교육진흥원"으로 이관되었으며, 국가평생교육진흥원 홈페이지에서는 과목별 평가영역을 구체적으로 제시해 주고 있다. 따라서 독학사 시험을 대비하는 여러분들은 본 교재를 기준으로 열심히 학습에 매진하면 될 것이다.

본서의 특징은

첫째 독학학위 취득시험을 주관하는 국가평생교육진흥원의 평가영역에 맞추어 내용을 심도 있게 다루고 있으며,

둘째 본문의 '중요내용 및 핵심요약' 부분에서는 Key Point란에 기출문제를 분석하여 출제내용을 핵심적으로 기술하고 있고,

셋째 '실전예상문제' 부분에서는 그 동안 출제되었던 최근의 기출문제를 파악하여 그에 기준한 다양한 문제와 그에 해당하는 자세한 해설을 수록하고 있으며,

넷째 최소의 시간으로 최대의 효과를 거둘 수 있다는 점을 들 수 있다.

다양한 자료와 예시를 통해 더욱 구체적인 학습을 할 수 있도록 구성·편집된 본서가 여러분의 학습에 절대적인 도움이 되리라 확신하면서 앞날에 큰 영광이 함께 하길 기원한다.

교육부은하원격평생교육원 학위취득연구소

독·학·사

독학사 안내

독학학위제도

독학학위제는 「독학에 의한 학위취득에 관한 법률」에 의해 독학자(獨學者)에게 대학졸업자격을 인정하는 학사학위(學士學位) 취득의 기회를 줌으로써 평생교육의 이념을 구현하고 개인의 자아실현과 국가·사회의 발전에 이바지하는 것을 목적으로 하는 제도입니다.

- 고등학교 졸업 이상의 학력을 가진 사람이면 누구나 응시할 수 있습니다.
- 대학교를 다니지 않아도 스스로 공부해서 학위를 취득할 수 있습니다.
- 일과 학습의 병행이 가능하여 시간과 비용을 최소화할 수 있습니다.
- 언제나, 어디서나 학습이 가능한 평생학습시대의 자아실현을 위한 제도입니다.

독학학위제는 4개의 과정시험(교양, 전공기초, 전공심화, 학위취득 종합시험)으로 이루어져 있습니다. 그러나 개인의 자아실현과 평생교육의 이념을 구현하고자 개인의 삶에서 취득한 다양한 자격과 학습이력을 심사하여 1~3과정의 일부 과정 또는 과목 시험의 면제가 가능합니다. 4과정인 학위취득 종합시험은 반드시 응시하여야 하며, 학위취득 종합시험에 합격하면 교육부장관 명의의 학사학위를 취득하게 됩니다.

응시자격

2016년 시험부터 고등학교 졸업 이상의 학력을 가진 사람이면 누구나 1~3과정(교양과정, 전공기초과정 및 전공심화과정) 인정시험에 자유롭게 응시가 가능합니다. 단, 학사학위 취득을 위한 마지막 과정인 학위취득 종합시험(4과정)은 1~3과정 시험에 모두 합격(면제)하거나, 학위취득 종합시험 응시자격을 충족해야만 응시할 수 있습니다.

가. 교양과정 인정시험(1과정), 전공기초과정 인정시험(2과정), 전공심화과정 인정시험(3과정)

- 고등학교 졸업자
- 「초·중등교육법 시행령」 제98조 제1항에 따라 상급학교의 입학에 있어 고등학교를 졸업한 사람과 같은 수준의 학력이 있다고 인정되는 사람
- 「평생교육법」 제31조 제2항에 따라 지정된 학력이 인정되는 학교 형태의 평생교육시설에서 고등학교 교과과정에 상응하는 교육과정을 마친 사람
- 「보호소년 등의 처우에 관한 법률」 제29조에 따른 소년원학교에서 고등학교 교육과정을 마친 사람

나. 학위취득 종합시험(4과정) : 응시하고자 하는 전공과 동일 전공 인정학과에 한한다.

- 교양과정 인정시험, 전공기초과정 인정시험 및 전공심화과정 인정시험에 합격(면제)한 사람
- 대학(「고등교육법」 제2조 제2호·제3호 및 제5호에 따른 학교와 다른 법령에 따라 설립된 대학을 포함한다) 및 이에 준하는 각종학교(학력인정학교로 지정된 학교만 해당한다)에서 3년 이상의 교육과정을 수료하였거나 105학점 이상을 취득한 사람
- 수업연한이 3년인 전문대학을 졸업한 사람 또는 이와 같은 수준의 자격이 있다고 인정되는 사람(전문대학 졸업예정자는 응시불가)
- 「학점인정 등에 관한 법률」 제7조에 따라 105학점(전공 16학점 이상 포함) 이상을 인정받은 사람
- 외국에서 15년 이상의 학교교육 과정을 수료한 사람

응시자격 유의사항

- 학사학위 소지자는 취득한 학사학위 전공과 동일한 전공의 시험에 응시할 수 없다.
- 유아교육학, 정보통신학 전공 : 전공심화과정 인정시험 및 학위취득종합시험만 개설
  유아교육학, 정보통신학 전공은 3~4과정의(전공심화과정 인정시험, 학위취득종합시험) 시험만 개설되어 있다. 고등학교 졸업자가 전공심화과정 인정시험에 응시는 가능하나, 학위취득 종합시험에 응시하기 위해서는 1~2과정 시험 면제요건을 충족하고, 3과정 시험에 합격하거나 4과정 시험 응시자격을 충족해야 한다.
- 교양과정인정시험, 전공기초과정인정시험 면제대상
  - 동일전공 인정학과로 대학에서 2년 이상 교육과정 수료하거나 70학점 이상 학점을 취득한 사람
  - 동일전공 인정학과로 학점은행제에 70학점 이상 학점인정 받은 사람
  - 해당 전공 2과정까지 면제 가능한 자격 또는 면허를 취득하거나 시험에 합격한 사람 등
- 간호학 전공 : 학위취득종합시험만 개설
  간호학 전공은 4과정의(학위취득종합시험) 시험만 개설되어 있다. 학위취득 종합시험에 응시하기 위해서는 3년제 전문대학 간호학과를 졸업 또는 4년제 대학교 간호학과에서 3년 이상 교육과정을 수료하였거나 105학점 이상을 취득해야만 한다.

독·학·사

과정별 시험과목(과목코드) 및 시험시간표

가. 교양과정 인정시험 : 5과목 합격(필수 3과목, 선택 2과목)

- 필수 3과목(1교시 : 국어, 국사 / 2교시 : 외국어)
- 선택 2과목(3교시 : 15과목 중 2과목 선택)

구 분	과 목 명
필 수	국어, 국사, 외국어(영어, 일본어, 중국어, 독일어, 프랑스어 중 1과목 선택)
선 택	사회학개론, 심리학개론, 경영학개론, 법학개론, 문화사, 전산개론, 문학개론, 자연과학개론, 교육학개론, 경제학개론, 국민윤리, 철학개론, 초급통계학, 일반수학, 한문 중 2과목 선택

나. 전공기초과정 인정시험 : 6과목 이상 합격

구 분	과 목 명
국어국문학	국어학개론, 국어문법론, 국문학개론, 국어사, 고전소설론, 한국현대시론, 한국현대소설론, 한국현대희곡론
영어영문학	영어학개론, 영국문학개관, 중급영어, 19세기 영미소설, 영미희곡I, 영어음성학, 영문법, 19세기 영미시
심리학	상담심리학, 산업및조직심리학, 학교심리학, 생물심리학, 발달심리학, 성격심리학, 동기와 정서, 심리통계
경영학	회계원리, 인적자원관리, 마케팅원론, 조직행동론, 경영정보론, 마케팅조사, 생산운영관리, 원가관리회계
법학	민법I, 헌법I, 형법I, 상법I, 법철학, 행정법I, 형사소송법, 국제법
행정학	인사행정론, 행정조직론, 지방행정론, 정치학개론, 기획론, 비교행정론, 헌법, 재정학
가정학	인간발달, 복식디자인, 영양학, 가정관리론, 의복재료, 주거학, 가정학원론, 식품및조리원리
컴퓨터과학	논리회로설계, C프로그래밍, 자료구조, 객체지향프로그래밍, 시스템프로그래밍, 컴퓨터시스템구조, 프로그래밍언어론, 이산수학

다. 전공심화과정 인정시험 : 6과목 이상 합격

구 분	과 목 명
국어국문학	국어음운론, 한국문학사, 문학비평론, 국어정서법, 구비문학론, 국어의미론, 한국한문학, 고전시가론
영어영문학	고급영문법, 미국문학개관, 영어발달사, 고급영어, 20세기 영미소설, 영어통사론, 20세기 영미시, 영미희곡II

구 분	과 목 명
심리학	이상심리학, 심리검사, 소비자 및 광고심리학, 학습 및 기억심리학, 인지지각심리학, 사회심리학, 건강심리학, 심리학연구방법론
경영학	재무관리론, 경영전략, 투자론, 경영과학, 재무회계, 경영분석, 노사관계론, 소비자행동론
법학	헌법II, 민법II, 형법II, 민사소송법, 행정법II, 경제법, 노동법, 상법II
행정학	재무행정론, 정책학원론, 조사방법론, 행정법I, 지역사회개발론, 행정계량분석, 도시행정론, 공기업론
유아교육학	유아교육연구및평가, 부모교육론, 유아교육기관운영관리, 아동복지, 유아언어교육, 유아사회교육, 유아수학·과학교육, 놀이이론과 실제
가정학	가족관계, 가정자원관리, 식생활과 건강, 의복구성, 육아, 복식문화, 주거공간디자인, 식품저장 및 가공
컴퓨터과학	운영체제, 인공지능, 소프트웨어공학, 컴퓨터네트워크, 컴파일러, 알고리즘, 데이터베이스, 컴퓨터그래픽스
정보통신학	회로이론, 데이터통신, 정보통신이론, 임베디드시스템, 이동통신시스템, 정보통신기기, 정보보안, 네트워크프로그래밍

라. 학위취득 종합시험 : 6과목 이상 합격(교양 2과목, 전공 4과목)

구 분	과 목 명
국어국문학	국어학개론, 국문학개론, 한국문학사, 문학비평론
영어영문학	영미문학개관, 영미소설, 영어학개론, 고급영어
심리학	임상 및 상담심리학, 산업조직 및 소비자심리, 발달 및 사회심리학, 인지신경과학
경영학	재무관리, 마케팅관리, 회계학, 인사조직론
법학	민법, 헌법, 형법, 상법
행정학	인사행정론, 조직행태론, 재무행정론, 정책분석평가론
유아교육학	유아교육론, 유아발달, 유아교육과정, 유아교육교수법
가정학	패션과 의생활, 소비자론, 식이요법, 주거관리
컴퓨터과학	컴퓨터시스템구조, 컴퓨터네트워크, 자료구조, 운영체제
정보통신학	전자회로, 정보통신시스템, 네트워크 및 보안, 멀티미디어통신
간호학	간호연구방법론, 간호과정론, 간호지도자론, 간호윤리와 법

독·학·사

문항 수 및 배점

단계	문항 수 및 배점			예외 과목		
	객관식	주관식	합계	객관식	주관식	합계
1~2과정	40문항×2.5점 =100점	–	40문항 100점	25문항×4점 =100점	–	25문항 100점
3~4과정	24문항×2.5점 =60점	4문항×10점 =40점	28문항 100점	15문항×4점 =60점	5문항×8점 =40점	20문항 100점

합격 사정

가. 교양과정 인정시험, 전공기초과정 인정시험, 전공심화과정 인정시험

매 과목 100점 만점에 60점 이상 득점을 합격으로 하고 과목합격을 인정(합격 여부만 결정)

나. 학위취득 종합시험

구 분	총점학점제	과목별합격제
합격기준	총점(600점)의 60퍼센트 이상 득점(360점)하면 합격하고, 과목낙제 없음	매 과목 100점을 만점으로 하여 전 과목(교양2, 전공4) 60점 이상 득점하면 합격
유의사항	• 6과목 모두 신규 응시 • 기존 합격과목 불인정	• 기존 합격과목 재응시 불가 • 기존 합격과목 포함하여 총 6과목을 초과하여 선택할 수 없음

목차

Contents

제1장 전략경영의 의의
- 경영정책과 전략경영 …………………………………………………… 14
- 전략의 이해 …………………………………………………………… 15
- 전략의 형성과정 ………………………………………………………… 16
- 전략개념과 분석수준 …………………………………………………… 16
- 전략경영의 과정과 의의 ………………………………………………… 17
- 전략 경영자와 전략 스태프의 역할 …………………………………… 18
- 실전예상문제 …………………………………………………………… 20

제2장 기업의 사명과 목표
- 기업사명의 의의 ………………………………………………………… 36
- 기업사명의 수립 ………………………………………………………… 37
- 목표 수립 ………………………………………………………………… 38
- 실전예상문제 …………………………………………………………… 41

제3장 환경분석
- 환경분석의 의의와 체계 ………………………………………………… 52
- 일반환경 ………………………………………………………………… 52
- 산업환경 ………………………………………………………………… 54
- 핵심성공요인의 규명 …………………………………………………… 58
- 실전예상문제 …………………………………………………………… 59

제4장 내부분석
- 내부분석의 의의 ………………………………………………………… 76
- 내부분석의 틀 …………………………………………………………… 76
- 내부 분석의 전략적 활용 ……………………………………………… 77
- 기업능력의 분석방법 …………………………………………………… 80

목차

Contents

- 전략적 내부 요인의 규명과 평가 ········· 83
- 실전예상문제 ········· 84

제5장 사업부전략
- 사업부전략의 이해를 위한 기본개념 ········· 100
- SWOT 분석 : 전략의 도출 ········· 101
- 본원적 전략 ········· 102
- 실전예상문제 ········· 108

제6장 기업수준전략
- 기업의 성장과 발전 ········· 124
- 수직적 통합 ········· 125
- 다각화 ········· 127
- 실전예상문제 ········· 132

제7장 다각화된 기업의 관리
- 사업 포트폴리오 분석의 의의 ········· 146
- 포트폴리오 분석기법 ········· 147
- 포트폴리오 분석의 공헌, 한계 및 활용방안 ········· 153
- 사업구조 관리와 본사의 역할 ········· 154
- 실전예상문제 ········· 159

제8장 국제환경에서의 전략
- 기업의 국제화 ········· 176
- 해외시장 진출 전략 ········· 178
- 국제전략 ········· 189
- 범세계화와 기업의 대응 ········· 191
- 전략적 제휴 ········· 193
- 실전예상문제 ········· 197

독학사Ⅲ단계 – 경영전략

Bachelor's Degree

Contents

제9장 전략의 실행
- 전략실행의 틀 ·· 218
- 전략실행을 위한 주요 활동 ························· 219
- 조직구조의 설계 ·· 220
- 조직문화와 리더십 ······································· 227
- 실전예상문제 ·· 230

부록
- 최종모의고사 ·· 245

독학사
한권으로 끝내기

Bachelor's Degree

독|학|사|3|단|계

01

전략경영의 의의

단원개요

이 장에서는 앞으로 전개될 각 장들을 이해하기 위해, 경영전략과 전략경영의 개념과 그 의의에 대해 살펴본다. 경영전략을 연구하는 학문분야로서 전략경영론이 어떠한 과정을 거쳐 발전하였는가를 살펴본다. 경영전략에 대한 폭넓은 이해를 위해 전략의 다양한 정의와 핵심개념을 설명한다. 아울러 전략경영이 이루어지는 과정에 대해 살펴보고, 이 과정에서 경영자와 스태프는 어떤 역할을 해야 하는가를 제시한다.

출제경향 및 수험대책

이 단원에서는 해마다 출제되는 비율이 약간씩 달라지기는 하지만 평균 2~3문제 정도는 출제되고 있는 편이다. 그 출제내용을 살펴보면 경영정책과 전략경영의 개념, 경영정책과 전략경영의 발전과정, 전략의 정의와 구성요소, 전략형성의 문제점, 전략형성 과정에 따른 전략유형, 사업부전략의 특징, 전략경영의 과정과 구성요소, 전략 경영자의 역할 등에 대해 묻는 문제들이 출제되고 있는 바, 이에 대한 자세하고 철저한 학습이 요구된다.

01 전략경영의 의의

Bachelor's Degree

- 경영정책과 전략경영
- 전략의 특성
- 전략개념과 분석수준
- 전략경영의 과정과 의의
- 전략 경영자와 전략 스태프의 역할

1 핵심 중요내용 및 핵심요약

전략경영의 개념, 경영정책과 전략경영의 발전과정, 전략 개념의 구성 요소, 전략의 특성, 전략형성 과정에 따른 전략유형, 전사적 전략과 사업부전략의 특징, 전략경영의 과정, 전략경영의 구성요소, 전략경영의 특성과 이점, 전략 경영자의 역할, 전략 스태프의 주요 역할

경영정책과 전략경영

(1) 경영정책과 전략경영의 개념 및 특성

① 경영정책
  ㉠ 경영정책의 개념 : 정책은 공식화된 전략을 실행하기 위한 의사결정에 대한 광범위한 지침이다. 따라서 기업은 종업원들이 기업의 사명과 목적 및 전략을 지원하기 위한 행동을 취할 수 있도록 정책을 수립한다.
  ㉡ 경영정책의 관심 : 주로 기업 내부에 두어지며, 전반적인 정책이나 기준의 수립을 강조한다.

② 전략경영(경영전략)
  ㉠ 전략경영의 개념
    - 전략, 즉 전략의 계획(수립)활동 뿐만 아니라 실행 및 통제활동까지도 고려한 좀 더 발전적인 개념이다.
    - 기업사명을 달성하기 위하여 외부환경과 기업의 내부능력을 결합시켜 전략을 수립하고 수립된 전략을 실행하는 것과 관련된 전략적 의사결정과 활동들의 집합이다.
  ㉡ 전략경영의 역할 : 외부환경으로부터는 매력적인 사업영역을 확보하고 기업의 내부환경으로부터는 핵심역량을 발굴하여 지속적 경쟁우위를 보유하여 성과를 증진시키는 역할을 수행한다.
  ㉢ 오늘날 전략경영이 경영정책을 통합하고 대체하는 개념으로 선호되고 있다.

(2) 경영정책과 전략경영의 발전과정

① 경영정책 : 1960년대에는 경영학의 각론들을 배운 학생들에게 경영자의 관점에서 이들 제 부문들을 통합적으로 고려하는 기회를 제공하는 교과목의 명칭이었다.
  ㉠ 전략경영(전략계획)이란 용어는 1950년대에 처음 등장했으며, 그 후 1960년대 중반에서 1970년대 중반 사이에 매우 인기있는 주제로 각광받았다.

Key Point

전략경영이 중요하게 된 근본이유
- 2차세계대전 이후 외부환경과 불확실성 증대
- 기업규모의 대형화, 경영내용의 복잡성 증대

전략경영(경영전략) : 기업이 급변하는 환경에 효과적으로 적응하고 대처하기 위한 방법이다.

맥크리먼(MacCrimmon)의 전략경영론의 세 가지 구성 요소 : 결과(목표)와 수단(행위) 및 조건(상황)

  ⓒ 1960~1970년대 : 1960년대 이후 환경의 급속한 변화로 기업들이 도태됨에 따라 기업의 환경적응의 중요성에 대한 인식이 증대되어 전략 혹은 정책의 수립·실행이 중요한 과제로 대두되었다.
  ⓒ 1977년 미국 피츠버그 대학에서 개최된 전략 연구자들의 컨퍼런스에서 새로운 패러다임으로서 '전략경영'이 주창되었다.
 ② 전략경영의 변화과정
  ㉠ 1950~1960년대 : 효율성의 중시
  ㉡ 1970년대 : 시장점유율과 성장성, 장기전략계획의 수립
  ㉢ 1980년대 : 산업구조분석, 경쟁전략 중시
  ㉣ 1990년대 : 경영자원론, 경영자원과 핵심역량 중시

전략의 이해

(1) 전략의 다양한 정의

① 전략은 조직의 가장 근본적인 장기목적과 그 목적을 이루기 위해 어떤 행동방식을 취할 것인가 하는 것, 그 목적을 달성하는 데 필요한 자원의 배분을 결정하는 것이다.(Chandler, 1962)
② 전략은 기업이 성취하고자 하는 목적, 목표, 정책, 그리고 계획들, 기업이 관여하고자 하는 제품 – 시장의 영역, 그렇게 결정된 제품 – 시장영역에서의 경쟁방식을 결정하는 의사결정의 유형이다.(Andrew, 1987)
③ 전략은 조직에서 일어나는 일련의 주요 의사결정이나 행동에서 나타나는 어떤 유형이다.(Minzberg, 1978)
④ 전략은 환경의 제약 하에서 목표달성을 위해 조직이 사용하는 주요 수단으로서 환경과 자원동원의 상호작용 유형이다.(Shendel & Hofer, 1978)
⑤ 전략은 기업이 기본적인 목표를 달성하기 위한 종합적인 활동계획이다.(Glueck, 1980)
⑥ 전략의 핵심은 고객을 위한 가치창출에 있다.(Ohmae, 1988)
⑦ 전략은 기업의 경쟁우위를 구축하고 구체적인 경쟁방식을 선택하는 의사결정이다.(Porter, 1996)
⑧ 전략은 한정된 경영자원을 효과적으로 배분하는 의사결정의 패턴이다.(Barney, 1997)

(2) 전략 개념의 구성 요소

① 활동영역 : 조직과 환경과의 상호작용의 정도이다.
② 자원동원 : 자원이나 능력을 결합하고 배분하는 것이다.

Key Point

▶ 군사전략과 경영전략 : '전략'이란 말은 초기에 군사용어로 시작되었으며, 1950년 버나드(C. Barnard)에 의해 경영학에 도입되어 '경영전략'이란 단어로 사용되었다.
- 군사전략 : 적의 허를 찔러 적을 속이고 혼란시키려는 책략으로 군사력의 내적인 강점과 이를 운영하는 외적인 지형(전쟁이 발생하는 환경)과의 우호적인 결합을 이루는 데 목적이 있다.
- 경영전략 : 조직의 고유한 능력과 외적 환경과의 결합이 잘 조화되도록 하는 데 목적이 있다. 또한 경영전략은 새로운 기회를 발견하고, 잠재적 위협을 피하며, 현재의 약점을 극복하고, 지니고 있는 강점을 부각시켜 새로운 분야에 강점을 적용하는 것으로 정의하기도 한다.

▶ 정책과 전략
- 정책(policies) : 관리, 마케팅, 재무/회계, 생산/운영, 연구·개발, 정보시스템 등에서 자주 수립되고 있다. 정책은 연간 목적을 달성하기 위한 수단에 해당되며, 여기에는 가이드라인, 법칙 및 설정에 목적을 달성하기 위한 절차들이 포함된다.
- 전략(strategies) : 장기 목적을 실현시키기 위한 수단이다. 전략은 다양한 결과를 초래할 수 있으므로, 기업이 직면하고 있는 외적·내적 요인을 동시에 고려해야 한다.

③ 경쟁우위 : 해당 기업이 경쟁자에 비해 지니는 독특한 경쟁적 위상을 말한다.
④ 시너지(synergy) : 기업의 활동영역 선택과 자원동원을 통해 기업이 추구하는 상승효과를 의미한다.

전략의 형성과정

(1) 전략형성 과정에 대한 관점 : 합리적·분석적 과정으로 파악하는 관점

① 전략은 분석적이고 의도적인 과정을 통해 수립된다.
② 문제점
 ㉠ 전략은 어떤 공식적인 계획(전략적 계획)이 없어도 조직 내에서 나타날 수 있다.
 ㉡ 전략은 비합리적인 요소에 영향을 받기도 하며, 경영자의 인지적 왜곡에 의해서도 영향을 받게 된다.

(2) 전략형성 과정에 따른 전략유형

Mintzberg는 사전에 의도되어 실현된 행위뿐 아니라, 사전에 의도되지 않은 우발적인 기업행위들도 전체적으로 일관성이 있다면 전략개념에 포함시켰다.

① 의도한 전략(intended strategy) : 기업이 추구하려 했던 전략을 말한다. 의도한 전략은 예측하기 어려운 환경개발, 예기치 않는 자원의 제약, 경영성과의 변화 등으로 인해 초기에 의도된 내용대로 유지하기 어렵다.
② 숙고 전략(deliberate strategy) : 기업에 의해 의도된 전략을 실제로 실행하는 전략으로 '실행이 되는 의도된 전략'을 말한다.
③ 실현 전략(realized strategy) : 실제 실행된 전략으로 숙고 전략과 표출전략이 복합된 형태이다.
④ 미실현 전략(unrealized strategy) : 의도한 전략 중에서 실행되지 않은 전략을 말한다.
⑤ 표출 전략(emergent strategy) : 시간이 지남에 따라 나타나거나 실행 후 크게 수정된 전략을 말한다. 실행과정에서 우연히 나타난 우발적 전략을 포함한다.

전략개념과 분석수준

기업이 몇 개의 다른 사업 영역에서 경쟁해야 할 경우, 기업은 분리된 관리영역을 스스로 통제해야 한다. 그 결과 전략경영의 수준은 서로 달라지게 마련이다.

(1) 전사적 전략(기업전략)

Key Point

전략의 개념 정의
- 선택된 활동영역 내에서 경쟁우위를 달성하고 이를 지속적으로 유지하기 위한 일련의 활동이다.
- 현재와 미래에 있어서 조직의 활동영역에 대한 선택이다.
- 환경으로부터의 기회와 위협 하에서 조직의 목표달성을 위한 일련의 행동 및 이에 대한 자원의 배분 양식이다.
- 조직의 주요 의사결정들에서 나타나는 일관되고 통합적인 유형이다.

전략유형과 특성
- 숙고전략 : 전략이 의도한 대로 이루어졌을 경우의 전략
- 표출전략 : 사전적인 계획·의도가 없이 의사결정·행동에서 관찰되는 일관된 전략
- 의도한 전략 : 합리적인 목표와 계획하에 수립된 전략
- 표출전략 : 애초에 의도하지는 않았지만 의도한 전략이 실행되는 과정에서 여러 의사결정의 결과로부터 나타나는 전략
- 실현된 전략 : 표출전략을 함께 포함하는 개념

숙고전략과 표출전략의 차이 : 숙고전략은 전략이 의도한 대로 이루어졌을 경우이며, 표출전략은 의사결정이나 행동에서 관찰되는 일관된 유형으로 훨씬 개방적이고 유연하며 적응적인 전략이다.

① 기업수준전략 또는 기업전략이라 불리며, 사업영역의 구체화, 성장목표의 결정, 사업들 간의 전반적인 포트폴리오 관리 문제를 다루는 전략이다.
② 기업의 사업영역을 선택하고 여러 사업부들을 효과적으로 관리하기 위한 전략이다.
③ 전사적 전략의 해당 관리자 : CEO, 상위관리자, 기업스텝으로 구성된다(최고경영층).

(2) 사업전략

① 단일 제품/서비스 사업, 다수기업 중 특정사업부문에 관련된 전략으로, 전략적 사업단위별로 전개되는 기업수준전략의 하위전략에 해당된다.
② 특정 사업영역 내에서 경쟁우위를 획득하기 위한 경쟁방법에 대한 것이다.

(3) 기능전략

① 특별한 사업영역이나 각 기능별(마케팅, 생산, 재무, 인사, R&D, 정보시스템 등)로 수립되는 전략으로 사업부전략의 하위수준에 해당된다.
② 기업의 각 기능 부문내에서 자원활용의 효율성을 제고하기 위한 것이다.
③ 전략의 실행과 밀접한 관계가 있다.

전략경영의 과정과 의의

(1) 전략경영의 과정

전략경영 과정은 전략경영 과정은 학자들마다 다소 차이가 있지만 일반적으로 전략분석, 전략수립, 전략실행, 전략통제의 단계로 이루어진다.
① 전략분석 : 환경분석, 내부능력 분석
② 전략수립 : 전사 전략 및 사업 전략, 전략 대안의 도출, 평가 및 선택
③ 전략실행 : 가능 전략의 수립과 실행, 조직구조·인사제도 등의 재설계
④ 전략통제 : 전략경영 과정과 성과의 점검, 문제점 규명 및 조치

(2) 전략경영의 구성요소

① 기업사명과 목표 : 기업사명은 기업의 독특한 존재의의와 그 활동영역을 규정하는 것, 목표는 달성하고자 하는 바를 보다 구체화한 것이다.
② 환경분석 : 조직의 전략적 기회와 위협 요인을 규명하기 위한 것이다.
③ 내부능력 분석 : 조직이 처한 상황에 적합한 전략을 도출하는 데 있어서 필수적인 요소가 된다.
④ 전략수립 : 위의 ①, ②, ③을 통해 전략 대안들이 도출되며 이러한 대안의

Key Point

▶ **전략의 분석수준**
- **전사적 수준** : 신규사업에의 진입이나 철수와 같은 사업영역의 선택과 선택한 사업영역을 효과적으로 관리하는 문제를 다룬다.
- **사업부 수준** : 특정 사업부문에서 경쟁우위의 획득을 위한 경쟁방법에 대한 것으로 어떻게 경쟁자들과 효과적으로 경쟁해 나갈 것인가를 주로 다룬다.
- **기능별 수준** : 기업 내의 각 기능별 부문에서의 실천적 문제들을 다룬다.

▶ **단일사업을 영위하는 기업** : 전사적 전략과 사업부전략이 조직의 경영층에서 동시에 이루어진다.

▶ **전략경영** : 전략과 관련된 의사결정과 행동의 총체적인 집합으로서 기업의 목표 달성을 위해 전략을 수립, 실행하고 통제하는 과정이다.

▶ **전략경영의 주요 과정** : 기업의 사명과 목표의 수립, 외부 환경의 분석과 내부능력의 평가 및 개발, 전략적 대안의 도출과 분석 및 선택, 선택된 전략의 실행을 위한 예산수립과 자원배분, 조직구조 및 보상시스템의 설계, 실행된 전략의 평가 등이 있다.

분석에 의해 전략 선택이 이루어진다.
⑤ 전략의 실행 : 리더십이나 조직구조 등과 관련이 깊다.
⑥ 전략의 통제 : 전략목표의 효과적이고 효율적인 성취를 위한 것이다.

(3) 전략경영의 특성과 이점

① 전략경영의 특성
　㉠ 전략적 계획과 전략적 사고의 조화를 추구한다.
　㉡ 환경에 적응하고 더 나아가서는 환경을 창조하는 지속적인 과정이다.
　㉢ 미래지향적이고, 통합적이다.
　㉣ 경영자 특히 최고경영자의 주요 역할이다.
　㉤ 의사결정 시 다수의 이해관계자들을 포함시킨다.
② 전략경영의 이점
　㉠ 변화하는 외부환경에 기업이 유연하게 대처할 수 있도록 조직의 환경적응을 촉진한다.
　㉡ 기업의 경영자원을 전사적 관점에서 효율적으로 배분하도록 한다.
　㉢ 기업 내부의 다양한 경영활동들의 통합에 기여한다.
　㉣ 조직구성원으로 하여금 장기적 목표달성에 몰입시켜 기업의 높은 성과나 경쟁력 확보에 기여한다.
　㉤ 조직구성원 특히 경영자들이 외부 환경의 중요성을 인식하도록 한다.
　㉥ 조직구성원에게 하나의 사고의 틀이 된다.
　㉦ 조직의 의사결정이나 행동에 일관성을 기할 수 있다.
　㉧ 기업활동에 대한 조정과 통제의 기본틀을 제공해 준다.

전략 경영자와 전략 스태프의 역할

(1) 전략 경영자의 역할

① 기업의 최고경영자 : 가장 확실한 전략경영자이며, 전체 조직의 전략을 수립하고 실행하는 과정을 이끌어가며 이에 대해 최종적인 책임을 진다.
② 전략수립 및 전략의 실행과 관련된 경영자의 임무 : 비영리조직의 경우에도 적용될 수 있다.

(2) 전략 스태프의 역할

① 전략 경영자의 전략적 의사결정을 지원하고 보좌한다.
② 비서실, 기획조정실 등의 형태로 최고경영자의 핵심참모로서의 역할을 한다.
③ 기업의 전략경영과정에 긴밀히 참여하고 있다.

Key Point

전략경영과정
- **전략수립** : 기업의 사명과 목표를 선택하고, 이를 달성하기 위하여 조직의 환경과 기업의 내부능력을 분석하여 적절한 전략을 선택하는 과정이다.
- **전략실행** : 선택된 전략에 의거하여 기능부문별로 세부전략(기능전략)을 수립하고 전략이 조직 내에서 효과적으로 실행될 수 있도록 조직구조, 조직문화 및 인사제도 등을 재설계하는 과정이다.
- **전략통제** : 전략목표의 달성 여부나 전략수립 및 실행과정에 대한 점검을 통해 문제점을 규명하고 이를 바로 잡는 과정이다.

전략분석과정 : 조직의 강점, 약점 및 환경의 기회, 위협에 대한 분석을 그 근간으로 한다는 점에서 SWOT 분석으로 불린다.

전략경영의 구성요소 : 기업사명과 목표, 환경분석, 내부능력 분석, 전략 분석과 선택, 사업부전략, 전사적 전략, 전략의 실행, 전략의 통제

전략경영주의 역할 : 주로 전략적 의사결정을 내리고 그 과정을 지휘·통제하는 역할을 할 뿐이다(전략경영의 구성요소에 대한 세부적인 분석의 역할까지 담당할 수는 없다).

④ 전략 스태프의 주요 역할
  ㉠ 기능적 서비스의 제공
  ㉡ 사업부 경영자에 대한 정보제공 및 조언
  ㉢ 사업부 간의 조정 및 통제
  ㉣ 최고경영층에 대한 지원

> **Key Point**
>
> **경영전략의 기본적 기능**
> - 경영전략에서는 환경적 적응기능과 시스템적 기능 및 의사결정룰의 기능 등 3대 기능으로 집약된다.
> - 환경적 적응기능 : 경영전략은 그 자체가 전체 기업의 내·외적 환경변화에 혁신적으로 적응할 수 있는 기능을 발휘하여야 한다.
> - 시스템적 기능 : 경영전략은 전체 기업을 하나의 시스템으로 파악하면서 적응기능을 수행하고, 동시에 기동성을 확보할 수 있는 시스템적 기능을 수행해야 한다.
> - 의사결정룰의 기능 : 이상의 환경적 적응기능과 시스템적 기능을 잘 이행할 수 있다고 해도 의사결정룰의 기능이 결여되면 경영전략은 그 본질과 목적을 상실하는 경우가 있다.
>
> 전략스태프의 역할 : 전략경영자가 의사결정을 내리는 데 필요한 환경의 각종 동향이나 정보를 수집·분석, 조직의 내부능력을 전반적인 관점에서 평가, 가능한 전략대안 도출, 이를 전략경영자에게 보고하는 역할을 담당한다.

참고문헌

- 김형준, 「전략경영론」, 형설출판사, 2011
- 정동섭·추교완·박재희, 「경영전략」, 경영과 미래, 2010
- 김영수·이영진, 「경영전략」, 학현사, 2010
- 유기현·황용식, 「전략경영론」, 무역경영사, 2009
- 김길성, 「경영전략」, 전남대학교출판부, 2009
- 니와 데츠오, 「경영전략」, 새로운 제안, 2007

실전예상문제

객관식

1 전략의 계획(수립)활동 뿐만 아니라 실행 및 통제활동까지도 비중 있게 고려한 좀 더 발전적인 개념을 무엇이라 하는가?

① 경영정책
② 전략경영
③ 경영연구
④ 전략정책

▶ 전략경영(경영전략) : 전략, 즉 전략의 계획(수립)활동 뿐만 아니라 실행 및 통제활동까지도 비중 있게 고려한 좀 더 발전적인 개념이다.

2 다음 중 기업들이 기업환경의 중요성을 인식하는 결정적인 계기가 된 사건은?

① 오일쇼크
② 걸프전쟁
③ 산업혁명
④ 농업혁명

▶ 기업환경 중요성의 인식
- 오일쇼크가 계기가 되어 기업환경의 중요성에 대한 인식 증대
- 오일쇼크는 기업이 내부적으로는 아무리 효율적이라도 변화하는 환경에 적응하지 못하면 생존할 수 없음을 시사

3 1960~1970년대 경영학의 경영 정책 분야에서 나타난 특징이라 볼 수 없는 것은?

① 전략수립 및 실행의 중요성 인식
② 기업의 규모와 복잡성의 증가
③ 기업 내 인간 감정의 중요성 인식
④ 기업의 환경 적응의 중요성 인식

▶ 1960~1970년대의 특징(경영전략 연구의 필요성)
- 환경의 급속한 변화에 적응하지 못한 기업들이 도태되어 기업의 환경 적응의 중요성에 대한 인식이 증대
- 기업의 규모가 급성장함에 따라 기업의 복잡성을 초래하여 전략 및 정책수립의 효과적인 실행이 중요한 과제로 대두

4 경영정책의 지식을 습득하기 위해 어떤 것을 중심으로 이루어져야 하는가?

① 설문을 통한 조사
② 사례연구
③ 실제 체험
④ 독서

▶ 경영정책은 경영학의 각론들을 배운 학생들에게 경영자의 관점에서 이들 제 부문들을 통합적으로 고려하는 기회를 제공하는 교과서의 명칭이었는데, 강의는 주로 사례연구를 중심으로 이루어졌다.

Keypoint & Answer

전략경영 → ❷

기업들이 기업환경의 중요성을 인식하는 결정적인 계기가 된 사건 → ❶

1960~1970년대에 경영학의 경영 정책 분야에서 나타난 특징 → ③

경영정책의 지식 습득을 위한 방법 → ❷

5 다음 중 1990년대 전략의 변화와 관계있는 것은 어느 것인가?

① 경영자원과 핵심역량 중시   ② 산업구조분석
③ 장기전략계획의 수립   ④ 효율성의 중시

▶ 전략의 변화
  • 1950~1960년대 : 효율성의 중시
  • 1970년대 : 장기전략계획의 수립
  • 1980년대 : 산업구조분석, 경쟁전략 중시
  • 1990년대 : 경영자원과 핵심역량 중시

Keypoint & Answer

→ 1990년대 전략의 변화와 관계있는 내용 ➡ ❶

6 다음 중 전략경영이 중요하게 된 가장 근본적인 이유는 무엇인가?

① 경영자들의 가치관 변화   ② 기업 내부구조의 변화
③ 환경의 불확실성 증대   ④ 환경의 안정

▶ 1960년대 이후 환경의 급속한 변화로 환경에 적응하지 못한 많은 기업들이 도태됨에 따라 기업의 환경적응의 중요성에 대한 인식이 증대되었다.

→ 전략경영이 중요하게 된 가장 근본적인 이유 ➡ ❸

7 다음 중 전략경영이 대두하게 된 배경으로 바르지 못한 것은?

① 전략은 환경의 변화에 따라 탄력적으로 변하여야 한다.
② 전략의 수행을 위해서는 조직 내의 수용태세와 혁신지향적 풍토가 필요하다.
③ 조직은 전략이 결정되면 그에 따라 변한다는 것이 밝혀졌다.
④ 사회·정치·심리적 변수들이 전략실행에 있어 중요하다는 것을 인식하게 되었다.

▶ 전략연구들을 포용하면서 환경변화와 조직내 전략실행의 문제를 효과적으로 다룰 수 있는 학문분야의 필요성에 대한 인식이 확산되었다.

→ 전략경영이 대두하게 된 배경 ➡ ❸

8 전략경영과 경영정책에 대한 구분 중 전략경영에 대한 내용이 <u>아닌</u> 것은?

① 전략을 통합하는 개념이다.
② 전략경영이 경영정책을 통합하고 대체하는 개념으로 선호된다.
③ 관심영역은 주로 기업 내부에 두어진다.
④ 전략이 수립부터 실행 및 통제에 이르기까지의 전과정을 포함한다.

▶ ③은 경영정책의 내용이며, 전략경영은 전략을 통합하는 개념이다.

→ 전략경영과 경영정책에 대한 구분 ➡ ❸

9 다음 중 전략에 대하여 가장 잘 설명하고 있는 것은 어느 것인가?

① 전략은 관리를 수행하기 위한 수단을 말한다.

→ 전략에 대한 내용 및 특성 ➡ ❹

| 독 | 학 | 사 | 3 | 단 | 계 |

Keypoint & Answer

② 기업의 현장에서 일어나는 구체적인 행위를 뜻한다.
③ 목표를 가장 효과적으로 달성하기 위한 여러 활동을 뜻한다.
④ 한 조직의 목표설정과 자원배분을 뜻한다.

▶ 전략은 조직의 장기적인 목표와 목적을 결정하고, 이를 달성하기 위해 필요한 일련의 행동을 선택하고 자원을 배분하는 것이다.

전략의 내용 및 특성 ➡ ④

10 다음의 <보기>에서 설명하는 내용과 관련이 깊은 것은?

> 보기 하나의 조직이 장래의 목표를 설정하는 기능과 설정된 목표를 달성하기 위하여 자금, 인력 등의 자원을 배분하는 기능을 의미한다.

① 기획　　　　　　　　　② 업무
③ 관리　　　　　　　　　④ 전략

▶ 문제 9번 해설 참조

전략의 본질에 대한 특성 ➡ ①

11 전략의 본질에 대한 설명으로 그 내용이 가장 올바른 것은?

① 변화하는 환경에 효과적 적응　② 원가절감
③ 차별화된 마케팅　　　　　　　④ 효율적 설비투자

▶ 전략은 학자들 사이에서 나름대로 다양하게 정의되고 있다. 이러한 다양한 정의들 사이에서 보이는 공통점은 전략이란 환경에 대한 조직의 대응이라고 하는 점인데, 바로 이것이 전략의 본질이라고 할 수 있다. 따라서 기업의 어느 한 기능적 목표나 단기적인 성과의 추구는 전략의 본질이라 할 수 없다.

전략 개념의 핵심적인 구성 요소 ➡ ④

12 전략 개념의 핵심적인 구성 요소로서 거리가 먼 것은?

① 경쟁우위　　　　　　　　② 자원동원
③ 사업영역　　　　　　　　④ 제품 및 서비스

▶ 전략 개념의 핵심적인 구성 요소는 조직과 환경과의 상호작용의 정도를 나타내는 사업영역(=활동영역), 목표달성을 위해 자원이나 능력을 결합하고 배분하는 자원동원, 경쟁자에 비해 지니는 독특한 경쟁적 위상인 경쟁우위, 그리고 기업의 활동영역 선택과 자원동원을 통해 기업이 추구하는 상승효과인 시너지의 네 가지이다.

전략 개념의 구성 요소 중 경쟁우위 ➡ ①

13 전략 개념의 구성 요소 중 경쟁우위에 대한 설명으로 바람직한 것은?

① 경쟁자에 비해 지니는 독특한 경쟁적 위상이다.
② 기업이 추구하는 상승효과를 의미한다.
③ 목표 달성을 위해 자원이나 능력을 배분하는 것이다.

④ 조직과 환경의 상호작용 정도를 나타낸다.

▶ 전략 개념의 구성 요소 중 경쟁우위란 조직의 활동영역 및 자원동원에 대한 의사결정 후에 해당 기업이 경쟁자에 비해 지니는 독특한 경쟁적 위상이다.

14 '조직과 환경과의 상호작용 정도'를 나타내는 전략의 구성 요소는 무엇인가?

① 시너지 ② 사업영역
③ 자원동원 ④ 경쟁우위

▶ 사업영역이란 조직과 환경과의 상호작용 정도를 나타내는 것으로서 조직의 사업영역 또는 활동영역을 의미한다.

15 '조직의 독특한 능력'으로 나타나는 전략의 구성 요소는 무엇인가?

① 자원동원 ② 경쟁우위
③ 시너지 ④ 활동영역

▶ 전략 개념의 구성 요소 중 자원동원이란 조직의 목표달성을 위해 자원이나 능력을 결합하고 배분하는 것을 말하며, 조직의 독특한 능력으로 나타난다.

16 다음 중 전략의 개념정의로 부적당한 것은 어느 것인가?

① 조직의 주요 의사결정들에서 나타나는 분리적이고 독립적인 유형이다.
② 환경으로부터의 기회와 위협하에서 조직의 목표달성을 위한 일련의 행동 및 이에 대한 자원의 배분양식이다.
③ 현재와 미래에 있어서 조직의 활동영역에 대한 선택이다.
④ 선택된 활동영역 내에서 경쟁우위를 달성하고 이를 지속적으로 유지하기 위한 일련의 활동이다.

▶ 전략은 주로 의사결정들에서 나타나는 일관되고 통합적인 유형이다.

17 다음 중 시너지에 관한 설명으로 알맞은 것은?

① 기업 내의 사업부 간에 유·무형의 자원들을 확실히 분산시킴으로써 창출된다.
② 기업의 활동영역 선택과 자원동원을 통해 기업이 추구하는 상승효과를 말한다.
③ 해당 기업이 경쟁자에 비해 지니는 독특한 경쟁적 위상을 말한다.
④ 조직의 목표 달성을 위해 자원이나 능력을 결합하고 배분하는 것을 말한다.

Keypoint & Answer

➡ 조직과 환경과의 상호작용 정도 ➡ ❷

➡ 전략 개념의 구성 요소 ➡ ❶

➡ 전략의 개념정의 ➡ ❶

➡ 시너지에 관한 내용 및 특성 ➡ ❷

▶ 시너지 : 기업의 활동영역 선택 및 자원동원을 통해 생성되는 기업이 추구하는 상승효과로, 기업 내 사업부간의 유형·무형의 자원들을 공유하여 창출되는 전략개념의 구성요소

전략경영에 대한 합리적·분석적 관점의 문제점 ➡ ❹

18 다음 중 전략경영에 대한 합리적·분석적 관점의 문제점이 <u>아닌</u> 것은?

① 외부기관으로의 압력이나 비합리적인 요소에 영향을 받는다.
② 경영자의 인지적 왜곡에 의해서 영향받는다.
③ 경영자의 집착에도 영향을 받는다.
④ 어떤 공식적인 계획에서만 나타난다.

▶ 합리적·분석적 관점에 의한 전략은 어떤 공식적인 계획이 없이도 조직내에서 나타날 수 있다.

전략이 의도한 대로 이루어졌을 경우의 전략 ➡ ❶

19 전략이 의도한 대로 이루어졌을 경우의 전략을 무엇이라고 하는가?

① 숙고전략   ② 의도한 전략
③ 표출전략   ④ 미실현 전략

▶ 숙고전략은 전략이 의도한 대로 이루어졌을 경우를 말한다.

어떤 계획이나 명확한 의도없이 나타나는 전략 ➡ ❶

20 다음 중 어떤 계획이나 명확한 의도없이 나타나는 전략을 가리키는 것은?

① 표출전략   ② 미실현 전략
③ 숙고전략   ④ 의도한 전략

▶ 숙고전략은 전략이 의도한대로 이루어졌을 경우이고, 표출전략은 사전적인 계획이나 의도가 없이 의사결정이나 행동에서 관찰되는 일관된 유형이다.

표출전략의 내용 및 특성 ➡ ❷

21 다음 전략방법 중 '전략은 분석적·의도적인 과정을 통해 수립된다'는 관점을 비판할 수 있는 것은?

① 의도한 전략   ② 표출전략
③ 사업부 전략   ④ 숙고전략

▶ 표출전략 : 전략은 분석적·의도적인 과정을 통해 수립되기도 하지만 조직의 학습과정을 통해 자연스럽게 표출되는 경우도 있다.

개방적이고 유연하며 적응적인 전략 ➡ ❸

22 다음의 전략유형 중 개방적이고 유연하며 적응적인 전략은?

① 숙고전략   ② 의도한 전략
③ 표출전략   ④ 경쟁전략

▶ 전략은 숙고전략과 표출전략의 결합이라 할 수 있으며, 표출전략이 훨씬 개방적이고 유연하며 적응적인 전략이다.

23 다음 중 전략의 세 가지 수준으로 거리가 먼 것은?

① 협상전략(negotiation strategy)　② 기능전략(functional strategy)
③ 사업부전략(business strategy)　④ 전사적 전략(corporate strategy)

▶ 전략의 분석수준 : 전사적 전략, 사업부전략, 기능전략

→ 전략의 세 가지 수준　➡ ❶

24 다음 중 재벌그룹의 중앙 스탭인 기획조정실, 비서실 등은 어떤 전략에 주로 관여하는가?

① 기능전략　　　　② 경쟁전략
③ 사업부전략　　　④ 전사적 전략

▶ 전사적 전략은 어떤 사업을 해야 할 것인가? 하는 문제와 여러 사업분야를 기업 전체적인 관점에서 어떻게 효과적으로 관리할 것인가? 하는 문제를 다룬다.

→ 전사적 전략의 특징　➡ ❹

25 다음 중 기업의 사업영역을 선택하고 여러 사업부문을 효과적으로 관리하는 문제를 다루는 전략에 해당되는 것은?

① 표출전략　　　　② 전사적 전략
③ 숙고전략　　　　④ 사업부전략

▶ 문제 24번 해설 참조

→ 전사적 전략의 내용　➡ ❷

26 전사적 전략과 사업부전략이 사실상 동일한 의미를 가지는 경우에 해당되는 것은?

① 2개 이상의 사업부가 존재하는 기업
② 다각화된 기업
③ 단일 사업을 영위하는 기업
④ 재벌 그룹

▶ 전략적 분석수준에 따라서 전사적 전략과 사업부전략 및 기능전략의 세 가지로 나뉘어지지만, 다양한 여러 제품이 아니라 단일한 제품만을 생산하는 기업의 경우에는 전사적 전략과 사업부전략이 조직의 경영층에서 동시에 이루어지며, 사실상 동일한 의미를 가지게 된다.

→ 전사적 전략과 사업부전략이 사실상 동일한 의미를 가지는 경우　➡ ❸

27 다음 중 특정 사업영역내에서 경쟁우위를 획득하기 위한 효과적인 경쟁방법을 결정하는 문제를 다루는 전략은?

→ 사업부전략의 특성　➡ ❹

Keypoint & Answer	
	① 표출전략　　　　② 전사적 전략 ③ 기능전략　　　　④ 사업부전략
	▶ 전략은 분석수준에 따라 전사적 전략과 사업부전략 및 기능전략의 세 가지로 나뉘어지게 된다. 이 중에서 특정 사업영역 내에서 경쟁우위를 획득하기 위한 효과적인 경쟁방법을 결정하는 문제를 다루는 전략은 사업부전략이며 이는 경쟁전략이라고도 부른다.

자원 활용의 효율성을 제고하기 위한 전략 ➡ ④

28 다음 중 생산, 마케팅, 인사 등 기업의 각 부문내에서 자원 활용의 효율성을 제고하기 위한 전략은?

① 표출전략　　　　② 전사적 전략
③ 숙고전략　　　　④ 기능전략

▶ 기능전략은 일반적으로 사업부전략으로부터 도출되며 상위의 전략을 효과적으로 실행하기 위한 수단으로서의 역할을 한다는 점에서 전략의 실행과 밀접한 관계가 있다.

경쟁전략 또는 영역항해전략 ➡ ②

29 경쟁전략 또는 영역항해전략이라고도 하는 전략은 무엇인가?

① 전사적 전략　　　② 사업부전략
③ 기능전략　　　　④ 목표전략

▶ 사업부전략은 특정사업부문의 구체적인 경쟁방법을 결정하는 것으로 경쟁전략이라고도 하며, 비유적 표현으로 영역항해전략이라고도 한다.

전략경영론의 주된 탐구분야 ➡ ②

30 다음 중 전략경영론의 주된 탐구분야가 <u>아닌</u> 것은?

① 전사적 전략　　　② 마케팅전략
③ 경쟁전략　　　　④ 사업부전략

▶ 전략경영론에서는 주로 전사적 전략과 사업부 전략을 다루며 기능전략은 각 기능부문의 영역에 속한다. 즉 마케팅전략이나 생산전략 등은 마케팅이나 생산관리의 영역에 해당하는 것이다.

전략경영 과정 ➡ ④

31 전략경영 과정과 관계 <u>없는</u> 것은?

① 전략수립과정　　　② 전략실행과정
③ 전략통제과정　　　④ 전략고찰과정

▶ 전략경영과정 : 전략수립과정, 전략실행과정, 전략통제과정

전략실행의 주요 구성요소 ➡ ④

32 전략실행의 주요 구성요소에 해당되지 <u>않는</u> 것은?

① 조직구조의 재설계　　② 조직문화의 관리

③ 예산과 인력의 배분　　　　④ 산업환경 분석

▶ 전략실행은 선택된 전략에 따라 기능부문별 세부전략(기능전략)을 수립하고, 전략이 효과적으로 실행되도록 조직구조, 조직문화, 인사제도 등을 재설계하는 과정이다.

33 전략경영 과정에 있어서 선택된 전략이 의도대로 실천될 수 있도록 조직구조나 내부 시스템을 재설계하는 활동은 어디에 해당하는가?

① 전략계획　　　　　② 전략실행
③ 전략수립　　　　　④ 전략통제

▶ 선택된 전략에 의거하여 각 기능 부분별로 세부 전략을 수립하고 전략이 조직내에서 효과적으로 실행될 수 있도록 조직구조, 조직문화 및 인사제도 등을 재설계하는 과정이 전략실행이다.

34 다음 중 전략경영과정에서 제일 마지막 단계에 해당하는 것은?

① 전략계획　　　　　② 전략수립
③ 전략실행　　　　　④ 전략통제

▶ 전략경영의 과정은 전략수립과정과 전략실행과정 및 전략통제과정으로 나눌 수 있다. 이 중 전략수립은 기업의 사명과 목표를 선택하고 이를 달성하기 위하여 조직의 환경과 기업의 내부능력을 분석하여 적절한 전략을 선택하는 과정이며, 전략실행은 각 기능부문별로 세부전략인 기능전략을 수립하고, 조직구조나 조직문화 및 인사제도 등을 재설계하는 과정이다. 전략통제는 전략경영의 마지막 단계로서, 전략의 수립과 실행과정을 점검함으로써 문제만을 규명하고 바로 잡는 과정을 의미한다.

35 전략경영과정에서 전략에 따라서 예산을 배분하고 조직구조나 제도를 재설계하는 활동은 어디에 속하는가?

① 전략 수립　　　　　② 전략 계획
③ 전략 실행　　　　　④ 전략 통제

▶ 문제 34번 해설 참조

36 전략경영과정의 첫 단계에 해당하는 활동은 무엇인가?

① 전략실행　　　　　② 조직설계
③ 전략통제　　　　　④ 전략수립

▶ 문제 34번 해설 참조

37 다음 중 조직구조, 인사제도 등의 재설계와 관계 있는 전략경영과정은?

Keypoint & Answer

➡ 전략실행의 내용 및 특성　➡ ❷

➡ 전략경영과정에서 제일 마지막 단계　➡ ❹

➡ 전략에 따라서 예산을 배분하고 조직구조나 제도를 재설계하는 활동　➡ ❸

➡ 전략경영과정의 첫 단계에 해당하는 활동　➡ ❹

| 독 | 학 | 사 | 3 | 단 | 계 |

Keypoint & Answer

조직구조, 인사제도 등의 재설계 → ❸

① 환경분석　　　　　② 전략수립
③ 전략실행　　　　　④ 전략통제

▶ 문제 34번 해설 참조

과업환경과 관련있는 내용 → ❸

38 다음 중 과업환경과 관련 없는 것은 어느 것인가?

① 수요자　　　　　② 경쟁자
③ 정치권력　　　　④ 공급자

▶ 환경분석
　• 일반환경 : 정치적, 경제적, 사회문화적 환경
　• 과업환경(산업환경) : 수요자, 경쟁자, 공급자

SWOT 분석의 특징 → ❹

39 다음 중 SWOT 분석과 관련 없는 것은 어느 것인가?

① 조직의 강점　　　② 환경의 기회
③ 위협　　　　　　④ 활동영역

▶ 전략분석과정은 조직의 강점, 약점 및 환경의 기회, 위협에 대한 분석을 근간으로 한다는 점에서 SWOT분석으로 불린다.

전략수립과정에 있어서 가장 먼저 이루어져야 하는 항목 → ❸

40 전략수립과정에 있어서 가장 먼저 이루어져야 하는 항목으로 옳은 것은?

① 예산 계획　　　　② 전략 대안 도출
③ 사명과 목표 수립　④ 내부 분석

▶ 전략경영과정의 첫번째 구성요소는 기업의 사명과 주요 목표를 정의하는 것이다. 기업사명은 다른 기업과 구별되는 기업의 독특한 존재의의와 그 활동영역을 규정하는 것이고, 목표는 이윤극대화 등과 같이 기업이 중장기적으로 달성하고자 하는 바를 보다 구체화한 것이다.

전략 목표의 달성 여부를 점검하는 활동 → ❶

41 다음 중 전략 목표의 달성 여부를 점검하는 활동은 어디에 해당하는가?

① 전략통제　　　　② 전략계획
③ 전략실행　　　　④ 전략수립

▶ 전략통제는 전략경영 과정이 효과적으로 이루어지고 있는지를 점검하여 문제점을 규명하고 이를 개선함으로써 전략 목표의 효과적 달성을 도모하기 위한 것이다.

전략경영의 특징 → ❹

42 전략경영의 특징에 대한 설명으로 그 내용이 바르지 못한 것은?

① 전략영영은 기업의 전체 부문을 그 대상으로 한다.

28 경영전략

② 전략경영은 환경에 적응하고 환경을 창조하는 지속적인 과정이다.
③ 전략경영은 미래지향적이다.
④ 전략경영의 주체는 기획부서이다.

▶ 전략경영은 경영자 특히 최고경영자의 주요 역할이며, 미래지향적이고, 환경에 적응하고 더 나아가서는 환경을 창조하는 지속적인 과정이다. 또한 전략은 기업은 전체 부문을 그 대상으로 하는 통합적 성격을 가지며, 전략적 계획과 전략적 사고의 조화를 추구한다.

43 전략경영의 특성과 이점에 관한 설명으로 가장 적합한 것은?

① 전략경영은 조직구성원들에게 내부환경의 중요성을 인식하도록 한다.
② 전략경영은 조직 의사결정에 자율성을 부여한다.
③ 전략경영은 조직의 목표 달성을 위한 통합적 관점을 갖는다.
④ 전략경영은 조직의 단기적인 목표 달성을 추구한다.

▶ ① 전략경영은 조직구성원들이 외부환경의 중요성을 인식하도록 함, ② 전략경영은 조직구성원들의 의사결정에 일관성을 부여, ④ 전략경영은 조직의 장기적인 목표 달성을 추구

44 다음 중 전략경영의 이점으로 옳지 <u>않은</u> 것은?

① 조직의 의사결정이나 행동에 일관성을 기할 수 있다.
② 조직구성원에게 하나의 사고의 틀이 된다.
③ 경영자들이 외부 환경의 중요성을 인식하도록 한다.
④ 조직내 생산분야에만 활동의 지침 역할을 한다.

▶ 전략경영의 이점은 ①, ②, ③이다.

45 다음 중 전략경영론에 대한 기술 중 옳지 <u>않은</u> 것은?

① management를 관리라는 용어로 사용한다.
② 전략책임자는 전반경영자가 된다.
③ 기업활동의 전체적인 측면을 다룬다.
④ 주로 최고 경영층의 임무를 다룬다.

▶ 재무관리, 인사관리, 생산관리 등에서 management를 관리라는 용어로, 전략경영에서는 경영이라는 용어로 사용한다.

46 다음 중 다각화된 기업에 있어서 본사 스탭의 주요역할과 거리가 <u>먼</u> 것은?

① 기능적 서비스의 제공　　② 전략수립에 대한 의사결정

Keypoint & Answer

➡ 전략경영의 특성과 이점 　➡ ❸

➡ 전략경영의 이점 　➡ ❹

➡ 전략경영론에 대한 내용 및 특성 　➡ ❶

➡ 다각화된 기업에 있어서 본사 스탭의 주요역할 　➡ ❷

| 독 | 학 | 사 | 3 | 단 | 계 |

③ 사업부간의 조정 및 통제   ④ 최고경영층에 대한 지원

▶ 다각화된 기업의 본사스태프의 역할
- 최고경영층에 대한 지원
- 기능적 서비스의 제공
- 사업부간의 조정 및 통제
- 사업부 경영자에 대한 정보제공 및 조언

Keypoint & Answer

전략 경영자에 관한 내용 ➡ ❹

47 다음 중 전략 경영자에 관한 설명으로 옳은 것은?
① 전략담당자가 올바른 의사결정을 내릴 수 있도록 지원하는 역할을 수행한다.
② 이상적인 전략 경영팀은 최고경영층으로만 구성된다.
③ 전략의 수립·실행·통제와 관련된 경영자의 임무는 영리조직에만 적용된다.
④ 가장 확실한 전략 경영자는 기업의 최고경영자이다.

▶ 최고경영자는 가장 확실한 전략 경영자로서 전체 조직의 전략수립과 실행 과정을 이끌어가며 이에 대해 최종책임을 진다.

전략스태프의 역할 ➡ ❹

48 전략스태프의 역할에 관한 설명으로 옳지 <u>않은</u> 것은?
① 전략 대안을 도출하고 전략 경영자에게 보고한다.
② 사업부 간의 경영활동을 조정한다.
③ 전략적 의사결정에 필요한 정보를 제공한다.
④ 전략수립과 실행에 대한 책임을 진다.

▶ 전체 조직의 전략수립과 실행에 대해 책임을 지는 것은 전략 경영자의 역할이다.

전략 : 숙고전략과 표출전략의 결합이라 할 수 있으며, 표출전략이 훨씬 개방적이고 유연하며 적응적인 전략이다.

주관식

1 전략의 의미에 대하여 약술하시오.

전사적 전략 : 기업의 산업영역을 선택하고 여러 사업부들을 효과적으로 관리하기 위한 전략이다.

Answer

1 전략은 조직의 장기적인 목표와 목적을 결정하고, 이를 달성하기 위해 필요한 일련의 행동을 선택하고 자원을 배분하는 것이다.

2 기능전략에 대해 약술하시오.

3 전략통제의 의미에 대하여 쓰시오.

4 전략과 전술에 대하여 비교하시오.

Key Point

경영전략의 기초적 요소 : 대외적 경영전략의 개념에서 경영전략의 기초적 요소로는 기업목표의 설정, 대체수단의 선택(의사결정), 경쟁 환경에의 적응과 대응 등 세 가지 요소가 포함되어 있다.

- 기업목표의 설정 : 경영전략은 그 자체가 목적을 이루는 것이 아니라 기업의 목표를 달성하기 위해 필요한 행동을 일으키게 하는 수단이다. 따라서 기업은 우선적으로 목적을 설정하게 되는데, 이는 기업 전체의 방향을 가리키는 지침이기도 하다.
- 대체수단의 선택(의사결정) : 경영전략은 목표달성을 위한 대체적 수단을 결정하는 의사결정의 과정이다. 따라서 의사결정룰로서의 기능이 충분히 발휘되는 것을 전제로 하고 있다.
- 경쟁환경에의 적응과 대응 : 경영전략은 급변하는 경쟁적 환경에서 현재는 물론 미래의 경쟁기업의 행동에 부단히 적응 또는 대응하여야 한다. 기업의 경쟁환경으로는 국내는 물론이고 국제적인 행동도 포함되고 있다.

Answer

2 기능전략은 일반적으로 사업부전략으로부터 도출되며 상위의 전략을 효과적으로 실행하기 위한 수단으로서의 역할을 한다는 점에서 전략의 실행과 밀접한 관계가 있다.

3 전략통제는 전략경영의 마지막 단계로서, 전략의 수립과 실행과정을 점검함으로써 문제만을 규명하고 바로 잡는 과정을 의미한다.

4 전략과 전술의 구분

구분 요소	전략	전술
행위의 차원	고차원에서 포괄적 활용	저차원에서 부분적 이용
규칙성	계속성과 불규칙성이 이중적 성격	시한 및 규칙적 성격
주관적 가치관	경영자의 절대적인 비중	
대체안의 범위	거시적이고 원시적	미시적이고 근시적
불확실성	예측·기대·감소·배제가 불능(예측불능으로 크게 나타남)	예측·기대·감소·배제가 가능(예측이 가능하여 비교적 적게 나타남)
문제의 성질	비구조적이면서 비반복적 경향	구조적이면서 반복적 경향
정보요구	포괄적인 다량의 정보가 필연적	대내적이고 구체적인 자료 요구
시간적 범위	장기적이고 계속적	단기적이고 한정적
참조	창조적이면서 비참조적	공식적이면서 참조적(전략)
세부항목	개괄적이면서 포괄적 관심	구체적이면서 부분적 관점
인적표본의 개입	공식적이고 개별적 개입 (최고경영계층과 전문스탭)	능률적이고 집단적 개입 (관리자와 종업원)
관점	협동적 관심의 공식화	기능적 관심의 개발원칙
중요성	포괄적 성격에 따라 핵심내용을 강조(중요성이 높음)	부문적 성격에 따라 내용의 일반화(중요성이 낮음)

기업환경 중요성의 인식
- 오일쇼크가 계기가 되어 기업환경의 중요성에 대한 인식 증대
- 오일쇼크는 기업이 내부적으로는 아무리 효율적이라도 변화하는 환경에 적응하지 못하면 생존할 수 없음을 시사

|독|학|사|3|단|계|

Key Point

전략경영의 의의
- 전략은 기업을 둘러싼 경영환경의 변화에 적응하기 위한 경영전략을 의미하는데, 기업에게 경쟁우위를 제공, 유지시켜 줄 수 있는 주요한 의사결정으로 정의할 수 있다.
- 전략은 경쟁자에 대하여 가장 효율적으로 경쟁우위를 유지하도록 하여 경쟁자의 강점을 고려하여 자사의 강점을 변화시키려는 시도를 하게 된다. 전략경영의 주된 목적은 환경적응을 통하여 우위를 확보하는 데 있다. 따라서 경쟁자가 없다면 전략은 필요 없는 것이다.

전략경영 과정의 학습 의의 : J. B. Barney와 W.S. Hesterly가 주장
- 자신이 고용된 기업의 전략을 평가하는 데 필요한 도구를 제공하기 위함이다.
- 자신이 어떤 기업에서 일을 한다면 그 기업의 전략과 전략을 실행하는 과정에서 자신의 역할을 이해하기 위함이다.
- 전략선택은 일반적으로 큰 기업에서 경험 있는 상급 경영자에 제한되어 있지만, 소기업이나 창업기업에서 많은 종업원들이 전략경영 과정에 직접 참여하기 위함이다.

5 전략 개념의 핵심적인 구성 요소에 대해 설명하시오.

6 전략경영과정에 대해 설명하시오.

7 다각화된 기업에 있어서 본사 스탭의 주요역할에 대해 설명하시오.

8 전략경영의 이점에 대해 설명하시오.

Answer

5 전략 개념의 핵심적인 구성 요소는 조직과 환경과의 상호작용의 정도를 나타내는 사업영역(활동영역), 목표달성을 위해 자원이나 능력을 결합하고 배분하는 자원동원, 경쟁자에 비해 지니는 독특한 경쟁적 위상인 경쟁우위, 그리고 기업의 활동영역 선택과 자원동원을 통해 기업이 추구하는 상승효과인 시너지의 네 가지이다.

6 전략경영의 과정은 전략수립과정과 전략실행과정 및 전략통제과정으로 나눌 수 있다. 이 중 전략수립은 기업의 사명과 목표를 선택하고 이를 달성하기 위하여 조직의 환경과 기업의 내부능력을 분석하여 적절한 전략을 선택하는 과정이며, 전략실행은 각 기능부문별로 세부전략인 기능전략을 수립하고, 조직구조나 조직문화 및 인사제도 등을 재설계하는 과정이다. 전략통제는 전략경영의 마지막 단계로서, 전략의 수립과 실행과정을 점검함으로써 문제만을 규명하고 바로잡는 과정을 의미한다.

7 다각화된 기업의 본사스탭의 역할에는 최고경영층에 대한 지원, 사업부간의 조정 및 통제, 사업부 경영자에 대한 정보제공 및 조언, 기능적 서비스의 제공 등이 있다.

8 전략경영의 이점으로는 ⅰ) 조직의 의사결정이나 행동에 일관성을 기할 수 있다, ⅱ) 조직구성원에게 하나의 사고의 틀이 된다, ⅲ) 경영자들이 외부 환경의 중요성을 인식하도록 한다 등이 있다.

9 전사적 전략(기업전략)에 대해 설명하시오.

10 사업부전략에 대해 설명하시오.

11 전략경영의 특성을 3가지 이상 쓰시오.

Key Point

▶ F.R. David의 전략경영 : '조직의 목적을 달성하기 위해 기능 간 의사결정을 수립, 실행 및 평가하는 기술 및 과학'으로 정의하고 있다. 이러한 정의에 의하면 전략경영은 조직의 성공을 위해 마케팅 재무/회계, 생산/운영, 연구·개발, 컴퓨터 정보시스템을 통합한 통합경영에 초점을 두고 있다.

▶ 전략관리자의 역할
- 개인 간 역할 : 전략관리자인 개인 간 역할은 명목상 우두머리의 역할과 리더로서의 역할 및 교량역할 등 세 가지 유형으로 분류되고, 이 역할은 공식적인 권한에서 직접 제기되며, 여기에는 기본적인 개인 간의 관계성이 포함된다.
- 정보역할 : 전략관리자의 정보역할은 모니터역할과 선전자역할 및 대변인역할 등이 있다.
- 의사결정역할 : 전략관리자의 의사결정역할은 기업가 역할과 권리침해조정자역할, 자원분배자역할 및 협상자역할 등이 있다.

Answer

9 기업수준전략 또는 기업전략이라 불리며, 사업영역의 구체화, 성장목표의 결정, 사업들 간의 전반적인 포트폴리오 관리 문제를 다루는 전략이다.

10 사업수준전략·경쟁전략·영역항해전략·사업전략이라 불리며, 단일 제품/서비스 사업, 다수기업 중 특정사업부문에 관련된 전략으로, 전략적 사업단위별로 전개되는 기업수준전략의 하위전략에 해당된다. 특정 사업영역 내에서 경쟁우위를 획득하기 위한 경쟁방법에 대한 것이다.

11
- 전략적 계획과 전략적 사고의 조화를 추구한다.
- 환경에 적응하고 더 나아가서는 환경을 창조하는 지속적인 과정이다.
- 미래지향적이고, 통합적이다.
- 경영자 특히 최고경영자의 주요 역할이다.
- 전반적인 목표와 목적을 위해 조직을 관리, 감독한다.
- 의사결정 시 다수의 이해관계자들을 포함시킨다.
- 단기 및 장기전망을 통합할 필요가 있다.
- 효율과 효과 간의 상쇄관계를 인식해야 한다.

독│학│사│3│단│계

02
기업의 사명과 목표

◻ 단원개요

기업의 사명(mission)은 기업의 존재 의의와 목적을 규정하는 것으로서, 기업의 전략적 지향(strategic orient-ation)을 나타내며 해당 기업을 다른 기업과 구별시켜주는 역할을 한다.

사명으로부터 도출되는 기업의 목표는 기업이 달성하고자 하는 결과를 구체적인 성과 지표로 표현한 것이다. 따라서 기업사명과 목표는 기업활동에 일관성과 방향성을 제시해 주는 것으로 전략수립과정의 첫 번째 단계에 해당된다고 볼 수 있다.

이 단원에서는 기업활동에 방향성과 일관성을 제시해주며, 전략수립과정의 첫 단계라 할 수 있는 기업의 사명과 비전, 그리고 기업목표에 대해 살펴보고, 그 의의를 제시한다. 기업의 근본적 존재의의와 목적을 나타내는 기업사명이 왜 중요하며, 전략수립과정에서 왜 필요한가, 그리고 비전과는 어떤 차이가 있는가를 설명한다. 아울러 기업의 목표를 그 유형에 따라 구분하고 목표의 계층에 대해 설명한다. 이를 통해서 기업활동에 지침을 제공해 주는 사명과 목표에 대해 이해하고 이를 실제 기업활동에 적용할 수 있도록 한다.

◻ 출제경향 및 수험대책

이 단원에서는 해마다 출제되는 비율이 약간씩 달라지기는 하지만 평균 2~3문제 정도는 출제되고 있는 편이다. 그 출제내용을 살펴보면 기업사명과 비전의 필요성과 의의, 목표의 정의, 기업목표의 역할, 단기목표와 장기목표, 재무적 목표와 전략적 목표 등에 대해 묻는 문제들이 출제되고 있는 바, 이에 대한 자세하고 철저한 학습이 요구된다.

기업의 사명과 목표

> **1 핵심 중요내용 및 핵심요약**
>
> 기업사명의 개념, 경영전략에서 사명이 가지는 기능적 효과, 기업사명과 비전, 사업영역의 정의, 포트폴리오 지향적인 사업정의의 요소, 기업철학의 개념, 기업목표의 역할, 목표의 요소, 단기목표와 장기목표, 재무적 목표와 전략적 목표

- 기업사명의 의의와 비전
- 사업영역의 정의과 기업철학
- 기업목표의 의의와 역할
- 목표의 계층과 유형

Key Point

기업사명(corporate mission : 기업의 존재 의의와 목적을 규정하는 것으로 기업목표에 가이드라인으로 작용하며, 전략수립의 첫 번째 단계에 해당한다.

기업사명의 의의와 효용
- 조직의 자원활용방향과 자원배분에 대한 지침이 된다.
- 조직구성원들의 의사결정이나 일상적인 활동에 지침이 되며, 사후적으로 평가기준으로 작용한다.
- 전략수립과정의 근본적인 기준이 된다.
- 조직의 장단기적 목적과 목표들이 일관성이 있는가를 평가하는 기준이 된다.
- 조직이 가장 우선시하는 가치가 무엇이며, 어떤 부분에 가장 중점을 두는가를 제시해 준다.
- 조직의 존재의의와 목적을 대내외적으로 나타내 준다.

기업사명의 의의

(1) 기업사명의 의의

① 기업사명의 개념
  ㉠ 사명(mission)이란 조직의 목적이자 존재 이유이다. '우리 회사는 왜 존재하는가'에 대한 대답이 곧 사명이다.
  ㉡ 사명은 다른 기업과 해당기업을 차별화시켜주고 그 활동영역을 규정해 주는 것으로 기업의 근본적인 존재의의와 목적을 나타내는 것이다.
  ㉢ 사명은 전략 수립의 첫 번째 단계인 목표 설정 중에서도 가장 우선적으로 결정되어야 할 요소이다.

② 사명선언문
  ㉠ 기업의 사명을 문장형식으로 구체화한 것으로, 우리는 누구이고, 우리는 무엇을 하며, 우리는 어디로 가는가(who we are, what we do, and what we are headed) 하는 내용을 담게 된다.
  ㉡ 기업사명의 표현 : 조직을 다른 조직과 구별하고, 제품, 서비스, 시장에서 활동영역과 운영의 범위를 구체화해 주는 존재목적진술서이다.

③ 경영전략에서 사명이 가지는 기능적 효과
  ㉠ 조직의 정체성을 제공하여 준다. 즉, 조직의 존재이유와 그 목적을 대내외적으로 공표하여 주는 기능이다.
  ㉡ 조직가치의 중심점을 제공하여 준다. 이는 조직이 가장 우선시하는 가치가 무엇이며, 어떤 부분에 가장 중점을 두어야 하는가를 제시하여 준다.
  ㉢ 조직목표의 일관성을 평가하는 기준이 된다. 즉, 조직의 장·단기적 목적과 목표들이 일관성을 가지고 있는가를 평가하는 준거기준을 제공하여 준다.
  ㉣ 전략수립과정의 기준을 제공하여 준다. 실제 기업의 경영전략수립과정에서는 SWOT분석을 통하여 최적의 경영전략을 수립하고자 하는데, 이때 전략수립을 위한 근본적인 기준은 기업의 사명과의 일관성을 살펴보아야 한다.
  ㉤ 전략평가의 기준을 제공한다. 전략의 실행이 이루어진 후 마지막 과정에

서 전략평가가 이루어지는데, 이때 전략의 평가는 기업의 사명과의 달성정도를 통해 평가된다.
    ⓑ 자원의 배분과 활용의 기준이 된다.
④ 성공한 기업들의 공통점 : 단순히 이윤만을 추구하는데 그치지 않고 사회의 일원이 되고자 노력해 왔다.

(2) 기업사명과 비전

① 비전(vision) : '조직내의 모든 구성원들의 꿈과 의지가 내재된 미래의 모습을 이미지화'한 것으로 계량적인 측정은 할 수 없는 개념적인 모습이다.
② 기업들은 비전수립을 전략수립의 첫 단계로 인식하고 있다.
③ 비전과 기업사명의 비교
   ㉠ 비전
     • 전략적으로 지향하고자 하는 미래상을 의미한다.
     • 미래에 성취하고자 하는 이상이나 목표가 제시되어야 하며 너무 비현실적이어서 그 달성가능성이 의심받게 되면 조직구성원들을 고양하거나 동기부여하는 힘을 잃게 된다.
   ㉡ 사명
     • 영구적인 존재목적을 의미하므로 특정 시간에 구애받지 않는 개념이다.
     • 시간에 구애받지 않고 기업에 방향성과 활력을 제공하는 원천으로 작용할 수 있다.

기업사명의 수립

(1) 사업영역의 정의

① 사업영역 : 사업을 정의하는 조직의 독자적인 사업활동 영역을 말하고 사업영역의 정의를 통하여 '우리의 사업은 무엇인가'라는 조직의 사회적 존립기반에 관계되는 물음에 응답하는 것이다.
② 단일사업분야의 기업 : 기업의 사업분야는 고객집단(who), 충족되어야 할 욕구(what), 고객 욕구를 충족시키는 방법(how)이라는 세 가지 측면에 따라 정의된다.
   ㉠ 고객집단 : 누가 충족되는가?
   ㉡ 고객욕구 : 무엇이 충족되는가?
   ㉢ 독특한 능력 : 어떠한 방법으로 고객욕구가 충족되는가?
③ 다각화된 기업 : 포트폴리오 지향적인 사업정의가 필요하다.
   ㉠ 포트폴리오 : 기업이 영위하고 있는 사업분야의 집합을 말한다.

Key Point

▶ **기업의 사업분야** : 기업사명은 사업분야에 대한 분명한 정의를 담고 있어야 한다. 단일 사업분야를 영위하는 기업의 경우에는 고객집단, 고객욕구, 고객욕구 충족 방법이라는 세 측면에 따라 사업분야를 정의할 수 있다.

▶ **기업경영에서 비전의 역할**
• 비전은 기업의 미래의 상태에 대한 표현으로서 기업구성원들에게 기업의 미래방향과 기업이 바라는 것이 무엇인가를 전달하고 그들이 추구할 공동 목적을 제시하며 이를 달성하기 위하여 그들의 힘을 모으고 그들의 동기를 불러일으키는 역할을 수행한다.
• 비전은 기업의 경영혁신을 성공적으로 전개하고 바람직한 결과를 달성하는데 있어서 가장 중요한 요소의 하나로 작용할 수 있다

▶ **비전과 사명**
• 비전은 목표와 관련이 있는 반면, 기업사명은 '행동방식'과 관련이 있다.
• 비전의 단점 : 비전은 일단 성취되고 나면 그 의미를 잃으므로 더 이상 기업에 방향을 제시해주지 못하며 행동의 기준이 되지도 못하고 비전이 너무 야심적이어서 그 달성 가능성이 의심받게 되면 조직의 구성원들을 고양하거나 동기를 부여하는 힘을 잃게 된다.
• 기업사명의 장점 : 기업의 목적과 경영철학 및 이에 따라 요구되는 행동양식을 나타낸 것으로서 시간에 구애받지 않고 기업에 방향성과 활력을 제공하는 원천으로 작용할 수 있다.

| 독 | 학 | 사 | 3 | 단 | 계 |

Key Point

기업사명의 수립
- 사명의 수립과정에서는 주주, 이사회 및 종업원과 같은 내부의 관계자집단과 고객, 정부 및 공공대중 등과 같은 외부의 관계자집단의 가치나 요구사항이 가능하면 반영되도록 하여야 한다.
- 기업의 사명에는 기업의 주요 목적, 사업성격 또는 사업범위 등을 명시해야 한다.

사업정의의 핵심요인
- 단일사업에 종사하는 기업 : 대상 고객집단, 고객욕구, 독특한 능력
- 다각화된 기업 : 포트폴리오의 목적, 포트폴리오의 영역, 포트폴리오의 균형

기업에서 널리 활용되는 성과영역 : 시장점유율, 생산성, 수익성, 성장성, 제품관련 요소, 연구개발, 인적 자원, 사회적 책임 등이다.

목표의 역할
- 목표는 사명이나 기업목적을 구체적인 행동으로 전환시키는 수단으로서의 역할을 한다.
- 명확하게 설정된 목표는 사명의 달성 정도를 구체적으로 평가할 수 있는 지침이 된다.

   ⓒ 포트폴리오 지향적인 사업정의의 요소
- 사업포트폴리오의 목적 : 여러 사업을 영위하는 당위성에 대한 논리가 사업정의에 함축되어야 한다.
- 바람직한 포트폴리오의 영역 : 기업이 미래에 진출할 분야와 진출하지 않을 분야에 대한 하나의 기준을 의미한다.
- 포트폴리오 내 여러 사업분야 간의 바람직한 균형 : 기업이 전체 사업분야에서 어떤 분야를 보다 중시하는가 하는 것을 말한다.

(2) 기업철학(경영이념)

① 기업철학은 기업을 운영하는 의사결정자의 기본신념이나 가치관, 열망 등을 구체화한다.
② 기업철학은 전략수립이나 구성원들의 행동 및 의사결정에 규범이나 지침이 되는 가치관이나 지도원리이다.
③ 우리나라 일본의 경우 사시, 사훈, 신조, 강령 등으로 다양하게 불린다.
④ 존슨 앤드 존슨(Johnson & Johnson)의 기업신조
   ㉠ 우리의 최종적인 책임은 주주를 위한 것이다.
   ㉡ 전 세계에서 우리와 함께 일하는 종업원들을 위한 것이다.
   ㉢ 우리의 제품과 서비스를 사용하는 모든 다른 사람들을 위한 것이다.

목표 수립

(1) 목표의 의의

① 목표의 정의 : 어떤 특정기간 동안 기업이 달성하고자 하는 특정결과를 나타낸 것으로서 언제까지 혹은 어느 기간동안이라는 시간개념과 어떤 유형의 성과인가에 대한 성과 지표 및 얼마만큼의 성과지표의 수준이 포함되어야 한다.
② 기업목표의 역할 : 전략적 의사결정이 이루어지는 환경을 설정하고 이를 통해 전략적 의사결정에 대한 방침을 제공한다.
③ 목표의 요소
   ㉠ 목표달성의 기간
   ㉡ 지표별 달성기준
   ㉢ 목표를 측정하기 위한 지표
   ㉣ 목표의 속성(수익성, 시장점유율) 등
④ 기업의 목표 : 기업사명의 영향을 받으며 기업사명과 일관성을 가져야 하고, 생산과 이윤극대화로 집약된다.

(2) 목표의 계층

① 목표계층의 개념 : 조직의 어느 계층에서의 목표인가를 의미하는 것이다.
② 상향적 목표와 하향적 목표
   ㉠ 상향적(bottom-up) 목표 : 상위계층의 목표는 각 하위계층의 목표설정에 지침이 되며, 상향적인 목표설정(전략적 리더십의 결여)은 조직 전체의 활동이 뚜렷한 방향없이 비체계적으로 이루어질 가능성이 크다.
   ㉡ 하향적(top-down) 목표 : 하향적인 목표설정은 조직의 전략수립과 이에 따른 제반 활동들이 일관성을 가지고 통합적으로 이루어지도록 한다.

(3) 목표의 유형

① 단기목표와 장기목표
   ㉠ 단기목표
      • 기간 : 1년 또는 그 이하의 기간을 대상으로 한다.
      • 역할 : 단기적 목표는 조직의 궁극적 목적을 달성하기 위해 거쳐야 하는 단계로서의 역할을 한다.
      • 단기적 목표의 설정 : 항상 장기적인 관점에서 설정되어야 한다.
   ㉡ 중기목표 : 1~3년인 경우를 말한다.
   ㉢ 장기목표
      • 기간 : 3년 이상인 경우를 말한다.
      • 명확하게 설정된 장기적 목표 : 관리자들에게 현재의 의사결정이 장기적인 기업성과에 미치는 영향을 평가하도록 한다.
② 재무적 목표와 전략적 목표 : 목표의 수립과정에서 가장 중대한 사항은 기업의 성공에 밀접한 관련이 있는 핵심성과영역을 규명하는 것이다. 즉 어떤 지표를 목표로 채택할 것인가를 규명하는 것이다. 대체로 기업에서 널리 활용되는 성과영역으로는 수익성, 성장성, 시장점유율, 생산성, 연구개발, 인적자원, R&D 등을 들 수 있다.
   ㉠ 재무적 목표
      • 재무적 성과 : 기업의 수익성과 관련된 목표로서 조직의 생존을 위한 기본적이고 필수적인 요소이다.
      • 재무적 목표의 예 : 주가, 현금흐름, 배당률
   ㉡ 전략적 목표
      • 전략적 성과 : 기업의 전반적 시장지위를 강화하고 장기적으로 기업의 위상을 유지하고 제고하는데 필요한 요소이다.
      • 전략적 목표의 예 : 동종 업계 최고의 품질달성, 신속한 고객서비스를 통한 고객만족, 신규사업분야의 진출을 통한 다각화, 해외 생산비율의 확대, 기업이미지 제고 등
      • 기업의 재무안정성이 확보된 경우 : 장기적으로 기업의 경쟁력을 향상

Key Point

▶ 기업의 지배구조 : 이해관계자들이 '어떻게 명시적·묵시적인 계약을 통해서 기업가치를 극대화하는 쪽으로 움직일 수 있는가'이다.

▶ 전략적 사고와 전략적 의사결정 : 기업이 전 계층에 스며들기 위해서는 전체 조직뿐만 아니라, 조직의 독립된 사업부 및 각 사업부 내의 기능부서까지도 성과목표가 설정되어야 한다.

▶ 기업사명과 목표
   • 기업사명은 기업이 근본적으로 추구하는 가치를 표현한 것이다.
   • 목표 : 어떤 특정기간 동안 기업이 달성하고자 하는 특정 결과를 구체적으로 나타낸 것이다.

▶ 기업목표의 성격 : 대부분의 조직에서 목표는 계층적인 성격을 띤다. 즉 상위목표가 있으면 그 상위목표의 달성에 연계되어 있는 여러 가지 하위목표를 설정할 수 있다.

▶ 단기적 목표의 설정 : '조직의 사명과 장기적 목표를 달성하기 위해서는 현재 어떻게 해야 하는가'에 중점을 두고 이루어져야 한다.

| 독 | 학 | 사 | 3 | 단 | 계 |

Key Point

전략적 의지의 개념 : 기업의 전략적 목표의 중요성을 강조하는 것으로서, 전략수립이 야심찬 목표의 설정과 이러한 목표를 달성하기 위해 필요한 자원과 기업역량을 구축하는 방법을 모색하는 관점에서 이루어져야 함을 시사해 준다.

시키기 위한 전략적 목표의 달성에 보다 중점을 둔다.
- 하멜과 프라할라드(Hamel and Prahalad) : '전략적 의지(strategic intent)'라는 개념을 통해 기업의 전략적 목표의 중요성을 강조하고 있다.

참고문헌

- 김형준, 「전략경영론」, 형설출판사, 2011
- 정동섭・추교완・박재희, 「경영전략」, 경영과 미래, 2010
- 김영수・이영진, 「경영전략」, 학현사, 2010
- 유기현・황용식, 「전략경영론」, 무역경영사, 2009
- 김길성, 「경영전략」, 전남대학교출판부, 2009
- 니와 데츠오, 「경영전략」, 새로운 제안, 2007

Bachelor's Degree

2 실전예상문제

객관식

1 다음 중 기업의 근본적인 존재 의의와 목적, 그리고 중시하는 가치를 포괄적으로 나타내는 용어는 무엇인가?
① 가치사슬
② 목표
③ 기업 사명
④ 경쟁 전략

▶ 기업사명은 기업의 존재의의와 목적을 규정하는 것으로서 기업의 전략적 지향을 나타내어 해당 기업을 다른 기업과 구별시켜 주는 역할을 한다.

2 기업이 추구하는 바와 장기적으로 바람직한 기업의 비전을 의미하는 것은?
① 목표
② 사명
③ 이윤
④ 경쟁

▶ 사명은 다른 기업과 해당 기업을 차별화시켜 주고 그 활동영역을 규정해 주는 것으로, 기업의 근본적인 존재의의와 목적을 나타내는 것이다.

3 기업의 사명을 문장 형식으로 구체화한 것은 무엇인가?
① 직무기술서
② 사명선언문
③ 전략
④ 목표

▶ 사명선언문 : 기업의 사명을 문장의 형식으로 구체화한 것으로 우리는 누구이고, 무엇을 하며, 어디로 가는가 하는 내용이 포함된다.

4 기업사명에 대한 설명으로 옳지 <u>않은</u> 것은?
① 기업에 정체성을 부여한다.
② 최고경영자의 사업철학이 반영된다.
③ 전략의 수립과 실행에 근본적인 지침이 된다.
④ 측정 가능한 구체적인 목표로 제시된다.

▶ 사명은 하나의 선언으로서 기업의 기본적인 지향점을 나타내며, 측정 가능한 목표를 제시하는 것은 아니다.

5 다음 중 사명에 대한 설명으로 옳지 <u>않은</u> 것은?
① 기업에 정체성을 부여해 주고 성장과 발전의 방향을 나타내 준다.

Keypoint & Answer

→ 기업 사명의 정의 → ③

→ 기업이 추구하는 바와 장기적으로 바람직한 기업의 비전 → ②

→ 사명선언문 → ②

→ 기업사명에 대한 설명 → ④

→ 사명에 대한 내용 및 특성 → ④

|독|학|사|3|단|계|

② 전략의 수립과 실행에 가장 근본적인 지침이 된다.
③ 최고경영자의 사업철학이 반영된 것이다.
④ 하나의 선언으로서 측정 가능한 목표를 제시하는 것이다.

▶ 사명은 측정 가능한 목표를 제시하는 것은 아니며 기업의 기본적인 지향점을 나타낸다.

기업사명의 의의와 효용 → ④

6 다음 중 기업사명의 의의와 효용에 대한 내용으로 <u>잘못된</u> 것은?

① 조직의 존재의의와 그 목적을 대내외적으로 나타내 준다.
② 조직의 장단기적 목적과 목표들이 일관성을 가지고 있는가를 평가하는 기준이 된다.
③ 전략수립과정에 있어서 근본적인 기준이 된다.
④ 조직구성원들의 사적인 활동에 통제적 기준이 된다.

▶ 사명은 조직구성원들의 의사결정이나 일상적 활동에 지침이 된다.

기업의 미래상을 분명하게 나타내 주는 것 → ②

7 기업의 미래상을 분명하게 나타내주는 것으로서 현재보다 더 나은 상태를 의미하는 것은?

① 전략   ② 비전
③ 목표   ④ 정체성

▶ 기업의 방향을 선택하기 위해서는 먼저 리더가 가능한, 그리고 바람직한 기업의 미래 상태에 대한 하나의 정신적 이미지를 개발해야 한다. 이러한 정신적 이미지가 바로 비전(vision)이다.

비전은 '목표'와 관련이 있고, 기업사명은 '행동방식'과 관련 → ③

8 다음 〈보기〉의 괄호에 적절한 말이 순서대로 연결된 것은?

보기 기업의 비전은 (   )(와)과 보다 관련이 있는 반면 기업사명은 (   )(와)과 관련이 깊다.

① 전략실행 – 전략수립   ② 전략수립 – 전략실행
③ 목표 – 행동방식   ④ 행동방식 – 목표

▶ 비전은 현재보다 더 나은 미래의 상태를 의미하며, 사명은 현재에 보다 초점을 두고 특정 시간에 구애받지 않기 때문에 비전은 '목표'와 관련이 있고, 기업사명은 '행동방식'과 관련이 깊다.

비전과 기업사명의 차이점 → ④

9 비전과 기업사명의 차이점 중 사명에 대한 내용이 <u>아닌</u> 것은?

① 현재에 초점이 두어진다.
② 특정 시간에 구애받지 않는다.

42 경영전략

③ 의미를 가지는 한 지속적으로 유지될 수 있다.
④ 목표와 보다 관련이 있다.

▶ 비전은 목표와 보다 관련이 있는 반면 기업사명은 행동방식과 더욱 관련이 깊다.

10 기업의 사명이나 사명선언문에 포함되어야 할 핵심 요인으로 거리가 <u>먼</u> 것은?

① 기업문화
② 조직운영철학
③ 사업의 목적
④ 사업영역에 대한 정의

▶ 기업의 사명이란 기업의 존재의의와 목적을 규정하는 것으로서, 기업의 전략적 지향을 나타내며 해당 기업을 다른 기업과 구별시켜 주는 역할을 한다. 일반적으로 이러한 기업의 사명 또는 사명선언문에는 사업영역에 대한 정의, 사업의 목적, 그리고 조직운영 철학이라는 세 가지 핵심요인이 포함되게 된다.

11 다음 중 아벨(Abell)의 사업영역정의에 포함되지 <u>않는</u> 것은?

① 고객집단
② 생산제품
③ 고객욕구
④ 고객욕구의 충족방법(독특한 능력)

▶ 아벨의 사업영역정의에는 고객집단, 고객요구, 고객욕구의 충족방법 등이 포함된다.

12 다음 중 단일사업정의의 구성요인과 관련 <u>없는</u> 것은?

① 고객집단
② 이윤달성을 위한 지침
③ 고객욕구
④ 욕구충족을 위한 독특한 능력

▶ 사업정의의 구성요인 : 고객집단, 고객욕구, 독특한 능력

13 다음 중 사업에 대한 정의를 할 때 반드시 포함되어야 할 요소에 해당되지 <u>않는</u> 것은?

① 고객욕구의 충족 방법
② 고객욕구
③ 경쟁자
④ 고객집단

▶ 단일산업 분야 사업정의의 구성 요인 : 고객집단, 고객욕구, 고객욕구의 충족 방법

14 포트폴리오 지향적인 사업정의의 핵심요소가 <u>아닌</u> 것은?

① 사업포트폴리오의 목적
② 바람직한 포트폴리오의 영역
③ 사업포트폴리오의 통제

Keypoint & Answer

➡ 기업의 사명이나 사명선언문에 포함되어야 할 핵심 요인 ➡ ❶

➡ 아벨(Abell)의 사업영역정의 ➡ ❷

➡ 단일사업정의의 구성요인 ➡ ❷

➡ 단일산업 분야 사업정의의 구성 요인 ➡ ❸

➡ 포트폴리오 지향적인 사업정의의 핵심요소 ➡ ❸

Keypoint & Answer

사업포트폴리오 분석 ➡ ❸

기업이 최우선적으로 고려해야 할 목표 ➡ ❶

기업이 주주와 종업원의 욕구를 충족시킬 수 있는가에 대한 가장 명확한 지표 ➡ ❸

전략적 지향이 추구하는 궁극적인 목표가 되는 요인 ➡ ❸

기업철학의 특징 ➡ ❷

④ 포트폴리오 내 여러 사업분야간의 바람직한 균형

▶ 포트폴리오(다각화) 지향적인 사업정의 : 포트폴리오의 목적, 포트폴리오의 영역, 포트폴리오의 균형

15 태평기업은 다각화된 기업으로서, 각 사업부문에 대한 평가를 통해 사업재구축을 단행할 경우 이때 우선적으로 요구되는 것은?

① 벤치마킹　　　　　　　② 조직재설계
③ 사업포트폴리오 분석　　④ 비지니스 리엔지니어링

▶ 다각화된 기업의 경우에는 포트폴리오지향적인 사업정의가 바람직하다. 포트폴리오란 기업이 영위하고 있는 사업분야의 집합을 의미한다.

16 기업이 최우선적으로 고려해야 할 목표로서 기업이 장기적인 관점에서 사업을 영위하도록 해주는 것은?

① 생존　　　　　　② 성장
③ 철학　　　　　　④ 수익성

▶ 생존하지 못하는 기업이 관련 이해관계자의 욕구를 충족시킬 수는 없다.

17 다음 중 기업이 주주와 종업원의 욕구를 충족시킬 수 있는가에 대한 가장 명확한 지표가 되는 것은?

① 단기적 이익에의 집착　② 기술적 진보
③ 장기적인 수익의 확보　④ 장기적인 생존 전략

▶ 수익성 : 기업의 생존을 보장해 주는 버팀목으로서, 장기적인 수익의 확보는 기업이 주주와 종업원의 욕구를 충족시킬 수 있는가에 대한 명확한 지표이다.

18 대부분의 기업에 있어서 전략적 지향이 추구하는 궁극적인 목표가 되는 요인이 아닌 것은?

① 생존　　　　　　② 성장
③ 철학　　　　　　④ 수익성

▶ 생존, 성장 및 수익성이 전략적 지향이 추구하는 궁극적인 목표가 된다.

19 기업을 운영하는 데 있어서 전략적 의사결정자가 중시하는 기본 신념이나 가치관, 열망 등을 구체화한 것은?

① 성과지표　　　　② 기업철학

③ 전략적 의지   ④ 기업홍보

▶ 기업철학은 기업이 어떤 방식으로 사업을 수행하겠다는 것을 나타내 주며 종종 기업의 사회적 책임에 대한 기업 나름대로의 인식을 담고 있다.

20 다음 중 목표에 포함되는 요소로 적당치 <u>않은</u> 것은?

① 목표의 속성   ② 목표를 측정하기 위한 지표
③ 각 지표별 달성 기준   ④ 목표달성방법의 모색

▶ 목표의 요소 : 목표의 속성, 측정지표, 지표별 달성기준, 목표달성의 기간

➡ 목표에 포함되는 요소 ➡ ④

21 대체로 기업의 성과영역으로서 가장 널리 사용되고 있는 것은?

① 수익성   ② 생산성
③ 연구개발   ④ 사회적 책임

▶ 기업의 성과영역으로서 수익성과 성장성이 가장 널리 사용되고 있다.

➡ 기업의 성과영역으로서 가장 널리 사용되고 있는 것 ➡ ①

22 다음 중 전략적 목표의 예가 아닌 것은 어느 것인가?

① 매출액에 대한 지표   ② 신규 사업분야의 진출을 통한 다각화
③ 기업이미지 제고   ④ 신속한 고객서비스를 통한 고객 만족

▶ 전략적 목표 : 신규 사업분야의 진출을 통한 다각화, 해외 생산비율의 확대, 동종 업계 최고의 품질달성, 신속한 고객서비스를 통한 고객만족, 기업이미지 제고

➡ 전략적 목표의 예 ➡ ①

23 다음 중 전략적 의지(strategic intent)가 강조하는 말에 해당하는 것은?

① 재무적 목표   ② 기업사명
③ 전략적 목표   ④ 다각화

▶ 전략적 의지가 강조하는 것은 전략적 목표이다.

➡ 전략적 의지(strategic intent)가 강조하는 말 ➡ ③

24 다음 중 기업의 전략적 목표에 해당하는 것은?

① 매출액 부양   ② 배당률 증진
③ 주가 감소   ④ 기업이미지 제고

▶ 전략적 목표의 예 : 신규사업 분야의 진출을 통한 다각화, 해외 생산비율의 확대, 동종 업계 최고의 품질 달성, 신속한 고객서비스를 통한 고객만족, 기업이미지 제고 등

➡ 기업의 전략적 목표 ➡ ④

| 제2장 기업의 사명과 목표 **45**

Keypoint & Answer

기업에 있어서 전략적 목표의 중요성을 강조한 사람 → ❶

25 전략적 의지라는 개념을 통해 기업에 있어서 전략적 목표의 중요성을 강조한 사람은?
① Hamel   ② Zimel
③ Sutain   ④ Porter

▶ 하멜과 프라할라드(Hamel and Prahalad)는 전략적 의지를 통한 전략적 목표의 중요성을 강조했다.

재무적 목표의 예 → ❹

26 다음 중 재무적 목표의 예로 볼 수 있는 것은?
① 신규사업분야의 진출을 통한 다각화 ② 기업이미지 제고
③ 동종 업계 최고의 품질달성   ④ 현금흐름

▶ 재무적 목표는 매출액이나 이익에 대한 여러 지표나 현금흐름, 주가, 배당률 등과 같은 재무수치와 관계된 목표를 의미한다.

장기목표의 예 → ❹

27 다음 중 장기목표에 해당하는 것은?
① 6개월   ② 1년
③ 2년   ④ 4년

▶ 보통 1년 또는 그 이하를 단기목표, 중기목표는 1~3년, 장기목표는 3년 이상인 경우를 의미한다.

기업의 단기 목표에 관한 내용 및 특성 → ❹

28 기업의 단기 목표에 관한 설명으로 옳은 것은?
① 일반적으로 1년~3년의 목표를 의미한다.
② 기업의 목표 달성을 위해 '현재'를 대상으로 한다.
③ 단기적인 관점에서만 설정되어야 한다.
④ 조직의 궁극적 목적 달성을 위해서 반드시 필요하다.

▶ 기업의 단기 목표 : 조직의 궁극적인 목적의 달성을 위해 거치는 단계로서의 역할

목표의 계층 중 가장 상위의 목표 → ❶

29 다음 중 목표의 계층 중 가장 상위의 목표에 해당되는 것은?
① 사명   ② 기업목표
③ 사업부 목표   ④ 부문별 목표

▶ 사명은 가장 폭넓고 상위의 목표이다.

목표의 계층에 관한 내용 → ❶

30 목표의 계층에 관한 설명으로 옳은 것은?

46 경영전략

① 가장 상위의 목표는 기업사명이다.
② 사업부의 목표에 따라 기업목표가 설정된다.
③ 사업부의 목표는 부문별 목표로부터 도출된다.
④ 목표는 상향적인 과정으로 설정되어야 한다.

▶ ②·③ 사업부의 목표는 기업목표로부터 도출, ④ 목표는 하향적인 과정으로 설정하는 것이 바람직함

31 다음의 목표 중에서 장기적인 관점에서 설정되어야 하는 목표는 무엇인가?

① 단기목표　　　　② 중기목표
③ 장기목표　　　　④ 전략목표

▶ 단기적 목표는 비록 현재 또는 가까운 기간을 대상으로 하고는 있지만 항상 장기적인 관점에서 설정되어야 한다.

➡ 장기적인 관점에서 설정되어야 하는 목표 ➡ ❶

32 기업목표로부터 도출되는 것은 다음 중 어느 것인가?

① 부문별 목표　　　② 사업부의 목표
③ 기업사명　　　　④ 조직운영 철학

▶ 사업부의 목표는 특정 사업부문의 목표로서 기업목표로부터 도출되며, 그 하위의 목표로서는 부문별 목표 등을 들 수 있다.

➡ 기업목표로부터 도출되는 것 ➡ ❷

33 다음 중 기업목표에 관한 설명으로 바르지 못한 것은?

① 하위계층의 목표는 각 상위계층의 목표설정에 지침이 된다.
② 마케팅부문의 목표에 따라 지역별 또는 제품별로 목표가 결정된다.
③ 하향적인 과정을 통해 설정된 조직목표는 조직의 전략수립과 관계가 있다.
④ 다각화된 기업의 경우 기업 전체의 목표가 설정되면 이에 따라 각 사업부의 목표가 설정된다.

▶ 목표는 상향적(bottom-up)이 아니라 하향적(top-down)인 과정으로 설정되는 것이 바람직하다. 즉 상위계층의 목표는 각 하위계층의 목표설정에 지침이 된다.

➡ 기업목표에 관한 내용 및 특성 ➡ ❶

➡ 기업철학 : 기업이 어떤 방식으로 사업을 수행하겠다는 것을 나타내주며 종종 기업의 사회적 책임에 대한 기업 나름대로의 인식을 담고 있다.

주관식

1 기업사명이란 무엇인지 간략하게 쓰시오.

| 독 | 학 | 사 | 3 | 단 | 계 |

Key Point

기업사명문
- 기업의 사명이 기업의 존재이유를 밝히는 것이니만큼 기업사명문은 기업의 역사, 기업의 차별적인 능력, 환경 등이 우선 고려될 필요가 있다.
- 기업사명은 현재의 그 기업이 제공하는 상품이나 서비스보다는 그 기업의 목표고객이 초점이 되어야 하고, 실행가능성이 있는 사명이 언급되어야 하며, 그 기업이 구성원들로 하여금 어떤 행동에 초점이 맞춰져야 하는지에 대해 명확한 결정을 내릴 수 있도록 구체적이고 동기유발적이어야 한다.

오늘날 비전이 더욱 더 중요시 되는 이유와 역할
- 이유 : 급변하는 경영환경에 능동적으로 대처하고 공격적인 경영이 요구되기 때문이다. 즉 기업의 바람직한 미래상을 설정하여 장기적 안목에서 전략구상을 하는 것이 더욱 중요해지고 있다.
- 역할 : 비전은 하루가 다르게 급변하는 경영환경을 헤쳐 나가는 데 필요한 나침반과 같은 역할을 수행하고 각 사업부의 목표와 희망을 단순히 합친 것이 아니라 각 사업부의 전략들을 기업전체의 틀 속에서 조정하고 통합하는 역할을 수행한다.

2 비전의 의미를 설명하시오.

3 사명선언문에 대해 간략하게 쓰시오.

4 기업사명의 의의와 효용에 대해 설명하시오.

Answer

1. 기업사명은 기업의 존재의의와 목적을 규정하는 것으로서 기업의 전략적 지향을 나타내어 해당 기업을 다른 기업과 구별시켜 주는 역할을 한다.

2. 기업의 방향을 선택하기 위해서는 먼저 리더가 가능한, 그리고 바람직한 기업의 미래상태에 대한 하나의 정신적 이미지를 개발해야 한다. 이러한 정신적 이미지가 바로 비전(vision)이다.

3. 기업의 사명을 문장의 형식으로 구체화한 것으로 우리는 누구이고, 무엇을 하며, 어디로 가는가 하는 내용이 포함된다.

4. 기업사명은 조직의 존재의의와 그 목적을 대내외적으로 나타내 주며, 조직의 장단기적 목적과 목표들이 일관성을 가지고 있는가를 평가하는 기준이 되고, 전략수립과정에 있어서 근본적인 기준이 되며, 조직구성원들의 의사결정이나 일상적 활동에 지침이 된다.

5 기업의 사명이나 사명선언문에 포함되어야 할 핵심 요인에 대해 설명하시오.

6 시간영역에 따른 목표의 유형에 대해 설명하시오.

7 비전의 개념에 대해 설명하시오.

8 목표의 개념에 대해 설명하시오.

Key Point

▶ 시간영역에 따른 목표의 유형 : 장기적 목표와 단기적 목표로 나눌 수 있다. 보통 1년 혹은 그 이하의 기간을 대상으로 하는 목표를 단기목표, 중기 목표는 1년에서 3년인 경우를, 장기목표는 3년 이상인 경우를 의미한다. 그러나 이것은 절대적인 개념은 아니고 기업이 놓여 있는 산업특성과 환경의 불확실성 정도를 감안하여 결정되어야 한다.

▶ 많은 기업들이 미래의 목표수립 시 오류를 범하는 경우
- 과거의 성과를 기준으로 목표를 설정하는 경우 : 이는 과거 수년간의 평균 성장률을 바탕으로 미래를 예상하여 설정하는 경우이다. 이러한 경우는 미래의 환경 변화에 동태적으로 적응할 수 없게 된다.
- 최고경영자가 도저히 불가능한 목표를 제시하는 경우 : 도전 불가능한 목표는 구성원들이 처음부터 목표달성이 불가능하다고 생각하여 단념해 버리는 경우가 많다.

▶ 전략적 목표와 재무적 목표의 예
- 전략적 목표 : 시장점유율의 증대, 품질의 제고, 제품라인의 확대, 뛰어난 기업이미지, 탁월한 고객서비스, 기술과 제품혁신의 기업, 세계시장에서의 경쟁력 증대, 성장기회의 확대, 업계를 선도
- 재무적 목표 : 이익성장률의 증대, 높은 배당금, 이익 마진의 확대, 투자수익률 증대, 신용도 제고, 현금 흐름의 증대, 주가의 상승, 이익기반의 확대, 불경기에 안정적 지위의 확보

Answer

5 일반적으로 이러한 기업의 사명 또는 사명선언문에는 사업영역에 대한 정의, 사업의 목적, 그리고 조직운영 철학이라는 세 가지 핵심요인이 포함되게 된다.

6 보통 1년 또는 그 이하를 단기목표, 중기목표는 1~3년, 장기목표는 3년 이상인 경우를 의미한다. 단기적 목표는 비록 현재 또는 가까운 기간을 대상으로 하고 있지만 항상 장기적인 관점에서 설정되어야 한다.

7 비전이란 실현가능하고, 신뢰성 있으며, 매력적으로 기업의 미래상을 분명하게 나타낸 것으로서, 몇 가지 중요한 측면에서 현재보다 더 나은 상태를 의미한다.

8 목표는 어떤 특정기간 동안 기업이 달성하고자 하는 측정결과를 나타낸 것으로서 언제까지 혹은 어느 기간동안이라는 시간개념과 어떤 유형의 성과인가에 대한 성과 지표 및 얼마만큼의 성과지표의 수준이 포함되어야 한다.

독|학|사|3|단|계

03 환경분석

단원개요

전략수립과정에서 기업의 목표가 설정된 후 가장 먼저 이루어져야 할 사항은 기업의 외부환경에 대한 분석이다. 환경분석의 의의와 중요성은 전략이 환경적응을 위한 기업의 의사결정 및 활동의 총체라는 점에서 찾을 수 있다.

환경은 조직외부에 있는 모든 것을 총칭하는 개념이다. 전략수립의 관점에서 볼 때, 환경분석은 내부능력 분석과 함께 전략적 대안을 평가·선택하기 위한 기준역할을 한다. 오늘날 기업생존과 성장의 첫 번째 요건은 환경적응이다. 기업이 성공하기 위해서는 그 전략이 환경에 적합해야 한다. 이러한 점에 환경분석의 의의와 중요성이 있다. 그러므로 경영자들은 환경의 동향과 특징을 규명하고, 그것이 조직에 미치는 영향을 평가할 수 있어야 한다. 환경에 대한 이해는 전략경영자들이 올바른 의사결정을 하고, 효과적인 전략수립과 실행에 필수적인 요건이 된다. 경영자들에게 요구되는 환경분석의 과제는 환경으로부터의 위협에 적절히 대처하면서, 다른 한편으로는 환경에 잠재되어 있는 기회를 적극 활용하는 것이다.

출제경향 및 수험대책

이 단원에서는 해마다 출제되는 비율이 약간씩 달라지기는 하지만 평균 2~3문제 정도는 출제되고 있는 편이다. 그 출제내용을 살펴보면 일반환경, 기술환경을 분석하는 자세, 포터의 산업내 경쟁결정요인, 진입장벽의 원천, 시장진입의 억제요인, 기업들간의 경쟁을 격화시키는 상황, 대체품의 위협, 핵심성공요인 등에 대해 묻는 문제들이 출제되고 있는 바, 이에 대한 자세하고 철저한 학습이 요구된다.

03 환경분석

Bachelor's Degree

- 환경분석의 의의와 체계
- 일반환경의 의의와 구분
- 산업환경의 의의와 분석
- 핵심성공요인의 규명

1 핵심 중요내용 및 핵심요약

환경분석의 의의, 환경의 형태, 일반환경의 의의, 일반환경의 구분, 경제적 환경요소, 기업이 전략을 통해 효과적으로 환경에 적응하는 방법, 철수장벽을 형성하는 요인, 진입장벽의 원천, 공급자의 교섭력이 커지는 경우, 핵심성공요인의 정의, 기업이 성공하기 위한 기준(조건)

Key Point

환경요인의 구분
- 일반환경 : 영향력의 범위가 넓고 어떤 사회시스템 내의 모든 기업에 유사한 영향을 미친다.
- 산업환경이나 과업환경 : 영향의 범위가 한 산업내 혹은 특정 기업 등으로 국한되며 기업에 따라 미치는 영향이 다르다.

환경분석의 기능
- 적극적 기능 : 기업이 이용할 수 있는 특정한 환경상의 기회(op-potunity)를 찾아내고 결정하는 것이다.
- 소극적 기능 : 기업에 대하여 장래의 위협(threat)이 될지도 모르는 것을 찾아내어 사전에 경고하는 것이다. 이같은 조기경보시스템(early warning system)이 있으면 기업은 환경상의 위협에 보다 효과적으로 대처할 수 있고 그 충격을 극소화할 수 있다.

환경분석의 의의와 체계

① 기업의 외부환경 : 외부환경은 기업의 의사결정과 경영성과에 큰 영향을 미치므로 외부환경에 대한 체계적인 분석이 요구된다. 환경의 형태는 크게 두 가지, 즉 일반환경(거시환경)과 산업환경으로 나눌 수 있다.

② 환경분석 : 기업이 합리적인 장기전략을 형성하려면 미래환경에 대한 기본전제가 필요하고, 미래에 대한 기본전제는 미래환경에 대한 예측과 분석없이는 불가능하다.

③ 환경분석의 의의 : 기업환경으로부터 여러 신호를 포착하고 기업을 위해 그들의 중요성을 분석하고 그들의 가능한 미래전개를 예측하는 등의 모든 활동을 말한다.

④ 환경분석에 있어서 경영자들에게 요구되는 주요한 과제 : 환경으로부터의 위협에 적절히 대처하면서, 다른 한편으로는 환경에 잠재하는 기회를 적극적으로 활용하는 것이다.

⑤ 환경의 형태
  ㉠ 일반환경(거시환경) : 경제적 환경, 사회적 환경, 정치적·법적 환경, 기술적 환경, 문화적 환경 등으로 사회경제적 추세에 기인한 일반적인 변화를 겪으며, 사업전반에 영향을 미친다.
  ㉡ 산업환경 : 고객, 주주, 공급자, 경쟁기업, 지역사회 등으로 경쟁역학에 따라 특별한 변화를 겪으며, 각 산업에서 기업에 서로 다른 영향을 미친다.

일반환경

(1) 일반환경의 의의

① 일명 거시적 환경으로 기업과 조직에 영향을 미치는 모든 환경적 영향력과 조건을 포함하며, 기업의 전략 선택 시 영향을 주는 여러 가지 추세/동향으로 구성된다.

② 특정 산업 분야에 관계없이 한 사회 내의 모든 조직에 대체로 유사한 영향을 미친다.
③ 일반환경은 경제적 환경, 사회·문화적 환경, 정치적·법적 환경, 생태적 환경, 기술적 환경 등으로 구성된다.

(2) 일반환경의 구분(구성요소)

① 기술적 환경
  ㉠ 기술적 환경 : 사회 전반적인 기술발전 추세나 새로운 기술의 등장 등과 같은 거시적 기술 변화를 말한다.
  ㉡ 기술적 변화 요소 : 신지식 창조를 가능케 하는 제도와 활동을 포함하며, 지식은 새로운 산출물, 생산, 공정, 원자재를 변형시킨다. 기술적 요소는 유전공학, 인터넷 기술의 출현, CADC/AM 등이다.
  ㉢ 정보기술의 발전 : 현대사회에 엄청난 변화를 초래하고 있는 요인이다.

② 사회·문화적 환경
  ㉠ 사회·문화적 환경 : 인구 통계적 패턴의 변화, 다양한 라이프 스타일, 현재의 가치관과 새로운 가치관 등을 의미한다.
  ㉡ 사회·문화적 요소 : 라이프스타일의 변화, 여성의 사회적 진출, 노동력의 다양성, 인구증가율의 추이, 연령구성과 소득계층 구성의 분포 등을 말한다.
  ㉢ 내적으로는 조직구성원들의 태도와 행동에 영향을 미치며, 외적으로는 제품의 수요와 고객의 구매 행태에 영향을 미친다.

③ 경제적 환경
  ㉠ 경제적 환경 : 기업이 활동하는 경제권의 특성과 동향을 말한다.
  ㉡ 경제적 환경요소
    • 경제성장 : 소비의 증대로 이어지므로 기업의 성장에 작용한다.
    • 이자율 : 기업의 금융비용을 결정하며 자본재나 내구재의 소비에도 영향을 미친다.
    • 환율 : 제품의 가격경쟁력에 큰 영향을 미친다.
    • 물가상승률 : 높은 물가상승률은 경제성장을 제약하고 금리의 인상을 유발하게 된다.
  ㉢ 기업의 경제에 대한 태도 : 국가는 국제경제의 결과와 상호 관련되므로 기업은 경제의 움직임을 관찰 → 감시 → 통제 → 예측 → 평가해야 한다.

④ 정치적·법적 환경
  ㉠ 정치적·법적 환경 : 기업이 사회적 구성원으로서 존재하는 데 있어서 사회 내에서 수용 가능한 법률적 행동규범을 규정하고, 기업운영의 법적, 제도적 틀로서 작용한다.
  ㉡ 법적·정치적 요소 : 기업 영향을 미치는 법적 체계, 독점금지법, 환경보

Key Point

▶ **일반환경의 구분**
• J.B. Barney : 인구적 동향, 문화적 동향, 경제적 동향, 법적·정치적 상황, 특정한 국제적 사건, 기술적 변화 등 6가지 상호관련 영역으로 구분하고 있다.
• R.A. Pitts와 David Lei : 거시환경이란 측면에서 5가지, 즉 인구적 환경, 정치적 환경, 사회·문화적 환경, 기술적 개발, 범세계적 환경으로 구분하고 있다.
• J.D. Hunger와 T.L. Wheelen : 경제적 요소, 기술적 요소, 정치적·법적 요소, 사회·문화적 요소로 구분하고 있다.

▶ **일반환경에서 중요 요소**
• 경제적 요소 : GDP 동향, 이자율, 현금공급력, 물가상승률, 비고용수준, 임금/가격통제, 평가절하/평가절상, 에너지이용도, 원가, 가처분소득, 유통시장
• 기술적 요소 : R&D 총정부비용, R&D 기업비용, 기술적 노력 중시, 특허권의 보호, 신제품, 실험에서 출시까지, 신기술 개발, 자동화에 의한 생산성 향상, 인터넷의 이용, 전기통신 기반구조, 컴퓨터 조작활동
• 정치적·법적 요소 : 반트러스트 규제, 환경보호법, 세법, 특별상여금, 해외무역규제, 외국기업의 태도, 고용법과 판매촉진, 정부의 안정성, 테러리즘과 개인문제
• 사회·문화적 요소 : 예상되는 직업의 라이프스타일의 변화, 소비자행동, 가족구조율, 인구증가율, 인구의 연령분포, 평균수명, 출생률, 연금계획, 건강걱정, 교육수준

▶ **경제적 환경** : 경제적 환경은 구체적으로 산업산출물의 수준과 패턴, 소비, 소득, 저축과 투자, 자본과 노동의 가용성, 물가변동 등에 반영되어 있으며 국민총생산, 인플레이션율, 이자율, 실업률, 환율변동, 소비자물가지수 등과 같은 경제지수들도 경제적 환경을 대변해 준다.

호법, 조세법, 해외 무역규정 등을 말한다.
ⓒ 민주화 수준이 낮은 후진국일수록 정치적 환경이 기업의 흥망과 성쇠에 보다 큰 영향을 미치게 된다.

산업환경

(1) 산업환경과 분석

① 산업(industry) : "서로 가까운 대체재를 생산하는 기업군인 동시에 경쟁이 일어나는 기본영역"이다.
② 산업환경 : 그 산업 내 기업들에 직접적인 영향을 미치며 경쟁의 정도를 결정한다는 점에서 경쟁환경이라고도 한다.
③ 산업구조(환경) 분석 : 환경적 요인 가운데 과업환경을 중심으로 산업의 구조적 분석을 통하여 여러 기업과의 관계를 분석하는 방법이다.
④ 기업이 전략을 통해 효과적으로 환경에 적응하는 방법
   ㉠ 기업 활동에 유리한 방향으로 환경을 변화시켜 산업 내에서 경쟁우위 달성(기업의 전향적 역할을 강조하는 관점)
   ㉡ 환경에 적합한 전략 활용(기존 환경에 대한 기업의 적응)
⑤ 포터(M.E. Porter)
   ㉠ 산업구조를 분석하는 기법을 전략경영적 접근으로 파악하는 데 결정적인 공헌을 한 사람이다.
   ㉡ 산업조직론에서 발견된 산업구조분석을 기업전략에 적용하기 위한 분석 틀을 제시하였으며, 그의 분석 틀에 의하면 다섯 가지 경쟁세력에 의해 산업의 수익률이 결정된다.
   ㉢ 다섯 가지 경쟁요인 : 기존기업간의 경쟁, 잠재적 진입자의 위협, 대체재의 위협, 공급업자와의 교섭력, 구매자와의 교섭력으로 나누어진다.

(2) 산업환경분석 틀 : 기술과 정부가 고려되는 경우

산업구조(환경)분석에서 경쟁요인(기존 기업간의 경쟁, 잠재적 진입자의 위협, 대체재의 위협, 구매자들의 교섭력, 공급자의 교섭력, 기술, 정부)은 모두 산업의 경쟁강도와 수익성에 영향을 미치지만 산업특성에 따라 지배적인 영향을 미치기도 하고 미미한 영향밖에 줄 수 없는 경우도 있다. 따라서 전략을 수립할 때는 산업구조 내의 핵심요인을 파악하는 것이 중요하다.

① 기존 기업들간의 경쟁 : 기존 기업간 경쟁결정요인에는 경쟁업체 수, 산업성장률, 고정비(재고비용), 시설확장(과잉설비), 제품 차별성, 전략적 이해관계, 철수장벽 등이 있다.

Key Point

조직론 및 전략경영론의 환경분석
- 조직론 분야 : 과업환경을 분석하는 것으로, 과업환경을 구성하는 요인에는 수요자, 공급자, 경쟁자, 규제집단 및 기술 등이 있다.
- 전략경영론 분야 : 산업환경의 분석에 많은 노력을 기울여왔으며, Porter의 분석 체계는 '경쟁'이라는 관점에서 환경을 분석한 것으로 기술과 정부라는 환경 요인은 빠져 있다.

산업의 정의
- 산업이란 서로 밀접한 대체상품을 생산하는 기업들의 집단'을 말한다.
- 산업과 시장의 차이점 : 산업은 기업들 간의 경쟁이 이루어지는 곳이고, 시장은 기업들이 사업을 영위하는 곳이다.

포터(M.E. Porter)의 산업경쟁유발요인 : 잠재적인 진입기업, 산업 내 경쟁기업, 기존 기업간 경쟁, 대체재, 구매자, 공급자

산업구조분석의 목적
- 경쟁강도의 파악 : 경쟁요인에 대한 이해, 주요 경쟁요인 도출
- 산업의 매력도 파악 : 산업의 잠재력 도출, 산업의 진입과 퇴출에 대한 신호역할
- 경쟁의 주요요인 파악 : 경쟁 발생의 원인파악, 경쟁요인의 상호 작용과 역학관계 제시
- 미래의 환경변화 예측 : 산업의 추세를 예측, 새로운 산업의 진입을 위해 필요한 분석도구
- 경쟁자의 동향 파악 : 산업 내 주요 경쟁자의 움직임을 파악, 경쟁자에 대한 강·약점 분석

㉠ 철수장벽
- 개념 : 특정 산업으로부터 기업의 철수를 억제하는 구조적 특성으로, 투자에 대한 수익률이 낮거나 마이너스가 될 때 빠져나갈 수 있는 경제적·전략적·정서적 요소가 된다.
- 철수장벽이 높을 경우 : 산업 내에 많은 기업들이 잔존하게 되어 경쟁이 예상보다 치열하게 된다.
- 산업내 기업의 입장 : 진입장벽이 높고 철수장벽은 낮은 경우가 가장 바람직하다.
- 철수장벽을 형성하는 요인 : 전략적 관련성, 정부 및 사회적 제약, 특수한 설비나 자산, 정서적 장벽

㉡ 수요 조건 : 산업의 성장이 빠른 경우에는 경쟁이 다소 완화되나 산업의 성장이 감소하는 경우에는 기업 간의 경쟁이 격화된다.

㉢ 경쟁구조 : 한 산업 내 기업들의 수와 규모 분포에 대한 것이다.
- 세분화된 산업 : 어떤 기업도 지배적인 위치를 점하고 있지 못한 산업으로 대체로 진입장벽이 낮고 차별화하기 어려운 제품을 생산하며, 공급능력이 과잉 상태에 이르게 되어 도산 기업들을 양산하게 된다.
- 통합된 산업 : 소수의 대기업들에 의해 지배되고 있는 집중률이 높은 산업으로 경쟁의 양태나 강도를 훨씬 예측하기 어렵고, 기업들간의 상호의존성이 매우 높다.

㉣ 다양한 경쟁기업들 : 경쟁양상이 복잡 다기화되어 기업에 커다란 위협이 된다.

㉤ 제품의 차별성이나 교체비용이 낮은 경우
- 제품이 차별성이 별로 없는 경우 : 가격과 서비스경쟁이 치열해진다.
- 교체비용이 낮거나 별로 없는 경우 : 시상섬유율을 높이기 위한 경쟁이 치열해진다.

㉥ 높은 고정비와 재고비용 : 재고비용이 클 경우에는 가격인하 경쟁을 유발시키고, 고정비의 비중이 높을 경우에는 산업 전반의 공급 과잉을 초래해 경쟁을 격화시킨다.

㉦ 전략적 이해관계 : 전략적 이해관계가 높으면 경쟁이 치열해진다.

② 잠재적 진입자의 위협
㉠ 잠재적 진입기업(잠재적 경쟁자) : '새로이 산업에 진입하여 실제적인 경쟁기업으로 될 가능성이 있는 기업으로 현재에는 산업밖에 있는 기업'이다.
㉡ 잠재적 진입기업이 산업에 들어올 수 있는 가능성, 범위 및 속도를 줄이는 장애요인을 말한다.
㉢ 진입장벽의 원천
- 정부의 정책 : 인허가 제도는 진입장벽의 원천 중에서도 가장 강력한

Key Point

▶ 철수장벽을 형성하는 주요 요인
- 정서적 장벽 : 경제적으로 특정 산업에서 철수하는 것이 바람직함에도 불구하고 정서적, 심리적인 요인에 의해 해당 사업을 계속적으로 영위한다.
- 정부 및 사회적 제약 : 실업 증대나 지역경제에 미치는 영향 등을 우려하여 특정 기업이 해당 산업으로부터 철수하는 것을 막거나 억제한다.
- 전략적 관련성 : 다각화된 기업의 경우 특정사업부문의 성과가 저조하더라도 그 사업부문이 여타 사업부문의 경쟁력에 중요한 역할을 할 경우 해당 산업으로부터의 철수를 꺼리게 된다.
- 특수한 설비나 자산 : 기업이 산업에서 철수하게 되면 그 자산의 가치는 정부가치보다 현저히 떨어지게 된다.

▶ 기존 기업들 간의 경쟁이 발생하는 경우
- 경쟁업체의 수가 많은 경우
- 시장특성에 따라 제품차별화가 적은 경우
- 고정비 비중이 높은 경우
- 철수장벽이 높은 경우
- 전략적 이해관계가 높은 경우

▶ 잠재적 진입기업(잠재적 경쟁자) : '새로이 산업에 진입하여 실제적인 경쟁기업으로 될 가능성이 있는 기업으로 현재에는 산업밖에 있는 기업'이다.

| 독 | 학 | 사 | 3 | 단 | 계 |

Key Point

진입장벽의 원천 : 소요자본, 교체비용, 유통경로에의 접근, 규모의 경제, 제품차별화, 절대적 원가우위, 정부의 정책

잠재적 진입자들의 위험
- 잠재적 진입자들의 위험이란 해당 산업에서 이익이 확립된 기업이 새로운 경쟁자들에 의해 침해받을 가능성을 말한다.
- 잠재적 진입자들은 시장점유율 확보를 위해 기업 간 경쟁을 심화시킬 수 있으며, 수요·공급의 불균형을 야기할 수도 있다.
- 잠재적 진입자들이 겪게 되는 내용은 시장의 진입장벽과 기존 기업들의 반응으로 요약할 수 있다.

기존기업들의 상당한 보복이 예상되는 상황
- 과거 특정산업에서 신규진출기업에 대해 심하게 보복한 경험이 있는 경우
- 기존의 기업들이 막강한 자원 동원능력과 잉여생산 능력, 유통경로 및 고객들에 대한 막강한 영향력을 갖추고 있기 때문에 보복을 할 수 있는 경우
- 기존기업이 진출대상 산업에 전력을 다하고 있으며 막대한 고정자본을 이미 보유하고 있어 그 산업에 철수하기 어려운 경우

영향력을 갖는 반면 경제적 타당성은 적은 것이다.
- 절대적 원가우위 : 기존 경쟁자들은 규모의 경제와 무관한 경쟁우위를 가질 수도 있다. 예를 든다면 독점 생산, 원자재의 근접성, 정부 보조금, 호의적인 정부정책 등이다.
- 유통경로에의 접근 : 제품을 안전하게 유통시키기 위해 신규 진입자는 유통망을 확보해야 한다. 유통망의 확보 문제는 대부분 신규 진입자에게 힘든 진입장벽이 되고 있다.
- 교체비용 : 교체비용은 한 공급자의 제품 또는 서비스를 다른 공급자의 제품 또는 서비스로 변경할 때 발생하는 비용을 말한다. 이러한 교체비용이 클수록 새로운 진입기업은 구매자들을 확보하기 어려워진다.
- 소요자본 : 새로운 산업에서 경쟁을 하려면 많은 자본이 필요한데, 설비자금 외에도 재고관리, 판매활동, 다른 사업활동 등을 위한 자금이 필요하다.
- 제품차별화 : 기존 경쟁자가 강한 브랜드나 고객충성도를 가질 경우 이미 차별화가 이루어진 상태이다. 이때 진입자는 제품 차별화를 극복하기 위한 많은 투자가 요구된다.
- 규모의 경제 : 규모의 경제란 규모가 확대됨으로써 얻게 되는 경제적 이점을 말하는 것으로, 대체로 규모가 클수록 생산량은 증가하고 단위당 비용은 내려가게 된다. 이때 잠재적 진입자는 경쟁자들이 규모의 경제에 직면할 때 난관에 빠지게 된다.

㉣ 시장 진입에 기존 기업의 강력한 보복이 예상되는 경우
- 기존 기업들이 막대한 고정자본을 투자하고 있어 철수가 어려운 경우
- 해당 산업의 성장률이 완만한 경우
- 고객이나 유통경로에 대한 기존 기업들의 영향력이 지배적인 경우
- 기존 기업들이 자금능력이나 잉여 생산능력을 보유하고 있는 경우
- 과거 진입 기업들에 대한 강력한 대응책을 행사했던 실예가 있는 경우

③ 공급자의 교섭력
㉠ 공급자들이 구매자보다 유리한 위치를 점유하고 있다면 가격인상이나 판매하는 제품 및 서비스의 질을 떨어뜨리겠다는 위협을 통해 교섭력을 발휘할 수 있다.
㉡ 공급자가 구매자보다 상대적으로 우월한 힘을 가지고 있다면 그 기업은 원료 또는 부품 공급자의 가격인상 때문에 발생한 비용증가를 판매가격에 반영시키지 못하는 경우 자신의 수익성을 낮출 수밖에 없다.
㉢ 공급자의 교섭력이 커지는 경우
- 공급자들이 신빙성 있는 전방통합을 위협 수단으로 삼을 경우
- 공급자들의 제품이 차별화되어 있거나 교체비용이 큰 경우

- 공급자들의 제품이 구매자들의 생산 및 경영 활동에 핵심이 되는 제품일 경우
- 해당 산업이 공급자 집단의 주요 고객이 아닐 경우
- 공급자들이 판매하는 제품에 대한 대체재가 거의 없을 경우
- 공급자가 소수의 회사로 제한되어 있고 또 공급 대상 산업보다 집중되어 있을 경우

④ 구매자의 교섭력
  ㉠ 구매자들은 가격인하, 품질향상 또는 서비스 증대를 요구하거나 경쟁기업들을 서로 대립시키는 행위 등을 함으로써 산업의 수익성을 감소시킬 수 있다.
  ㉡ 구매자의 교섭력이 강해지는 경우
   - 구매자가 해당 산업에 대해 자세한 정보를 가지고 있는 경우
   - 해당 제품이 구매자의 제품 원가에서 차지하는 비중이 큰 경우
   - 구매자가 후방통합의 의도를 가지고 있는 경우
   - 교체비용이 낮은 경우
   - 제품이 규격화되어 있어서 제품차별화가 어려운 경우
   - 구매자의 구매량이 많고 해당기업의 판매에서 차지하는 비중이 큰 경우
   - 구매자 집단이 소수이고 규모가 큰 경우

⑤ 대체재의 위협
  ㉠ 대체재 : '동일한 기능을 수행하는 이질적 제품' 또는 제품의 물리적 특성은 다르지만 고객 욕구의 충족이라는 측면에서 유사성을 가지고 있는 제품을 말한다. **예** 쌀과 밀가루, 만년필과 연필, 버터와 마가린, 안경업과 콘택트렌즈 제조업체, 설탕산업과 인공감미료 산업, 철강과 플라스틱 산업 등
  ㉡ 대체재는 어느 산업내에서 제품이나 서비스를 대체할 수 있는데, 이는 기존제품보다 우월할 때 나타나는 현상이다.
  ㉢ 특정 산업에 있어서 대체재의 영향
   - 대체재의 가격이 낮을수록, 품질이나 성능이 높을수록, 교체비용이 낮을수록 대체재의 위협은 커진다.
   - 대체재는 비가격 경쟁을 유발한다.
   - 대체재는 수익률에 영향을 미치고 시장 기반을 잠식한다.

⑥ 정부
  ㉠ 사회간접자본, 방위산업 등의 경우에는 정부가 주요 구매자로서의 역할을 하며, 정부소유 토지의 매각 등을 통해 공급자로서의 역할도 한다.
  ㉡ 정부의 인허가 정책이나 각종 규제 등을 통해서 진입장벽에 영향을 미친다.
  ㉢ 공정거래법 등을 통해 기존 기업간의 경쟁 행태에 영향력을 행사한다.

⑦ 기술

> **Key Point**
>
> ▶ **공급자의 교섭력 결정요인** : 공급량의 비중, 제품(원료, 부품)의 차별화 정도, 교체 비용, 대체재의 존재 여부, 공급제품의 중요성 정도, 공급자의 전방통합능력
>
> ▶ **구매자의 교섭력 결정요인** : 구매 비중, 구매량, 제품의 차별화 정도, 교체비용, 구매자의 후방통합능력, 구매자가 가진 정보력, 구매자의 가격 민감도
>
> ▶ **구매자교섭력을 위협하는 결정 요소**
> - 구매량이 판매량에 비하여 집중되거나 대량규모일 때
> - 해당 산업에서 구매하는 제품이 표준화되어 있거나 차별화되어 있지 않을 때
> - 구매자에게 전환비용이 소요되지 않을 때
> - 구매자들의 이익이 낮을 때
> - 구매자가 후방수직통합을 취하고자 할 때
> - 해당산업의 제품이 구매자가 구매한 제품이나 서비스 품질에 중요하지 않을 때
>
> ▶ **대체재가 존재할 경우 산업에 미치는 정도**
> - 소비자들의 교체비용으로서, 즉 소비자들이 쉽게 대체재로 옮겨갈 수 있는가 하는 문제 : 특정제품이 상표 충성도가 상당히 높은 경우에는 대체재의 존재가 문제가 되지 않으나 제품의 차별화가 크지 않고 가격의 민감도가 큰 경우의 대체재의 존재는 산업에 미치는 정도는 상당히 크다.
> - **대체재가 가지고 있는 가격 및 효능** : 대체재가 가지고 있는 유용성이 크면 클수록 소비자들은 교체매매를 서두르게 되며 기존기업들은 이와 같은 품질의 차이로 인해 기존시장을 잠식당하고 만다.

Key Point

기술변화와 산업영역
- 여러 가지 방법을 통하여 산업영역을 확대시키는데, 통신과 운송수단의 발전은 시장의 지역적 범위를 확대시키고 산업의 국제화를 촉진하게 되었다.
- 산업의 경계가 축소될 수 있다. (워크맨은 기존의 대형 녹음기와 독립된 하나의 산업을 형성)

핵심성공요인의 규명을 위한 질문과 규명내용
- 우리의 고객은 무엇을 원하는가? : 고객집단은 교섭력이라는 측면뿐만 아니라 산업의 존재 이유와 이익창출의 원천이라는 관점에서 분석되어야 한다.
- 경쟁에서 이기기 위해서는 어떻게 해야 하는가? : 경쟁 상황은 어떠하며 경쟁의 주요 요인은 무엇인가, 가격 경쟁에서 이기기 위해서는 기업이 원가우위를 가지고 있어야 한다.

핵심성공요인(Critical Success Factor : CSF)의 정의
- 핵심성공요인은 개인, 부서 또는 조직에게 성공적인 결과를 가져옴으로써 경쟁력 있는 업무 수행을 보장해 줄 수 있는 한정된 수의 영역을 의미한다. 따라서 사업이 번창하고 경영자의 목표가 달성될 수 있기 위해 반드시 성공하여야 할 몇몇 주요 영역의 의미가 있다.
- 핵심성공요인은 한 기업의 활동이 성공하기 위해서 갖추거나 수행되어야 할 주요소를 의미하여 한 기업이 선택한 전략의 방향뿐만 아니라 산업/경제의 전반적인 구조에 의해 결정된다.

㉠ 기술의 변화는 오늘날 가장 영향력이 큰 요인이라 할 수 있으며, 기술변화가 경쟁우위와 산업구조에 영향을 미칠 수 있을 때 의미를 갖는다.
㉡ 기술은 산업과 공급자간의 관계를 변화시킨다.
㉢ 기술은 구매자의 구매력을 결정하는 중요한 수단이 된다.
㉣ 기술변화는 규모의 경제에 영향을 미침으로써 진입장벽의 높이를 결정하며, 교체비용과 제품차별화에 영향을 미친다.
㉤ 기술변화가 산업 매력도에 미치는 영향은 경쟁 결정요인에 대한 관계에 의존한다.
㉥ 기술변화는 산업영역을 확대시키고, 산업의 경계를 축소시킬 수 있다.
㉦ 대체재 개발 기술은 가격에 대한 상대가치와 교체비용에 영향을 준다.
㉧ 기술우위를 바탕으로 한 기술차별화는 경쟁에 있어서 강력한 무기가 된다.

핵심성공요인의 규명

(1) 핵심성공요인의 정의 및 분석

① 핵심성공요인의 정의 : 특정 산업에 있어서 성공을 결정짓는 주요 요인으로, 핵심성공요인에 있어서 기업의 능력이 경쟁자보다 월등해야 기업의 경쟁우위는 확보될 수 있다.
② 핵심성공요인의 분석 : 경쟁우위의 창출을 위한 기회를 규명하는 것으로, 전략 분석에 있어서 최우선적인 과제이다.

(2) 핵심성공요인의 규명

① 기업이 성공하기 위한 기준(조건)
  ㉠ 경쟁에서 살아남는 능력 : 경쟁에서 이겨야 한다.
  ㉡ 고객이 원하는 제품 공급 : 고객이 제품원가 이상의 가격을 기꺼이 지불하려는 제품이나 서비스의 제공, 적어도 일정 고객들이 경쟁자의 제품보다 선호하는 제품이나 서비스의 제공
② 고객 및 수요분석
  ㉠ 고객은 누구이며 무엇을 원하는가?
  ㉡ 고객은 여러 제품 중에서 어떤 기준에 의해 특정 제품을 선택하는가?
③ 경쟁분석
  ㉠ 경쟁을 결정짓는 주요요인은 무엇인가?
  ㉡ 경쟁의 주요 차원은 무엇인가?
  ㉢ 경쟁은 얼마나 치열한가?
  ㉣ 어떻게 하면 우월한 경쟁지위를 획득할 수 있는가?

2 실전예상문제

객관식

1 다음 중 기업의 외부여건(환경)에 관한 설명으로 올바른 것은?

① 기업의 외부여건은 일단 확정되면 쉽사리 변하지 않는다.
② 선진국의 경우 기술변화가 가장 중요하게 작용한다.
③ 외부환경이 변할 경우에는 과거에 성공했던 전략은 바꿀 필요가 없다.
④ 기업의 외부환경이라 함은 경쟁회사와 고객만을 의미한다.

▶ 오늘날의 환경은 변화를 본질로 한다. 기업은 변화하는 환경에 지속적으로 적응해야 한다.

Keypoint & Answer

➡ 기업의 외부여건(환경)에 관한 내용 ➡ ❷

2 다음 중 최근의 환율 상승이 많은 기업들에게 큰 영향을 미치고 있는 것은 어떤 환경의 변화와 관련이 있는가?

① 과업환경
② 산업환경
③ 경쟁 환경
④ 일반환경

▶ 일반환경은 특정 산업분야에 관계없이 한 사회 내의 모든 조직에 대체로 유사한 영향을 미치며, 개별조직이 어떠한 노력을 기울이더라도 그에 영향을 미칠 수 없는 환경으로서 거시환경이라고도 한다.

➡ 일반환경의 내용 및 특성 ➡ ❹

3 다음 중 환경분석의 목적에 대한 설명으로 가장 적합한 것은?

① 환경에서의 위협 요인과 기회요인의 파악
② 정부규제에 대한 효과적 대처방안 수립
③ 생산성을 극대화하기 위한 방안 마련
④ 기업의 강점과 약점의 파악

▶ 환경분석의 과제 : 환경으로부터의 위협에 적절히 대처하고, 환경에 잠재되어 있는 기회를 적극 활용하기 위한 것이다.

➡ 환경분석의 목적 ➡ ❶

4 다음 중 일반환경의 구성요소로서 거리가 먼 것은?

① 진입적 환경
② 기술적 환경
③ 경제적 환경
④ 정치적·법적 환경

▶ 일반환경의 구성요소 : 정치적·법적 환경, 경제적 환경, 사회문화적 환경, 인구통계학적 및 기술적 환경

➡ 일반환경의 구성요소 ➡ ❶

Keypoint & Answer	
개별조직이 대처하는 방식 → ❶	
기업 활동을 규제하는 형태로 영향을 미치는 형태 → ❸	
정치적·법적 환경 중 기업을 보호하고 혜택을 주는 요소 → ❸	
기업 활동에 중요한 영향을 미치는 요소 → ❷	
경제적 환경의 요소 → ❷	
높은 물가상승률 → ❹	

5 조직의 활동에 영향을 미치는 환경 중 개별조직이 대처하는 방식이 <u>다른</u> 것은?

① 산업환경   ② 문화환경
③ 경제환경   ④ 정치환경

▶ 정치·경제·문화와 같은 일반환경은 모든 기업에 유사한 영향을 미치는 반면, 산업환경은 그 영향의 범위가 기업에 따라 다르다.

6 대체로 기업 활동을 규제하는 형태로 영향을 미치는 형태가 <u>아닌</u> 것은?

① 독과점 규제   ② 세법
③ 특허법   ④ 최저임금법

▶ 정부보조금, 특허법, 연구개발기금의 제공, 중소기업이나 벤처기업 육성정책 등은 기업을 보호하고 혜택을 주는 형태들이다.

7 정부정책이나 법률 등의 형태로 나타나는 정치적·법적 환경 중 기업을 보호하고 혜택을 주는 요소는?

① 독과점규제   ② 공정거래법
③ 특허법   ④ 최저임금법

▶ 정치적·법적 환경에서 기업을 보호하고 혜택을 주는 요소 : 정부보조금이나 특허법, 연구개발기금의 제공, 중소기업이나 벤처기업 육성정책 등이 이에 해당된다.

8 경제적 환경 중 기업 활동에 중요한 영향을 미치는 요소가 <u>아닌</u> 것은?

① 경제성장   ② 정보통신
③ 이자율   ④ 물가상승률

▶ 기업활동에 중요한 영향을 미치는 요소로는 경제성장, 이자율, 환율, 물가상승률이 있다.

9 기업의 금융비용을 결정하며 투자에 직접적인 영향을 미치는 경제적 환경의 요소는?

① 경제성장   ② 이자율
③ 환율   ④ 물가상승률

▶ 이자율은 기업의 금융비용을 결정하며 투자에 직접적인 영향을 미친다. 자본재나 내구재의 소비에도 영향을 미친다.

10 소비자의 실질구매력을 감소시키고 금리인상을 유발시키는 것은 어떤 요소의 상승으로 기인하는가?

① 경제성장 ② 이자율
③ 환율 ④ 물가상승률

▶ 높은 물가상승률은 소비자의 실질구매력을 감소시키므로 경제성장을 제약하고, 금리인상을 유발하게 된다.

11 외적으로는 제품의 수요와 고객의 구매행태에 영향을 미치며, 내적으로는 조직구성원들의 태도와 행동에 영향을 미치는 일반환경은?

① 사회 문화적 환경 ② 기술적 환경
③ 경제적 환경 ④ 정치적 환경

▶ 사회문화적 환경은 사회구성원들의 신념이나 가치관, 태도 및 라이프 스타일 등에 영향을 미침으로써 기업 활동에 영향을 주게 된다.

12 다음 중 기술환경의 분석태도로서 가장 올바른 것은?

① 미래에 핵심기술로 발전할 수 있는 현재의 초기단계 기술에 중점을 둔다.
② 어느 정도 기술이 발전할 때까지는 기술에 대해서 관심을 가지지 않는다.
③ 현재 기업이 활용하고 있는 기술에만 초점을 맞추어야 한다.
④ 모든 기술의 출현과 발전을 관찰하고 관심을 가져야 한다.

▶ 기술적 환경은 사회 전반적인 기술발전 추세나 새로운 기술의 등장 등과 같은 거시적인 기술변화를 말한다.

13 다음 중 조직론분야에서의 과업환경의 구성요인으로 볼 수 <u>없는</u> 것은?

① 공급자 ② 대체재
③ 경쟁자 ④ 기술

▶ 과업환경의 구성요인 : 수요자, 공급자, 경쟁자, 규제집단 및 기술을 들 수 있다.

14 산업환경에 대한 설명으로 옳은 것은?

① 경기추세나 물가변동 등이 산업환경에 해당된다.
② 모든 조직에 대하여 유사한 영향을 미친다.
③ 개별 조직이 영향을 미칠 수 없다.
④ 개별기업의 전략수립에 있어서 일반환경보다 중요하다.

▶ 산업환경(경쟁환경)
• 산업환경은 기업의 활동공간으로서 기업의 전략에 직접적인 영향을 미치며, 산업환경의 분석은 개별기업의 전략수립에 있어서 가장 중요한 요소 중 하나이다.

Keypoint & Answer

➡ 사회 문화적 환경의 특성 ➡ ❶

➡ 기술환경의 분석태도 ➡ ❶

➡ 조직론분야에서의 과업환경의 구성요인 ➡ ❷

➡ 산업환경에 대한 내용 및 특성 ➡ ❹

| 독 | 학 | 사 | 3 | 단 | 계 |

Keypoint & Answer

- 산업 내 기업들에게 직접적인 영향을 미치며 기업들간의 경쟁 정도를 결정한다는 점에서 경쟁환경이라고도 한다.
- 과업환경은 조직론분야에서 기업환경을 분석할 때 사용하는 명칭이다.
- 산업환경의 구성요소 : 잠재적 진입자의 위협, 기존 기업들 간의 경쟁, 구매자의 교섭력, 공급자의 교섭력, 대체재의 위협, 기술, 정부

Porter의 산업내 경쟁결정요인 ➡ ④

15 포터(Porter)의 산업내 경쟁결정요인으로 거리가 먼 것은?

① 공급자 ② 잠재적인 진입 기업
③ 대체재 ④ 기술

▶ 산업환경을 분석하는 Porter의 산업환경 분석 틀은 경쟁의 관점에서 환경을 분석한다는 특징을 가진다. 그런데 Porter의 분석체계에서는 경쟁기업·잠재 진입기업·공급자·구매자·대체재의 5가지 요인이 산업 내 경쟁결정요인으로 분석되고 있다.

산업 내 기업간의 경쟁도 ➡ ③

16 다음 중 산업 내 기업간의 경쟁도를 결정하여 투자결정 및 이익률에 영향을 주는 요소끼리 묶인 것은?

① 산업 내 경쟁기업, 집중도, 노사관계, 광고비지출, 대체재
② 대체재, 노사관계, 기술수준, 광고비지출, 잠재적 진출기업
③ 산업 내 경쟁기업, 대체재, 공급자, 구매자, 잠재적 진입기업
④ 산업 내 경쟁기업, 대체재, 노사관계, 기술수준, 광고비지출

▶ 산업내 기업간의 경쟁도를 결정하여 투자결정 및 이익률에 영향을 주는 요소에는 산업 내 경쟁기업, 대체재, 공급자, 구매자, 잠재적 진입기업 등이 있다.

잠재적 경영자들이 산업에 진입하는 것을 어렵게 만드는 구조적 요인 ➡ ③

17 잠재적 경영자들이 산업에 진입하는 것을 어렵게 만드는 구조적 요인을 무엇이라 하는가?

① 철벽경쟁 ② 교섭장벽
③ 진입장벽 ④ 대체장벽

▶ 진입장벽이 높고 기존 기업들의 보복적 대응이 강할 것으로 예상되는 경우에는 시장 진입이 어려워지며 기존 기업들에 미치는 위협이 미약해진다.

기존 기업들 간의 경쟁 ➡ ②

18 다음 〈보기〉의 경우는 무엇에 해당하는가?

보기 | 기존 오디오 산업에 자금력과 유통망, 높은 인지도를 가진 가전기업이 새로운 사업에 뛰어든다.

① 기존 기업들 간의 경쟁 ② 잠재적 진입자의 위협
③ 공급자의 교섭력 ④ 대체재의 위협

62 경영전략

▶ 잠재적 경쟁자 : 현재는 산업 내에서 경쟁하고 있지 않지만, 해당 산업에 진입하여 경쟁할 의지와 능력이 있는 기업이다.

19 다음 중 잠재적 경쟁자들이 해당 산업에 진출하는 것을 어렵게 만드는 기존 기업들의 경쟁원천으로 보기 <u>어려운</u> 것은?

① 절대적 원가우위 ② 대체가능성
③ 유통경로망 ④ 규모의 경제

▶ 진입장벽
- 잠재적 경쟁자들이 산업에 진입하는 것을 어렵게 만드는 구조적 요인을 진입장벽이라 한다.
- 진입장벽의 원천 : 규모의 경제, 제품 차별화, 소요자본의 규모, 유통경로에의 접근, 교체비용·정부정책 등을 들 수 있으며, 이들 요인들이 독자적으로 또는 상호 연관되어 진입장벽의 높이에 영향을 미치게 된다.

20 다음 중 산업구조의 구성요인에서 진입장벽의 원인으로 볼 수 <u>없는</u> 것은?

① 정부정책 ② 제품차별화
③ 경쟁자의 수 ④ 절대적 원가우위

▶ 문제 19번 해설 참조

21 진입장벽의 원인으로 거리가 <u>먼</u> 항목은 어느 것인가?

① 소요 자본 ② 제품차별화 정도
③ 규모의 경제 ④ 대체재의 위협

▶ 문제 19번 해설 참조

22 다음의 〈보기〉와 같은 현상을 가장 적절하게 나타낸 것은?

> [보기] 자동차 산업의 경우 일반적으로 자동차 생산 능력(생산 대수)이 높은 기업이 낮은 기업에 비해 단위당 생산원가가 낮다.

① 학습효과 ② 경험곡선
③ 규모의 경제 ④ 범위의 경제

▶ 규모의 경제란 생산량의 증가나 기업의 규모가 커짐에 따라 나타나는 제품 원가상의 우위를 말한다. 규모의 경제는 생산뿐만 아니라 구매·마케팅·조사·유통 등을 포함한 대부분의 경영활동에서 폭넓게 나타난다. 이러한 규모의 경제는 잠재적 진입자가 진입하지 못하도록 억제하는 진입장벽의 역할을 한다.

Keypoint & Answer

→ 진입장벽의 원천 → ❷

→ 산업구조의 구성요인에서 진입장벽의 원인 → ❸

→ 진입장벽의 원인 → ❹

→ 규모의 경제의 특징 → ❸

Keypoint & Answer	
규모의 경제	➡ ❸

23 생산량의 증가나 기업의 규모가 커짐에 따라 나타나는 제품원가상의 우위는 무엇인가?

① 경험곡선효과　　② 범위의 경제
③ 규모의 경제　　④ 학습곡선효과

▶ 규모의 경제 : 생산량이나 기업의 규모가 커짐에 따라 나타나는 제품원가상의 우위

구매자의 교체비용이 클 때 일어나는 현상	➡ ❶

24 다음 중 구매자의 교체비용이 클 때 일어나는 현상으로 가장 알맞은 것은?

① 진입장벽이 높아진다.　　② 철수장벽이 높아진다.
③ 진입장벽이 낮아진다.　　④ 철수장벽이 낮아진다.

▶ 교체비용
- 구매자가 기존에 사용하던 제품을 다른 회사의 제품으로 바꿀 때, 그 과정에서 부담하게 되는 비용을 말한다.
- 교체비용이 클수록 새로운 진입기업은 구매자 확보가 어려워지기 때문에 진입장벽이 높아진다.

교체비용의 내용 및 특성	➡ ❸

25 구매자가 기존에 사용하던 제품을 다른 회사의 제품으로 바꿀 때 부담하게 되는 비용은?

① 거래비용　　② 정보비용
③ 교체비용　　④ 기회비용

▶ 문제 24번 해설 참조

절대적 원가우위에 해당되는 요소	➡ ❷

26 다음 중 절대적 원가우위에 해당되는 요소가 <u>아닌</u> 것은?

① 특허　　② 인허가
③ 경험곡선의 효과　　④ 정부의 보조

▶ 절대적 원가우위에 해당되는 요소로는 특허, 비밀유지를 통해 보호되는 제품의 생산기술이나 노하우, 원자재에 대한 독점적 확보권, 유리한 입지조건, 정부의 보조, 경험곡선의 효과 등을 들 수 있다.

진입장벽의 원천	➡ ❹

27 진입장벽의 원천 중 가장 강력한 영향력을 갖는 반면 경제적 타당성이 <u>적은</u> 것은?

① 소요자본　　② 제품차별화
③ 절대적 원가우위　　④ 인허가 제도

▶ 정부는 인가 또는 허가의 형태로 기업의 자유로운 시장 진입을 규제함으로써 특정 산업의 진입장벽에 영향을 미친다.

64 경영전략

28 다음 중 새로운 산업에 진입하려고 하는 경영자의 입장에서 기존 기업들의 보복이 크리라고 예상할 수 있는 예에 해당되는 것은?

① 기존 기업들의 자원능력, 생산능력 등이 여유가 없는 경우
② 경쟁제품들이 이질적인 경우
③ 진출대상산업의 성장속도가 빠른 경우
④ 기존 기업이 막대한 고정자본을 투자하고 있어 철수가 어려운 경우

▶ 기존기업들이 신규진입기업에 대해 자신들의 이익을 보호하기 위해 강력하게 대응할 것으로 예상되는 경우 시장진입을 억제하는 요인으로 작용하게 된다.

Keypoint & Answer

➡ 기존 기업들의 보복이 크리라고 예상할 수 있는 예 ➡ ❹

29 다음의 경쟁구조 중 세분화된 산업과 관계 없는 것은?

① 비디오 대여업   ② 헬스클럽
③ 가전   ④ 요식업

▶ 경쟁구조
 • 세분화된 산업 : 농수산업, 비디오대여업, 헬스클럽, 요식업
 • 통합된 산업 : 자동차, 가전, 철강, 항공산업

➡ 경쟁구조 중 세분화된 산업 ➡ ❸

30 기업들간의 경쟁을 격화시키는 상황으로 볼 수 없는 것은?

① 제품의 차별화 정도가 낮은 경우
② 다양한 경쟁기업들이 존재하는 경우
③ 기업들의 고정비 비중이 낮아서 해당 사업으로부터 철수가 용이한 경우
④ 산업의 성장이 정체되거나 수요가 감소하는 경우

▶ 기업들 간의 경쟁 정도는 다양한 요인에 의해 영향을 받는데, 진입장벽이 낮고 차별화가 낮은 세분화된 산업의 경우, 기업들의 고정비 비중이 높아 철수장벽이 높은 경우, 그리고 경쟁기업들 간에 제품의 차별화 정도가 낮은 경우 등이 기업들 간의 경쟁을 격화시키게 된다.

➡ 기업들간 경쟁을 격화시키는 상황 ➡ ❸

31 다음 중 기존 기업들간의 경쟁구조에 영향을 미치는 요인으로 거리가 먼 것은?

① 단일경쟁기업   ② 철수장벽
③ 수요조건   ④ 경쟁구조

▶ 기존 기업들간의 경쟁요인 : 경쟁구조, 수요조건, 철수장벽, 기타요인

➡ 기존 기업들간의 경쟁구조에 영향을 미치는 요인 ➡ ❶

32 다음 중 기존 기업들간의 경쟁에 대한 설명으로 옳지 않은 것은?

① 통합화된 산업내의 기업들은 상호의존성이 매우 높다.

➡ 기존 기업들간의 경쟁에 대한 내용 ➡ ❷

② 산업성장이 정체되거나 수요가 감소하는 경우 기업간 경쟁이 완화된다.
③ 진입장벽이 낮고 철수장벽이 높은 경우는 기업에 커다란 위험이 된다.
④ 교체비용이 낮거나 별로 없는 경우 시장점유율을 높이기 위한 경쟁이 치열해진다.

▶ 산업성장이 정체되거나 수요가 감소하는 경우 시장점유율의 유지를 위해 기업간 경쟁이 격화된다.

철수장벽과 진입장벽의 관계 ➡ ❷

33 다음 〈보기〉의 그림을 보고 III사분면에 들어갈 알맞은 말은?

		철수장벽	
		저	고
진입장벽	저	I	II
	고	III	IV

① 고수익, 고위험　　　② 고수익, 저위험
③ 저수익, 저위험　　　④ 저수익, 고위험

▶ 진입장벽과 철수장벽이 수익성에 미치는 영향

		철수장벽	
		낮음	높음
진입장벽	낮음	저수익 저위험	저수익 고위험
	높음	고수익 저위험	고수익 고위험

철수장벽을 형성하는 주요요인 ➡ ❹

34 다음 중 철수장벽을 형성하는 주요요인이 <u>아닌</u> 것은?

① 특수한 설비나 자산　　　② 전략적 관련성
③ 정부 및 사회적 제약　　　④ 제품의 교체비용이 낮은 경우

▶ 철수장벽을 형성하는 요인 : 특수한 설비나 자산, 전략적 관련성, 정부 및 사회적 제약, 정서적 장벽

철수장벽의 특징 ➡ ❶

35 수익이 낮거나 적자를 보고 있을 때에도 기업들이 해당 산업에서 계속 경쟁하도록 만드는 경제적 요인은 무엇인가?

① 철수장벽　　　② 소요자본
③ 교체비용　　　④ 진입장벽

▶ 철수장벽 : 수익이 낮거나 적자를 실현하고 있을 때에도 기업들이 해당 산업에서 계속 경쟁하도록 하는 경제적·전략적·정서적 요인

36 수익성은 높지만 뒤따르는 위험도 큰 산업은 무엇인가?

① 진입장벽이 높고, 철수장벽도 높은 산업
② 진입장벽이 높고, 철수장벽이 낮은 산업
③ 진입장벽이 낮고, 철수장벽이 높은 산업
④ 진입장벽이 낮고, 철수장벽도 낮은 산업

▶ 문제 33번 해설 참조

37 특정산업내 기업의 입장에서 가장 불리한 상황에 해당되는 경우는?

① 진입장벽이 낮고 철수장벽도 낮은 경우
② 진입장벽이 낮고 철수장벽이 높은 경우
③ 진입장벽이 높고 철수장벽도 높은 경우
④ 진입장벽이 높고 철수장벽이 낮은 경우

▶ 해당 산업 내 기업들간의 경쟁 강도를 진입장벽과 철수장벽이라는 두 가지 요인에 의해 설명한다면, 진입장벽의 높이는 경쟁 정도와 역의 관계이며, 철수장벽의 높이는 경쟁 정도와 정의 관계를 갖게 된다. 따라서 경쟁의 강도가 낮아지는 것은 진입장벽이 높고 철수장벽은 낮은 경우가 된다. 따라서 기업의 입장에서 가장 불리한 경우는 진입장벽은 낮고 철수장벽은 높은 경우가 된다.

38 기업들간의 경쟁이 가장 심화되는 상황에 해당되는 경우는?

① 진입장벽이 낮고 철수장벽도 낮은 경우
② 진입장벽이 낮고 철수장벽이 높은 경우
③ 진입장벽이 높고 철수장벽도 높은 경우
④ 진입장벽이 높고 철수장벽이 낮은 경우

▶ 진입장벽이 낮고 철수장벽이 높은 경우는 산업의 전망이 좋은 경우 많은 기업들이 산업에 뛰어들어 경쟁이 격화되지만 반면 상황이 악화되더라도 높은 철수장벽 때문에 산업으로부터의 철수가 어려워 기업에 큰 위협이 된다.

39 특정 산업내 기업의 입장에서 가장 유리한 상황에 해당되는 것은?

① 진입장벽이 낮고 철수장벽도 낮은 경우
② 진입장벽이 낮고 철수장벽이 높은 경우
③ 진입장벽이 높고 철수장벽도 높은 경우

Keypoint & Answer

➡ 수익성은 높지만 뒤따르는 위험도 큰 산업 ➡ ❶

➡ 특정산업내 기업의 입장에서 가장 불리한 상황에 해당되는 경우 ➡ ❷

➡ 기업들간의 경쟁이 가장 심화되는 상황 ➡ ❷

➡ 특정 산업내 기업의 입장에서 가장 유리한 상황 ➡ ❹

④ 진입장벽이 높고 철수장벽이 낮은 경우

▶ 산업 내 기업의 입장에서는 진입장벽이 높고 철수장벽이 낮은 경우가 바람직하다.

구매자의 교섭력이 강해지는 상황 ➡ ④

40 다음 중 구매자의 교섭력이 강하지 <u>못한</u> 상황은 어느 경우인가?

① 구매자가 자세한 정보를 갖고 있는 경우
② 구매자의 구매량이 많은 경우
③ 교체비용이 낮은 경우
④ 제품차별화가 용이한 경우

▶ 구매자의 교섭력이 강해지는 상황
 • 해당 산업은 소규모의 많은 기업으로 구성되어 있는데 비해, 구매자 집단은 소수이며 규모가 큰 경우
 • 구매자의 구매량이 많고 해당 기업의 판매에서 차지하는 비중이 클 때
 • 제품이 규격화되어 있어 차별화가 어려운 경우
 • 제품의 교체비용이 낮고 구매자가 후방통합의 의도를 가질 때
 • 해당 제품이 구매자의 제품원가에서 차지하는 비중이 클 때
 • 구매자가 해당 산업에 대한 자세한 정보를 가지고 있는 경우

구매자의 교섭력이 강해지는 상황 ➡ ④

41 다음 중 구매자의 교섭력이 강해지는 상황에 해당되는 경우는?

① 구매자가 해당 산업에 대해 정보가 별로 없는 경우
② 교체비용이 큰 경우
③ 공급자들의 제품이 차별화되어 있는 경우
④ 구매자 집단이 소수의 대기업으로 구성되어 있는 경우

▶ 문제 40번 해설 참조

구매자의 교섭력이 강한 산업 ➡ ②

42 다음 중 구매자의 교섭력이 강한 산업은 무엇인가?

① 소프트웨어 산업　　② 자동차부품산업
③ 컨설팅 산업　　　　④ 전자산업

▶ 부품업체에 대한 완성차업체의 교섭력이 강하다.

공급자의 교섭력이 강해지는 상황 ➡ ③

43 다음 중 공급자의 교섭력이 강해지는 상황으로 옳은 것은?

① 다수의 공급자가 존재하는 경우
② 공급자들의 제품에 대한 유력한 대체재가 존재하는 경우
③ 공급자들의 제품이 차별화되어 있거나 교체비용이 높은 경우
④ 구매자 집단이 소수의 대기업으로 구성되어 있는 경우

▶ 공급자의 교섭력이 커지는 경우
- 공급자가 소수의 회사로 제한되어 있고 또 공급 대상 산업보다 집중되어 있다.
- 공급자들이 판매하는 제품에 대한 대체재가 거의 없다.
- 해당 산업이 공급자 집단의 주요고객이 아니다.

44 공급자의 교섭력이 강해지는 경우에 해당되지 <u>않는</u> 것은?

① 공급자들의 제품이 차별화되어 있는 경우
② 공급자가 소수의 회사로 제한되어 있는 경우
③ 공급자들이 판매하는 제품의 대체재가 거의 없는 경우
④ 해당 산업이 공급자 집단의 주요 고객인 경우

▶ 공급자의 교섭력이 강해지는 경우
- 공급자가 소수의 회사로 제한되어 있고 또 공급 대상 산업보다 집중되어 있는 경우
- 해당 제품에 대한 대체재가 거의 없는 경우
- 해당 산업이 공급자 집단의 주요 고객이 아닐 경우
- 해당 제품이 구매자들에게 핵심이 되는 제품인 경우
- 해당 제품이 차별화되어 있거나 교체비용이 큰 경우
- 공급자들이 전방통합을 위협수단으로 삼는 경우

45 다음 중 안경업에 콘택트렌즈가 미치는 영향에 대한 표현으로 올바른 것은?

① 대체재의 위협   ② 기존 기업들간 경쟁
③ 공급자의 교섭력   ④ 잠재적 진입자의 위협

▶ 대체재는 제품의 물리적 특성은 다르지만 고객 욕구의 충족이라는 측면에서 유사성을 가지고 있는 제품이다. 안경업과 콘택트렌즈 제조업체들은 대체재의 관계에 있다.

46 다음 중 대체재의 관계로 볼 수 <u>없는</u> 것은?

① 안경 - 콘택트렌즈   ② 증권 - 부동산
③ 철강 - 플라스틱   ④ 자동차 - 호텔

▶ 문제 45번 해설 참조

47 다음 중 대체재의 위협이 커지는 경우가 <u>아닌</u> 것은?

① 대체재 가격이 낮을수록   ② 대체재 품질이 높을수록
③ 대체재 성능이 낮을수록   ④ 교체비용이 낮을수록

▶ 일반적으로 대체재가 가격이 낮을수록, 품질이나 성능이 높을수록, 그리고 교체비용이 낮을수록 대체재의 위협은 커지게 된다.

Keypoint & Answer

➡ 공급자의 교섭력이 강해지는 경우 ➡ ❹

➡ 안경업에 콘택트렌즈가 미치는 영향에 대한 표현 ➡ ❶

➡ 대체재의 관계 ➡ ❹

➡ 대체재의 위협이 커지는 경우 ➡ ❸

Keypoint & Answer

대체재의 위협 → ②

48 다음의 〈보기〉는 어떤 내용에 관한 설명인가?

> 보기 콘택트렌즈의 출현으로 안경수요의 증가세가 둔화되었다.

① 잠재적 진입자의 위협 ② 대체재의 위협
③ 구매자의 교섭력 ④ 공급자의 교섭력

▶ 대체재의 위협 : 특정 산업의 대체재가 미치는 영향
  • 특정 산업에서 기업들의 제품 가격에 일정한 상한선 설정 역할을 함으로써 수익률에 영향을 미치고, 시장기반을 잠식
  • 대체재는 고객들이 가격 외에도 품질, 서비스, 디자인 등을 비교하게 함으로써 비가격경쟁을 유발

기술과 경쟁 결정요인과의 관계 → ③

49 기술과 경쟁 결정요인과의 관계에 대한 기술 중 옳지 <u>않은</u> 것은?

① 기술변화는 규모의 경제에 영향을 미침으로써 진입장벽을 높이는 결정적 요인으로 작용할 수 있다.
② 기술변화는 후방통합의 용이성 정도를 결정하는데 커다란 영향을 미친다.
③ 기술변화에 의해 산업경계 축소는 불가능하다.
④ 기술변화가 산업매력도에 미치는 영향은 경쟁 결정요인에 대한 관계에 의존한다.

▶ 기술변화에 의해 산업의 경계가 축소될 수 있다.

정부정책에 대한 내용 및 특성 → ③

50 정부정책에 대한 설명으로 사실과 거리가 <u>먼</u> 것은?

① 정부는 인허가정책이나 각종 규제 등을 통해 잠재적 경쟁의 위협요인이 되는 진입장벽에 영향을 미친다.
② 공정거래법 등을 통해 기존 기업 간의 경쟁행태에도 영향력을 행사한다.
③ 정부는 주요 구매자로서의 역할만을 수행한다.
④ 정부의 역할은 경제적 요인뿐만 아니라 정치적 요인에 의해 결정되는 경우가 많다.

▶ 도로, 항만 등의 사회간접자본, 원자력, 화력 등의 발전분야나 방위산업 등의 경우에는 정부가 주요 구매자로서의 역할을 하며 정부소유 토지의 매각 등을 통해 공급자로서의 역할도 한다.

특정산업의 핵심성공요인을 규명하기 위해 반드시 필요한 분석 → ①

51 특정산업의 핵심성공요인을 규명하기 위해 반드시 필요한 분석은 무엇인가?

① 산업환경 분석 ② 일반환경 분석
③ 내부 능력 분석 ④ 사업포트폴리오 분석

▶ 핵심성공요인이란 특정 산업에 있어서 성공을 결정짓는 주요 요인을 말한다. 핵심성공요인에 있어서 기업의 능력이 경쟁자보다 월등해야만이 기업의 경쟁우위를 확보할 수 있다. 따라서 핵심성공요인의 분석은 곧 경쟁우위의 창출을 위한 기회를 규명하는 것을 의미하며, 전력분석에 있어서의 최우선의 과제이다. 이러한 핵심성공요인의 규명을 위해 반드시 필요한 것은 산업환경 분석이다.

52 대부분의 산업에서 핵심성공요인은 얼마를 넘지 않는 것이 보통인가?

① 3~4개 ② 5~7개
③ 8~10개 ④ 12개

▶ 핵심성공요인은 3~4가지를 넘지 않는 것이 보통이며, 특히 그 중에서도 중요한 요인은 1~2개일 경우가 많다.

주관식

1 일반환경의 의의를 쓰시오.

2 규모의 경제에 대해 간략하게 설명하시오.

Answer

1 일반환경은 특정 산업분야에 관계없이 한 사회 내의 모든 조직에 대체로 유사한 영향을 미치며, 개별조직이 어떠한 노력을 기울이더라도 그에 영향을 미칠 수 없는 환경으로서 거시환경이라고도 한다.

2 규모의 경제란 생산량의 증가나 기업의 규모가 커짐에 따라 나타나는 제품 원가상의 우위를 말한다. 규모의 경제는 생산뿐만 아니라 구매·마케팅·조사·유통 등을 포함한 대부분의 경영활동에서 폭넓게 나타난다. 이러한 규모의 경제는 잠재적 진입자가 진입하지 못하도록 억제하는 진입장벽의 역할을 한다.

Keypoint & Answer

➡ 핵심성공요인의 갯수 ➡ **①**

➡ 기업의 외부환경의 분류
- 기업의 경영활동에 단기적으로는 영향을 미치지는 않지만 장기적으로 영향을 미치게 되는 일반적인 기업환경을 거시적 환경 혹은 사회적 환경이라 한다.
- 기업의 경영활동에 직접적인 영향을 미치는 요소들을 미시적 환경 혹은 과업환경(산업환경)이라고 한다. 과업환경은 경쟁회사는 물론이고 공급자, 소비자, 종업원과 노동조합, 채권자, 지역사회, 정부 등을 포함한다.

➡ 포터(M.E. Porter)의 산업경쟁의 5가지 세력모형
- 산업분석/산업환경분석/산업구조분석은 포터(M.E. Porter)의 산업경쟁의 5가지 세력모형으로 요약된다.
- 이 모형은 산업과 경쟁분석에 유용한 도구로 많이 사용되고 있다. 어떤 산업의 수익의 잠재력은 그 산업이 속한 '경쟁할 수 있는 경쟁'의 강도에 의해 크게 좌우된다.
- 여기에 해당되는 경쟁의 5가지 요소는 기존기업들 사이의 경쟁, 잠재력경쟁자들의 위협, 대체재의 위협, 구매자의 교섭력, 공급자의 교섭력으로 나타낼 수 있다.

Key Point

잠재적 진출기업의 진입장벽 : 잠재적 경쟁자들이 산업에 진입하는 것을 어렵게 만드는 구조적 요인을 진입장벽이라 한다. 진입장벽의 원천으로는 규모의 경제, 제품 차별화, 소요자본의 규모, 유통경로에의 접근, 교체비용·정부정책 등을 들 수 있으며, 이들 요인들이 독자적으로 또는 상호연관되어 진입장벽의 높이에 영향을 미치게 된다.

기존기업 간의 경쟁
- 기존기업 간의 경쟁은 경쟁에서 유리한 위치를 차지하려는 여러 가지 전략으로 나타나는 데 예를 들어 가격인하, 신제품 전략, 광고, 고객서비스 강화, 제품에 대한 A/S 강화 등의 형태로 전개된다.
- 기존기업 간의 경쟁이 심화되는 이유 : 경쟁기업들이 외부로부터 경쟁의 압력을 받거나 또는 자신의 입지를 강화시킬 수 있는 기회를 발견하였을 때이다. 특히 경쟁기업의 신제품 개발은 여타 기업에 자극을 주어 비슷한 신제품개발이란 효과를 가져 온다.

---

3 Porter의 산업내 경쟁결정요인 5가지를 쓰시오.

4 교체비용이란 무엇인지 간략하게 설명하시오.

5 산업환경(경쟁환경)에 대해 간략하게 설명하시오.

6 환경의 형태를 구분하여 약술하시오.

7 Porter의 산업내 경쟁결정요인에 대해 설명하시오.

Answer

3 경쟁기업·잠재 진입기업·공급자·구매자·대체재

4 구매자가 기존에 사용하던 제품을 다른 회사의 제품으로 바꿀 때, 그 과정에서 부담하게 되는 비용을 말한다.

5 산업환경은 기업의 활동공간으로서 기업의 전략에 직접적인 영향을 미치며, 산업환경의 분석은 개별기업의 전략수립에 있어서 가장 중요한 요소 중 하나이다. 산업 내 기업들에게 직접적인 영향을 미치며 기업들간의 경쟁 정도를 결정한다는 점에서 경쟁환경이라고도 한다.

6 환경요인의 구분
- 일반환경 : 영향력의 범위가 넓고 어떤 사회시스템 내의 모든 기업에 유사한 영향을 미친다.
- 산업환경이나 과업환경 : 영향의 범위가 한 산업내 혹은 특정 기업 등으로 국한되며 기업에 따라 미치는 영향이 다르다.

7 산업환경을 분석하는 Porter의 산업환경 분석 틀은 경쟁의 관점에서 환경을 분석한다는 특징을 가진다. 그런데 Porter의 분석체계에서는 경쟁기업·잠재 진입기업·공급자·구매자·대체재의 5가지 요인이 산업 내 경쟁결정요인으로 분석되고 있다.

8 산업구조의 구성요인 중 진입장벽에 대해 설명하시오.

9 기업들간의 경쟁을 격화시키는 상황에 대해 설명하시오.

10 특정산업내 기업의 입장에서 가장 불리한 상황에 대해 설명하시오.

11 핵심성공요인에 대해 설명하시오.

> **Key Point**
>
> ▶ 핵심성공요인의 특징
> - 핵심성공요인은 계층적 구조를 가지고 있다. 최고경영자, 사업단위 등으로 세분화될 수 있다.
> - 내적인 핵심성공요인과 외적인 핵심성공요인, 감시적 기능의 핵심성공요인과 구축적 기능의 핵심성공요인으로 대별할 수 있다.
>
> ▶ 핵심성공요인이 경영자에게 주는 효과
> - 경영자로 하여금 가장 중요한 활동에 초점을 맞출 수 있게 한다.
> - 경영자로 하여금 그들의 정보요구를 심사숙고하게 도와준다.
>
> ▶ 일반환경의 구성요소 : 정치적·법적 환경, 경제적 환경, 사회문화적 환경

Answer

8 잠재적 경쟁자들이 산업에 진입하는 것을 어렵게 만드는 구조적 요인을 진입장벽이라 한다. 진입장벽의 원천으로는 규모의 경제, 제품 차별화, 소요자본의 규모, 유통경로에의 접근, 교체비용·정부정책 등을 들 수 있으며, 이들 요인들이 독자적으로 또는 상호연관되어 진입장벽의 높이에 영향을 미치게 된다.

9 기업들 간의 경쟁 정도는 다양한 요인에 의해 영향을 받는데 진입장벽이 낮고 차별화가 낮은 세분화된 산업의 경우, 기업들의 고정비 비중이 높아 철수장벽이 높은 경우, 그리고 경쟁기업들 간에 제품의 차별화 정도가 낮은 경우 등이 기업들 간의 경쟁을 격화시키게 된다.

10 해당 산업 내 기업들간의 경쟁 강도를 진입장벽과 철수장벽이라는 두 가지 요인에 의해 설명한다면, 진입장벽의 높이는 경쟁 정도와 역의 관계이며, 철수장벽의 높이는 경쟁 정도와 정의 관계를 갖게 된다. 따라서 경쟁의 강도가 낮아지는 것은 진입장벽이 높고 철수장벽은 낮은 경우가 된다. 따라서 기업의 입장에서 가장 불리한 경우는 진입장벽은 낮고 철수장벽은 높은 경우가 된다.

11 핵심성공요인이란 특정 산업에 있어서 성공을 결정짓는 주요 요인을 말한다. 핵심성공요인에 있어서 기업의 능력이 경쟁자보다 월등해야만이 기업의 경쟁우위를 확보할 수 있다. 따라서 핵심성공요인의 분석은 곧 경쟁우위의 창출을 위한 기회를 규명하는 것을 의미하며, 전략분석에 있어서의 최우선의 과제이다. 이러한 핵심성공요인의 규명을 위해 반드시 필요한 것은 산업환경 분석이다.

04

내부분석

단원개요

좋은 전략이란 자사의 강점을 최대한 활용하는 것이다. 따라서 내부분석의 목적은 보유자원과 기업능력에 대한 분석 및 경쟁사와의 비교를 통해 강점과 약점을 진단하고 이를 전략수립 및 실행에 효과적으로 활용하기 위한 것이다. 기업이 보유하고 있는 유·무형의 자원들의 가치는 기업이 이를 어떻게 활용하느냐에 따라 달라진다. 기업능력이란 기업이 보유하고 있는 제반 자원을 효과적으로 결합하고 활용할 수 있는 능력을 말한다. 과거에는 전략수립에 있어서 외부환경을 보다 중시하였으나, 최근에는 경쟁자가 모방하기 힘든 핵심역량이 경쟁우위의 진정한 원천이라는 인식 하에 내부역량의 개발 및 활용을 더욱 중시하고 있다. 특히 경쟁우위 획득과 관련된 보유자원이나 기업능력이 비교적 오랫동안 유지될 수 있고(지속성), 다른 경쟁자가 모방하기 어려우며(모방장벽), 다른 자원이나 역량에 의해 대체하기가 어려울 때(낮은 대체가능성), 기업의 경쟁우위는 지속적으로 유지될 수 있다.

출제경향 및 수험대책

이 단원에서는 해마다 출제되는 비율이 약간씩 달라지기는 하지만 평균 2~3문제 정도는 출제되고 있는 편이다. 그 출제내용을 살펴보면 내부분석의 목적, 전략수립의 두 가지 관점, 기업능력의 분석목적, 경쟁우위의 지속성에 영향을 미치는 요인, 기능별 내부능력의 평가, 가치사슬분석, 기업의 내부능력을 평가하는 기준 등에 대해 묻는 문제들이 출제되고 있는 바, 이에 대한 자세하고 철저한 학습이 요구된다.

04 내부분석

Bachelor's Degree

- 내부분석의 의의와 목적
- 전략 수립에 대한 관점
- 내부분석의 틀
- 내부 분석의 전략적 활용
- 기업능력의 분석방법

1 핵심 중요내용 및 핵심요약

내부분석의 의미와 목적, 자원기준 관점의 시사점, 기업능력 분석, 기업의 자원분류, 기업의 경쟁우위가 지속적으로 유지될 수 있는 조건, 기능별 분석의 장·단점, 가치사슬의 개념, 가치사슬의 지원활동과 본원적 활동, 가치사슬분석의 특징, 산업진화단계에 따른 평가

Key Point

좋은 전략: 내부능력의 약점을 보완하면서 자사의 강점을 이용하여 환경의 위협에 대처하고 기회를 적극 활용하는 것이다.

내부능력의 분석
- 기업활동의 모든 측면에 대해 이루어질 수 있다. 그러나 환경분석에 있어서도 핵심성공요인이 중요하듯이 내부환경의 평가에 있어서도 '전략적 중요도'에 의해 이루어져야 한다.
- 전략적으로 중요하지 않은 요소가 평가기준으로 들어가면 실제 강·약점 분석의 결과가 아무런 의미가 없다.

내부분석의 의의

(1) 전략

① 전략의 역할 : 환경으로부터의 기회를 기업의 내부능력과 조화시키는 것이다.
② 전략 수립의 양대 지주
  ㉠ 환경분석 : 외부환경상의 기회와 위협요인 파악
  ㉡ 내부능력의 분석 : 조직 내부의 강점과 약점 파악

(2) 내부분석

① 내부분석 : 내부자원에 대한 분석이다. 이때 내부자원이란 해당 기업이 보유하고 있는 모든 자산, 능력, 정보, 지식 등을 의미한다.
② 내부분석 시 주요한 의사결정의 핵심 : 해당 기업의 자원과 능력이 '전략적 경쟁성'에 어떻게 영향을 미치는가를 이해하는 것이다.
③ 내부분석의 목적 : 자기기업의 강점과 약점을 진단하고, 경쟁사와의 비교를 통해서 자사의 경쟁적 위상을 평가하는 것이다.
④ 내부능력의 평가 : '전략적 중요성'의 관점에서 이루어져야 한다.

내부분석의 틀

(1) 전략 수립에 대한 관점

① 1970~1980년대의 환경중시 관점
  ㉠ 산업환경 내에서의 효과적 위치 선정을 중시한다.
  ㉡ 산업환경 분석에 초점을 둔다.
  ㉢ 내부 분석은 중시하지 않고 주로 전략의 실행 측면에서 기업 내부요인을 파악한다.
② 1980년대 후반의 기업능력중시 관점
  ㉠ 경쟁자가 모방하기 힘든 내부능력의 개발 및 활용을 중시한다.

ⓒ 환경의 기회를 활용할 수 있는 기업의 역량을 우선시한다.
ⓒ 경쟁자가 모방하기 힘든 내부능력이야말로 경쟁우위의 획득과 그 지속성의 진정한 원천이라고 본다.

(2) 내부 분석의 틀 : 기업이 초과 이익을 달성할 수 있는 두 가지 원천

① 자원기준 관점(resource-based approach)
  ㉠ 개념 : 기업내부의 전략적인 자원분석을 의미하는 것으로, 기업이 보유한 자원과 능력을 경쟁우위의 원천으로 보는 시각을 말한다.
  ㉡ 자원기준 관점의 시사점
    • 경쟁우위에 대한 책임성 : 경쟁우위는 모든 종업원의 책임이다.
    • 경쟁등위와 경쟁우위 : 만약 모든 기업이 추진하는 일들이 모두 동일하다면 단지 경쟁등위를 얻을 수 있을 뿐이다. 이와 달리 경쟁우위를 얻고자 한다면 가치있고, 희소하면서 모방하기 힘든 자원을 이용할 수 있어야 한다.
    • 전략실행의 어려움 : 전략의 실행비용이 전략실행의 가치보다 적은 경우에는 전략실행 시 수반되는 절대적 원가보다는 다른 기업이 그 전략을 실행하는 원가를 고려한 상대적인 원가가 더 중요하다.
    • 사회적으로 복잡한 자원 : 종업원 동기부여, 조직문화, 팀워크 등은 가치있을 뿐만 아니라 또한 지속적인 경쟁우위의 원천이 될 수 있다.
    • 조직의 역할 : 조직은 가치있고, 희소하면서 모방하기 힘든 자원을 이용할 수 있도록 지원해야 한다. 만약 이러한 속성들이 상충된다면 조직을 변경해야 한다.
  ㉢ 내부분석은 기업의 자원기준관점에 기초를 두고 있다.
② 외부 환경을 중시하는 관점
  ㉠ 매력적인 산업을 선택하고 경쟁자보다 유리한 지위를 차지하는 것으로 제품시장에서 바람직한 기업의 위상에 초점을 둔다.
  ㉡ 단점 : 경쟁우위가 지속되지 못한다.

내부 분석의 전략적 활용

(1) 기업능력 분석

① 기업능력 : 기업의 자원을 효과적으로 결합하여 이를 생산적으로 활용할 수 있는 능력으로 무형적 속성을 가지고 있다.
② 자원과 기업능력
  ㉠ 자원과 능력을 구별하기 위해 '무엇이 특유한 역량을 창출하는가'를 이해

Key Point

▶ 전략수립에 대한 두 가지 관점
 • 1970년대와 1980년대 : 환경의 분석에 중점을 두고, 기업이 산업 환경내에서 어떤 위치를 점할 것인가 하는 경쟁지위의 탐구가 전략의 핵심 주제로서 인식되었다.
 • 1980년대 후반 : 전략의 토대로서 기업의 자원과 능력의 역할에 대한 관심이 고조되었다.

▶ 기업이 초과이익을 달성할 수 있는 원천 : 외부환경을 중시하는 관점과 자원기준관점이 있다.

▶ 넓은 의미의 자원 : 개인, 사회, 조직적 현상 등 다양한 범위를 포함한다. 일반적으로 자원 그 자체는 경쟁우위를 창출할 수 없다. 실제로 경쟁우위는 특유한 몇 가지 자원의 묶음을 통해 확보된다.

▶ 자원기준 관점에서 전략수립의 주요목표 : 산업 내에서의 유리한 위치를 찾기보다는 기업의 내부자원과 역량을 효과적으로 활용함으로써 경쟁우위를 획득하고 유지하는 것이다.

▶ 기업능력 : 일반적으로 기업의 능력으로 인해 조직구조, 과정 및 통제시스템이 형성된다. 이러한 것들은 기업 내에서 이루어지는 의사결정의 방법과 장소, 기업이 가지는 행위의 종류, 기업의 문화규범과 가치를 설명하고 있다.

| 독 | 학 | 사 | 3 | 단 | 계 |

Key Point

기업능력 분석의 목적: 경쟁자보다 더 잘 할 수 있는 것을 찾아서 이를 적극적으로 활용할 수 있는 전략을 수립하기 위한 것이다.

기업의 자원기반관점에서의 조직역량
- 기업의 역량과 기술을 투입 및 산출부문에 투입시킨다.
- 유형, 무형의 자원을 결합하고, 바람직한 목적을 위해 조직의 과정을 이용한다. 예 뛰어난 고객서비스, 우수한 상품개발 능력, 상품 및 서비스의 혁신성, 인적자원의 고용, 동기부여, 유지를 위한 능력

기업의 자원기반관점에서의 자원
- 유형자원 : 재무자원(기업의 현금 보유량, 기업의 주식보유량, 기업의 차입능력), 실물자원(현재 공장과 설비, 유리한 제조입지, 어떤 시점에서의 기계, 장비의 기술수준), 기술자원(무역 노하우, 혁신적인 제품공정, 특허, 저작권, 상표), 조직자원(효과적인 전략적 계획과정, 우수한 평가통제 시스템)
- 무형자원 : 혁신과 창조성(전문적, 과학적 기술, 혁신역량), 평판(브랜드 명칭, 품질과 신뢰성에 대한 고객평관, 공정성에 대한 공급자의 평판)
- 인적자원 : 종업원의 경험과 능력, 신용, 관리기술, 기업특유의 업무실행과 절차

하는 것이 중요하다.
- ⓒ 기업은 '기업에 특유한' 그리고 가치있는 자원을 가질 수도 있지만 그러한 자원을 효과적으로 사용할 수 있는 능력이 없다면 특유한 역량을 창출할 수 없다.
- ⓒ 개별 자원들이 집단적으로 결합되어 창출되는 것이 기업능력이라는 점에서, 자원은 개별적이고 능력은 집단적이다.
- ⓔ 기업이 자원을 보유하고 있지 않더라도 능력이 있으면 경쟁우위를 획득할 수 있다.
- ⓜ 기업이 자원을 보유하고 있다고 하더라도 자원활용능력이 없으면 경쟁우위를 획득하거나 이를 지속적으로 유지할 수 없다. 따라서 자원은 그 자체만으로서는 가치를 창출하기 어렵다.
③ 독특한 능력과 핵심역량(distinctive competence)
- ⊙ Selznick의 독특한 능력 : 어떤 기업이 경쟁자에 비해 특별히 잘하는 것
- ⓒ Prahalad와 Hamel의 핵심역량 : 기업이 보유한 여러 자원 중에서 경쟁기업에 비하여 특별히 뛰어난 능력, 즉 경쟁우위를 가져다 주는 기업의 능력

(2) 보유자원 분석

① 자원 : 기업의 생산 프로세스, 즉 주요설비, 종업원 개인의 기술, 특허, 재무, 능력있는 관리의 투입요소를 말한다.
② 보유자원의 평가기준
- ⊙ 자원의 효율적 활용 기회 규명
- ⓒ 경쟁사와의 비교를 통해 강·약점 평가
- ⓒ 보유자원의 규명 및 유형 분류
③ 기업의 자원분류
- ⊙ 무형자원 : 기업의 명성, 혁신역량, 연구설비, 특허나 노하우의 보유 정도 등과 같은 비가시적 자원
- ⓒ 유형자원 : 기업규모, 입지, 설비, 건물 등과 같은 물적 자원, 기업의 자금조달능력, 신용도, 현금흐름 등과 같은 재무자원
- ⓒ 인적 자원 : 신용, 관리기술, 구성원의 자질이나 능력, 기업에 대한 충성심
④ 기업의 보유자원이 경쟁우위의 획득과 유지에 기여하기 위한 방안 : 독특하면서도 가치가 있어야 한다.

(3) 지속적인 경쟁우위의 기준

① 가치있는 능력 : 위협을 무력화하고 기회를 이용할 수 있도록 해야 한다.
② 희소한 능력 : 다른 기업에 의해 소유될 수 없는 능력이어야 한다.

③ 모방하기 힘든 능력
   ㉠ 역사적 : 고유하고 가치있는 조직문화 또는 브랜드 이름
   ㉡ 모호한 목적 : 목적이나 사용의 불명확성
   ㉢ 사회적 복잡성 : 관리자, 공급자, 고객들 간의 상호관련성, 신용, 우호관계
④ 대체할 수 없는 능력

(4) 경쟁우위의 지속성 결정요인

지속적 우위는 무엇이 결정하는가? 특유한 역량으로 경쟁우위를 달성하기 위해 자원, 능력, 역량을 활용하는 기업의 수완(ability)이 항상 잘 유지된다고는 말할 수 없다.

① 모방가능성
   ㉠ 모방가능성 : 기업의 중요한 자원, 능력이나 핵심역량이 다른 기업들에 의해 복제될 수 있는 정도를 말한다.
   ㉡ 만약 지식이 쉽게 의사소통할 수 있는 명시적인 지식일 경우 상대적으로 모방하기 용이하다. 이와 반대로 종업원의 경험이나 기업문화에 근거한 묵시적이고 은밀한 지식은 모방하기 힘들다.
   ㉢ 모방가능성의 정도
      • 투명성 : 성공적인 기업전략을 지원할 수 있는 자원과 능력관계를 다른 기업들이 이해할 수 있는 정도를 말한다.
      • 이동가능성 : 전략적 도전을 지원하기 위해 필요한 자원과 능력을 모을 수 있는 경쟁기업의 능력을 말한다.
      • 인과적 모호성 : 기업의 발전에 따라 기업능력이 어떤 과정을 통해서 또 어떤 요인에 의해 형성되었는가를 규명하기 힘든 정도를 의미한다.
      • 내부개발 가능성 : 특정 기업의 능력과 자원을 다른 기업이 자체 투자나 노력을 통해 개발 가능한 정도를 말한다.
   ㉣ 기업의 경쟁우위가 지속적으로 유지될 수 있는 조건
      • 기업능력과 자원의 투명성이 낮을수록
      • 기업능력과 자원의 인과적 모호성이 높을수록
      • 기업능력과 자원의 이동가능성이 낮을수록
      • 기업능력과 자원의 내부개발가능성이 낮을수록

② 지속성
   ㉠ 지속적(영속성/내구성) : 경쟁우위를 창출하는 기업의 자원, 능력이나 핵심역량이 시간이 경과함에 따라 가치를 감소시키는지 또는 유지되는 것인지의 정도를 말한다.
   ㉡ 자원이나 기업능력이 지속적으로 유지되면, 보다 안정적인 경쟁 우위의 원천이 될 수 있는 반면, 시간의 흐름에 따라 그 가치가 반감·진부화되

Key Point

▶ 경쟁우위를 결정짓는 조건
• 자원과 능력이 독특하고 희소한 것이어야 한다.
• 자원과 능력이 가치 있는 것이어야 한다.

▶ 지속적인 경쟁우위의 기준
• 핵심역량은 가치 있고, 희소하며, 모방하기 힘든, 그리고 대체할 수 없는 능력을 의미한다. 또한 핵심역량은 경쟁사에 대하여 경쟁우위의 원천이 되고 있다. 성공적인 경쟁우위의 4가지 기준을 만족시킬 수 없는 능력은 핵심역량이 될 수 없다.
• 경쟁우위가 지속되기 위해서는 경쟁사 관점에서 핵심역량을 모방할 수 없으며, 또한 대체할 수 없어야 한다. 그리고 지속적인 경쟁우위는 경쟁사가 해당기업의 전략적 이점을 복제할 수 없거나, 모방을 시도할 자원이 부족할 경우에만 달성할 수 있다.

▶ 모방가능성에 포함되는 요소(특성)
• 기업능력의 투명성, 인과적 모호성, 이동가능성, 내부개발 가능성 등 네 가지가 있다.
• 특정기업이 보유하고 있는 기업능력과 자원의 투명성이 낮을수록, 인과적 모호성이 높을수록, 이동가능성이 낮을수록, 내부개발가능성이 낮을수록 다른 기업에 의한 모방가능성은 낮아지므로 기업의 경쟁우위는 지속적으로 유지될 수 있다.

▶ 경쟁우위의 지속성에 영향을 미치는 요인 : 지속성, 모방가능성(투명성, 인과적 모호성, 이동가능성, 내부개발가능성), 대체가능성

| 독 | 학 | 사 | 3 | 단 | 계 |

Key Point

벤치마킹(benchmarking)
- 개념 : 기업활동의 각 부문에서 최우수관행을 실천하고 있는 다른 기업들에 대한 현상 규명을 바탕으로 이를 자사에 도입·실행하고 전파함으로써 기업의 내부능력을 지속적으로 향상시키기 위한 과정이다. 즉 지속적으로 업무 프로세스의 개선을 추구하는 조직의 학습과정이다.
- 단계 : 개선이 필요한 기업 활동 혹은 기능을 규명 → 각 활동이나 기능 부문별로 최우수기업을 규명하고 선정 → 대상 기업에 대한 방문조사, 경영자 면담 등을 통해 최우수관행의 원인을 분석 → 이를 바탕으로 자사의 각 기능 부문이나 활동들을 체계적이고 지속적으로 개선

기능별 분석 : 기업 활동의 근간이 되는 각 기능부문별로 자사의 강점과 약점을 분석하는 방법으로서 전통적으로 널리 활용되어 왔다.

경험곡선의 발견 : 미국의 컨설팅 회사인 보스턴 컨설팅 그룹은 항공기 조립, 조선, 냉장고, 병 뚜껑 등 여러 제품에 대한 일련의 연구를 통해 누적 생산량이 두 배로 증가할 때마다 제품 단위당 생산원가가 20~30%의 비율로 규칙적으로 감소한다는 사실을 발견하였다.

경험곡선과 학습곡선의 차이
- 학습곡선 : 제품생산의 증대에 따라 제품 단위당 노무비가 감소하는 것을 의미한다.
- 경험곡선 : 직접비와 간접비를 모두 포함한 총생산원가가 감소하는 것이다.

면 경쟁우위는 지속되기 어렵다.
③ 대체 가능성 : 다른 기업이 특정 기업이 보유하고 있는 능력이나 자원을 다른 능력이나 자원에 의해 대체할 수 있는 정도를 말한다.

기업능력의 분석방법

기업의 내부분석의 일차적 목적은 기업이 보유한 자원과 능력을 평가하여 경쟁우위의 원천이 되는 강점과 약점을 파악하는 데 있으며, 보다 궁극적으로는 외부기회에 대해 강점을 활용하거나 또는 핵심역량이나 능력의 개발과 축적을 통해 강점을 계속 유지하고 약점은 보완하는 데 있다. 기업의 내부능력은 기능별 분석과 가치사슬 분석으로 설명될 수 있다.

(1) 기능별 분석

① 기능별 분석의 개념 : 기업의 내부환경을 분석하여 강점과 약점을 파악하는 가장 간단하면서도 고전적인 방법이다.
② 기능별 분석의 장·단점
  ㉠ 장점 : 기업이 가지고 있는 강점과 약점을 세부적인 요인까지 상세히 파악할 수 있다.
  ㉡ 단점
    • 핵심성공요인과 내부능력 평가의 결과를 결부시키기가 어렵다.
    • 상호 결합에 의해 형성되는 기업 전체적인 능력에 대해서는 평가가 곤란하다.
③ 기능별 내부능력의 평가 : 환경분석을 토대로 도출한 핵심성공요인과 관련성이 깊은 요인들을 중심으로 이루어져야 한다.
④ 기능별 내부능력의 평가
  ㉠ 전반경영 : 조직구조, 조직문화, 기업이미지, 경영자의 능력, 정보시스템 등
  ㉡ 기술능력 : 연구개발인력, 특허보유 정도, 신제품개발, 기술개발체제 등
  ㉢ 인적 자원 : 노사관계, 사기 및 조직충성심, 인력의 질과 숙련도, 전문인력 보유 정도, 인사정책 등
  ㉣ 생산능력 : 생산설비 효율성, 공장의 입지조건, 경험곡선, 규모의 경제, 원부자재 조달, 공정혁신 등
  ㉤ 재무능력 : 재무구조, 자본비용, 자본조달능력, 자금운용능력 등
  ㉥ 마케팅능력 : 유통경로, 상표충성도, 시장점유율, 제품다양성, 고객서비스 가격정책 등

(2) 가치사슬 분석

① 가치사슬의 개념
  ㉠ 가치사슬(value-chain) : 공급자로부터 공급받는 원료에서 생산, 판매, 서비스 등에 포함되는 일련의 부가가치 활동에 이르기까지 가치창조 활동으로 연결된 총체적인 집합을 말한다. 간단히 '사업 프로세스에 관한 모형'이다.
  ㉡ 포터(M.E. Porter)의 가치사슬 분석 : "기업이라는 것은 제품을 디자인하고 생산하고, 판매하고, 배달하고, 그리고 A/S를 하는 활동들의 집합체라 보고 있으며 이러한 기업들의 경쟁우위의 원천은 경쟁자간의 가치사슬의 차이에서 비롯되는 것이다."라고 주장하고 있다.
  ㉢ 기업의 가치사슬과 각 개별 활동을 수행하는 방법 : 기업의 역사, 전략 그리고 전략을 수행하는 방법 등을 반영한다.
② 기업의 가치사슬의 구성 : 크게 가치활동과 이윤으로 구성되며, 가치활동은 지원활동과 본원적 활동이 결합되어 기업의 가치창조가 결정된다.
  ㉠ 가치활동 : 기업이 수행하는 활동 가운데 기술적, 물리적으로 구별되는 활동
  ㉡ 이윤 : 기업이 창출한 총가치에서 제반 가치활동을 수행하는 데 필요한 총원가를 뺀 차액

(3) 가치사슬의 지원활동과 본원적 활동
① 지원 활동
  ㉠ 획득 : 제품생산에 필요한 투입요소를 구입하는 데 관련되는 활동으로, 구매의 투입요소는 제품의 제조과정에서 소비되는 항목을 포함한다(기계, 실험장비, 사무용품, 건물뿐만 아니라 원재료, 공급자 등).
  ㉡ 기술개발 : 제품 및 공정향상과 관련되는 활동으로 공정기술, 기본적인 연구와 제품개발 등을 포함한다.
  ㉢ 인적 자원관리 : 모집, 고용, 훈련, 개발 및 종업원 보상과 관련되는 활동이다.
  ㉣ 기업하부구조 : 기업의 하부구조는 전체 가치사슬의 업무를 지원하기 위해 필요한 일반관리, 계획, 재무, 회계, 법적 지원, 정부관련 업무를 포함한다. 하부구조를 통해 기업은 외적 기회와 위협, 자원과 능력, 핵심역량의 지원을 효과적으로 규명할 수 있다.
② 본원적 활동 : 본원적 활동은 제품을 제조하는 물리적 과정에서 판매, 그리고 최종구매자에게 전달되는 과정과 애프터서비스(A/S)활동이 포함된다. 제조업이든 서비스업이든지, 어떤 기업이든 본원적 활동은 다섯 가지 범주로 구성되어 있다.
  ㉠ 물류투입활동 : 생산활동에 필요한 투입요소를 공급업자로부터 받아서 저

Key Point

▶ 경험곡선 효과
• 제품의 누적생산량이 배증할 때마다 제품의 단위당 생산원가가 일정한 비율로 낮아지는 현상을 말한다.
• 제품원가의 감소비율은 제품의 특성에 따라 다르다. 그러므로 경험곡선은 기업의 내부능력, 특히 생산부문의 원가우위를 평가할 때 핵심적 요인이 된다.

▶ 포터(Porter)의 가치사슬 분석 : 기능별 분석의 단점을 보완할 수 있는 내부능력의 분석방법으로, 가치사슬은 고객에게 제품을 공급하기 위하여 기업이 수행하는 일련의 활동들을 규명하고 이러한 제반 활동들이 어떻게 상호작용하는가를 체계적으로 파악함으로써 경쟁우위의 원천을 규명할 수 있게 하는 기업능력의 분석 도구이다.

▶ 지원활동에 대한 항목별 내용
• 획득 : 구매되는 투입 요소에만 국한되는 것이 아니라 투입 요소와 관련된 기능을 포괄하는 활동을 말한다.
• 기술개발 : 제품과 공정을 개선하기 위해 수행되는 여러 가지 범주의 활동들을 포함한다.
• 인적 자원관리 : 채용, 훈련, 교육, 보상 등 인사관리의 제반 활동이 포함된다.
• 기업 하부구조 : 기업의 하부구조를 형성하고 있는 활동에는 전반관리, 기획, 재무관리, 회계, 법무, 홍보, 대정부 관리 등이 있다.

장하고 운반하는 것과 관련된 활동으로 투입요소의 구입, 저장, 유통에 관련된 활동을 말하며 자재관리, 저장, 재고관리, 장비사용계획, 공급자에 의 재 주문 등이 포함된다.

ⓒ 운영활동 : 전통적인 관점에서 생산관리의 중심이 되는 활동으로서, 투입요소를 최종제품형태로 만드는 활동을 말하며 기계작업, 포장, 조립, 설비유지, 검사, 인쇄, 설비가동 등이 포함된다.

ⓒ 물류산출활동 : 제품을 소비자에게 유통시키기 위한 수집, 저장, 물적 유통과 관련된 활동을 말하며, 완성품보관, 운송장비작업, 주문처리, 유통계획 등이 포함된다.

ⓔ 마케팅과 판매활동 : 소비자가 제품을 구입할 수 있게 하고 또한 그러한 행동을 유도하는 수단을 제공하는 활동을 한다.

ⓜ 서비스활동 : 제품의 가치를 증진시키고 유지하기 위한 활동으로, 기업은 설치, 수리, 교육, 조정과 같은 활동에 종사한다.

(4) 가치사슬의 연계

① 하나의 가치활동(**예** 마케팅)의 수행과 다른 가치활동의 비용성과(l 품질관리)는 서로 연결되어 있다. 시장에서 경쟁우위 확보를 위한 방법을 추구하는 데 있어서 동일기능이 다른 방법으로 수행될 수 있으며, 결과 또한 달라질 수 있으므로 각 제품라인의 가치사슬 내에서 연결성을 검토해야 한다.
② 기업이 경쟁우위를 확보하기 위한 조건 : 전략적인 관점에서 가치활동간의 연계를 최적화해야 한다.
③ 기업에서 가장 확연히 드러나는 연계 : 지원활동과 본원적 활동 간에 이루어지는 연계이다.
④ 수직적 연계 : 기업의 가치사슬 내에서뿐만 아니라 공급자나 유통경로의 가치사슬과 기업의 가치사슬간에도 이루어진다.
⑤ 유통경로와의 연계 : 기업이 생산한 제품의 유통 과정상의 가치사슬을 형성하여 기업의 가격 결정에 영향을 미친다.

(5) 가치사슬분석의 특징

① 가치사슬의 성과를 경쟁우위로 변형시킬 수 있다.
② 가치사슬을 구성하고 있는 다양한 프로세스 및 인적 자원의 분석을 통해 기업의 가치창출에 기여할 수 있다.
③ 고객과 공급자와의 협력을 통해 최종 소비자의 만족도를 향상시키며, 상류 및 하류부문의 시장환경에 신속하게 대응할 수 있다.
④ 공급자, 고객, 경쟁사의 가치사슬 분석을 통해 상류부문의 공급자와 하류부문의 소비자의 약점을 파악함으로써 부가가치를 창출할 수 있다.

Key Point

가치활동의 분류
- 본원적 활동(주요활동) : 일명 기간활동으로 제품생산과 관련된 직접적인 활동으로 투입, 운영, 물류산출, 마케팅/판매 등에 관련된 활동을 의미한다.
- 지원활동(보조활동) : 주요활동과 각 활동을 지원하는 활동은 기업의 하부구조, 인적자원관리, 기술개발, 획득 등에 관련된 활동을 의미한다.

본원적 활동에 대한 항목별 내용
- 물류투입 : 생산 활동에 필요한 투입 요소를 공급자로부터 받아서 저장하고 운반하는 것과 관련된 활동으로서 자재관리, 보관, 원부자재의 재고관리, 공급자에 대한 반품 등과 같은 활동이 포함된다.
- 운영 : 투입 요소를 최종 제품으로 변환하는 활동이다.
- 물류산출 : 제품의 수집, 저장과 관련된 활동 및 구매자에게 제품이 직접 유통되는 활동인 완제품보관, 운송장비 관리, 주문 처리, 유통 계획 등과 같은 활동을 포함한다.
- 마케팅과 판매 : 구매자가 제품을 구입하도록 하기 위한 활동이다.
- 서비스 : 제품 가치를 유지하고 증진시키기 위한 활동이다.

연계 : 하나의 가치활동이 수행될 때 다른 가치활동과 비용이나 성과 측면에서 관련성을 가지게 되는 것을 의미한다.

⑤ 가치사슬분석을 통해 기업 활동이 해당 기업의 자원에 어떤 영향을 미치는가를 파악할 수 있다.
⑥ 가치사슬분석은 기업으로 하여금 가치를 창출하는 업무와 그렇지 않은 업무를 구별할 수 있게 한다. 이러한 것을 기초로 가치창출에 따르는 비용보다 가치가 클 때 비로소 평균 이상의 수익률을 확보할 수 있다.

전략적 내부 요인의 규명과 평가

(1) 산업진화단계에 따른 평가

① **도입기** : 손실의 가능성이 높고, 충분한 여유 자원이 필요하다.
② **성장기** : 새로운 경쟁자들이 출현하며, 수요가 급성장하고 상표인지도나 재무능력 등이 기업의 강점이 될 수 있다.
③ **성숙기** : 산업의 성장률이 둔화되며, 가격경쟁력이나 판촉 활동이 기업의 강점이 될 수 있다.
④ **쇠퇴기** : 비용 통제가 가장 중요한 요인으로, 원가경쟁력이 필수적이다.

(2) 과거 성과와의 비교에 있어서 한계점

① 객관적인 평가가 어렵고 내부능력의 강·약점을 평가하는 데 한계가 있다.
② 어떤 요인이 경쟁우위의 원천으로 작용하는지 또 향후 보완이 필요한 약점인지를 명확히 규명해 주지 못한다.

(3) 산업 내 핵심성공요인과의 비교

① 결과를 전략 수립에 직접적으로 반영하는 것이 용이해진다.
② 어떤 요인에 초점을 두고 기업의 내부능력을 평가해야 하는지 제시해 준다.

(4) 경쟁사와의 비교

① 경영자는 자사의 강점을 최대한 활용할 수 있는 전략을 선택하여야 한다.
② 자사의 어떤 요인이 강점이며 어떤 요인이 약점인가를 명확히 파악할 수 있다.

참고문헌

- 김형준, 「전략경영론」, 형설출판사, 2011
- 정동섭·추교완·박재희, 「경영전략」, 경영과 미래, 2010
- 김영수·이영진, 「경영전략」, 학현사, 2010
- 유기현·황용식, 「전략경영론」, 무역경영사, 2009
- 김길성, 「경영전략」, 전남대학교출판부, 2009

Key Point

▶ **가치사슬의 활용**
- 활용되는 가치사슬은 사업부 수준에서 가장 잘 적용될 수 있다.
- 다각화된 기업의 경우 : 사업부문별로 가치사슬을 적용하여야 한다.
- 경쟁우위를 규명하기 위해서는 특정 산업에서 경쟁하고 있는 그 기업의 가치사슬을 우선 정의하여야 한다.
- 기업은 가치사슬을 재정의함으로써 경쟁우위를 얻기도 한다.

▶ **산업진화단계의 전략의 초점**
- 도입기 : 시장침투
- 성장기 : 시장점유율 확대
- 성숙기 : 다각화
- 쇠퇴기 : 투자자금 회수 극대화

▶ **산업진화단계의 핵심기능영역**
- 도입기 : 엔지니어링
- 성장기 : 마케팅
- 성숙기 : 생산효율성
- 쇠퇴기 : 재무

▶ 기업의 내부능력을 평가하는 기준 : 산업진화단계에 따른 평가, 경쟁사와의 비교, 기업의 과거 성과와의 비교, 산업 내 핵심성공요인과의 비교 등과 같은 네 가지의 방법이 있다.

실전예상문제

객관식

1 다음 중 성공적인 전략수립의 양대지주요인과 관련 없는 것은?
① 강점 ② 약점
③ 기회 ④ 통제

▶ 전략수립의 양대지주
• 환경분석 : 기회와 위협요인   • 내부능력의 분석 : 강점과 약점

2 전략수립과정 중 자기기업의 강점과 약점을 진단하고, 이를 경쟁사와 비교함으로써 자사의 경쟁적 위상을 평가하는 단계는?
① 전략선택 ② 전략분석
③ 내부분석 ④ 환경분석

▶ 내부분석의 목적 : 보유자원과 내부능력에 대한 분석을 통해 자신의 장점과 약점을 진단하고 경쟁사와의 비교를 통해서 자사의 경쟁적 위상을 평가하는 것이다.

3 다음 중 내부분석을 실시하는 목적은 무엇인가?
① 사회적 책임을 이행하기 위하여 ② 다른 기업과 차별화하기 위하여
③ 강점과 약점을 진단하기 위하여 ④ 기회와 위협을 진단하기 위하여

▶ 문제 2번 해설 참조

4 다음 중 1970~1980년대 환경중시관점에 대한 설명으로 틀린 것은?
① 산업환경 내에서의 효과적 위치 선정 중시
② 산업환경 분석에 초점을 둠.
③ 경쟁자가 모방하기 힘든 내부능력이야말로 경쟁우위의 획득과 그 지속성의 진정한 원천으로 봄.
④ 보유자원과 기업능력 등의 내부분석은 중시하지 않고, 주로 전략의 실행측면에서 기업의 내부요인을 파악함.

▶ 전략수립 관점 중 1970~1980년대 환경중심관점
• 산업환경 내에서의 효과적 위치 선정 중시
• 산업환경 분석에 초점을 둠.
• 보유자원과 기업능력 등의 내부분석은 중시하지 않고, 주로 전략의 실행측면에서 기업의 내부요인을 파악함.

Keypoint & Answer

성공적인 전략수립의 양대지주요인 ➡ ④

내부분석의 목적 ➡ ③

내부분석을 실시하는 목적 ➡ ③

1970~1980년대 환경중시관점 ➡ ③

5 다음 중 전략수립에 대한 관점 중 80년대 후반에 대한 기술이 <u>아닌</u> 것은?

① 경쟁자가 모방하기 힘든 내부능력의 개발 및 활용을 중시했다.
② 환경의 중요성도 인식하지만 환경의 기회를 활용할 수 있는 기업의 역량을 우선시했다.
③ 산업환경분석에 초점을 두었다.
④ 경쟁자가 모방하기 힘든 내부능력이야말로 경쟁우위의 획득과 그 지속성의 진정한 원천으로 보았다.

▶ 전략수립의 관점
• 1970~80년대 : 환경중시 관점   • 1980년대 후반 : 기업능력중시 관점

Keypoint & Answer

▶ 1980년 후반의 전략수립에 대한 관점 ➡ ❸

6 다음 중 자원기준관점에 대한 내용이 <u>아닌</u> 것은?

① 유·무형의 자원과 기업능력의 독특한 결합으로 기업을 파악한다.
② 기업능력과 자원을 경쟁우위의 진정한 원천으로 인식한다.
③ 원가우위와 차별화우위에 초점을 둔다.
④ 기업의 자원과 능력을 경쟁우위의 획득 및 유지라는 관점에서 평가한다.

▶ ③은 전통적인 접근법이다.

▶ 자원기준관점에 대한 내용 ➡ ❸

7 자원기반관점에서 경쟁우위의 원천으로 보는 것들끼리 연결된 것은?

① 능력 - 기술   ② 능력 - 자원
③ 자금 - 기술   ④ 자금 - 자원

▶ 내부분석의 틀 : 자원기반관점
• 기업이 초과이익을 달성할 수 있는 원천
• 전략수립의 주요 목표 : 산업 내에서 유리한 위치를 찾기보다는 효과적으로 기업의 내부능력을 활용하여 경쟁우위를 획득하고 유지하는 것
• 기업의 능력과 자원을 경쟁우위의 진정한 원천으로 인식

▶ 자원기반관점에서 경쟁우위의 원천 ➡ ❷

8 다음 중 기업의 자원분류 유형으로 거리가 <u>먼</u> 것은?

① 유형자원   ② 무형자원
③ 인적 자원   ④ 핵심자원

▶ 기업의 자원
• 유형자원 : 기업의 자금조달 능력, 신용도, 현금흐름 등과 같은 재무자원과 기업규모, 입지, 설비, 건물 등과 같은 물적 자원을 말한다.
• 무형자원 : 연구설비, 연구인력, 특허나 노하우의 보유 정도 등과 같은 기술자원과 기업의 명성 등을 의미한다.
• 인적 자원 : 구성원의 자질이나 능력, 기업에 대한 충성심 등을 포함한다.

▶ 기업의 자원분류 유형 ➡ ❹

| 독 | 학 | 사 | 3 | 단 | 계 |

Keypoint & Answer

인적 자원의 종류 ➡ ❸

기업능력(firm capability)에 대한 설명 ➡ ❹

기업능력과 유사한 용어 ➡ ❹

기업능력의 내용 및 특징 ➡ ❷

핵심역량의 개념 ➡ ❹

9 다음 중 인적 자원에 해당하는 것은 어느 것인가?

① 재무자원　　　　② 기업의 명성
③ 기업에 대한 충성심　④ 연구설비

▶ 인적 자원에는 구성원의 자질이나 능력, 기업에 대한 충성심이 포함된다.

10 기업능력(firm capability)에 대한 설명으로 그 내용이 바르지 못한 것은?

① 가치사슬 분석은 기업능력을 평가하기 위한 하나의 방법이다.
② 기업이 보유하고 있는 자원을 효과적으로 결합하여 이를 생산적으로 활용할 수 있는 능력을 말한다.
③ 기업능력은 사용하면 할수록 그 가치가 증대된다.
④ 기업이 보유하고 있는 자원의 가치는 이를 활용하는 기업능력에 따라 관계없이 일정하다.

▶ 기업능력이란 기업이 보유하고 있는 자원을 효과적으로 결합하여 이를 생산적으로 활용할 수 있는 능력을 말한다. 조직에 있어서 능력이란 의미는 개인에게 있어서는 기능이 갖는 의미와 거의 동일하다. 따라서 기업능력은 사용하면 할수록 그 가치가 증대되고, 동일 산업에 속한 기업들이라고 하더라도 기업능력에는 차이가 나게 된다. 기업능력의 대표적인 분석기법은 가치사슬 분석이다.

11 다음 중 내용상 나머지 셋과 관련 없는 하나는?

① 기업능력　　　　② 핵심역량
③ 독특한 능력　　　④ 창출역량

▶ 기업능력과 유사한 용어로서 독특한 능력이나 핵심역량이 사용된다.

12 다음 중 기업이 보유하고 있는 자원을 효과적으로 결합하여 이를 생산적으로 활용할 수 있는 것을 무엇이라 하는가?

① 핵심기업　　　　② 기업능력
③ 자원보유력　　　④ 독특한 경험

▶ 기업능력 : 기업이 보유하고 있는 유・무형의 자원을 효과적으로 결합하여 생산적으로 활용할 수 있는 능력으로 기업능력과 유사한 의미의 용어로 독특한 능력 또는 핵심역량이 사용

13 다양한 생산방식이나 기술을 조정・통합하는 방법 등에 대한 공동학습으로서, 사용할수록 가치가 증대되는 것을 무엇이라고 하는가?

① 독특한 능력　　　② 자원보유력

86 경영전략

③ 기업능력 ④ 핵심역량

▶ 프라할라드와 하멜은 핵심역량을 "다양한 생산방법이나 기술을 조정·통합하는 방법 등에 대한 공동학습으로서, 사용할수록 가치가 증대되는 것"이라고 정의하고, 특히 기업에 산재한 자원과 여러 기능들을 통합하는 역할을 하는 경영자의 능력을 중요시하였다.

14 다음 중 경쟁우위의 지속성에 영향을 미치는 요인이 <u>아닌</u> 것은?

① 지속성 ② 모방가능성
③ 적응성 ④ 대체가능성

▶ 경쟁우위의 지속성에 영향을 미치는 요인 : 기업능력과 자원의 지속성, 경쟁기업의 모방가능성 및 다른 자원과 능력에 의한 대체가능성을 들 수 있다.

15 '경쟁우위의 정도'에 영향을 미치는 요소에 해당하는 것은?

① 대체가능성 ② 지속성
③ 모방가능성 ④ 독특성

▶ 경쟁우위의 정도 : 경쟁우위의 확보를 위한 조건
  • 자원과 기업능력이 희소한 것이며 독특해야 한다.
  • 자원과 기업능력이 가치 있는 것

16 경쟁우위의 지속성과 정(+)의 관계를 갖는 것은 무엇인가?

① 대체가능성 ② 모방가능성
③ 이동가능성 ④ 인과적 모호성

▶ 특정 기업이 보유하고 있는 인과적 모호성이 높을수록 타기업에 의한 모방가능성이 낮아지므로 기업의 경쟁우위는 지속적으로 유지, 기업능력의 투명성, 이동가능성, 내부개발 가능성은 낮을수록 모방가능성이 낮아진다.

17 경쟁우위 지속성요인 중 모방 가능성의 정도와 관계 <u>없는</u> 것은?

① 투명성 ② 독특성
③ 인과적 모호성 ④ 내부개발가능성

▶ 모방가능성의 정도 : 투명성, 인과적 모호성, 이동가능성, 내부개발 가능성

18 다음 중 다른 기업에 의한 모방가능성이 낮은 경우로서 거리가 <u>먼</u> 것은?

① 투명성이 낮을수록 ② 인과적 모호성이 낮을수록

Keypoint & Answer

➡ 경쟁우위의 지속성에 영향을 미치는 요인 ➡ ❸

➡ '경쟁우위의 정도'에 영향을 미치는 요소 ➡ ❹

➡ 경쟁우위의 지속성과 정(+)의 관계를 갖는 것 ➡ ❹

➡ 모방 가능성의 정도 ➡ ❷

➡ 다른 기업에 의한 모방가능성이 낮은 경우 ➡ ❷

③ 이동가능성이 낮을수록   ④ 내부개발 가능성이 낮을수록

▶ 특정기업이 보유하고 있는 기업능력과 자원의 투명성이 낮을수록, 인과적 모호성이 높을수록, 이동가능성이 낮을수록, 그리고 내부개발가능성이 낮을수록 다른 기업에 의한 모방가능성은 낮아지므로 기업의 경쟁우위는 지속적으로 유지될 수 있다.

경쟁우위 창출의 가능성의 순서 → ❷

19 다음 〈보기〉에서 경쟁우위 창출의 가능성이 높은 순서부터 차례로 나타낸 것으로 옳은 것은?

> 보기
> 가. 대체가능성이 낮은 자원과 경쟁자가 갖고 있지 않은 능력
> 나. 대체가능성이 낮은 자원과 경쟁자가 갖고 있는 능력
> 다. 대체가능성이 높은 자원과 경쟁자가 갖고 있지 않은 능력
> 라. 대체가능성이 높은 자원과 경쟁자가 갖고 있는 능력

① 가-나-다-라   ② 가-다-나-라
③ 라-나-다-가   ④ 라-가-나-다

▶ 대체가능성 : 특정 기업의 능력이나 자원을 다른 기업이 다른 능력이나 자원으로 대체할 수 있는 정도를 말하며, 이러한 대체가능성이 낮고 경쟁자가 그런 능력을 갖고 있지 않을 때 경쟁우위 창출의 가능성이 가장 높다.

동태적 자원 적합성을 제시한 사람 → ❹

20 다음 중 동태적 자원 적합성을 제시한 사람은 누구인가?

① Porter   ② Ohmae
③ Aaker   ④ Itami

▶ Itami의 동태적 자원 적합성은 전략이 보유자원의 활용뿐만 아니라 경험의 축적을 통해 새로운 기능과 지식을 창출함으로써 기업자원을 확대하는 역할을 한다는 점을 제시한다.

기업의 내부능력의 향상을 도모하는 경영혁신 기법 → ❶

21 다음 중 다른 회사의 우수한 관행을 분석하고 이를 도입함으로써 기업의 내부능력의 향상을 도모하는 경영혁신 기법으로 적합한 것은?

① 벤치마킹   ② 전략적 의지
③ 사업포트폴리오 분석   ④ 비지니스 리엔지니어링

▶ 벤치마킹은 기업활동의 각 부문에서 최우수 관행을 실천하고 있는 다른 기업들에 대한 현상 규명을 바탕으로 이를 자사에 도입·실행하고 전파함으로써 기업의 내부능력을 지속적으로 향상시키기 위한 과정이다.

비지니스 프로세스 리엔지니어링의 실천수단 → ❶

22 비지니스 프로세스 리엔지니어링의 실천수단으로 널리 활용되고 있는 것은?

① 벤치마킹   ② 가치사슬
③ 경험곡선   ④ R & D

▶ 벤치마킹은 지속적으로 업무프로세스의 개선을 추구하는 조직의 학습과정이다.

23 다음 중 기능별 분석에 대한 설명으로 옳지 <u>않은</u> 것은?

① 각 기능부문별로 자사의 강점과 약점을 분석하는 방법이다.
② 기능별 내부능력의 평가는 환경분석을 토대로 도출한 핵심성공요인과 관련성이 깊은 요인들을 중심으로 이루어져야 한다.
③ 기업의 강점과 약점을 세부적인 요인까지 상세히 파악할 수 있다.
④ 기업 전체적인 능력에 대한 평가가 쉽다.

▶ 기능별 분석 : 기업의 강점과 약점을 세부적인 요인까지 상세히 파악할 수 있다는 이점이 있지만, 세분화된 분석에 따라 환경분석으로부터 도출되는 핵심 성공 요인과 내부능력의 평가 결과를 결부시키기가 어렵고, 여러 기능부문들의 상호결합에 의해 형성되는 기업의 전체적인 능력에 대해서는 평가가 곤란하다.

24 기업의 강점과 약점을 세부적인 요인까지 상세히 파악할 수 있다는 이점을 지닌 기업능력 분석방법은 무엇인가?

① SWOT분석　　　　② 기능별 분석
③ 가치사슬 분석　　　④ 차이분석

▶ 문제 23번 해설 참조

25 다음 중 제품의 누적 생산량이 두 배로 증가할 때마다 제품 단위당 생산원가가 일정 비율로 감소하는 현상과 관련이 깊은 것은?

① SWOT　　　　　② 공정 혁신
③ 경험곡선　　　　④ 학습곡선

▶ 미국의 컨설팅 회사인 보스턴 컨설팅 그룹은 항공기 조립, 조선, 냉장고, 병뚜껑 등 여러 제품에 대한 일련의 연구를 통해 누적 생산량이 두 배로 증가할 때마다 제품 단위당 생산원가가 20~30%의 비율로 규칙적으로 감소한다는 사실을 발견했다. 이를 도시화한 것이 경험곡선이다.

26 다음 중 경험곡선에 관한 설명으로 바르지 <u>못한</u> 것은?

① 제품의 성격에 따라 원가절감의 속도는 제각기 다르게 나타난다.
② 직공이 반복적 작업을 계속하면 제품 한 단위당의 노동시간이 감소하는 것이다.
③ 누적생산량에 따라 생산원가가 일정 비율로 감소하는 현상을 말한다.
④ 보스턴컨설팅 그룹에서 처음 사용하였다.

Keypoint & Answer

→ 기능별 분석에 대한 내용　➡ ④

→ 기업능력 분석방법　➡ ②

→ 경험곡선의 내용 및 특성　➡ ③

→ 경험곡선에 관한 내용　➡ ②

| 독 | 학 | 사 | 3 | 단 | 계 |

Keypoint & Answer

경험곡선에 대한 설명 → ❶

▶ 경험곡선은 직접비와 간접비를 모두 포함한 총생산원가가 감소하는 것이다.

27 다음 중 경험곡선에 대한 설명이 가장 올바른 것은?

① 생산량과 생산원가와의 관계이다.
② 일명 학습곡선이라고도 한다.
③ 한 산업 내 주도적 기업들의 결합된 시장점유율을 말한다.
④ 생산량과 노동시간과의 관계이다.

▶ 경험곡선은 누적생산량이 증가할 때 생산원가가 감소한다.

경험곡선과 학습곡선의 특징 → ❷

28 다음 <보기>의 ( ) 안에 들어갈 말을 순서대로 연결한 것은?

> 보기 ( )(은)는 제품의 누적 생산량이 배로 증가할 때마다 제품단위당 생산원가가 일정 비율로 낮아지는 현상을 의미하며, ( )(은)는 제품생산의 증대에 따라 종업원의 숙련에 의해 노동생산성이 향상됨으로써 제품단위당 노무비가 감소하는 것을 의미한다.

① 학습곡선효과 – 경험곡선효과 ② 경험곡선효과 – 학습곡선효과
③ 범위의 경제 – 규모의 경제   ④ 규모의 경제 – 범위의 경제

▶ 경험곡선과 학습곡선
 • 학습곡선 : 제품생산의 증대에 따라 종업원의 숙련에 의해 노동생산성이 향상되어 제품의 단위당 노무비가 감소하는 현상
 • 경험곡선 : 누적생산량이 두 배로 증가할 때마다 제품의 단위당 생산원가가 규칙적인 비율로 감소한다는 것을 도식화한 것

경험곡선 효과의 내용 및 특성 → ❷

29 다음의 <보기>를 가장 잘 설명해 주는 개념은 무엇인가?

> 보기 동일한 제품을 생산하는 태평기업과 승리기업 두 회사가 있다. 태평기업의 현재 생산규모는 100개이고 설립 이후 현재까지의 누적생산량은 1,000개이다. 한편, 승리기업의 현재 생산규모는 100개로 태평기업과 동일하지만 설립 이후 현재까지의 누적생산량은 300개이다. 이때 태평기업이 승리기업에 비해 제품 단위당 생산원가가 낮다.

① SWOT   ② 경험곡선 효과
③ 규모의 경제   ④ 학습곡선

▶ 경험곡선 효과란 제품의 누적생산량이 두 배로 증가할 때마다 제품단위당 생산원가가 일정한 비율로 낮아지는 현상을 말한다. 물론 제품원가의 감소비율은 제품의 특성에 따라 달라진다. 그러므로 경험곡선은 기업의 내부능력, 특히 생산 부문의 원가우위를 평가할 때 핵심적 요인이 된다. 학습곡선은 종업원의 숙련에 의해 노동생산성이 향상됨으로써 제품단위당 노무비가 감소하는 것을 의미한다.

30 다음 중 경험곡선 효과와 가장 밀접한 관련이 있는 본원적 전략은?

① 집중화 전략 ② 경쟁전략
③ 차별화 전략 ④ 원가주도 전략

▶ 경험곡선에 따르면 특정 기업의 경쟁자에 대한 원가우위는 자사의 누적 생산량과 경쟁자의 누적 생산량의 크기에 따라 달라진다.

Keypoint & Answer

➡ 경험곡선 효과와 가장 밀접한 관련이 있는 본원적 전략 ➡ ❹

31 다음 중 가치사슬과 관련있는 사람은 누구인가?

① Porter ② Hax
③ Majluf ④ Campbell

▶ Porter의 가치사슬분석은 경쟁우위의 원천을 규명할 수 있게 하는 기업능력의 분석도구이다.

➡ 가치사슬과 관련있는 사람 ➡ ❶

32 다음 중 기업이 수행하는 제반 활동들의 상호작용을 체계적으로 파악함으로써 경쟁우위의 원천을 규명하는 기업능력의 분석수단은?

① 기능별 분석 ② 경험곡선
③ 가치사슬 ④ 사업 포트폴리오

▶ 가치사슬은 기업의 내부능력을 분석하기 위한 방법의 하나로서 기업의 활동을 본원적 활동과 지원활동으로 나누어 파악한다. 특히 기업이 수행하는 각 활동들은 상호 관련하에서 체계적으로 파악함으로써 기능별 분석이 가진 단점을 보완해 줄 수 있다.

➡ 경쟁우위의 원천을 규명하는 기업능력의 분석수단 ➡ ❸

33 다음 중 가치사슬에 대한 설명으로 바르지 <u>못한</u> 것은?

① 기업의 활동을 본원적 활동과 지원 활동으로 나누어 파악한다.
② 기업이 수행하는 각 활동들을 상호 관련하에서 체계적으로 파악한다.
③ 다각화된 기업의 사업영역을 결정하는 방법이다.
④ 기업의 내부능력을 분석하기 위한 방법이다.

▶ 가치사슬 분석 : 기능별 분석의 단점을 보완할 수 있는 내부능력 분석 방법으로 고객에게 제품을 공급하기 위하여 기업이 수행하는 일련의 활동들을 규명하고 이러한 제반 활동들의 상호작용에 대해 체계적으로 파악함으로써 경쟁우위의 원천을 규명할 수 있게 하는 기업능력의 분석 도구이다.

➡ 가치사슬에 대한 내용 및 특성 ➡ ❸

34 다음 분석도구 중 기업이 수행하는 일련의 활동들을 규명하고 이러한 제반 활동들의 상호작용을 체계적으로 파악하고자 하는 것은?

① 보유자원 분석 ② 기능별 분석
③ 기업능력 분석 ④ 가치사슬 분석

➡ 가치사슬 분석의 특징 ➡ ❹

| 독 | 학 | 사 | 3 | 단 | 계 |

▶ 문제 33번 해설 참조

가치활동의 분류 → ①

35 가치사슬 분석에 관한 설명으로 옳지 <u>않은</u> 것은?

① 애프터서비스 활동은 지원 활동에 해당한다.
② 기업에 따라 가치를 창출하는 활동들은 서로 다르다.
③ 기업의 제반활동의 상호작용을 체계적으로 파악할 수 있다.
④ 기업의 활동을 전략적으로 나누고 그 연계성을 제시하였다.

▶ 가치활동의 분류
• 주요 활동 : 제품을 제조하는 물리적 과정, 판매, 최종구매자에게 전달되는 과정, 애프터서비스 활동 등
• 지원 활동 : 주요 활동 및 다른 지원 활동을 보조해 주는 활동으로 원부자재의 확보, 기술개발, 인적 자원관리, 회사 전반에 걸친 기능 등

각 기업의 가치사슬이 다양한 이유 → ②

36 다음 중 각 기업의 가치사슬이 다양한 이유가 <u>아닌</u> 것은?

① 생산품목의 차이
② 경영자능력의 차이
③ 구매자의 차이
④ 유통경로의 차이

▶ 각 기업의 가치사슬은 생산품목의 차이, 구매자의 차이, 지역적 차이 그리고 유통경로의 차이 등으로 인해 달라진다.

마이클 포터의 가치사슬 모형에서 본원적 활동 → ④

37 다음 중 마이클 포터의 가치사슬 모형에서 본원적 활동에 해당되는 것은?

① 요소획득
② 기술개발
③ 인적 자원관리
④ 마케팅과 판매

▶ 가치사슬 모형의 본원적 활동 : 물류투입, 운영, 물류산출, 마케팅과 판매, 서비스

물류산출활동 → ②

38 다음 중 제품을 구매자에게 전달하기 위한 수집, 저장, 물적 유통과 관련된 활동은 무엇인가?

① 서비스 활동
② 물류산출활동
③ 작업활동
④ 물류투입활동

▶ 물류산출은 제품의 수집, 저장과 관련된 활동 및 구매자에게 제품이 직접 유통되는 활동인 완제품보관, 운송장비 관리, 주문처리, 유통계획 등과 같은 활동을 포함한다.

산업이 중점을 두는 본원적 활동 → ③

39 다음 중 은행의 경우 경쟁우위를 창출하는 데 핵심적 역할을 하는 활동은?

① 물류투입활동
② 운영활동

92 경영전략

③ 마케팅과 판매활동   ④ 서비스활동

▶ 산업이 중점을 두는 본원적 활동
- 유통업자 : 물류투입 및 물류산출활동
- 식당이나 소매점 : 운영활동
- 은행 : 마케팅과 판매
- 복사기나 팩시밀리 등의 사무용 기기 제조업자 : 서비스 활동

40 다음 중 마이클 포터의 가치활동에서 지원활동에 속하는 것은?

① 마케팅과 판매   ② 서비스
③ 기술개발   ④ 물류투입활동

▶ 지원활동 : 획득, 기술개발, 인적 자원관리, 기업하부구조

마이클 포터의 가치활동에서 지원활동 ➡ ❸

41 초콜릿 제조업이나 전기설비업의 경우 기업의 원가우위를 결정하는 중요한 지원활동요소는?

① 기술개발   ② 획득
③ 인적 자원관리   ④ 기업 하부구조

▶ 초콜릿 제조업이나 전기설비업의 경우 코코넛이나 발전연료를 안정적으로 확보하는 것이 기업의 생존에 필수적인 경우에는 획득활동이 기업의 원가지위를 결정하는 가장 주요한 요소가 된다.

기업의 원가우위를 결정하는 중요한 지원활동요소 ➡ ❷

42 다음 중 가치사슬에서 지원활동에 포함되지 않는 것은?

① 획득   ② 기술개발
③ 서비스   ④ 인적 자원관리

▶ 지원활동에는 획득, 기술개발, 인적 자원관리, 기업 하부구조가 있다.

가치사슬에서 지원활동 ➡ ❸

43 다음 중 가치사슬에서 특정활동을 개별적으로 지원하지 않고 가치사슬 전체만을 지원하는 것은?

① 인적 자원관리   ② 기업하부구조
③ 기술개발   ④ 획득

▶ 가치사슬 : 기업의 내부능력을 분석하기 위한 방법의 하나로서 기업이 수행하는 각 활동들을 상호 관련하에서 체계적으로 파악하는 분석기법이다. 이 기법에 따르면 기업의 활동은 크게 본원적 활동과 지원활동으로 나뉘게 되는데, 지원활동이란 본원적 활동 및 다른 지원활동을 보조해 주는 활동을 의미한다. 특히, 기업의 하부구조는 다른 지원활동들과는 달리 특정 활동을 개별적으로 지원함이 없이 가치사슬 전체만을 지원하는 역할을 한다.

기업하부구조의 특성 ➡ ❷

Keypoint & Answer

기업에서 가치사슬 분석이 가장 잘 적용될 수 있는 수준 ➡ ❸

44 다음 중 기업에서 가치사슬 분석이 가장 잘 적용될 수 있는 수준은 무엇인가?

① 팀 수준 ② 기능부서 수준
③ 사업부 수준 ④ 전사적 수준

▶ 가치사슬의 활용
- 사업부 수준에서 각 활동들이 밀접하게 연계되어 있기 때문에 가치사슬은 사업부 수준에서 가장 잘 적용 가능
- 가치사슬을 적용하여 경쟁우위를 진단하기 위해서는 우선 그 기업의 가치사슬을 정의

수직적 연계의 내용 및 특성 ➡ ❹

45 다음 연계 중 한 기업의 가치사슬과 공급자나 유통경로의 가치사슬 간에 이루어지는 것은?

① 일반적 연계 ② 대각적 연계
③ 수평적 연계 ④ 수직적 연계

▶ 수직적 연계 : 공급자나 유통경로의 가치사슬과 기업의 가치사슬 간의 연계

가치사슬의 연계에 대한 내용 ➡ ❷

46 다음 중 가치사슬의 연계에 대한 설명으로 옳지 <u>않은</u> 것은?

① 기업이 경쟁우위를 확보하기 위해서는 전략적인 관점에서 가치활동간의 연계를 최적화해야 한다.
② 본원적 활동간에는 연계가 없다.
③ 연계를 찾기 위해서는 지금까지의 관행적인 조직흐름을 무시한 전략 수립가의 통찰력과 판단이 필수적이다.
④ 수직적 연계를 통해 공급자나 유통경로의 활동과 기업활동이 비용이나 성과면에서 영향을 주고 받는다.

▶ 본원적 활동간에도 연계가 있다.

기업의 내부능력을 평가하는 방법 ➡ ❶

47 기업의 내부능력을 평가하는 기준으로 거리가 먼 것은?

① 사업 포트폴리오에 따른 평가 ② 산업내 핵심성공요인과의 비교
③ 경쟁사와의 비교 ④ 산업진화단계에 따른 평가

▶ 기업의 내부능력을 평가하는 방법 : 기업의 과거 성과와의 비교, 산업진화 단계에 따른 평가, 경쟁사와의 비교, 산업내 핵심성공요인과의 비교 등이 있다.

과거 성과와의 비교방법이 가지는 한계 ➡ ❹

48 내부능력평가방법 중 과거 성과와의 비교방법이 가지는 한계가 <u>아닌</u> 것은?

① 어떤 요인이 경쟁우위의 원천으로 작용하는지 또 어떤 요인이 향후 보완이 필요한 약점인지를 명확히 규명해 주지 못한다.

② 내부능력의 강·약점을 평가하는 데는 한계가 있다.
③ 객관적인 평가가 어려워진다.
④ 결과를 전략 수립에 직접 반영한다.

▶ ④는 산업내 핵심성공요인과의 비교방법이다.

49 산업진화단계 중 성장률이 둔화되고, 생산의 효율성 제고가 중요해지는 단계는?

① 도입기　　　　　　② 성장기
③ 성숙기　　　　　　④ 쇠퇴기

▶ 성숙기에 접어들면 산업의 성장률이 둔화되고, 산업이 세분화되며 제품 기술의 발전은 정체되므로 기업간의 경쟁이 치열해진다.

Keypoint & Answer

▶ 성장률이 둔화되고, 생산의 효율성 제고가 중요해지는 단계 ➡ ❸

50 비용통제가 가장 중요한 요인이 될 수 있는 산업진화단계에 해당되는 것은?

① 도입기　　　　　　② 성장기
③ 성숙기　　　　　　④ 쇠퇴기

▶ 쇠퇴기에 살아남기 위해서는 원가경쟁력이 필수적이다.

▶ 산업진화단계 중 쇠퇴기의 특징 ➡ ❹

51 산업진화단계 중 성장기의 핵심기능영역은?

① 엔지니어링　　　　② 마케팅
③ 생산효율성　　　　④ 재무

▶ 산입진화단계의 핵심기능영역
　• 도입기 : 엔지니어링　　• 성장기 : 마케팅
　• 성숙기 : 생산 효율성　　• 쇠퇴기 : 재무

▶ 성장기의 핵심기능영역 ➡ ❷

52 다음 중 산업진화단계에서 성숙기의 전략초점으로 옳은 것은?

① 시장침투　　　　　② 시장점유율 확대
③ 다각화　　　　　　④ 투자자금 회수의 극대화

▶ 산업진화단계의 전략의 초점
　• 도입기 : 시장침투　　• 성장기 : 시장 점유율 확대
　• 성숙기 : 다각화　　　• 쇠퇴기 : 투자자금회수의 극대화

▶ 산업진화단계에서 성숙기의 전략초점 ➡ ❸

53 산업진화단계의 산업특성 중 시장규모와 수익성이 가장 크고 높은 단계는?

① 도입기　　　　　　② 성장기

▶ 시장규모와 수익성이 가장 크고 높은 단계 ➡ ❸

| 독 | 학 | 사 | 3 | 단 | 계 |

③ 성숙기   ④ 쇠퇴기

▶ 산업진화단계의 산업특성

	도입기	성장기	성숙기	쇠퇴기
시장규모	소	중	대	중
성장성	저	고	중	쇠퇴
수익성	저	중	고	저

Key Point

각 기능적 분야에서의 해당 기업의 능력
- 유통 : 물류관리 기법이 효과적인 사용
- 인적자원 : 동기부여, 권한부여, 종업원 유지
- 경영정보시스템 : 구매시점관리를 통한 효과적·효율적 재고통제
- 마케팅 : 효과적인 고객서비스
- 관리 : 미래의상에 대한 새로운 비전 능력, 효과적인 조직구조
- 제조 : 신뢰성 제품 공급을 위한 설계와 생산, 제품과 설계품질
- 연구·개발 : 특별한 기술능력, 정교한 통제해법의 개발, 신제품 및 서비스로의 빠른 변형기술, 디지털 기술

주관식

1 벤치마킹에 대해 설명하시오.

2 기업의 보유자원인 유형·무형·인적 자원에 대해 설명하시오.

3 전통적 전략접근방식과 비교하여 자원기준관점에 대해 설명하시오.

가치 사슬(value chain) : 시장수요를 충족시키기 위한 일련의 동업 회사들, 원재료의 수급에서 고객에게 제품을 전달하는 일련의 자원과 정보의 흐름 전체를 관리하기 위해 부품 기자재, 원료 등의 구매에서부터 조달, 제조, 보관 및 운송, 유통, 판매까지의 가치사슬 전체를 담당하는 공급업체를 통칭한 것이다.

Answer

1 벤치마킹은 기업활동의 각 부문에서 최우수 관행을 실천하고 있는 다른 기업들에 대한 현상 규명을 바탕으로 이를 자사에 도입·실행하고 전파함으로써 기업의 내부능력을 지속적으로 향상시키기 위한 과정이다.

2
- 유형자원 : 기업의 자금조달 능력, 신용도, 현금흐름 등과 같은 재무자원과 기업규모, 입지, 설비, 건물 등과 같은 물적 자원을 말한다.
- 무형자원 : 연구설비, 연구인력, 특허나 노하우의 보유 정도 등과 같은 기술자원과 기업의 명성 등을 의미한다.
- 인적 자원 : 구성원의 자질이나 능력, 기업에 대한 충성심 등을 포함한다.

3 자원기준관점은 산업 내에서의 유리한 위치를 찾기보다는 기업의 내부자원과 역량을 효과적으로 활용함으로써 경쟁우위를 획득·유지하는 것에 주요 목표를 둔다. 이 관점은 유·무형의 자원과 기업능력의 결합으로써 기업을 파악하고, 이러한 기업능력과 자원을 경쟁우위의 진정한 원천으로 인식한다. 따라서 자원기준 관점은 단지 경쟁우위의 유형으로써 원가우위와 차별화우위에만 초점을 두는 전통적 접근 방식과 달리 경쟁우위의 원천이 되는 자원과 능력에 초점을 둔다. 전략적 중요성에 기초한 자원과 역량들의 검토에 주로 활용되어져 기업의 내부분석의 유용한 틀을 제공해준다.

4 가치사슬의 지원활동에 대해 설명하시오.

5 본원적 활동에 대해 설명하시오.

6 기업능력(firm capability)에 대해 설명하시오.

> **경험곡선(experience curve)**: 기업의 코스트 변화를 나타내는 곡선 또는 학습곡선이라고도 한다. 제품의 단위당 실질 코스트는 누적경험량(누적생산량 또는 판매량)이 증가함에 따라 일정 비율로 저하되는데, 누적경험량이 2배가 되면 코스트는 20% 정도 떨어지는 것이 보통이다. 그래서 누적경험량이 큰 기업은 코스트도 낮고 수익성도 높다. 이 곡선은 기업의 경영전략을 구상하는 데 기초가 된다.

Answer

4
- **획득**: 제품생산에 필요한 투입요소를 구입하는 데 관련되는 활동으로, 구매의 투입요소는 제품의 제조과정에서 소비되는 항목을 포함한다(기계, 실험장비, 사무용품, 건물뿐만 아니라 원재료, 공급자 등).
- **기술개발**: 제품 및 공정향상과 관련되는 활동으로 공정기술, 기본적인 연구와 제품개발 등을 포함한다.
- **인적 자원관리**: 모집, 고용, 훈련, 개발 및 종업원 보상과 관련되는 활동이다.
- **기업하부구조**: 기업의 하부구조는 전체 가치사슬의 업무를 지원하기 위해 필요한 일반관리, 계획, 재무, 회계, 법적 지원, 정부관련 업무를 포함한다. 하부구조를 통해 기업은 외적 기회와 위협, 자원과 능력, 핵심역량의 지원을 효과적으로 규명할 수 있다.

5
- **물류투입**: 생산 활동에 필요한 투입 요소를 공급자로부터 받아서 저장하고 운반하는 것과 관련된 활동으로서 자재관리, 보관, 원부자재의 재고관리, 공급자에 대한 반품 등과 같은 활동이 포함된다.
- **운영**: 투입 요소를 최종 제품으로 변환하는 활동이다.
- **물류산출**: 제품의 수집, 저장과 관련된 활동 및 구매자에게 제품이 직접 유통되는 활동인 완제품 보관, 운송장비 관리, 주문 처리, 유통 계획 등과 같은 활동을 포함한다.
- **마케팅과 판매**: 구매자가 제품을 구입하도록 하기 위한 활동이다.
- **서비스**: 제품 가치를 유지하고 증진시키기 위한 활동이다.

6 기업능력이란 기업이 보유하고 있는 자원을 효과적으로 결합하여 이를 생산적으로 활용할 수 있는 능력을 말한다. 조직에 있어서 능력이란 의미는 개인에게 있어서는 기능이 갖는 의미와 거의 동일하다. 따라서 기업능력은 사용하면 할수록 그 가치가 증대되고, 동일 산업에 속한 기업들이라고 하더라도 기업능력에는 차이가 나게 된다. 기업능력의 대표적인 분석기법은 가치사슬 분석이다.

> **기능별 분석**: 기업의 강점과 약점을 세부적인 요인까지 상세히 파악할 수 있다는 이점이 있지만, 세분화된 분석에 따라 환경분석으로부터 도출되는 핵심 성공 요인과 내부능력의 평가 결과를 결부시키기가 어렵고, 여러 기능부문들의 상호결합에 의해 형성되는 기업의 전체적인 능력에 대해서는 평가가 곤란하다.

| 독 | 학 | 사 | 3 | 단 | 계 |

Key Point

역량과 핵심역량
- 역량 : 능력을 상호 기능적으로 통합하고, 조정하는 것을 말한다.
- 핵심역량 : 경쟁사에 대하여 기업을 위한 경쟁우위의 원천으로써 도움이 되는 자원과 능력을 의미하기도 하며, 조직에서 다양한 생산기술을 조정하고, 여러 가지 기술적 흐름을 통합하는 방법에 대한 총체적인 학습으로도 정의된다.

가치사슬의 활동
- 주활동 : 제품의 생산·운송·마케팅·판매·물류·서비스 등과 같은 현장업무를 의미하며, 주활동은 부가가치를 직접 창출하는 부문을 말한다.
- 지원활동 : 구매·기술개발·인사·재무·기획 등 현장 활동을 지원하는 제반업무를 의미하며, 지원활동은 부가가치가 창출되도록 간접적인 역할을 하는 부문을 말한다.

7 경쟁우위의 지속성에 영향을 미치는 요인에 대해 약술하시오.

8 경험곡선에 대해 간략하게 설명하시오.

9 핵심역량에 대해 설명하시오.

10 가치사슬에 대해 설명하시오.

Answer

7 경쟁우위의 지속성에 영향을 미치는 요인으로는 기업능력과 자원의 지속성, 경쟁기업의 모방가능성 및 다른 자원과 능력에 의한 대체가능성을 들 수 있다.

8 미국의 컨설팅 회사인 보스턴 컨설팅 그룹은 항공기 조립, 조선, 냉장고, 병뚜껑 등 여러 제품에 대한 일련의 연구를 통해 누적 생산량이 두 배로 증가할 때마다 제품 단위당 생산원가가 20~30%의 비율로 규칙적으로 감소한다는 사실을 발견했다. 이를 도시화한 것이 경험곡선이다. 경험곡선은 직접비와 간접비를 모두 포함한 총생산원가가 감소하는 것으로, 제품의 성격에 따라 원가절감의 속도는 제각기 다르게 나타나며 누적생산량이 증가할 때 생산원가가 감소한다.

9 핵심역량은 경영 및 기술적 노하우, 경험 및 지식을 통해 다각화된 기업에서 서로 다른 사업들을 연결하는 자원이나 능력의 복합체이다. 또한 핵심역량은 종종 기능적 기술과 관련된다.

10 가치사슬은 고객에게 제품을 공급하기 위해 기업이 수행하는 일련의 활동들을 규명하고 이러한 제반 활동들이 어떻게 상호작용 하는가를 체계적으로 파악함으로써 경쟁우위의 원천을 규명할 수 있게 하는 기업능력의 분석도구이다. 가치사슬은 업무활동에서 비용의 발생 위치를 파악하고, 설정된 사업수준전략을 용이하게 실행할 수 있게 하는 다양한 수단을 규명하기 위해 사용된다. 또한 가치사슬은 연속된 기업 활동으로부터 가치가 생성되는 과정을 보여준다. 그리고 가치사슬 단계에 따른 자원과 능력에 대한 선택문제는 전략선택에 영향을 미치게 된다. 따라서 각 기업은 해당품목의 가치사슬 단계에서 서로 다른 자원과 능력을 적용하고 통합해야 한다.

독│학│사│3│단│계

05

사업부전략

단원개요

저명한 컨설턴트인 오마에(Ohmae Kenichi)가 전략을 '경쟁우위의 탐색'이라고 정의하였듯이, 전략의 주요 목적은 경쟁우위를 획득하고 이를 지속적으로 유지하는 것이라고 할 수 있다. 경쟁우위(competitive advantage)란 경쟁자와의 비교를 통한 상대적 우위로서 기업은 경쟁우위를 통해 경쟁자에 비해 더 높은 성과를 실현하거나 이를 실현할 수 있는 잠재력을 가지게 된다.

이 단원에서는 특정 산업에서 기업이 경쟁자에게 대해 경쟁우위를 획득하기 위한 방법은 무엇인가에 대해 탐색한다. 사업부전략이란 특정 산업에서 기업이 경쟁우위를 획득하기 위한 효과적인 전략이라고 본다. 본원적 전략의 유형은 경쟁우위의 원천과 산업 내 경쟁영역에 따라 차별화전략, 원가주도전략, 집중화전략으로 나뉜다. 세 가지 본원적 전략이 가지는 각각의 의의와 특징 및 잠재적인 위험에 대해 살펴본다.

출제경향 및 수험대책

이 단원에서는 해마다 출제되는 비율이 약간씩 달라지기는 하지만 평균 2~3문제 정도는 출제되고 있는 편이다. 그 출제내용을 살펴보면 SWOT 분석의 특징, 전략과 경쟁우위의 관계, 원가주도전략에 따르는 위험요소, 차별화 전략의 목적, 차별화 전략이 효과적인 상황, 집중화 전략의 정의 및 특성, 집중화 전략에 따라 위험이 나타나는 경우, 기업의 원가우위와 차별화를 동시에 추구할 수 있는 상황 등에 대해 묻는 문제들이 출제되고 있는 바, 이에 대한 자세하고 철저한 학습이 요구된다.

05 사업부전략

Bachelor's Degree

- 사업부전략의 이해를 위한 기본개념
- SWOT 분석의 개념과 역할
- 본원적 전략의 의의
- 본원적 전략의 유형

1 핵심 중요내용 및 핵심요약

경쟁우위의 개념과 원천요인, 전략적 사업단위가 되기 위한 기준, SWOT의 장점, 전략 수립 과정에 있어서 SWOT 분석의 역할, SWOT 분석에 의한 전략 방향의 도출, 본원적 전략의 유형, 집중화 기업들의 산업내의 경쟁요인들에 대해 갖는 특성, 제품을 차별화 하는 방법, 원가주도 전략의 이점, 원가우위의 원천

사업부전략의 이해를 위한 기본개념

사업부전략이란 기업이 어떻게 특정 사업 또는 산업에서 경쟁할 것인가 하는 문제를 다룬다. 기업들은 경쟁우위와 수익성을 최대화하기 위하여 여러 가지 전략방안들을 강구할 수 있을 것이다. 이때 성공적인 전략방안이란 기업으로 하여금 시장에서 효과적으로 경쟁할 수 있게 하는 것을 말한다.

(1) 전략과 경쟁우위

① 전략
  ㉠ 오마에(Ohmae Kenichi)의 전략의 개념 : '경쟁우위의 탐색'이다.
  ㉡ 전략의 목적 : 경쟁우위를 획득하고 이를 지속적으로 유지하는 것이다.
② 경쟁우위
  ㉠ 경쟁우위의 개념
    • 경쟁자와 비교하여 우월한 성과를 갖도록 기업이 개발한 독특한 위치를 가리킨다.
    • 기업 전체에 대해서도 적용되지만 사업부 수준에 보다 적합한 개념이다.
  ㉡ 경쟁우위의 원천요인 : 경쟁우위는 기업의 내부자원으로 발생한다. 그러나 내부자원 자체가 경쟁우위가 되지는 않고 내부자원을 활용하는 과정에서 경쟁우위가 창출된다. 즉, 경쟁우위의 근본적 원천은 쉽게 모방하기 어려운 경영자원과 핵심역량이다.

(2) 전략사업단위(strategic business unit : SBU)

① 전략사업단위의 개념
  ㉠ 기업이 제품 개발, 시장 개척, 다각화 따위의 장기 경영 전략을 펼치기 위하여 전략 경영 계획을 짤 때에 특별히 설정하는 관리 단위이다.
  ㉡ 특정 사업에 대한 전략적 의사결정이 일관성 있게 수립되고 실행될 수 있는 사업단위이다.
② 전략적 사업단위가 되기 위한 기준

Key Point

사업전략 결정에 기반이 되는 요인
- 어떤 소비자 욕구를 만족시킬 것인가? 어떤 소비자 집단을 만족시킬 것인가? 어떤 차별역량을 기반으로 할 것인가?
- 이 세 가지 결정은 사업 전략의 핵심으로서 기업의 경쟁우위를 창출하는 원천이 된다. 또한 기업이 어떻게 산업 내에서 경쟁할 것인가를 결정해 준다.

전략사업단위의 요건
- 기업의 다른 부문과 독립적으로 운영될 수 있는 사업이 있어야 한다.
- 분명한 경쟁자를 가져야 하며 시장에서 독자적인 능력을 가진 경쟁자로서 자격이 있어야 한다.
- 전략사업단위의 경영자는 전략과 성과에 대해 책임을 지고 해당 사업단위의 이익에 영향을 미칠 수 있는 요인들을 통제할 수 있어야 한다.

  ㉠ 자신의 임무를 가지고 있어 다른 전략적 단위와 구별이 될 수 있어야 한다.
  ㉡ 명확하게 정의할 수 있는 경쟁자 집단을 가지고 있어야 한다.
  ㉢ 다른 전략적 사업단위와 뚜렷이 구별되는 자신의 통합적인 계획을 수립하여야 한다.
  ㉣ 핵심적인 분야에서의 자원을 관리하고, 적절한 크기를 가져서 지나치게 작거나 크지 않아야 한다.
③ 전략사업단위의 선정
  ㉠ 전략사업단위의 선정 : 외부환경, 내부특성, 적정규모 등과 같은 요인에 대한 분석과 더불어 경영자의 통찰력이 요구되는 부분이다.
  ㉡ 전략사업단위의 올바른 선정이 중요한 이유 : 전반적으로 경쟁이 치열해지고 있으며, 효과적 경쟁전략의 수립에 직접적인 영향을 미치며, 전사전략의 수립 및 실행에 중요하다.

SWOT 분석 : 전략의 도출

(1) SWOT 분석의 개념과 역할

① SWOT 분석의 개념 : 전략기획자들이 가장 많이 사용하는 분석 가운데 하나로 강점(Strength), 약점(Weakness), 기회(Opportunity), 위협(Threat)을 기본으로 하여 조직 내・외에서 발생하는 긍정적인 그리고 위협적인 내용을 분석하여 사업의 방향성을 잡고 대처하기 위해 쓰이는 분석 방법이다.
② SWOT의 장점
  ㉠ 분석 자체가 간단 명료하게 정리되기 때문에 쉽게 문제점을 파악할 수 있다.
  ㉡ 기업조직 내부와 외부의 모습을 동시에 파악할 수 있기에 장기적 안목에서도 유리하다.
③ 전략 수립 과정에 있어서 SWOT 분석의 역할
  ㉠ 전략 분석단계에서 전략 대안을 도출하기 위한 기본방향을 제시해 주는 역할을 한다.
  ㉡ 기업이 처한 대내외의 상황에 대한 체계적 분석과 기업이 선택가능한 전략 대안들을 도출하는 데 있어서 하나의 논리적 틀로서의 역할을 한다.

(2) SWOT 분석에 의한 전략 방향의 도출

① WT 전략(약점-위협 전략)
  ㉠ 가장 불리한 상황으로서 환경도 좋지 않고 내부능력도 취약한 경우이다.
  ㉡ 방어적 전략이 요구된다.

Key Point

▶ 전략사업단위 설정 시 유의할 점
  • 전략사업단위의 정의를 어느 정도에서 할 것인가 하는 점이다.
    - 너무 넓게 정의할 경우 : 본래의 전략사업단위 개념에 합당하지 않게 된다.
    - 너무 좁게 정의할 경우 : 수가 너무 많아 비효율적이 되고 독자적인 사업이 불가능한 경우가 있다.
  • 가능하면 조직구조와 일치되도록 하는 것이 바람직하다.

▶ SWOT 분석 : 기업의 환경분석과 내부능력분석의 결과를 결합함으로써 전략방향을 도출하는 것으로, SWOT는 기업의 강점(strengths)과 약점(weaknesses), 환경의 기회(opportunities)와 위협(threats)에서 영문 첫글자를 조합한 표현이다.

▶ SWOT분석에 의한 마케팅 전략의 특성
  • SO전략(강점-기회전략) : 시장의 기회를 활용하기 위해 강점을 사용하는 전략을 선택한다.
  • ST전략(강점-위협전략) : 시장의 위협을 회피하기 위해 강점을 사용하는 전략을 선택한다.
  • WO전략(약점-기회전략) : 약점을 극복함으로써 시장의 기회를 활용하는 전략을 선택한다.
  • WT전략(약점-위협전략) : 시장의 위협을 회피하고 약점을 최소화하는 전략을 선택한다.

| 독 | 학 | 사 | 3 | 단 | 계 |

Key Point

SWOT 분석의 전제 : 환경의 기회와 기업의 강점은 최대한 활용하면서 기업의 약점과 환경의 위협은 최소화하는 것이 전제가 된다.

② WO 전략(약점-기회 전략)
  ㉠ 시장의 기회는 풍부하나 내부능력의 취약성으로 기회 활용이 제약받고 있는 상황이다.
  ㉡ 합작투자나 M&A를 활용하는 전략이 요구된다.
③ ST 전략(강점-위협 전략)
  ㉠ 기업이 많은 강점을 갖고 있는 데도 불구하고 환경의 여건이 불리한 상황이다.
  ㉡ 다각화 전략이 바람직하다.
④ SO 전략(강점-기회 전략)
  ㉠ 가장 호의적인 상황으로서 환경의 기회를 활용할 수 있는 내부의 강점이 많은 경우이다.
  ㉡ 공격적이며 성장 지향적인 전략이 바람직하다.

세 가지 본원적 전략의 적용영역
• 원가주도와 차별화 전략 : 산업의 광범위한 영역에서 경쟁우위를 추구한다.
• 집중화 전략 : 세분화된 영역에서 원가 우위 또는 차별화 우위를 추구한다.

본원적 전략

(1) 본원적 전략의 의의

① 본원적 경쟁전략(generic competitive strategy)
  ㉠ 산업내에서 효과적으로 경쟁할 수 있는 일반적인 형태의 전략유형을 의미한다.
  ㉡ 기업이 특정 산업에서 경쟁자에 대해 경쟁우위를 획득함으로써 산업 내에서 평균 이상의 성과를 얻기 위한 경쟁방법이다.

포터의 본원적 전략의 유형 : 본원적 전략은 기업이 특정 산업에서 경쟁자에 대해 경쟁우위를 획득함으로써 산업 내에 평균 이상의 성과를 얻기 위한 일반적인 경쟁방법을 말한다. 본원적 전략의 유형에는 차별화 전략, 원가주도전략, 집중화 전략 등이 있다.

② 본원적 전략의 유형 : 마이클 포터는 높은 투자수익률을 확보하고 장기적으로 산업내에서 자신의 위치를 지키며 경쟁기업에 앞설 수 있는 본원적 전략으로서 원가주도 전략, 차별화 전략, 집중화 전략이라는 세 가지 유형을 제시하였다.
③ 본원적이라고 부르는 이유 : 제조기업이든 서비스기업이든 또 영리기업이든 상관없이 모든 기업들이 일반적으로 추구할 수 있기 때문이다.

(2) 본원적 전략의 유형

집중화 전략의 개념 : 특정 구매자 집단이나 특정 제품 또는 지역적으로 제한된 시장만을 집중적인 목표로 삼는 것이다.

① 집중화 전략(focus strategy)
  ㉠ 집중화 전략 : 특정 시장, 즉 특정 소비자집단, 일부 제품종류, 특정 지역 등을 집중적으로 공략하는 것을 말한다.
  ㉡ 집중화 전략의 전제 : 좁은 시장을 중점적으로 공략하는 것이 보다 효과적이다.
  ㉢ 원가주도나 차별화 전략과의 비교 : 원가주도 전략과 차별화 전략이 전

체 시장을 대상으로 한 전략임에 반하여 집중화 전략은 특정 시장에만 집중하는 전략이다.
- ㉣ 집중화 추구 기업
  - 하나의 세분시장에서 시장점유율 구축이 성공적일 경우에 조금씩 세분시장을 늘려서 차별화 추구기업의 경쟁우위를 조금씩 잠식해 나가는 것이 좋다.
  - 대체로 규모가 작고, 한정된 제품·시장 영역 내에서 차별화 혹은 원가우위를 통해 경쟁우위를 획득할 수 있다.
  - 세분시장을 배타적이고 집중적으로 공략함으로써 경쟁우위를 획득할 수 있다.
- ㉤ 집중화 기업들의 산업내의 경쟁요인들에 대해 갖는 특성
  - 기업활동이 고객과 밀착되어 이루어짐으로써 고객욕구의 변화에 대응하기 쉽다.
  - 집중화 기업의 고객충성도는 대체품으로부터의 위협을 완화시키는 역할을 한다.
  - 집중화 기업들은 공급자의 교섭력이 강한 경우 곤란에 처할 수 있다.
  - 산업 내 다른 기업들과의 경쟁을 회피하게 해주며, 구매자의 교섭력도 약화된다.
- ㉥ 집중화 전략이 특히 효과적인 상황
  - 세분시장의 성장 잠재력이 크거나 수익성이 높은 경우
  - 세분시장이 산업 내 선도기업들의 성공에 중요하지 않을 경우
  - 산업내 이질적인 세분시장들이 상당수 존재하는 경우
- ㉦ 집중화 전략의 위험
  - 소량생산을 하기 때문에 생산원가가 원가선도 기업보다 높다.
  - 선택한 틈새시장 자체가 기술상의 변화 또는 소비자 기호의 변화로 갑자기 사라질 수 있다.
  - 차별화 전략을 사용하는 기업들이 집중화 기업의 소비자들을 더 만족시킬 수 있는 제품을 공급할지도 모른다.

② 차별화 전략(differentiation strategy)
- ㉠ 차별화 전략의 목표 : 기업이 제공하는 제품이나 서비스를 차별화함으로써 산업전반에 걸쳐서 그 기업이 독특하다고 인식될 수 있는 그 무엇을 창조하여 경

쟁우위를 달성하는 것이다. 기업은 이를 통해서 소비자에게 차별화에 대한 대가로 프레미엄 가격을 요구한다.
- ㉡ 차별화의 방법
  - 마케팅 차별화 : 상표, 광고, 고객서비스 등과 같은 마케팅 활동에 의한 것

Key Point

▶ 집중화 전략(Focus Strategy)
- 집중화 전략은 하버드 대학의 마이클 포터(M.E. Porter) 교수가 제시한 원가우위전략, 차별화 전략과 더불어 세 가지 본원적 전략 중 하나이다.
- 집중화 전략은 특정 시장, 즉 특정 소비자 집단, 일부 품목, 특정 지역 등을 집중적으로 공략하는 것을 뜻한다.
- 원가우위전략과 차별화 전략이 전체 시장을 대상으로 한 것임에 반하여 집중화 전략은 특정 시장에만 집중하는 전략이다. 일반적으로 이 전략을 택하는 기업은 규모가 작기 때문에 광범위한 원가우위와 차별화 전략을 추구하기 어려워 특화된 영역 안에서 원가우위나 차별화 중 하나를 선택하게 된다.

▶ 집중화 전략에 따르는 위험
- 넓은 시장을 대상으로 경쟁하는 기업들과의 가격 차이가 특정 시장에 집중하여 얻는 원가상의 이점이나 차별화를 상쇄하는 경우
- 차별화 기업들이 집중화 기업들의 고객 욕구를 충족시킬 수 있는 제품을 공급하는 경우
- 기술변화나 소비자 기호의 변화로 인해 적소시장이 갑자기 사라지고 전체산업에 동화되는 경우

▶ 차별화 전략의 목적 : 제품이나 서비스를 차별화하는 것, 즉 고객에게 자사의 제품이 독특한 것으로 인식되도록 함으로써 경쟁우위를 획득하는 것이다.

Key Point
차별화 우위를 확보하고 있는 기업의 경우 차별화로 인한 이득 • 고객의 상표충성도를 통해 경쟁사로부터 기업의 위치를 보호해준다. • 경쟁사로부터 비용상의 우위를 확보할 필요성을 제거시킨다. • 진입장벽의 역할도 하게 된다. • 구매자들은 그 제품과 비교할 만한 다른 제품이 없기 때문에 가격을 지나치게 따질 수 없게 된다. • 대체품과의 경쟁에서도 다른 기업들보다 유리한 입장에 놓일 수 있다.
사업전략과 조직 • 원가우위전략과 조직구조 : 원가우위전략의 목적은 시장에서 최저가의 생산업자가 되는 것이다. 이를 위해서는 생산기능 뿐만 아니라 다른 경영기능에서의 원가절감이 필요하다. 원가우위 전략을 사용하는 기업은 대부분 기능별 조직이나 제품별 조직구조를 사용한다. • 차별화 전략과 조직구조 : 차별화 전략을 추구하기 위해서는 연구개발이나 마케팅 측면에서의 차별역량을 개발할 필요가 있다. 기업은 차별화를 위하여 경쟁우위의 원천이 되는 기능에 중점적으로 조직설계를 하고 통제시스템을 구축해야 한다. • 집중전략과 조직구조 : 집중전략은 특정 소비자나 지역에 제품을 특화하는 것을 말한다. 이 전략은 전체 생산규모가 적기 때문에 규모의 경제를 추구하기 어렵고 다른 두 전략보다 더 많은 생산비를 필요로 한다. 따라서 집중화 전략은 본질적으로 원가통제를 필요로 한다.

• 기술차별화 : 제품의 품질이나 기술 등과 같은 기술적 요인에 의한 것

ⓒ 제품을 차별화하는 방법
- 기업의 명성이나 신뢰성을 활용한다.
- 고객서비스를 제고한다.
- 우수한 기술이나 제품의 특성을 이용한다.
- 부품조달의 편리성을 제공한다.
- 디자인과 상표이미지를 차별화한다.

ⓔ 성공적인 차별화의 이점
- 자사 제품에 대한 고객충성도의 제고
- 경쟁사보다 더 많은 제품 판매를 통해 시장점유율 증대
- 높은 제품가격의 설정

ⓜ 차별화의 원천
- 특정 활동을 수행하는 방법(주문처리의 자동화 등)
- 종업원의 경험과 숙련도
- 입지조건
- 원재료의 품질
- 특정 마케팅 활동의 집중도(광고, 판촉, 유통망 등)
- 고객서비스
- 제품의 외관이나 성능

ⓗ 차별화 전략이 특히 효과적인 상황
- 경쟁기업들이 유사한 차별화를 추구하지 않으며, 자사의 차별화를 모방하기 힘든 경우
- 고객의 욕구가 다양하고 그 사용 목적이 서로 다른 경우
- 많은 구매자들이 제품이나 서비스의 차별화를 가치있는 것으로 인식하는 경우

ⓢ 차별화 전략의 구축 : 차별화 경쟁우위를 효과적으로 구축하기 위해서는 가치사슬상에 있어 연구개발과 마케팅 활동이 중요하다. 이는 기술적 역량과 마케팅 기능이 차별화의 핵심원천이 되기 때문이다.

ⓞ 차별화 전략에 따르는 위험이 있는 경우
- 경쟁사들이 손쉽게 모방할 수 있는 경우
- 구매자의 차별화 요인에 대한 욕구가 감소하는 경우
- 과도한 차별화로 인해 원가우위를 이룩한 경쟁기업의 제품보다 지나치게 가격이 높은 경우

③ 원가주도(우위) 전략(cost-leadership strategy)
  ㉠ 원가주도 전략의 개념 : 원가를 낮추기 위한 일련의 기능별 정책을 동원하여 산업내에서 원가상의 우위를 달성하는 것을 말한다.
  ㉡ 원가주도 전략의 목표 : 경쟁기업보다 더 낮은 원가로 재화 또는 용역을

생산함으로써 경쟁자들을 능가하는 것이다.

ⓒ 원가주도 전략의 이점
- 저원가로 인해 원가선도 기업은 경쟁기업보다 동일한 제품에 대해 더 낮은 가격을 부여할 수 있다.
- 산업이 성숙기가 되어 가격경쟁이 시작되면 원가선도 기업은 그렇지 않은 기업보다 치열한 경쟁을 더 잘 견딜 수 있다.

ⓔ 원가주도 전략이 특히 효과적인 상황
- 제품의 교체비용이 낮은 경우
- 제품에 대한 요구조건이 별 차이가 없는 경우
- 제품을 차별화할 수 있는 여지가 별로 없거나 제품의 차별화가 고객에게 큰 의미가 없는 경우
- 제품이 표준화된 일용품으로서 구매자들이 시장에서 쉽게 구입할 수 있는 경우
- 산업내 기업들 간의 경쟁이 주로 가격경쟁에 바탕을 두고 이루어지는 경우

ⓜ 원가우위의 원천
- 입지 : 기업이 소재하는 지리적 입지조건이 원가에 영향을 미친다.
- 공정기술 : 생산에 더 적은 양의 원재료를 사용하거나, 생산공정을 단축시킴으로써 원가를 절감할 수 있다.
- 투입비용 : 기업은 원재료를 경쟁사보다 값싸게 조달하거나 적기에 조달함으로써 원가우위를 획득할 수 있다.
- 제품설계 : 생산성 향상에 큰 영향을 미침으로써 원가에 영향을 미친다.
- 설비가동률 : 원가와 밀접한 관계가 있다.
- 학습 효과 : 구성원들의 학습에 따라 원가가 감소하는 것
- 규모의 경제 : 생산규모의 증대에 따라 단위당 원가가 하락하는 것

ⓗ 원가우위를 확보하고 있는 기업의 경쟁요인에 대한 효과적인 대응
- 기존 경쟁기업 : 저가격을 무기로 경쟁
- 잠재적 경쟁자 : 가격인하를 무기로 대처
- 구매자 : 강한 교섭력을 통해 일정 이윤 확보
- 공급자 : 유력한 공급 회사들의 영향력으로부터 자유로울 수 있음
- 대체품 : 가격경쟁에 있어서 유리한 위치 확보 가능

ⓢ 원가주도 전략에 따르는 위험 요소
- 소비자의 기호변화에 대한 대응 부족
- 신규 진입기업이나 후발기업들의 모방
- 새로운 기술의 등장

ⓞ 원가주도 전략의 구축 : 원가주도의 경쟁우위를 구축하기 위해서는 이에

Key Point

▶ 원가주도 전략이 우위를 확보할 수 있는 이유
- 경쟁사보다 낮은 가격으로 제품을 공급함으로써 시장점유율을 제고할 수 있다.
- 경쟁사와 유사한 가격으로 제품을 공급하는 경우에는 원가가 낮기 때문에 경쟁사보다 더 높은 이윤을 창출할 수 있다.

▶ 원가우위전략이 효과적인 상황
- 고객의 규모가 크고 가격인하에 대한 강한 협상력을 가지는 경우
- 제품의 전환비용이 낮은 경우
- 대부분의 고객들이 제품을 동일한 목적으로 사용하여 제품에 대한 요구조건이 별 차이가 없는 경우
- 제품을 차별화할 수 있는 여지가 많지 않거나 제품의 차별화가 고객에게 큰 의미를 주지 않는 경우
- 제품이 표준화된 일용품으로 구매자들이 시장에서 쉽게 구입할 수 있는 경우
- 산업 내 기업들 간의 경쟁이 주로 가격경쟁에 바탕을 두고 이루어지는 경우

▶ 원가주도(우위)선략의 위험
- 원가주도 기업에서 본질적으로 위협이 되는 것은 더 낮은 원가로 생산해 내거나 원가주도 기업이 방법을 쉽게 모방해낼 수 있는 경쟁기업의 능력이다.
- 원가주도전략의 실행 시에는 원가절감이 실제로 제품수요에 어떤 영향을 미치는지를 항상 염두에 두어야 하고, 저원가 정책이 성공하기 위해서는 제품차별화를 포기하지 않아야 한다.
- 원가주도전략은 산업 내의 가격을 결정할 수 있는 경쟁우위를 창출할 수 있으나 가격경쟁이 너무 치열해 질 경우 적정이윤의 확보가 곤란해 질 수 있다.

합당한 가치사슬상의 활동들에 의해 뒷받침되어야 한다. 특히 본원적 가치활동 중 제조부문과 지원적 가치활동 중 자재 및 품질 관리는 원가주도 획득에 핵심 역할을 담당한다.

| 표 5-1 | 포터의 5가지 경쟁요인과 본원적 전략

본원적 전략 경쟁요인	원가주도 전략	차별화 전략	집중화 전략
기존기업 간의 경쟁	원가주도로 충분한 경쟁력을 가짐	차별화로 경쟁유지	소비자 욕구변화에 신속한 대응
잠재적 경쟁기업	원가주도로 규모의 경제 실현 → 진입장벽	상표충성도와 차별화 → 진입장벽	소비자 충성도 → 진입장벽
공급자의 교섭력	원가상승 압력에 대한 신축성	생산원가보다는 가격에 관심	소량구매로 단기적으로 불리
구매자의 교섭력	가격인하에 덜 영향 받음	상표 충성도로 인해 구매자는 별 문제가 안됨	차별역량으로 구매자에 대해 우위점령
대체재의 위협	원가상의 우위 → 대체품으로부터 보호	브랜드 충성(Brand Loyalty)이 차별화 기업을 대체품으로부터 보호	고객충성(Customer Loyalty)으로 대체품 위협 감소

④ 복수전략 추구 : 차별화와 원가우위의 동시 추구
  ㉠ 원가우위와 차별화는 원가구조가 제품디자인, 기술수준, 서비스 등의 요소보다는 시장점유율에 의해 주로 결정될 때 동시에 달성될 수 있다.
  ㉡ 두 가지 전략을 동시에 추구하는 기업은 대부분 시장점유율이 높은 기업이다.
  ㉢ 경쟁기업이 어중간한 상태에 있으면 원가우위전략이나 차별화를 동시에 추구할 수 있다. 그러나 이 상태는 일시적일 수 있다.
  ㉣ 새로운 기술도입이나 기술혁신을 통해 원가우위나 차별화를 동시에 달성할 수 있다. 예를 들면, 유연생산기술은 낮은 원가로 동시에 여러 가지 차별적인 제품생산을 가능하게 한다. 또한 정보기술을 활용한 BPR(business process reengineering)의 적용은 생산공정 및 주문처리과정을 획기적으로 단축시킴으로써 원가절감과 더불어 신속한 납기로 차별화를 가능하게 한다.
  ㉤ 특정 기업이 모사나 타사업부 등과 상호관련성을 가지고 있고, 다른 경쟁자들은 그렇게 할 수 없는 경우에 원가우위와 차별화는 동시에 달성될 수 있다. 따라서 경쟁자가 모방하기 힘든 상호관련성을 창출해 낼 수 있다면, 차별화의 원가를 낮추거나 차별화의 높은 원가를 상쇄시킬 수 있다.
⑤ 어중간한 상태(stuck in the middle)
  ㉠ 본원적 전략은 경쟁우위 획득을 위해 제품, 시장, 차별역량에 관한 일관성

Key Point

본원적 전략 : 기업이 특정 산업에서 경쟁자에 대해 경쟁우위를 획득함으로써 산업 내에서 평균 이상의 성과를 얻기 위한 경쟁방법이다. 따라서 사업부수준에서의 전략으로서 경쟁전략이라고도 한다.

원가우위의 원천 : 규모의 경제, 학습효과, 설비가동률, 제품설계, 투입비용, 공정기술, 입지

원가주도 전략에 따르는 위험요소
• 기술상 변화
• 모방
• 소비자 기호변화 대응부족

집중화 전략의 특징
• 산업전체가 아니라 특정 시장영역을 대상으로 하는 전략인데, 기업의 규모가 작고 내부능력에 한계가 있는 경우에 특히 효과적인 본원적 전략 유형이다.
• 대부분의 산업은 복수의 세분시장을 가지고 있으므로, 각 세분시장에서의 상이한 구매자 욕구나 적정 생산규모의 필요성은 집중화 전략을 추구할 수 있는 조건이 된다.

있는 결정을 필요로 하는데, 기업에 따라서는 일관성을 유지하는데 실패하는 경우가 종종 있다. 즉 어떤 경쟁우위도 획득할 수 없을 정도로 일관성 없는 결정을 함으로써 세 가지 본원적 전략 중 어느 하나도 제대로 수행하지 못하는 경우가 있다. 이 경우를 일컬어 어중간한 상태에 있다고 한다.

ⓒ 어중간한 상태에 있는 기업
- 높은 수익성을 확보하기 어려우며, 뚜렷한 경쟁우위가 없기 때문에 실패하기 쉽다.
- 본원적 전략을 가진 경쟁기업에 비해서는 항상 수익성이 낮다.

ⓒ 전략경영자가 본원적 경쟁전략의 성공적 관리를 위해 힘써야 할 사항
- 제품, 시장 및 내부자원이나 능력 축적에 대한 기업의 의사결정이 전략의 속성과 일관성을 갖도록 이루어져야 한다.
- 환경에 대한 끊임없는 조사·분석이 뒤따라야 한다.

> **Key Point**
>
> 본원적 경쟁전략을 성공적으로 관리하기 위한 조건 : 제품, 시장, 차별역량에 관한 결정이 특정 전략을 향해 일관성 있게 이루어지고 있는가를 확인하고, 기업의 강점과 약점을 변화하는 시장조건에 맞추려는 노력이 필요하다.

참고문헌

- 김형준, 「전략경영론」, 형설출판사, 2011
- 정동섭·추교완·박재희, 「경영전략」, 경영과 미래, 2010
- 김영수·이영진, 「경영전략」, 학현사, 2010
- 유기현·황용식, 「전략경영론」, 무역경영사, 2009
- 김길성, 「경영전략」, 전남대학교출판부, 2009
- 니와 데츠오, 「경영전략」, 새로운 제안, 2007

Bachelor's Degree

실전예상문제

객관식

1 다음 중 경쟁우위의 탐색이란 무엇을 의미하는가?

① 원가   ② 상표
③ 전략   ④ 전술

▶ 오마에(Ohmae Kenichi) : 전략을 경쟁우위의 탐색으로 정의했다.

Keypoint & Answer

경쟁우위의 탐색 ➡ ❸

2 특정 사업에 대한 전략적 의사결정이 일관성 있게 수립되고 실행될 수 있는 사업단위는?

① SBU   ② SWE
③ UNT   ④ SOL

▶ 사업부란 전략사업단위(strategic business unit)를 의미하는 것으로, 사업부 전략의 수립과 실행에 있어서의 기본단위이다.

전략사업단위(strategic business unit) ➡ ❶

3 다음 중 전략사업단위의 요건으로 볼 수 <u>없는</u> 것은?

① 독립적으로 전략이 수립될 수 있어야 한다.
② 기업의 다른 부문과 종속적으로 운영되는 사업이 있어야 한다.
③ 분명한 경쟁자를 가져야 한다.
④ 해당 사업단위의 전략의 실행에 있어서 주체가 될 수 있어야 한다.

▶ 전략사업단위는 원칙적으로 기업의 다른 부문과 독립적으로 운영될 수 있는 사업이 있어야 한다.

전략사업단위의 요건 ➡ ❷

4 다음 전략 중 다각화된 기업에 있어서 전략사업단위와 가장 밀접한 것은?

① 다각화전략   ② 기능 전략
③ 전사적 전략   ④ 사업부 전략

▶ 전략사업단위 : 다각화된 기업이 각 사업의 특성에 맞는 전략의 개발을 위해 조직단위를 나누고, 전략의 수립・실행의 권한 및 책임을 조직단위별로 분권화하는 과정에서 형성된다.

다각화된 기업에 있어서 전략사업단위 ➡ ❹

5 전략사업단위가 갖추어야 할 요건이라 할 수 있는 것은?

① 전략 실행에 있어서 방관자가 되어야 한다.

전략사업단위가 갖추어야 할 요건 ➡ ❸

② 독특하고 희소한 자원이 있어야 한다.
③ 분명한 경쟁자를 가져야 한다.
④ 독자적인 사업과 분명한 목표가 꼭 필요하지는 않다.

▶ 전략사업단위가 갖추어야 할 요건
- 독자적인 사업과 분명한 목표가 있어야 한다.
- 분명한 경쟁자가 있어야 한다.
- 독자적인 능력을 가진 경쟁자로서 자격이 있어야 한다.
- 전략사업단위의 경영자는 기술, 생산, 마케팅, 자금 등의 수단을 사용해 전략과 성과에 대한 책임을 지며, 해당 사업단위의 이익에 영향을 미칠 수 있는 요인들을 통제해야 한다.
- 전략사업단위의 경영자는 해당 사업단위의 전략실행에 있어서 주체가 되어야 한다.

6 다음 중 전략사업단위의 올바른 선정 이유가 <u>아닌</u> 것은?

① 전반적으로 경쟁이 치열해지고 있다.
② 경쟁자가 단일해지고 있다.
③ 효과적 경쟁전략의 수립에 직접적인 영향을 미친다.
④ 전사전략의 수립 및 실행에 중요하다.

▶ 전략사업단위의 올바른 선정이유는 경쟁자가 다양해지고 있기 때문이다.

➡ 전략사업단위의 올바른 선정 이유 ➡ ❷

7 다음 중 전략사업단위의 선정시 분석요인과 관련 <u>없는</u> 것은?

① 외부환경　　② 내부특성
③ 경쟁제고　　④ 적정규모

▶ 전략사업단위의 선정은 외부환경, 내부특성, 적정규모 등과 같은 요인에 대한 분석과 더불어 최종적으로는 경영자의 판단에 의해 이루어지게 된다.

➡ 전략사업단위의 선정시 분석요인 ➡ ❸

8 다음 중 SWOT 분석을 올바르게 제시한 것은 어느 것인가?

① 환경 : 기회와 위협, 내부 : 강점과 약점
② 환경 : 강점과 약점, 내부 : 기회와 위협
③ 환경 : 위협, 내부 : 약점
④ 환경 : 기회, 내부 : 약점

▶ 기업의 환경분석과 내부능력 분석의 결과를 결합함으로써 전략 방향을 도출할 수 있는데, 이를 SWOT 분석이라 한다. SWOT는 기업의 강점과 약점, 환경의 기회와 위협에서 영문 첫글자를 조합한 표현이다.

➡ SWOT 분석의 내용 및 특징 ➡ ❶

9 다음의 〈보기〉에서 설명하는 것과 관계가 있는 것은?

| 독 | 학 | 사 | 3 | 단 | 계 |

Keypoint & Answer

SWOT 분석의 내용 → ❶

보기: 환경의 기회와 위협, 기업의 강점과 약점에 대한 분석 결과를 결합함으로써 바람직한 전략 방향을 도출하고자 한다.

① SWOT 분석
② 기업능력 분석
③ 가치사슬 분석
④ 사업 포트폴리오 분석

▶ SWOT 분석 : 기업의 환경분석과 내부능력 분석의 결과를 결합함으로써 전략 방향을 도출한다.

바람직한 전략 방향을 도출하고자 하는 방법 → ❹

10 다음 중 환경의 기회와 위협, 기업의 강점과 약점에 대한 분석 결과를 결합함으로써 바람직한 전략 방향을 도출하고자 하는 방법은 무엇인가?

① 기능별 분석
② 사업 포트폴리오 분석
③ 가치사슬 분석
④ SWOT 분석

▶ 문제 9번 해설 참조

SWOT분석의 특징 → ❹

11 기업이 처한 대내외의 상황에 대한 체계적 분석과 기업이 선택가능한 전략대안들을 도출하는 데 있어서 논리적 틀로서의 역할을 하는 것은?

① M & A 분석
② DEC분석
③ SCS분석
④ SWOT분석

▶ 기업의 환경분석과 내부능력 분석의 결과를 결합함으로써 전략 방향을 도출할 수 있는데, 이를 SWOT분석이라 한다.

SWOT 매트릭스 → ❷

12 다음은 SWOT 매트릭스이다. Ⅱ 상한 기업에서 요구되는 전략은?

	기회	위협
강점	Ⅰ	Ⅱ
약점	Ⅲ	Ⅳ

① 성장지향적 전략
② 다각화 전략
③ 합작투자전략
④ 방어적 전략

▶ Ⅱ상한의 기업은 많은 강점을 갖고 있는 데도 불구하고 환경의 여건이 불리한 상황이다.

방어적 전략의 특징 → ❹

13 위의 문제 중 Ⅳ 상한의 기업에서 요구되는 전략으로 올바른 것은?

① 공격적 전략
② M & A 전략
③ 성장 지향적 전략
④ 방어적 전략

▶ 기업상황과 전략방향
- Ⅰ 상한의 기업 : 공격적·성장지향적 전략
- Ⅱ 상한의 기업 : 다각화 전략
- Ⅲ 상한의 기업 : 기업과의 합작투자·M & A 전략
- Ⅳ 상한의 기업 : 방어적 전략

14 경쟁전략에 관한 설명으로 옳지 않은 것은?

① 경쟁전략을 실행하는데 필요한 행동은 산업별로 다양하다.
② 차별화·원가우위·집중화전략으로 구분된다.
③ 본원적 경쟁전략으로도 불린다.
④ 기능부서 수준의 전략에 해당된다.

▶ 경쟁전략
- 경쟁전략 : 특정 산업 내에서 기업이 경쟁자에 대해 경쟁우위를 획득함으로써 평균 이상의 성과를 얻기 위한 경쟁 방법이다.
- 사업부 수준에서의 전략으로 본원적 경쟁전략이라고도 불린다.

Keypoint & Answer

➡ 경쟁전략에 관한 내용 및 특성
➡ ④

15 다음 중 본원적 전략은 어느 수준(계층)의 전략으로 볼 수 있는가?

① 표출 전략   ② 기능별 전략
③ 전사적 전략   ④ 사업부 전략

▶ 문제 14번 해설 참조

➡ 사업부수준에서의 전략으로서 경쟁전략
➡ ④

16 다음 중 마이클 포터의 세 가지 본원적 전략으로 볼 수 없는 것은?

① 주도전략   ② 집중화전략
③ 차별화전략   ④ 수확전략

▶ 본원적 전략의 유형 : 차별화 전략, 원가주도전략, 집중화 전략

➡ 마이클 포터의 세 가지 본원적 전략
➡ ④

17 다음 중 차별화 전략은 어느 수준(계층)의 전략에 속하는가?

① 의도한 전략   ② 기능별 전략
③ 전사적 전략   ④ 사업부 전략

▶ 전략의 세 가지 수준 가운데 특정 산업영역 내에서의 경쟁우위의 획득을 위해 효과적인 경쟁방법을 결정하는 문제를 다루는 전략은 사업부전략이다. 따라서 사업부 전략은 경쟁전략이라고도 하는데, 여기에는 포터(Porter)가 제시한 본원적 전략이 대표적으로 해당된다. 그리고 본원적 전략의 세 가지 형태는 원가주도 전략, 차별화 전략, 집중화 전략의 세 가지이다.

➡ 사업부 전략의 특성
➡ ④

Keypoint & Answer
사업수준의 전략 ➡ ④

18 다음 중 사업수준의 전략으로 볼 수 <u>없는</u> 것은?

① 원가주도 전략 ② 차별화 전략
③ 집중화 전략 ④ 마케팅 전략

▶ 문제 17번 해설 참조

포터의 본원적 경쟁전략에 관한 내용 ➡ ①

19 포터의 본원적 경쟁전략에 관한 설명으로 올바르지 <u>않은</u> 것은?

① 시장점유율이 높을수록 투자수익률이 높아진다는 것을 전제로 한다.
② 본원적 경쟁전략으로는 원가우위전략, 차별화전략, 집중화전략 등이 있다.
③ 차별화전략은 산업의 광범위한 영역에서 경쟁우위를 추구한다.
④ 원가우위전략에 있어서는 공정기술이 중요하다.

▶ 본원적 전략은 어떤 전략에서도 경쟁우위가 중심이 되며 경쟁우위를 얻기 위해서 기업은 신중하게 전략적 선택을 해야 한다는 점이 밑바탕에 깔려 있다.

원가주도전략의 내용 및 특성 ➡ ③

20 다음 중 다른 기업에 비해 규모의 경제성에서 우위에 있는 기업의 경우에 가장 적절한 본원적 전략으로 옳은 것은?

① 집중화전략 ② 경쟁전략
③ 원가주도전략 ④ 차별화전략

▶ 원가주도전략 : 원가우위에 영향을 미치는 여러 가지 수단에 따른 특정산업에서의 원가우위를 달성함으로써 경쟁우위를 획득하려는 전략을 말한다.

원가우위를 확보하고 있는 기업의 경쟁요인에 대한 효과적인 대응 ➡ ②

21 원가우위를 확보하고 있는 기업의 경쟁요인에 대한 효과적인 대응이 <u>아닌</u> 것은?

① 기존 경쟁기업 – 저가격을 무기로 효과적으로 경쟁할 수 있다.
② 잠재적 경영자 – 가격인상을 무기로 진입기업에 적극 대처할 수 있다.
③ 공급자 – 유력한 공급회사들의 영향력으로부터 훨씬 자유로울 수 있다.
④ 대체품 – 가격경쟁에서 유리한 위치를 확보할 수 있다.

▶ 잠재적 경영자에 대해서는 가격인하를 무기로 새로운 진입기업에 적극 대처할 수 있으며, 원가주도자가 가지고 있는 규모의 경제성은 진입장벽으로 작용한다.

원가주도전략이 특히 효과적인 상황 ➡ ③

22 다음 중 원가주도전략이 특히 효과적인 상황이 <u>아닌</u> 것은?

① 산업내 기업들간의 경쟁이 주로 가격경쟁에 바탕을 두고 이루어지는 경우
② 제품을 차별화할 수 있는 여지가 별로 없거나 제품의 차별화가 고객에게 큰 의미가 없는 경우
③ 제품교체비용이 높은 경우

④ 고객의 규모가 크고 가격인하에 대한 강한 교섭력을 가지는 경우

▶ 제품의 교체비용이 낮은 경우 원가주도 전략이 효과적이다.

23 철강산업이나 화학산업과 같은 자본집약적 산업의 경우 원가우위의 핵심요인이 되는 것은?

① 규모의 경제 ② 설비가동률
③ 투입비용 ④ 공정기술

▶ 제조업에서 설비가동률은 원가와 밀접한 관계가 있다.

24 다음 중 기업의 원가우위의 원천이 되는 요인이 <u>아닌</u> 것은?

① 규모의 경제 ② 학습효과
③ 기술혁신 ④ 제품설계

▶ <u>원가우위의 원천요인</u> : 규모의 경제, 학습효과, 설비가동률, 제품설계, 투입비용, 공정기술, 입지

25 다음의 〈보기〉에서 설명하는 것이 의미하는 바는?

> 보기 제품생산의 경험이 증대됨에 따라 종업원의 숙련도 향상으로 제품 단위당 노무비가 감소하는 현상

① 경험곡선효과 ② 기술 및 공정혁신
③ 규모의 경제 ④ 학습효과

▶ 학습효과 : 구성원들의 학습에 따라 노동생산성이 향상되어 제품 단위당 노무비가 감소하는 현상이다.

26 입지조건이 기업의 원가우위에 큰 영향을 미치는 산업이 <u>아닌</u> 것은?

① 조선 ② 소프트웨어
③ 자동차 ④ 철강

▶ 조선, 자동차, 철강산업 등의 경우에는 원료의 조달이나 제품을 출하하는 비용의 절감이라는 측면에서 입지조건이 기업의 원가우위에 큰 영향을 미친다.

27 다음 중 원가우위전략 채택 시 따르는 위험요소로서 거리가 먼 것은?

① 소비자 기호 변화 대응부족 ② 모방

Keypoint & Answer

➡ 자본집약적 산업의 경우 원가우위의 핵심요인 ➡ ❷

➡ 기업의 원가우위의 원천이 되는 요인 ➡ ❸

➡ 학습효과의 내용 및 특징 ➡ ❹

➡ 입지조건이 기업의 원가우위에 큰 영향을 미치는 산업 ➡ ❷

➡ 원가우위전략 채택 시 따르는 위험요소 ➡ ❹

③ 기술상의 변화   ④ 구매자의 차별화 욕구 감소

▶ 원가주도 전략에 따르는 위험요소
  • 새로운 기술의 등장에 제대로 적응하지 못하는 경우
  • 신규 진입기업이나 후발기업들의 모방이 성공한 경우
  • 원가절감에만 관심을 집중하다가 소비자 기호의 변화에 적절히 대응하지 못하는 경우
  • 원가상승으로 경쟁기업들의 차별화효과를 상쇄시킬 만한 가격차이를 유지할 수 없는 경우

제품의 품질이나 인지도가 높은 기업의 경우에 가장 적절한 본원적 전략 → ④

28 다음 중 다른 기업에 비해 제품의 품질이나 인지도가 높은 기업의 경우에 가장 적절한 본원적 전략은 무엇인가?

① 집중화 전략   ② 경쟁전략
③ 원가주도 전략   ④ 차별화 전략

▶ 차별화 전략의 목적은 제품이나 서비스를 차별화하는 것, 즉 고객에게 자사의 제품이 독특한 것으로 인식되도록 함으로써 경쟁우위를 획득하는 것이다. 결국 고객에게 다른 경쟁사와 다른 '독특한 무엇'을 제공하는 것을 의미한다. 따라서 차별화 전략을 사용하는 기업들은 고객의 욕구나 행동을 주의 깊게 파악하고 그들이 무엇에 가치를 두는지를 면밀히 분석할 필요가 있다. 그러므로 차별화 전략은 다른 기업에 비해 제품의 품질이나 상표에 대한 고객들의 인지도가 높은 경우에 활용할 수 있다.

고객의 욕구나 행동에 대한 면밀한 분석이 가장 필요한 전략 → ④

29 고객의 욕구나 행동에 대한 면밀한 분석이 가장 필요한 전략은?

① 집중화 전략   ② 경쟁전략
③ 원가주도 전략   ④ 차별화 전략

▶ 문제 28번 해설 참조

차별화 전략의 내용 → ④

30 다음 중 경쟁기업에 비해 마케팅 능력이나 기술에서 우위에 있는 기업의 경우에 효과적인 본원적 전략은?

① 집중화 전략   ② 경쟁전략
③ 원가주도 전략   ④ 차별화 전략

▶ 문제 28번 해설 참조

차별화 전략의 특징 → ③

31 다음 중 고객에 대한 서비스, 디자인, 상품이미지 등을 활용하는 본원적 전략은 무엇인가?

① 어중간한 전략   ② 원가우위전략
③ 차별화전략   ④ 집중화전략

▶ 문제 28번 해설 참조

114 경영전략

32 다음 중 성공적인 차별화의 이점으로 거리가 먼 것은?

① 높은 제품가격의 설정
② 경쟁사보다 더 많은 제품 판매를 통해 시장점유율 증대
③ 자사 제품에 대한 고객충성도의 제고
④ 고객욕구의 변화에 쉽게 대응

▶ 차별화는 차별화를 달성하는데 소요되는 비용보다 더 높은 가격으로 제품판매를 가능케 함으로써 수익성 향상에 기여한다.

33 다음 중 제품을 차별화하는 방법으로 <u>부적당한</u> 것은?

① 디자인과 상품이미지를 차별화   ② 우수한 기술이나 제품의 특성을 이용
③ 기업의 명성이나 신뢰성을 활용   ④ 세분시장의 구조성을 활용

▶ 제품차별화 방법
 • 디자인과 상표이미지를 차별화   • 우수한 기술이나 제품의 특성을 이용
 • 고객서비스를 제고   • 기업의 명성이나 신뢰성을 활용
 • 부품조달의 편리성을 제공

34 다음 중 고객의 욕구가 다양하고 제품의 사용 목적이 서로 다른 경우에 효과적인 본원적 전략은?

① 집중화 전략   ② 경쟁전략
③ 원가주도 전략   ④ 차별화 전략

▶ 차별화 전략이 효과적인 상황
 • 제품이나 서비스를 차별화하는 다양한 방법이 존재하며 많은 구매자들이 이러한 차별화를 가치있는 것으로 인식하는 경우
 • 고객의 욕구가 다양하고 그 사용목적이 서로 다른 경우
 • 자사의 차별화를 모방하기 위한 경우

35 다음 중 차별화 전략이 특히 효과적인 상황이 <u>아닌</u> 것은?

① 제품이나 서비스를 차별화하는 다양한 방법들이 존재하며, 많은 구매자들이 이러한 차별화를 가치 있는 것으로 인식하는 경우
② 산업 내 이질적인 세분시장들이 상당수 존재하는 경우
③ 고객의 욕구가 다양하고 그 사용목적이 서로 다른 경우
④ 경쟁기업들이 유사한 차별화를 추구하지 않으며, 자사의 차별화를 모방하기 힘든 경우

▶ 차별화 전략이 특히 효과적인 상황
 • 고객의 욕구가 다양하고 그 사용목적이 서로 다른 경우

Keypoint & Answer

➡ 성공적인 차별화의 이점 ➡ ❹

➡ 제품차별화 방법 ➡ ❹

➡ 차별화 전략이 효과적인 상황 ➡ ❹

➡ 차별화 전략이 특히 효과적인 상황 ➡ ❷

| 독 | 학 | 사 | 3 | 단 | 계 |

Keypoint & Answer

- 제품이나 서비스를 차별화하는 다양한 방법들이 존재하며, 많은 구매자들이 이러한 차별화를 가치 있는 것으로 인식하는 경우
- 경쟁기업들이 유사한 차별화를 추구하지 않으며, 자사의 차별화를 모방하기 힘든 경우
- ②는 집중화전략의 경우이다.

차별화의 원천 ➡ ❸

36 다음 중 차별화의 원천이 <u>아닌</u> 것은?

① 제품의 외관이나 성능 ② 원재료의 품질
③ 고객유형 ④ 종업원의 경험과 숙련도

▶ 차별화의 원천 : 제품의 외관이나 성능, 고객서비스, 특정 마케팅 활동의 집중도, 원재료의 품질, 입지조건, 종업원의 경험과 숙련도, 특정 활동을 수행하는 방법

차별화 전략에 따르는 위험 ➡ ❹

37 다음 중 차별화 전략에 따르는 위험이 <u>아닌</u> 것은?

① 과도한 차별화로 인해 원가우위를 이룩한 경쟁기업의 제품보다 지나치게 가격이 높은 경우
② 구매자의 차별화 요인에 대한 욕구가 감소하는 경우
③ 경쟁사들이 손쉽게 모방할 수 있는 경우
④ 적소시장이 갑자기 사라지고 전체산업에 동화되는 경우

▶ 차별화전략에 따르는 위험
- 과도한 차별화로 인해 원가우위를 이룩한 경쟁기업의 제품보다 지나치게 가격이 높은 경우
- 구매자의 차별화 요인에 대한 욕구가 감소하는 경우
- 경쟁사들이 손쉽게 모방할 수 있는 경우

집중화 전략에 대한 내용 및 특성 ➡ ❹

38 다음 중 집중화 전략에 대한 설명으로 옳지 <u>않은</u> 것은?

① 집중화 전략의 요체는 고객들이 독특한 욕구를 가지고 있는 시장에서의 적소를 선택하는 것이다.
② 좁은 시장을 중점적으로 공략하는 것이 보다 효과적임을 전제로 한다.
③ 세분시장의 구조적 매력도는 집중화 전략 채택의 필수조건이다.
④ 목표산업의 크기와 관련을 가지고 세분시장을 공략해야 한다.

▶ 목표산업의 크기는 다양하게 나타날 수 있지만, 목표산업의 크기와는 관계없이 집중화의 본질은 산업평균과 상이한 세분시장을 공략하는 데에 있다.

산업 내의 특정 부문만을 대상으로 하는 본원적 전략유형 ➡ ❶

39 다음 중 산업 내의 특정 부문만을 대상으로 하는 본원적 전략유형으로 올바른 것은?

① 집중화 전략　　　　② 경쟁전략
③ 원가주도 전략　　　④ 차별화 전략

▶ 집중화 전략 : 특정 구매자집단이나, 특정 제품 또는 지역적으로 제한된 시장만을 집중적인 목표로 삼는 것이다. 따라서 산업 전체가 아니라 특정 시장영역을 대상으로 한다는 점에서 원가주도전략이나 차별화전략과는 다르다. 그러므로 집중화전략의 요체는 고객들이 독특한 욕구를 가지고 있는 시장에서의 적소(niche market)를 선택하는 것이다.

40 다음 중 기업의 규모가 작고 내부능력에 한계가 있는 경우에 특히 효과적인 본원적 전략은 무엇인가?

① 집중화 전략　　　　② 경쟁전략
③ 원가주도 전략　　　④ 차별화 전략

▶ 집중화 전략 : 산업전체가 아니라 특정 시장영역을 대상으로 하는 전략인데, 기업의 규모가 작고 내부능력에 한계가 있는 경우에 특히 효과적인 본원적 전략 유형이다. 요컨대 대부분의 산업은 복수의 세분시장을 가지고 있으므로, 각 세분시장에서의 상이한 구매자 욕구나 적정 생산규모의 필요성은 집중화 전략을 추구할 수 있는 조건이 된다.

41 부유층을 대상으로 여성용 블라우스만을 전문적으로 생산, 판매하고 있는 태평기업의 본원적 전략 유형으로 올바른 것은?

① 집중화 전략　　　　② 경쟁전략
③ 원가주도 전략　　　④ 차별화 전략

▶ 문제 40번 해설 참조

42 집중화 기업들이 산업내의 경쟁요인들에 대해 갖는 특성으로 부적당한 것은?

① 산업 내 다른 기업들과의 경쟁을 회피하게 해준다.
② 고객욕구의 변화에 대응하기 쉽다.
③ 대체품으로부터의 위협을 증폭시킨다.
④ 구매자 교섭력이 약화된다.

▶ 잠재진입자들은 집중화기업이 확보하고 있는 고객충성도를 극복해야 하는 난제를 안게 되며 이러한 고객충성도는 대체품으로부터의 위협을 완화시키는 역할을 한다.

43 다음 중 집중화 전략이 특히 효과적인 상황이 아닌 것은?

① 산업내 이질적인 세분시장들이 상당수 존재하는 경우
② 세분시장이 산업내 선도기업들의 성공에 중요하지 않을 경우

Keypoint & Answer

→ 기업의 규모가 작고 내부능력에 한계가 있는 경우에 특히 효과적인 본원적 전략　→ ①

→ 집중화 전략의 특징　→ ①

→ 집중화 기업들이 산업내의 경쟁요인들에 대해 갖는 특성　→ ③

→ 집중화 전략이 특히 효과적인 상황　→ ④

③ 세분시장의 성장 잠재력이 크거나 수익성이 높은 경우
④ 고객욕구가 다양하고 그 사용목적이 서로 다른 경우

▶ 집중화전략이 효과적인 상황
- 산업내 이질적인 세분시장들이 상당수 존재하는 경우
- 세분시장이 산업내 선도기업들의 성공에 중요하지 않을 경우
- 세분시장의 성장 잠재력이 크거나 수익성이 높은 경우

집중화 전략에 따른 위험이 나타나는 경우 → ③

44 다음 중 집중화 전략에 따른 위험이 나타나는 경우가 <u>아닌</u> 것은?

① 기술변화나 소비자 기호의 변화로 인해 적소시장이 갑자기 사라지고 전체산업에 동화되는 경우
② 차별화 기업들이 집중화 기업들의 고객 욕구를 충족시킬 수 있는 제품을 공급하는 경우
③ 경쟁사들이 쉽게 모방할 수 있는 경우
④ 넓은 시장을 대상으로 경쟁하는 기업들과의 가격차이가 특정시장에 집중하여 얻는 원가상의 이점이나 차별화를 상쇄하는 경우

▶ 집중화 전략에 따르는 위험의 경우
- 기술변화나 소비자 기호의 변화로 인해 적소시장이 갑자기 사라지고 전체산업에 동화되는 경우
- 차별화 기업들이 집중화 기업들의 고객 욕구를 충족시킬 수 있는 제품을 공급하는 경우
- 넓은 시장을 대상으로 경쟁하는 기업들과의 가격차이가 특정시장에 집중하여 얻는 원가상의 이점이나 차별화를 상쇄하는 경우

어중간한 상태의 기업에서 볼 수 있는 경우 → ④

45 어중간한 상태의 기업에서 볼 수 있는 경우에 해당되지 <u>않는</u> 것은?

① 빠른 성장에 따라 계속적으로 잘못 수행되어진 전략이 성숙기에 와서 오류가 나타나는 경우이다.
② 경쟁전략을 채택하기가 힘든 경우 소속 산업에서 철수하는 방안도 가능하다.
③ 경쟁전략 중 하나를 추구하다가 잘못된 의사결정을 내린 경우에 발생한다.
④ 어떠한 경우라도 수익성이 매우 낮다.

▶ 하나의 경쟁전략을 추구하지 못하는 기업은 대체로 수익성이 낮을 수밖에 없지만, 그 산업이 아주 매력적인 구조를 갖고 있거나 경쟁기업도 어중간한 상태에 있는 경우에는 수익을 올릴 가능성이 있다.

기업이 원가우위와 차별화를 동시에 추구할 수 있는 상황 → ②

46 기업이 원가우위와 차별화를 동시에 추구할 수 있는 상황이 <u>아닌</u> 것은?

① 새로운 기술의 도입이나 기술혁신을 통해 원가우위나 차별화를 동시에 달성할 수 있다.

② 원가구조가 시장점유율보다 서비스 등에 의해 결정되어질 때 동시에 달성될 수 있다.
③ 특정기업이 다른 회사나 사업부 등과 상호관련성을 가지고 있고 다른 경쟁자들은 그렇게 할 수 없는 경우에 달성될 수 있다.
④ 경쟁기업이 어중간한 상태에 있으면 동시에 추구할 수 있으나 이 상태는 일시적일 수 있다.

▶ 원가구조가 제품디자인, 기술수준, 서비스 등의 요소보다는 시장점유율에 의해 주로 결정되어질 때 원가우위와 차별화는 동시에 달성될 수 있다.

주관식

1 집중화 기업들이 산업내의 경쟁요인들에 대해 갖는 특성을 3가지 이상 쓰시오.

2 전략적 사업단위가 되기 위한 기준을 3가지 이상 쓰시오.

Key Point

➡ 기업이 경쟁우위를 확보하기 위한 조건 : 낮은 가격, 차별화(고객이 프리미엄 가격을 지불할 의사가 있는 제품), 신속한 대응 등의 방법을 통한 경영 노하우와 기업 특유의 마케팅 능력이 필요하다.

➡ 사업부 : 전략사업단위를 의미하는 것으로, 사업부 전략의 수립과 실행에 있어서의 기본단위이다.

➡ 원가주도 전략 : 원가우위에 영향을 미치는 여러 가지 수단에 따른 특정산업에서의 원가우위를 달성함으로써 경쟁우위를 획득하려는 전략을 말한다.

Answer

1
- 산업 내 다른 기업들과의 경쟁을 회피하게 해준다.
- 고객욕구의 변화에 대응하기 쉽다.
- 대체품으로부터의 위협을 완화시킨다.
- 구매자 교섭력이 약화된다.

2
- 자신의 임무를 가지고 있어 다른 전략적 단위와 구별이 될 수 있어야 한다.
- 명확하게 정의할 수 있는 경쟁자 집단을 가지고 있어야 한다.
- 다른 전략적 사업단위와 뚜렷이 구별되는 자신의 통합적인 계획을 수립하여야 한다.
- 핵심적인 분야에서의 자원을 관리하고, 적절한 크기를 가져서 지나치게 작거나 크지 않아야 한다.

|독|학|사|3|단|계|

Key Point

경쟁전략
- 경쟁전략 : 특정 산업 내에서 기업이 경쟁자에 대해 경쟁우위를 획득함으로써 평균 이상의 성과를 얻기 위한 경쟁 방법이다.
- 사업부 수준에서의 전략으로 본원적 경쟁전략이라고도 불린다.

기업의 원가우위의 원천이 되는 요인
- 규모의 경제
- 학습효과
- 설비가동률
- 제품설계
- 투입비용
- 공정기술
- 입지

3 근래 점차 기업들이 차별화와 원가우위를 동시에 추구하여 시장에서 큰 성공을 거두는 기업의 사례가 증가하고 있는데 이것이 가능하게 된 이유를 3가지 이상 쓰시오.

4 SWOT분석에 의한 마케팅 전략의 특성을 쓰시오.

5 SWOT 분석에 대해 설명하시오.

Answer

3
- 새로운 기술도입이나 기술혁신을 통해서, 가령 유연생산기술(Flexible Manufacturing technology)이나 정보기술을 활용한 BPR(Business Process Reengineering)의 적용은 낮은 원가로 차별화를 가능하게 한다.
- 원가구조가 제품디자인, 기술수준, 서비스 등의 요소보다는 시장점유율에 의해 주로 결정될 때 한 기업이 시장점유율상의 큰 우위를 창출했다면 특정 가치 활동에서 원가가 추가로 발생했다거나 차별화를 위한 비용이 발생되더라도 원가우위를 지속할 수 있게 된다.
- 특정 기업이 모사나 타 사업부 등과 상호관련성을 가지고 있고, 다른 경쟁자들은 그렇게 할 수 없는 경우 쟁기업이 어중간한 상태로 본원적 전략을 선택하기 전에 있으면 원가우위전략이나 차별화를 동시에 추구할 수 있다.

4
- SO전략(강점-기회전략) : 시장의 기회를 활용하기 위해 강점을 사용하는 전략을 선택한다.
- ST전략(강점-위협전략) : 시장의 위협을 회피하기 위해 강점을 사용하는 전략을 선택한다.
- WO전략(약점-기회전략) : 약점을 극복함으로써 시장의 기회를 활용하는 전략을 선택한다.
- WT전략(약점-위협전략) : 시장의 위협을 회피하고 약점을 최소화하는 전략을 선택한다.

5 SWOT는 강점(Strength), 약점(Weakness), 기회(Opportunities), 위협(Threats)의 머리글자를 모아 만든 단어로 경영 전략을 수립하기 위한 분석도구이다. 내적인 면을 분석하는 강점/약점 분석과, 외적 환경을 분석하는 기회/위협 분석으로 나누기도 하며 긍정적인 면을 보는 강점과 기회 그리고 그 반대로 위험을 불러오는 약점, 위협을 저울질하는 도구이다. 보통 X, Y축으로 2차원의 사분면을 그리고 각각 하나의 사분면에 하나씩 배치하여 연관된 사항들을 우선 순위로 배치한다. 이러한 분석을 통해 경영자는 회사가 처한 시장 상황에 대한 인식을 할 수 있으며 앞으로의 전략을 수립하기 위한 중요한 자료로 삼을 수 있다.

6 집중화 전략에 대해 간략하게 설명하시오.

7 본원적 전략에 대해 간략하게 설명하시오.

8 차별화 전략에 대해 설명하시오.

> **Key Point**
>
> ▶ 집중화전략의 위험요인
> - 기술변화나 소비자기호의 변화에 의해 niche market이 갑자기 사라지고 전체산업에 동화되어버리는 경우
> - 차별화기업들이 집중화기업들의 고객욕구를 충족시킬 수 있는 제품을 공급하는 경우
> - 경쟁기업이 집중화기업들의 목표가 되는 특정 시장영역 내에서 보다 세분된 목표시장을 설정하고 이를 공략함으로서 보다 집중적인 전략을 추구하는 경우
> - 넓은 시장을 대상으로 경쟁하는 기업들과의 가격차이가 특정 시장에 집중하여 얻는 원가상의 이점이나 차별화를 상쇄하는 경우
>
> ▶ 본원적인 경쟁전략(generic competitive strategy)
> - 산업 내에서 효과적으로 경쟁할 수 있는 일반적인 형태의 전략유형을 의미한다.
> - 마이클 포터는 높은 투자수익률을 확보하고 장기적으로 산업 내에서 자신의 위치를 지키며 경쟁기업에 앞설 수 있는 본원적 전략으로서 원가우위전략, 차별화 전략, 집중화 전략이라는 세 가지 유형을 제시하였다.
> - 각 본원적 전략은 제품, 시장, 차별역량에 대한 일관성 있는 선택의 결과라고 할 수 있다.

Answer

6 집중화 전략은 산업전체가 아니라 특정 시장영역을 대상으로 하는 전략인데, 기업의 규모가 작고 내부능력에 한계가 있는 경우에 특히 효과적인 본원적 전략 유형이다. 요컨대 대부분의 산업은 복수의 세분시장을 가지고 있으므로, 각 세분시장에서의 상이한 구매자 욕구나 적정 생산규모의 필요성은 집중화 전략을 추구할 수 있는 조건이 된다.

7 본원적 전략이란 기업이 특정 산업에서 경쟁자에 대해 경쟁우위를 획득함으로써 산업 내에서 평균 이상의 성과를 얻기 위한 경쟁방법을 말한다. 본원적 전략은 사업부 수준에서의 전략으로서 경쟁전략 또는 본원적 경쟁전략이라고도 한다.

8 차별화 전략의 목적은 제품이나 서비스를 차별화하는 것, 즉 고객에게 자사의 제품이 독특한 것으로 인식되도록 함으로써 경쟁우위를 획득하는 것이다. 결국 고객에게 다른 경쟁사와 다른 '독특한 무엇'을 제공하는 것을 의미한다. 따라서 차별화 전략을 사용하는 기업들은 고객의 욕구나 행동을 주의 깊게 파악하고 그들이 무엇에 가치를 두는지를 면밀히 분석할 필요가 있다. 그러므로 차별화 전략은 다른 기업에 비해 제품의 품질이나 상표에 대한 고객들의 인지도가 높은 경우에 활용할 수 있다.

독|학|사|3|단|계

06
기업수준전략

단원개요

이 단원에서는 기업이 성장하면서 사업영역을 확장하고, 새로운 사업분야에 진출하는 방법을 제시한다. 우선 단일사업분야의 기업이 사업영역을 확대할 때, 일반적으로 선택하는 수직적 통합에 대해 그 개념과 장단점에 대해 살펴본다. 또한 가장 보편적인 사업영역 확대방법인 다각화에 대해, 기업이 어떤 이유로 다각화를 하는지, 다각화를 통해 어떤 가치가 창출될 수 있는지, 다각화를 위한 방법은 무엇인지를 제시한다. 아울러 다각화가 항상 긍정적인 성과만을 가져다 주는지, 다각화의 유형과 성과는 어떤 관계가 있는가를 살펴보고 다각화의 한계에 대해서도 논의한다. 마지막으로 최근 급속히 확산되고 있는 전략적 제휴의 개념과 동기 및 그 유형에 대해 설명한다.

출제경향 및 수험대책

이 단원에서는 해마다 출제되는 비율이 약간씩 달라지기는 하지만 평균 2~3문제 정도는 출제되고 있는 편이다. 그 출제내용을 살펴보면 기업의 성장유형 중 시장개발과 다각화의 개념, 수직적 통합의 유형과 이점, 기업활동의 외주화, 다각화의 동기와 이점, 다각화의 방법과 합작투자의 이점, 전략적 제휴의 동기와 목적 등에 대해 묻는 문제들이 출제되고 있는 바, 이에 대한 자세하고 철저한 학습이 요구된다.

06 기업수준전략

- 기업성장의 단계와 성장전략
- 수직적 통합의 개념과 대안
- 다각화의 방법
- 다각화를 통한 가치창출
- 다각화 유형과 성과 및 한계

1 핵심 중요내용 및 핵심요약

단일사업의 장·단점, 기업의 성장유형, 수직적 통합의 유형, 수직적 통합이 효과적인 경우, 수직적 통합의 장·단점, 수직적 통합의 대안, 다각화의 의미와 동기, 기업인수의 장점과 한계, 합작투자의 장점, 내부개발이 효과적인 경우, 비관련 다각화의 장단점, 다각화의 한계

기업의 성장과 발전

(1) 기업성장의 일반적인 단계

① 단일 지역(국가) 내에서 단일 사업분야에 집중한다.
② 핵심 사업부문의 위상 강화를 위해 수직적 통합 또는 해외진출을 한다.
③ 여유자원을 활용하여 새로운 사업분야로 다각화한다.

(2) 단일사업의 장·단점

① 단일 사업 집중에 따른 기업의 장점
  ㉠ 단일 사업이 성공적일수록 경쟁우위의 지속적인 유지와 산업에서의 선도적 지위의 구축이 용이하다.
  ㉡ 조직 전체의 역량을 하나의 사업에 집중할 수 있다.
  ㉢ 경영자는 경쟁지위 강화를 위한 노력을 계속할 수 있다.
  ㉣ 사업운영의 경험과 노하우를 축적할 수 있다.
② 단일 사업 집중에 따른 기업의 단점
  ㉠ 기술혁신 혹은 대체품의 출현 등은 고객 기호의 변화, 기업의 존립에 위험을 가져온다.
  ㉡ 산업환경이 나빠지면 기업의 성장과 수익성에 악영향을 미친다.

(3) 기업의 성장 전략

① 기업 성장 측면
  ㉠ 시장영역의 선택 : 국내시장 내에서의 경쟁과 해외진출을 통한 국제시장에서의 경쟁(국제화)
  ㉡ 사업분야의 선택 : 단일 사업부문에의 집중, 기존사업과 수직적으로 관련된 사업부문으로의 진출(수직적 통합), 새로운 사업분야로의 진출(다각화)
② 기업의 제품·시장영역의 성장유형
  ㉠ 시장침투 : 기존 제품·시장에서의 시장점유율 제고

Key Point

기업전략의 발전
- 일반적으로 기업전략은 단일기업의 집중화전략에서 시작하였다.
- 외부 환경의 변화와 기업성과의 향상을 위해 여러 가지 전략들, 즉 수직적 통합, 제품의 다각화, 시장 또는 자원변환 프로세스들을 조합하여 사용하다가 위기를 맞게 되면 경쟁을 위한 구조조정에 착수하게 된다.

기업목표의 설정
- 기업의 미래상인 비전이 형성되었으면, 그것을 장기적으로 실현시키기 위한 기업목표의 설정이 필요하다.
- 이때 기업목표는 전략적 의사결정이 이루어지는 환경을 설정하고 이를 통해 전략적 의사결정에 대한 방침을 제공하는 역할을 한다.

- 현재의 제품을 변경하지 않고 현재시장으로부터 더 많은 매출을 획득하는 것이 가능한지에 대해 고려하는 것이다.
- 기존 제품·시장을 통한 성장 제고 방법 : 시장점유율 증대, 제품 사용의 증대, 기존 제품 사용자에 대한 새로운 용도 제공

ⓒ 시장개발(기존 제품의 대상 시장 확대) : 기존 제품으로 제품 공급의 지리적 영역을 넓히거나 새로운 용도를 개발하여 고객층을 확대하는 것이다.

ⓒ 제품개발 : 기존 시장에 새로운 제품 공급
- 기존 고객층을 대상으로 새로운 제품을 공급하는 것이다.
- 제품개발을 통한 기업 성장 제고 방법 : 제품 기능의 추가, 제품 라인의 확대, 신제품 개발

ⓔ 다각화(신제품으로 새로운 시장 개척) : 기업의 경영성장과 안정된 활동을 위해 여러 분야로 넓히는 기업활동으로 새로운 사업분야에 진출하여 성장을 도모한다.

수직적 통합

(1) 수직적 통합의 개념

① 수직적 통합(vertical integration)
  ㉠ 원료획득에서 제품에 이르기까지 원재료, 부품 및 서비스를 기업 자체 내에서 조달할 수 있도록 한 기업이 수직적으로 연관된 복수의 활동분야를 동시에 소유하는 것이다.
  ㉡ 현재의 사업영역에 수직적으로 관련된 활동들을 소유·통제하는 것을 말한다.

② 수직적 통합과 밀접한 의사결정 : 기업의 경계 결정, 이해관계자와의 관계 설정, 기업의 경계와 외부 이해관계자와의 관계를 상황 변화에 따라 재정립

③ 수직적 통합의 유형
  ㉠ 전방통합 : 기업의 생산 제품을 가공처리하거나 판매하는 유통활동을 소유 혹은 통제하는 것이다.
  ㉡ 후방통합 : 제품 생산에 필요한 투입물의 원천을 소유 혹은 통제하는 것이다.

④ 자동차생산업체와 같은 조립생산업자의 경우
  ㉠ 전방통합 : 기업의 가치사슬에서 앞으로 나아가는 경우로 유통시스템, 사후 서비스, 분배자 측의 활동들을 기업의 영역 내로 끌어들이는 전략이다.
  ㉡ 후방통합 : 기업의 가치사슬에서 거슬러 올라가는 경우로 자동차 산업에서 강철, 자동차 부품과 같은 원자재 공급업자 측의 활동들을 기업의 영

Key Point

▶ 단일사업 : 하나의 사업 영역에서 활동하는 기업을 말한다.

▶ 시장침투 : 기존제품으로 기존 시장에 출하하는 것이다.

▶ 시장개발 : 기존제품을 새로운 시장에 출하하는 것이다.

▶ 다각화 : 신제품을 새로운 시장에 출하하는 것이다.

▶ 수직적 통합
- 일종의 성장전략으로 기업이 추구하는 현재의 사업라인이 강한 성장 잠재력을 보유하고 있을 때 유효하게 활용할 수 있는 전략이다.
- 수직적 통합은 대부분 기업이 경쟁사에 대해 시장 경쟁력을 얻기 위해 핵심 사업에서 이용되고 있다.
- 수직적 통합은 기업으로 하여금 제품의 공정, 마케팅, 소매 등의 연속적인 관리를 가능하도록 한다.

▶ 최종 조립단계에 있는 기업
- 부품을 제조하거나 원재료 생산으로의 후방 통합전략을 추진한다.
- 전방 통합전략은 분배나 도소매로 이동하는 것을 의미한다.

역 내로 인수함으로써 이루어진다.

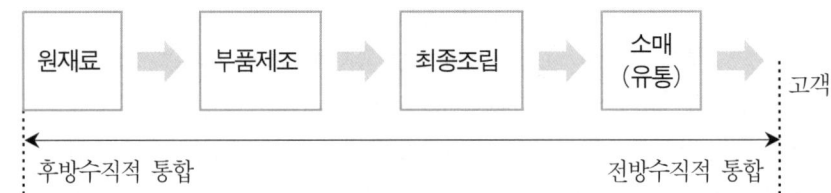

| 그림 6-1 | 원재료에서 고객에 이르는 부가가치사슬

(2) 수직적 통합이 효과적인 경우

① 비교적 환경이 안정적이고 경쟁이 극심하지 않은 경우
② 기존 공급자나 고객이 최종 수요자의 욕구를 충족시키지 못하는 경우
③ 공급자나 구매자의 활동을 통제하거나 이들에게 영향력 행사가 어려운 경우

(3) 수직적 통합의 장·단점

① 수직적 통합의 장점
　㉠ 거래비용의 감소 : 시장거래를 내부거래로 대체하여 거래비용을 줄여 기업이익을 증가시킬 수 있다.
　㉡ 품질의 향상 : 차별화가 핵심사업분야에서 용이해진다.
　㉢ 용이한 조정 : 기업의 목적에 맞춰 부품생산에서 완제품의 판매에까지 운영을 조절할 수 있기 때문에 기업목적달성에 유리하다.
　㉣ 시장지배력의 강화 : 원가우위 혹은 차별화를 달성하고 시장지배력을 높일 수 있다.

② 수직적 통합의 단점
　㉠ 기업활동의 유연성 저하
　　• 고정성 : 수직적 통합은 고정자산에 많은 투자가 요구되며, 그 결과 대규모로 통합된 기업은 과도한 자산에 집착하게 된다. 또한 수직적 통합은 조직구조와 경영통제 그리고 보상정책 등의 측면에서 어느 정도 고정된 형태를 가진다. 따라서 수직적 통합을 할 경우 기업의 유연성은 작아지며, 사업상 리스크를 유발시킨다.
　　• 기술의 변화 : 기술의 변화가 빠른 경우 기술변화에 탄력적으로 대응하기 어렵고 기술진부화에 처할 가능성이 높다.
　　• 수요의 불확실성 : 제품 수요가 불안정 혹은 예측이 쉽지 않을 때 위험성이 높다.
　㉡ 비용증대 등 : 관련 활동들 간의 생산능력의 불균형, 독점적 공급으로 인한 비효율성 등으로 인해 비용이 늘어날 수 있다.
　㉢ 상이한 사업분야의 관리에 따르는 문제 : 상이한 특성을 가지는 사업부

Key Point

수직적 통합의 전략적 중요성(Raghavan Parthasarthy)
- 잠재적인 경쟁자를 진입하지 못하게 한다.
- 강력한 공급자와 유통업자의 위협을 제거한다.
- 새로운 기회와 시장기회를 창출한다.
- 원가우위 달성을 용이하게 한다.
- 차별화의 이점을 용이하게 한다.
- 기술 모방을 방지한다.

수직적 통합의 장점
- 거래비용의 감소
- 품질의 향상
- 용이한 조정
- 시장지배력의 강화

수직적 통합의 단점 : 기업활동의 유연성 저하, 비용증대, 상이한 사업분야의 관리에 따르는 문제

문들에 대한 관리역량이 요구된다.

(4) 수직적 통합의 대안

수직적 통합은 실질적으로 경쟁적 위치, 차별적 원가제공, 차별화 우위와 같은 것들을 강화하지 않을 경우에는 적당한 전략이 될 수 없다. 이러한 환경에 처해 있을 경우 기업은 수직적 통합으로 동일한 이점을 얻을 수 있는 다른 접근방법을 생각해 봐야 한다.

① 기업 간 수직적 관계
  ㉠ 일시적 거래관계 : 제품이 표준화되어 있고, 거래당사자가 다수이며 투자가 많이 요구되지 않을 경우 적합하다.
  ㉡ 장기계약
    • 외부 공급자나 구매자와의 장기적인 협력적 계약은 기업으로 하여금 신뢰를 구축하게 하여 수직적 통합의 필요성이 없어지게 된다.
    • 제품이 주문품이거나 거래당사자가 소수이고 투자가 필요한 때 적합하다.

② 탈통합화
  ㉠ 기업활동의 외주화 : 환경적응력의 저하를 방지하고 위험을 분산시키며 한정된 자원과 능력을 특정 부문에만 집중하는 핵심역량의 축적을 통해 경쟁우위를 유지하고자 하는 것이다.
  ㉡ 공급자와의 협조적 관계 구축 : 원활한 조정과 유연성을 추구한다.

다각화

(1) 다각화의 의미

① 한 기업이 다수의 분야에 걸쳐서 사업을 전개하려는 전략이다. 기업을 에워싼 정황은 부단히 변화하고 있으며 특히 신제품, 구입처, 판매처 등에 변동이 있으면 때때로 치명적인 타격을 입게 되는 경우도 있다. 이를 피하기 위해 다각화전략을 채택하게 된다.

② 1970년대의 미국에서는 시너지 효과 등이 유행, 다각화 만능과 같은 현상이 나타났다. 그러나 다각화했다고 즉시 업적이 좋아지는 것은 아니고 한 분야에서의 실패가 타 분야에 파급돼서 경영의 파탄을 초래하는 예도 많다.

(2) 다각화의 동기

기업들이 기업수준의 다각화 전략을 수립하는 이유는 여러 가지 이유가 있다. 일반적으로 다각화 전략은 전반적인 경영성과를 향상시킴으로써 기업의 가치를 증가시키기 위해 수립한다.

Key Point

▶ **수직적 통합이 필요하지 않을 경우**
• 공급자와 소매업자/유통업자가 많을 때
• 시장이 효율적이고, 업무비용이 낮을 때
• 총이윤이 이미 높고, 부가가치가 총이윤을 증가시킬 수 없을 때
• 수직적 통합에 대한 대안이 수직적 통합과 같은 이익을 가져다 줄 때
• 산업이 확립되어 있지 않고, 수요 및 기술적 불확실성이 있을 때

▶ **다각화와 다각화전략**
• 다각화는 핵심산업과 구별되는 새로운 사업을 추가하는 과정이다.
• 어떤 기업이 복수의 산업이나 시장에서 동시에 사업을 운영할 때 이를 기업 다각화전략이라 한다.
• 기업 다각화전략의 범위에 있어서 시장과 제품을 동시에 추구하는 경우도 있으며, 이를 독립된 형태로 구분하여 제품 다각화전략, 시장 다각화전략, 제품·시장 다각화전략으로 세분하는 경우도 있다.

| 독 | 학 | 사 | 3 | 단 | 계 |

Key Point

기업의 다각화
- 기업은 핵심사업에서 시작하여 시장에서 기업의 지위를 높이고 보호하기 위해 단계적으로 사업을 확장하게 된다.
- 초기산업에서 차츰 유사한 관련 사업으로 옮기고 나중에는 비관련 사업에 이르기까지 확대해 가는 이른바 '다각화전략'을 수립하게 된다.

다각화 전략적 동기
- 다각화와 관련된 범위의 경제를 위해 : 활동 공유, 핵심역량의 이전, 시너지 창출
- 다각화와 관련된 시장지배력을 위해 : 다수 지점 경쟁을 통한 경쟁자 방지, 시장지배력 향상
- 다각화와 관련된 재무적 경제를 위해 : 효율적인 내부자본할당, 사업구조조정, 수익성을 확립하거나 향상시키기 위해

기업인수
- 기업의 지배권 행사에 충분한 지분을 취득하는 것이다.
- TOB(take over bid)라는 용어는 흔히 대상기업의 경영진에 대하여 적대적인 기업 또는 개인에 의한 인수에 사용하지만 우호적인 인수에 대해 사용하기도 한다.

① 핵심역량의 활용 : 핵심역량은 타사와 차별화시키며, 경쟁우위 창출에 커다란 영향을 미치게 되는데 이러한 핵심역량이 있는 경우 다각화를 고려하게 된다.
② 위험의 분산
　㉠ 경기에 민감한 업종이나 특정사업만을 영위하는 때에는 경기침체 혹은 다른 경쟁자나 기술혁신 등에 의해 사업이 위험해질 수 있다.
　㉡ 비관련 다각화나 복합기업형의 다각화가 위험 분산에 효과적이다.
③ 자산의 공유 : 기업이 소유하고 있는 설비, 유통망, 인력 등의 추가 부담없이 타 사업분야에도 활용할 수 있을 때, 다각화를 고려하게 된다.
④ 지속적 성장 : 사업분야로의 진출을 통해 성장을 하려는 합리적 동기, 소유경영자들의 개인적인 동기 등이 있다.
⑤ 재무자원의 균형 유지 : 현금 소요나 창출력이 큰 사업들의 균형을 유지하여 재무자원의 효율적인 활용을 통해 성장을 도모할 수 있다.

(3) 다각화의 방법

① 기업인수
　㉠ 기업인수의 의미
　　- 기업인수는 기업의 지배권 행사에 충분한 지분을 취득하는 것이다. 흔히 대상기업의 경영진에 대하여 적대적인 기업 또는 개인에 의한 인수에 사용하지만 우호적인 인수에 대하여 사용하기도 한다.
　　- 적대적 기업인수는 주로 공개매수 방법(take over bid : TOB)으로 이루어지지만 이사회에 대한 요청받지 않은 합병제의, 공개시장에서의 주식매집, 이사 선임을 위한 위임장 경쟁 등의 방법을 통하여 이루어진다.
　㉡ 기업인수의 장점
　　- 처음부터 경쟁기업 수준의 규모나 원가의 확보가 가능하며, 기존 공급자 혹은 유통망 활용이 가능하다.
　　- 상표인지도 제고를 위한 광고비 혹은 판촉비가 필요 없다.
　　- 진입장벽의 극복이 쉽고, 목표시장에 빨리 진입할 수 있다.
　㉢ 기업인수의 한계
　　- 기업인수에 많은 비용이 요구된다.
　　- 인수기업과 피인수기업을 통합하는 문제가 있다.
　　- 적절한 기업선정이 어려우며, 성공적인 인수도 쉽지 않다.
② 합작투자
　㉠ 합작투자의 의미
　　- 2개국 이상의 기업・개인・정부기관이 영구적인 기반 아래 특정기업체 운영에 공동으로 참여하는 국제경영방식으로 전체 참여자가 공동으로

소유권을 갖는다.
- 공동소유의 대상은 주식자본·채무·무형고정자산(특허권·의장권·상표권·영업권 등)·경영노하우·기술노하우·유형고정자산(기계·설비·투자 등) 등에 이르기까지 다양하다.

ⓒ 합작투자의 장점
- 위험부담의 축소
- 규모의 경제 및 합리화 달성
- 상대방의 강점 활용
- 경쟁 완화
- 상호보완적인 기술 및 특허 활용
- 현지정부가 요구하는 투자 또는 무역장벽 극복
- 수입규제나 관세회피 및 현지의 정치적 위험이나 문화 차이에서 오는 갈등 감소

ⓒ 합작투자의 단점 : 목표나 전략, 업무관행이 상이한 기업 간에 이해관계의 조정이 어려워 원활한 운영이 쉽지 않다.

③ 내부개발 : 기업 스스로 새로운 사업부 혹은 기업을 설립하여 신규사업에 진출하는 것이다.

ⓒ 내부개발이 효과적인 경우
- 기존 산업의 수급 균형에 생산능력의 확충이 악영향을 미치지 않을 때
- 이미 기업이 경쟁능력 혹은 자원을 많이 확보하고 있을 때
- 기존 기업들이 내부역량이 취약하거나 규모가 작고 비효율적일 때
- 사업전개에 시간적 여유가 충분할 때

ⓒ 내부개발의 위험 : 경쟁력 구축까지 시간이 많이 소요되며 시장여건의 변화는 위험요인이 된다.

(4) 다각화를 통한 가치창출

기업은 다각화를 통해 범위의 경제, 거래의 내부화, 노동과 자본의 내부시장효과, 시장지배력의 증대 등의 이점을 가지게 된다.

① 범위의 경제(economies of scope)
ⓒ 범위의 경제의 의미
- 한 기업이 2종 이상의 제품을 함께 생산할 경우에 각 제품을 다른 기업이 각각 생산할 때보다 평균비용이 적게 드는 것을 말한다.
- 연구개발·판매·생산 등은 공동으로 이용하면서 제품의 종류만 달리할 경우, 비용은 적게 들고 효과는 극대화할 수 있는 장점이 있다.
- 범위의 경제는 양적인 면보다는 종류에 따른 경제성을 추구한다. 예를 들어, 생산시스템에서 수량이나 용량 대신 일정설비로 얼마만큼 다양한 공정의 구성이나 제품의 생산이 가능한가에 따라서 단위당 비용이 크게 좌우되는 현상을 이용하여 품종수나 공정의 종류를 결정한다.

Key Point

▶ **합작투자**
- 2개국 이상의 기업·개인·정부기관이 특정기업체 운영에 공동으로 참여하는 해외투자방식이다.
- 합작에 참가하는 기업들이 소유권과 기업의 경영을 분담하여 자본·기술 등 상대방 기업이 소유하고 있는 강점을 이용할 수 있고 위험을 분담한다는 점에서 상호이익적 해외투자방식이다.
- 합작투자는 신설방식으로 이루어질 수도 있고, 기존 현지법인의 일부 소유권을 취득하는 방식으로 이루어질 수도 있다.
- 경쟁이 격화되고 신기술이 지연되는 등 독점적 우위의 확보가 어려워짐에 따라 최근 들어 합작투자를 통한 해외진출을 많이 이용하고 있다.

▶ **합작투자방식이 선호되는 경우**
- 현지 정부의 제한 때문에 단독투자 방식을 이용할 수 없는 경우
- 필요로 하는 원료 및 자원을 현지파트너가 생산하고 있어 원료 및 자원의 입수가 현지진출을 위한 전제조건이 되는 경우
- 다각적인 제품을 취급하는 기업의 경우 현지 마케팅 노력이 요청되는 경우
- 해외사업운영에 필요한 자본 및 경영능력 부족을 해결하고자 하는 경우
- 해외사업경험이나 협상력이 부족한 경우

▶ **내부개발** : 기업 스스로 새로운 사업부 혹은 기업을 설립하여 신규사업에 진출하는 것이다.

| 독 | 학 | 사 | 3 | 단 | 계 |

Key Point

범위의 경제성
- 범위의 경제성은 공정상 필요한 투입요소를 여러 분야에서 공동으로 활용함으로써 얻게 되는 경제적 효과를 말한다.
- 범위의 경제성은 한 제품의 생산 공정 중 다른 제품의 생산시 추가적용 없이 전용 가능한 공통생산요소가 존재하기 때문에 발생한다.
- 인적자원, 물적자원, 재무자원, 정보자원 중 공통적으로 사용할 수 있도록 최적조합을 기하는 경제성이라는 측면에서 조합의 경제성이라 불리기도 한다. 공통생산요소로 설비, 기술, 정보와 노하우 등을 들 수 있다.

가치창출 다각화전략
- 기업수준 전략에서 관련 다각화 전략으로 가치를 창출하기 위해서는 자원과 능력을 구축하고 확장해야 한다.
- 일반적으로 관련 다각화전략을 이용하는 기업은 기업들 간에 범위의 경제를 개발하고 활용하고자 한다.
- 특히 다수 제품 시장이나 산업에서 범위의 경제는 자원을 성공적으로 공유하고 몇 개의 기업수준의 핵심역량을 이동시킴으로써 얻게 되는 원가절감이 주가 된다.

다각화 기업
- 여러 분야의 사업들을 동시에 운영하는 기업을 말한다. 따라서 다각화 기업의 사업영역을 정의하기 위하여는 전사적 관점이 필요하다.
- 사업영역을 개별 사업부수준에서 바라볼 것이 아니라 복수의 사업부들을 동시에 바라보는 전체적 관점이 필요하다.

      ⓒ 범위의 경제를 발생시키는 원천
- 유형자산 : 중복되는 것을 방지하면서 각 제품에 따라 나타난다.
- 무형자산 : 핵심기술, 기업이미지, 상표명성 등은 여러 사업부문에서도 활용할 수 있다.
- 기업능력 : 재무관리, 제품개발능력, 기업의 관리시스템, 마케팅 등을 의미한다.

      ⓓ 범위의 경제성에 바탕을 둔 다각화 전략 : 원가우위를 그 기업의 각 사업영역에서 획득하는 수단이 된다.

② 시장 지배력 증대
    ⓐ 상호 구매 : 다각화된 기업들은 상호구매를 함으로써 경쟁을 자제하고 서로 암묵적인 담합을 한다.
    ⓑ 상호경쟁 자제 : 지나친 경쟁을 억제하여 전체적인 안정을 꾀한다.
    ⓒ 약탈적 가격정책 : 다른 사업에서 나온 수익으로 경쟁자가 시장에서 나갈 때까지 원가수준 이하로 가격을 낮추고 손실을 보더라도 지속하는 것이다.

③ 자본과 노동의 내부시장 효과
    ⓐ 다각화된 기업은 풍부한 인력 풀(pool)을 통해 인력소요 변동에 유연하게 대처할 수 있다.
    ⓑ 대체로 대기업들은 자본 조달을 하는데 발생하는 비용을 내부자본시장을 개발하여 감소시키고자 한다.
    ⓒ 내부시장을 통해 인력채용의 시간과 비용 및 불확실성을 줄이고 기업 활동의 유연성 증대와 내부인력에게는 풍부한 기회를 제공해주게 된다.

(5) 다각화의 유형과 성과 및 한계

① 다각화의 유형과 성과
    ⊙ 관련 다각화
- 어느 기업이 둘 이상의 제품 또는 시장에서 사업을 영위할 때 수익의 70% 이하가 주력사업에서 발생하고, 관련 사업들이 서로 연결되어 있으면 이는 관련된 다각화 전략을 실행하고 있다.
- 관련 다각화의 장점 : 시너지 효과와 범위의 경제에서 오는 이점만 아니라 기존 사업과의 유사성으로 사업수행의 위험이 감소된다.

    ⊙ 비관련 다각화
- 사업상 공통된 부문이 없으므로 기존사업과 관련성이 거의 없는 경우를 말한다. 이러한 다각화 전략은 조직을 통해 공동의 특징을 유지하는 것보다 현금의 흐름이나 리스크 감소를 위한 재무적 조건과 관련되어 있다. 따라서 획득된 기업과 획득하려는 기업 간의 재무 시너지가 있는

경우에 적당하다.
- 비관련 다각화의 장점
  - ▶ 수익성 혹은 성장성이 높은 사업분야를 선택하면 성과가 향상될 수 있다.
  - ▶ 재무자원의 관리나 투자 자금의 배분이 쉽고 위험이 분산된다.
- 비관련 다각화의 단점
  - ▶ 경영자의 관심이 분산되며, 사업부들을 전체 관점에서 관리하기 어렵다.
  - ▶ 사업 성공의 위험이 크고 시행착오의 가능성이 높다.
  - ▶ 기존의 재무자원이나 인력 등이 신규부분에 투입되면 기존분야의 경쟁력이 취약해질 수 있다.

② 다각화의 한계(관료화 비용의 영향요인)
  ㉠ 사업부 간의 조정비용
    - 조정활동에 요구되는 관료적 메커니즘이 관료화 비용을 가져온다.
    - 사업부의 수가 많을수록 사업부 간의 조정은 어려우며 이로 인한 비효율성이 범위 경제성 실현을 어렵게 한다.
  ㉡ 사업분야의 수
    - 기업의 사업분야가 많을수록 경영자의 사업분야 실정 파악이 어렵다.
    - 경영층은 정보 과부하로 각 사업부에 대한 피상적인 분석에 의존하게 된다.

Key Point

▶ 관련다각화 : 다양한 경영자원과 함께 유사한 기술 혹은 시장을 공유하는 다수 생산라인을 가진 기업 구성형태이다.

▶ 비관련다각화
- 관련되지 않은 다수생산라인을 운영하고 가장 다각화된 기업구성형태이다.
- 사업상 공통된 부문이 없으므로 기존사업과 관련성이 거의 없는 경우를 말한다.

▶ 다각화의 한계
- 사업부 간의 조정비용
- 사업분야의 수

참고문헌

- 김형준, 「전략경영론」, 형설출판사, 2011
- 정동섭·추교완·박재희, 「경영전략」, 경영과 미래, 2010
- 김영수·이영진, 「경영전략」, 학현사, 2010
- 유기현·황용식, 「전략경영론」, 무역경영사, 2009
- 김길성, 「경영전략」, 전남대학교출판부, 2009
- 니와 데츠오, 「경영전략」, 새로운 제안, 2007

■2 실전예상문제

객관식

1 다음 중 기업성장과 발전의 일반적 단계로 알맞은 것은?

> 보기
> ㉠ 단일지역내에서 단일사업분야에 집중
> ㉡ 여유자원을 활용하여 새로운 사업분야로 다각화
> ㉢ 핵심사업부문의 위상강화를 위한 수직적 통합 또는 해외진출

① ㉠-㉢-㉡ ② ㉠-㉡-㉢
③ ㉡-㉢-㉠ ④ ㉡-㉠-㉢

▶ 기업성장과 발전의 일반적 단계 : 단일지역(국가) 내에서 단일사업분야에 집중 → 핵심사업부문의 위상강화를 위한 수직적 통합 또는 해외진출 → 여유자원을 활용하여 새로운 사업분야로 다각화

2 단일사업분야에만 집중하여 경쟁우위확보를 통해 지속적인 성장을 달성하는 기업의 예로 볼 수 <u>없는</u> 것은?

① 맥도날드 ② 삼성
③ 코카콜라 ④ 페더럴 익스프레스

▶ 맥도날드, 코카콜라, 페더럴 익스프레스 등은 단일 사업분야에서 명성을 구축하고 이를 통해 끊임없이 새로운 시장을 개발하고 수요기반을 확대해 나감으로써 지속적으로 성장하고 있는 기업이다.

3 다음 중 단일사업의 이점으로 옳지 <u>않은</u> 것은?

① 조직 전체의 역량을 하나의 사업에 집중할 수 있다.
② 사업운영의 경험과 노하우를 축적할 수 있다.
③ 경영자는 장기적인 경쟁지위를 강화하기 위한 노력을 지속적으로 기울일 수 있다.
④ 산업환경이 불리해져도 수익성은 계속 호조를 나타낸다.

▶ 산업환경이 불리해지면 기업은 성장을 지속하기 힘들게 되며 수익성도 악화될 가능성이 높다.

4 다음 중 단일사업의 이점과 위험에 관한 설명으로 <u>틀린</u> 것은?

① 경영자의 노력이나 기업자원이 분산되지 않는다.
② 모든 계란을 한 바구니에 담는 위험이 발생한다.

③ 해당 사업 분야에서 장기적인 경쟁우위를 지속할 수 있다.
④ 경험효과를 얻기 어려워 원가부담이 증가한다.

▶ 기업이 단일산업 분야에 집중함으로써 사업운영의 경험과 노하우를 축적하게 되어 경쟁우위를 지속적으로 유지할 수 있고 산업에서의 선도적 지위구축이 용이하다.

5 다음 중 기업의 성장측면 중 사업분야의 선택구분이 <u>아닌</u> 것은?

① 단일 사업부문에의 집중   ② 수직적 통합
③ 국제화   ④ 다각화

▶ 사업분야의 선택화 : 단일 사업부문에의 집중, 수직적 통합, 다각화

➡ 기업의 성장측면 중 사업분야의 선택구분 ➡ ❸

6 다음 중 기업의 제품·시장영역의 성장전략에 해당되지 <u>않는</u> 것은?

① 시장침투   ② 제품개발
③ 도시화   ④ 다각화

▶ 기업의 제품·시장영역의 성장전략 유형 : 시장침투, 제품개발, 시장개발, 다각화

➡ 기업의 제품·시장영역의 성장전략 ➡ ❸

7 기업의 성장전략 중 단기적으로는 가장 효과적이며 위험이 적은 방법은?

① 시장침투   ② 제품개발
③ 시장개발   ④ 다각화

▶ 기업의 성장은 기존 제품을 가지고 기존 시장에서 시장점유율을 제고함으로써(시장침투) 이루어질 수 있다.

➡ 단기적으로는 가장 효과적이며 위험이 적은 방법 ➡ ❶

8 다음 중 기업의 성장 유형은 결국 (   )과 (   )의 선택문제이다. 괄호에 알맞은 단어는?

① 제품 - 인력   ② 자본 - 기술
③ 제품 - 시장영역   ④ 자본 - 인력

▶ 기업의 성장 : 기존 제품을 가지고 기존 시장에서 시장점유율을 제공함으로써 이루어질 수 있으며, 또한 기존 시장을 대상으로 새롭고 다양한 제품을 개발하거나, 기존 제품으로 시장영역을 확대, 새로운 제품으로 새로운 시장을 개척하여 성장 가능

➡ 기업의 성장 유형 ➡ ❸

9 다음 중 기존 제품으로 제품 공급의 지리적 영역을 확대함으로써 기업의 성장을 추구하는 성장전략은?

① 시장침투   ② 제품개발
③ 다각화   ④ 시장개발

➡ 기업의 성장을 추구하는 성장전략 ➡ ❹

| 독 | 학 | 사 | 3 | 단 | 계 |

Keypoint & Answer

▶ 시장개발은 기존제품으로 제품 공급의 지리적 영역을 확대하거나 새로운 용도를 개발함으로써 대상 고객층을 늘리고 이를 통해 기업의 성장을 추구하는 방법이다.

기업의 성장을 추구하는 방법 ➡ ❶

10 다음 중 기존제품의 새로운 용도를 개발함으로써 대상고객층을 늘리고 이를 통해 기업의 성장을 추구하는 방법으로 알맞은 것은?

① 시장개발 ② 제품개발
③ 다각화   ④ 시장침투

▶ 문제 9번 해설 참조

기존 제품/시장에서 성장을 제고할 수 있는 방법 ➡ ❸

11 다음 중 기존 제품/시장에서 성장을 제고할 수 있는 방법이 <u>아닌</u> 것은?

① 시장 점유율 증대
② 제품 사용의 증대
③ 신제품 개발
④ 기존 제품 사용자에 대한 새로운 용도 제공

▶ 기존 제품 · 시장에서 성장을 제고할 수 있는 방법
• 시장점유율 증대   • 제품 사용의 증대
• 기존 제품 사용자에 대한 새로운 용도 제공

새로운 제품을 공급하여 기업의 성장을 달성하는 방법 ➡ ❹

12 다음 중 기존 고객층을 대상으로 새로운 제품을 공급하여 기업의 성장을 달성하는 방법으로 알맞은 것은?

① 시장침투 ② 다각화
③ 시장개발 ④ 제품개발

▶ 기업의 성장전략 : 제품개발
• 기존 시장에 새로운 제품을 공급하는 것으로 기존 고객층을 대상으로 신제품을 공급하여 성장을 달성하는 방법
• 제품개발을 통해 기업성장을 제고할 수 있는 방법 : 제품기능의 추가, 제품라인의 확대, 신제품 개발

제품개발을 통해 기업 성장을 제고할 수 있는 방법 ➡ ❷

13 제품개발을 통해 기업 성장을 제고할 수 있는 방법이 <u>아닌</u> 것은?

① 제품 기능의 추가 ② 제품 사용빈도 증대
③ 제품 라인의 확대 ④ 신제품 개발

▶ 문제 12번 해설 참조

14 다음 중 기업의 활동영역을 규정하는 것은 무엇인가?

134 경영전략

① 수직적 통합 ② 다각화
③ 매트릭스 ④ 포트폴리오

▶ 수직적 통합이란 기업에 원자재나 부품을 공급하는 투입 원천이나 생산 제품의 유통경로 등과 같이 현재의 사업영역에 수직적으로 관련된 활동들을 소유하거나 통제하는 것을 말한다. 이러한 수직적 통합에는 전방 통합과 후방 통합의 두 유형이 존재한다.

Keypoint & Answer

➡ 기업의 활동영역을 규정하는 것 ➡ ❶

15 조선업체인 태평기업이 배를 생산하는데 있어서 주요 소재가 되는 철강업에 진출하는 경우의 전략으로 올바른 것은?

① 수직적 통합 – 후방 통합 ② 수직적 통합 – 전방 통합
③ 다각화 – 비관련 다각화 ④ 다각화 – 관련 다각화

▶ 문제 14번 해설 참조

➡ 수직적 통합–후방 통합 ➡ ❶

16 다음 중 자동차 제조업체인 태평기업이 자동차의 기초 소재인 철강사업에 진출할 경우의 전략으로 올바른 것은?

① 수직적 통합–후방 통합 ② 수직적 통합–전방 통합
③ 다각화–비관련 다각화 ④ 다각화–관련 다각화

▶ 문제 14번 해설 참조

➡ 수직적 통합–후방 통합 ➡ ❶

17 다음 중 자사의 상류부문으로 기업활동을 확대하는 현상으로 알맞은 것은?

① 유사수직통합 ② 후방통합
③ 전방통합 ④ 합작투자

▶ 전방통합과 후방통합
 • **전방통합** : 기업이 생산한 제품을 공급받아 이를 가공하고 처리하는 활동이나 소비자에게 판매하는 유통활동을 소유 또는 통제하는 경우로 기업활동을 하류부문으로 확대하는 것이다.
 • **후방통합** : 제품생산에 필요한 투입물의 원천을 소유하거나 통제하는 경우를 말하며, 상류부문으로 기업활동을 확대하는 것이다.

➡ 후방통합의 특징 ➡ ❷

18 다음 중 제조업체가 자사 제품에 대한 유통 사업으로 진출할 경우의 전략으로 올바른 것은?

① 수직적 통합 – 후방 통합 ② 수직적 통합 – 전방 통합
③ 다각화 – 비관련 다각화 ④ 다각화 – 관련 다각화

▶ 문제 14, 17번 해설 참조

➡ 수직적 통합–전방 통합 ➡ ❷

Keypoint & Answer	
수직적 통합 가운데 전방통합 ➡ ④	

19 다음 중 수직적 통합 가운데 전방통합에 대한 설명으로 옳은 것은?

① 자동차회사가 부품제조업체를 흡수할 때 나타난다.
② 기업의 성장유형 중 시장개발에 해당된다.
③ 건설회사가 시멘트공장을 흡수할 때 나타난다.
④ 기업활동을 하류부문으로 확대하는 것이다.

▶ 문제 17번 해설 참조

전방통합의 내용 및 특성 ➡ ①

20 자동차 부품생산 업체가 직접 자동차 생산부문으로 진출하는 것은?

① 전방통합   ② 후방통합
③ 수평통합   ④ 부문통합

▶ 문제 17번 해설 참조

수직적 통합의 이점에 대한 내용 ➡ ②

21 수직적 통합의 이점에 대한 설명으로 가장 올바른 것은?

① 비관련 다각화   ② 거래비용의 감소
③ 기업 활동의 유연성 증대   ④ 기업활동의 외주화

▶ 수직적 통합은 시장거래를 내부거래로 대체함으로써 거래비용을 감소시키고, 필요한 활동들을 내부화함으로써 원활한 조정을 기할 수 있게 된다. 또한 전방통합과 후방통합에 의해 안정적인 원재료공급과 유통망이 확보됨으로써 품질이 향상되고 시장지배력이 강화된다.

수직적 통합의 약점 ➡ ④

22 다음 중 수직적 통합의 약점으로 옳지 않은 것은?

① 관련 활동들 간의 생산능력의 불균형
② 독점적 공급으로 인한 비효율성에 따른 비용 증가
③ 수요의 불확실성
④ 시장지배력 저하

▶ 문제 21번 해설 참조

수직적 통합이 특히 효과적인 상황 ➡ ④

23 다음 중 수직적 통합이 특히 효과적인 상황이 아닌 경우는?

① 기존 공급자나 고객이 최종 수요자의 욕구를 충족시키지 못하는 경우
② 비교적 환경이 안정적이고 경쟁이 극심하지 않은 경우
③ 공급자나 구매자의 활동을 통제하거나 이들에 대한 영향력을 행사하기 어려운 경우
④ 산업에서의 선도적 지위를 구축하는 경우

▶ 수직적 통합이 효과적인 상황
- 기존 공급자나 고객이 최종 수요자의 욕구를 충족시키지 못하는 경우
- 비교적 환경이 안정적이고 경쟁이 극심하지 않은 경우
- 공급자나 구매자의 활동을 통제하거나 이들에 대한 영향력을 행사하기 어려운 경우

24 다음 중 신제품을 갖고 신시장에 진출하는 전략 유형은 무엇인가?

① 기존시장심화전략 ② 신제품개발전략
③ 신시장개척전략   ④ 다각화전략

▶ 다각화란 기업이 새로운 제품으로 새로운 사업분야에 진출하는 것이다.

➡ 신제품을 갖고 신시장에 진출하는 전략 유형 ➡ ④

25 다음 중 다각화의 동기와 관련 없는 것은 어느 것인가?

① 지속적 성장   ② 위험의 분산
③ 자산의 완전분리 ④ 재무자원의 균형유지

▶ 다각화의 동기 : 지속적인 성장, 위험 분산, 핵심역량의 활용, 자원의 공유, 재무자원의 균형 유지

➡ 다각화의 동기 ➡ ③

26 다음 중 다각화의 동기로 옳지 않은 것은?

① 특정 사업 분야의 위험을 완화시키기 위해서
② 기업의 보유자산을 공통적으로 사용하기 위해서
③ 경영자의 노력과 기업자원을 특정 사업에 집중하기 위해서
④ 기업의 지속적인 성장의 수단으로 활용하기 위해서

▶ 문제 25번 해설 참조

➡ 다각화의 동기에 대한 특징 ➡ ③

27 다음 중 다각화를 통해 기업이 가질 수 있는 이점이 아닌 것은?

① 범위의 경제   ② 노동과 자본의 내부시장 효과
③ 시장 지배력의 증대 ④ 거래의 외부화

▶ 다각화의 이점 : 범위의 경제, 노동과 자본의 내부시장 효과, 거래의 내부화, 시장지배력의 증대 등이 있다.

➡ 다각화를 통해 기업이 가질 수 있는 이점 ➡ ④

28 다음의 <보기>에서 빈칸에 들어갈 적합한 말은 무엇인가?

> 보기 │ 기업내에서 여러 사업부문이 제조설비나 유통망 등과 같은 자원을 공동으로 활용함으로써 제품 단위당 원가가 낮아지는 현상을 (   )이라 한다.

➡ 범위의 경제 ➡ ④

| 독 | 학 | 사 | 3 | 단 | 계 |

① 기술혁신 ② 경험곡선
③ 규모의 경제 ④ 범위의 경제

▶ 범위의 경제는 여러 사업부가 제조설비, 유통경로, R & D비용, 판촉활동 등과 같은 자원을 공유함으로써 제품 단위당 원가가 감소하는 것이다.

범위의 경제에 대한 특징 ➡ ④

29 다음의 〈보기〉와 같은 현상을 가리켜 무엇이라 하는가?

> 보기 세탁기, 전자렌지, TV, 냉장고 등 거의 모든 가전제품을 생산, 판매하는 종합 가전회사들은 한 두 가지의 제품만을 생산, 판매하는 전문 가전회사에 비해 유통망(대리점)이나 애프터서비스(A/S) 인력 등과 같은 자원을 공동으로 활용함으로써 제품 단위당 원가를 절감할 수 있다.

① 기술혁신 ② 경험곡선
③ 규모의 경제 ④ 범위의 경제

▶ 규모의 경제는 생산규모의 확대에 따라 제품 단위당 원가가 낮아지는 효과를 의미한다. 이에 비하여 범위의 경제란 기업 내에서 여러 사업부문이 제조설비나 유통망 등과 같은 자원을 공동으로 활용함으로써 제품 단위당 원가가 낮아지는 현상을 말한다. 이러한 범위의 경제는 다각화의 가치에 대한 가장 일반적인 논리를 제공해준다.

자원의 공동활용에 따른 비용 감소 ➡ ②

30 복수의 제품을 생산하는 데 있어서 자원의 공동활용에 따른 비용의 감소는?

① 규모의 경제 ② 범위의 경제
③ 활용의 경제 ④ 비용의 경제

▶ 범위의 경제 : 여러 사업부가 여러 자원을 공유함으로써 제품 단위당 원가가 감소하는 것

규모의 경제-범위의 경제 ➡ ③

31 다음의 〈보기〉에서 괄호 안에 알맞은 것은?

> 보기 (　)(은)는 동일제품의 생산량 증대에 따른 비용 감소를 의미하며, (　)(은)는 복수의 제품을 생산할 때 자원의 공동 활용에 따른 비용 감소를 의미한다.

① 학습효과 – 경험효과 ② 경험효과 – 학습효과
③ 규모의 경제 – 범위의 경제 ④ 범위의 경제 – 규모의 경제

▶ 동일 제품의 생산량 증대에 따른 비용 감소를 의미하는 것은 규모의 경제, 복수의 제품을 생산할 때 자원의 공동활용에 따른 비용 감소를 의미하는 것은 범위의 경제이다.

거대 복합기업의 경우 시장지배력을 행사할 수 있는 방법 ➡ ③

32 거대 복합기업의 경우 시장지배력을 행사할 수 있는 방법이 <u>아닌</u> 것은?

① 약탈적 가격정책 ② 상호구매

138 경영전략

③ 인수운영   ④ 상호견제

▶ 시장지배력의 행사방법 : 약탈적 가격정책, 상호구매, 상호견제

Keypoint & Answer

33 다음 중 다각화의 방법으로 <u>부적당한</u> 것은 어느 것인가?

① 내부개발   ② 통제분석
③ 기업인수   ④ 합작투자

▶ 다각화의 방법 : 내부개발, 기업인수, 합작투자

➡ 다각화의 방법 ➡ ❷

34 다음 중 내부개발이 효과적인 상황이 <u>아닌</u> 것은?

① 사업전개에 시간적 여유가 충분할 때
② 기존 기업들이 규모가 크고 내부역량이 취약하거나 효율적일 때
③ 기업이 이미 경쟁에 필요한 능력이나 자원을 상당부분 확보하고 있을 때
④ 생산능력의 확충이 기존 산업의 수급균형에 악영향을 미치지 않을 때

▶ 기존 기업들이 규모가 작고 내부역량이 취약하거나 비효율적일 때 내부개발이 효과적이다.

➡ 내부개발이 효과적인 상황 ➡ ❷

35 내부적으로 개발된 사업이 손익분기 수준에 도달하는 데에는 얼마가 걸리는가?

① 2년   ② 4년
③ 8년   ④ 10년

▶ 내부적으로 개발된 사업이 손익분기 수준에 도달하는 데에는 대체로 8년이 걸리며 다른 기업과 유사한 수준의 수익성을 달성하는 데에는 추가적으로 4년이 소요된다.

➡ 내부적으로 개발된 사업이 손익분기 수준에 도달하는 데 걸리는 시간 ➡ ❸

36 다음 중 다각화의 방법으로서 기업 인수가 가지는 이점으로 볼 수 <u>없는</u> 것은?

① 기존의 공급자나 유통망의 활용이 가능하다.
② 사업의 내부개발보다 시간이 단축된다.
③ 경쟁기업 수준의 규모나 원가를 확보할 수 있다.
④ 진입장벽의 극복이 어렵다.

▶ 다각화를 하기 위한 방법에는 기업의 인수나 내부개발 및 합작투자라는 세 가지가 있다. 이 중에서 기업인수는 기존 기업의 인수를 통해 목표시장에 빨리 진입할 수 있다는 것이 큰 장점이다. 또한 진입장벽의 극복이 용이하고 기존 공급자나 유통망의 활용이 가능하고 상표인지도 제고를 위한 광고비나 판촉비가 필요없을 뿐만 아니라 처음부터 경쟁기업 수준의 규모나 원가를 확보할 수 있다는 이점이 있다.

➡ 다각화의 방법으로서 기업 인수가 가지는 이점 ➡ ❹

제6장 기업수준전략 **139**

| 독 | 학 | 사 | 3 | 단 | 계 |

Keypoint & Answer

다각화의 방법으로서 기업 인수가
가지는 단점 → ④

37 다음 중 다각화의 방법으로서 기업 인수가 가지는 단점으로 볼 수 없는 것은?

① 인수기업과 피인수기업의 통합에 있어서 많은 문제가 발생한다.
② 기업의 성공적인 인수가 어렵다.
③ 자금 부담이 크다.
④ 진입장벽의 극복이 어렵다.

▶ 기업인수는 목표시장에 빨리 진입할 수 있고, 또 진입장벽의 극복이 용이하다.

기업인수의 이점 → ③

38 다음 중 진입장벽의 극복이 용이하고, 기존 공급자나 유통망의 활용이 가능한 다각화 방법은?

① 아웃소싱　　　　　② 합작투자
③ 기업인수　　　　　④ 내부개발

▶ 기업인수의 이점
　• 목표시장으로의 빠른 진입　　• 진입장벽의 극복 용이
　• 기존 공급자나 유통망의 활용 가능
　• 상표인지도 제고를 위한 광고비・판촉비 필요 없음
　• 처음부터 경쟁기업 수준의 규모나 원가 확보 가능

다각화의 방법으로서 합작 투자가
가지는 이점 → ①

39 다음 중 다각화의 방법으로서 합작 투자가 가지는 이점으로 거리가 먼 것은?

① 기업의 경영관리가 용이해진다.
② 해외기업과의 합작투자를 통해 수입규제나 관세를 피할 수 있다.
③ 합작대상 기업의 장점을 활용할 수 있다.
④ 자금부담이 줄고 위험이 분산된다.

▶ 다각화를 하기 위한 방법에는 기업의 인수나 내부개발 및 합작투자라는 세 가지가 있다. 이 중에서 합작투자란 두 기업이 공동출자를 통해 새로운 회사를 설립하는 것을 말하는데, 이 이점으로는 사업개발에 필요한 자금비용의 감소, 위험의 분산, 각 회사의 단점을 상호보완, 수입규제나 관세의 회피 등을 들 수 있다.

합작투자에 대한 내용 및 특성 → ④

40 합작투자에 대한 설명으로 그 내용이 바르지 못한 것은?

① 각 회사의 단점을 보완하고 장점을 활용할 수 있다.
② 해외기업과의 합작을 통해 해외진출이 용이해진다.
③ 두 기업간에 이해관계의 조정이 어렵다.
④ 기업 인수에 비해 자금 부담이 크다.

▶ 합작투자는 두 기업이 공동출자를 통해 새로운 회사를 설립하는 것이다. 이는 사업개발에 필요한 자금비용을 줄이고 위험을 분산시키며 적극적인 해외진출이 가능하다.

41 합작투자의 성공적 운영을 위한 방안으로 옳지 <u>않은</u> 것은?

① 합작 대상 기업 간에 기업의 사명, 제품의 정의 등에 대한 이해를 명확히 설정할 것
② 법적 계약에 지나치게 의존하지 말 것
③ 위험분산에 집중하지 말 것
④ 단기적인 이해관계에 집착하지 말 것

▶ 합작투자의 성공적 운영방안
• 기업 간의 명확한 이해설정　　• 법적 계약에 지나치게 의존하지 말 것
• 단기적인 이해관계에 집착하지 말 것

Keypoint & Answer

➡ 합작투자의 성공적 운영을 위한 방안　➡ ❸

42 다음 중 화학제품을 생산하는 기업이 통신사업에 진출하는 경우의 전략으로 올바른 것은?

① 수직적 통합 – 후방 통합　　② 수직적 통합 – 전방 통합
③ 다각화 – 비관련 다각화　　④ 다각화 – 관련 다각화

▶ 다각화란 기업이 새로운 제품으로 새로운 사업분야에 진출하는 것을 말한다. 이러한 다각화에는 크게 관련 다각화와 비관련 다각화의 두 가지 유형이 있다. 관련 다각화는 현재의 사업분야와 관련성이 있는 분야로 진출하는 것을 말하며, 비관련 다각화는 현재의 사업분야와 무관한 사업분야로 진출하는 것을 말한다.

➡ 다각화 – 비관련 다각화　➡ ❸

43 다음 중 이동통신 업체가 유선통신 사업에 진출하는 경우의 전략으로 올바른 것은?

① 수직적 통합 – 후방 통합　　② 수직적 통합 – 전방 통합
③ 다각화 – 비관련 다각화　　④ 다각화 – 관련 다각화

▶ 문제 42번 해설 참조

➡ 이동통신 업체가 유선통신 사업에 진출하는 경우의 전략　➡ ❹

44 다음 중 비관련 다각화의 이점으로 옳지 <u>않은</u> 것은?

① 다양한 사업분야로 인해 위험이 분산된다.
② 시행착오를 겪을 가능성이 낮다.
③ 수익성이나 성장성이 높은 사업분야를 선택하게 되면 경영성과가 보다 향상될 수 있다.
④ 재무자원의 관리나 투자자금의 배분이 용이하다.

▶ 비관련 다각화의 이점
• 다양한 사업분야로 인해 위험이 분산된다.
• 수익성이나 성장성 높은 사업분야를 선택하면 경영성과가 보다 향상될 수 있다.
• 재무자원의 관리나 투자자금의 배분이 용이하다.

➡ 비관련 다각화의 이점　➡ ❷

| 독 | 학 | 사 | 3 | 단 | 계 |

Keypoint & Answer

다각화의 실패원인 → ②

45 다음 중 다각화의 실패원인에 해당하는 것은?
① 경영자의 학벌
② 관료화 비용이 다각화 가치 초과
③ 기업입지선정의 실패
④ 고객의 다양화

▶ 다각화의 실패원인 : 관료화비용이 다각화에 의해 창출되는 가치를 초과하기 때문

주관식

1 전방통합전략이란 무엇인지 설명하시오.

시장침투 : 기존 제품·시장에서의 성장
- 현재의 제품을 변경하지 않고 현재시장으로부터 더 많은 매출을 획득하는 것이 가능한지에 대해 고려하는 것이다.
- 기존 제품·시장을 통한 성장 제고 방법 : 시장점유율 증대, 제품 사용의 증대, 기존 제품 사용자에 대한 새로운 용도 제공

2 다각화에 대해 간략하게 설명하시오.

3 기업인수에 대해 간략하게 설명하시오.

후방통합 : 부품이나 원재료 생산 등의 상류부문으로 기업활동을 확대하는 것이다.

Answer

1 기업의 가치사슬에서 앞으로 나아가는 경우로 유통시스템, 사후 서비스, 분배자 측의 활동들을 기업의 영역 내로 끌어들이는 전략이다.

2 한 기업이 다수의 분야에 걸쳐서 사업을 전개하려는 전략이다. 기업을 에워싼 정황은 부단히 변화하고 있으며 특히 신제품, 구입처, 판매처 등에 변동이 있으면 때때로 치명적인 타격을 입게 되는 경우도 있다. 이를 피하기 위해 스스로 신제품을 개발하거나 신규참입·구매처·판매처 등을 자사 지배하에 두기 위해 다각화전략을 채택하게 된다.

3 기업인수는 기업의 지배권 행사에 충분한 지분을 취득하는 것이다. 흔히 대상기업의 경영진에 대하여 적대적인 기업 또는 개인에 의한 인수에 사용하지만 우호적인 인수에 대하여 사용하기도 한다.

4 합작투자에 대해 간략하게 설명하시오.

5 수직적 통합에 대해 설명하시오.

6 규모의 경제와 범위의 경제에 대해 설명하시오.

Key Point

▶ 합작투자의 장점
- 진입시의 위험과 비용을 공동출자하는 기업이 서로 분담할 수 있기 때문에 부담을 줄일 수 있다.
- 새로운 사업에 성공할 가능성이 높아진다. 왜냐하면 새로운 사업에서 성공하기 위해 필요한 기술이나 자산 혹은 경험 등을 상대방 기업이 보완해 줄 수 있기 때문이다.

▶ 범위의 경제
- 범위의 경제성은 공정상 필요한 투입요소를 여러 분야에서 공동으로 활용함으로써 얻게 되는 경제적 효과를 말한다
- 범위의 경제성은 한 제품의 생산공정 중 다른 제품의 생산시 추가비용 없이 전용 가능한 공통생산요소가 존재하기 때문에 발생한다.
- 인적자원, 물적자원, 재무자원, 정보자원 중 공통적으로 사용할 수 있도록 최적조합을 기하는 경제성이라는 측면에서 조합의 경제성이라 불리기도 한다.

Answer

4 2개국 이상이 기업·개인·정부기관이 특정기업체 운영에 공동으로 참여하는 해외투자방식이며, 합작에 참가하는 기업들이 소유권과 기업의 경영을 분담하여 자본·기술 등 상대방 기업이 소유하고 있는 강점을 이용할 수 있고 위험을 분담한다는 점에서 상호이익적 해외투자방식이고, 합작투자는 신설방식으로 이루어질 수도 있고, 기존 현지법인의 일부 소유권을 취득하는 방식으로 이루어질 수도 있다.

5 기업에 원자재나 부품을 공급하는 투입 원천이나 생산 제품의 유통경로 등과 같이 현재의 사업영역에 수직적으로 관련된 활동들을 소유하거나 통제하는 것을 의미한다. 그러므로 이는 기업의 활동영역을 규정하는 것이다. 그리고 수직적 통합에는 후방통합과 전방통합 두 가지 유형이 있다. 전방통합이란 기업이 생산한 제품을 공급받아 이를 가공·처리하는 활동이나 소비자에게 판매하는 유통활동을 소유하거나 통제하는 경우이다.

6 규모의 경제는 생산규모의 확대에 따라 제품 단위당 원가가 낮아지는 효과를 의미한다. 이에 비하여 범위의 경제란 기업 내에서 여러 사업부문이 제조설비나 유통망 등과 같은 자원을 공동으로 활용함으로써 제품 단위당 원가가 낮아지는 현상을 말한다. 이러한 범위의 경제는 다각화의 가치에 대한 가장 일반적인 논리를 제공해준다.

| 독 | 학 | 사 | 3 | 단 | 계 |

Key Point

규모의 경제
- 각종 생산요소의 투입량을 증가시킴으로써 이익이 증가되는 현상을 말한다.
- 대량생산에 의하여 1단위당 비용을 줄이고 이익을 늘리는 방법이 일반적인데, 최근에는 특히 설비의 증강으로써 생산비를 낮추는 데 주안점을 두고 있다. 이 경우에는 기술혁신을 수반하는 것이 보통이며 이를 '규모의 이익'이라고 한다.

다각화 성장전략
- 다각화전략은 1960년대와 1970년대 인기있었던 전략으로 유망한 신규사업에 진출하여 사업영역을 확장하는 전략이다. 즉 기업의 제품·시장영역을 확장해 그 경영자원을 확충 발전시키려는 전략으로 앤소프에 의하면 신제품으로 신규시장에 진출하는 것이다.
- 다각화 성장전략 중 관련형 다각화는 기업의 각 전략사업단위가 연구개발, 제품용도, 유통경로, 생산기술, 관리능력 등을 공유하고 있어 어느 정도 경험과 기술을 이전할 수 있는 다각화를 말한다. 또한 비관련형 다각화는 기업의 각 전략사업단위가 보편적인 경영관리 기술과 재무자원 이외에는 전혀 관련성이 없는 다각화를 말한다.

7 관련다각화와 비관련다각화에 대해 간략히 설명하시오.

8 기업인수의 장점을 설명하시오.

9 합작투자의 장점을 설명하시오.

Answer

7 다각화란 기업이 새로운 제품으로 새로운 사업분야에 진출하는 것을 말한다. 이러한 다각화에는 크게 관련 다각화와 비관련 다각화의 두 가지 유형이 있다. 관련 다각화는 현재의 사업분야와 관련성이 있는 분야로 진출하는 것을 말하며, 비관련 다각화는 현재의 사업분야와 무관한 사업분야로 진출하는 것을 말한다.

8 기업인수의 장점
- 처음부터 경쟁기업 수준의 규모나 원가의 확보가 가능하며, 기존 공급자 혹은 유통망 활용이 가능하다.
- 상표인지도 제고를 위한 광고비 혹은 판촉비가 필요 없다.
- 진입장벽의 극복이 쉽고, 목표시장에 빨리 진입할 수 있다.

9 합작투자의 장점 : 위험부담의 축소, 규모의 경제 및 합리화 달성, 상호보완적인 기술 및 특허 활용, 현지정부가 요구하는 투자 또는 무역장벽 극복, 상대방의 강점 활용, 경쟁 완화, 수입규제나 관세회피 및 현지의 정치적 위험이나 문화 차이에서 오는 갈등 감소

독|학|사|3|단|계

07 다각화된 기업의 관리

단원개요

다각화된 기업에 있어서는 각 사업부가 직면하고 있는 환경이나 각 사업부의 특성이 서로 다를 뿐만 아니라 각 사업부 간의 관계도 매우 복잡하게 얽혀 있는 경우가 많기 때문에, 기업 전체적인 관점에서 자원을 효과적으로 배분하고 각 사업부 간의 관계를 원활히 조정하는 것이 매우 중요하고도 어려운 과제가 된다. 따라서 다각화의 성공은 다각된 상태의 효과적 관리에 큰 영향을 미친다.

포트폴리오 분석(portfolio analysis)은 다각화된 기업의 전략적 분석을 위한 하나의 수단으로서 가장 잘 알려져 있으며, 또한 실제 기업에서 널리 활용되어 온 분석기법이다. 이 방법은 전체 기업의 사업 포트폴리오하에서 각 사업부의 위상과 특성을 분석하고, 이를 통해 전략적 시사점을 얻는 데 그 목적이 있다. 이 단원에서는 이 문제를 사업 포트폴리오의 관리와 기업 본사의 역할이라는 측면에서 다루고자 한다.

출제경향 및 수험대책

이 단원에서는 해마다 출제되는 비율이 약간씩 달라지기는 하지만 평균 2~3문제 정도는 출제되고 있는 편이다. 그 출제내용을 살펴보면 BCG 매트릭스의 구성과 유용성, BCG 매트릭스에서 각 사업부의 평가와 GE/Mckinsey 매트릭스의 차원, 본사의 가치창출방법, 전략계획형이 효과적인 상황, 전략경영 스타일의 특성 비교 등에 대해 묻는 문제들이 출제되고 있는 바, 이에 대한 자세하고 철저한 학습이 요구된다.

다각화된 기업의 관리

1 중요내용 및 핵심요약

포트폴리오 분석의 의의와 목적, BCG 매트릭스의 장·단점, 매킨지 매트릭스의 장·단점, 산업진화 매트릭스의 장·단점, 포트폴리오 분석의 한계, 포트폴리오 분석의 활용 방안, 본사의 의미, 본사의 사업부 통제, 본사의 전략경영 스타일과 성과

- 사업 포트폴리오 분석의 의의
- 포트폴리오 분석기법
- 포트폴리오 분석의 공헌, 한계 및 활용방안
- 사업구조 관리와 본사의 역할

사업 포트폴리오 분석의 의의

(1) 포트폴리오 분석

다각화된 기업의 경우 복수의 사업부들을 동시에 바라보는 전체적 관점이 필요하다. 다각화 기업은 단순히 여러 사업부들을 총합한 것이 아니기 때문에 복수의 사업부들을 전략적으로 경영하기 위한 포트폴리오 분석이 필요하다. 즉, 다각화 기업의 사업영역을 포트폴리오 관점에서 정의할 필요가 있다.

① 포트폴리오 분석의 의의
  ㉠ 제한된 자원을 효율적으로 투여하기 위해 자사의 상황(고객, 사업부, 제품 등)을 분석하고 그 분석결과를 토대로 집중해야 될 부분에 자원을 투여하기 위해서 진행하는 분석이다.
  ㉡ 다각화된 기업의 전략적 분석을 위한 수단으로 사용되는 기법이다.

② 포트폴리오 분석의 목적
  ㉠ 기업수준의 입장에서 각 사업부군의 위치를 파악하여 매력적이지 못한 사업들에서 철수하거나 매각을 하며 매력적인 산업으로 자원을 집중하는 노력을 하여 전체의 한정된 기업자원을 어떤 사업에 배분할 것인가를 결정하는 것이다.
  ㉡ 각 사업부의 위상과 특성을 분석하여 전략적 시사점을 얻으려는 것이다.

(2) 포트폴리오 분석을 통한 시사점

① 자원의 효율적인 배분 : 사업 포트폴리오 분석은 대체로 각 사업의 경쟁우위의 원천이 되는 산업의 매력도와 해당 산업내의 기업의 경쟁적 위상에 대한 분석을 통해 사업의 성공 여부에 대한 판단이 가능하며 이를 통해 기업 전체적인 입장에서 투자의 우선순위를 결정하게 된다.

② 각 사업부 전략의 도출 : 산업의 매력도와 경쟁적 위상을 통해 각 사업부의 상황을 평가함으로써 각 사업에 대한 전략적 대안인 지속적 투자, 아니면 해당산업으로부터 철수 등 다양한 전략을 도출할 수 있다.

Key Point

포트폴리오분석의 의의
- 다각화된 기업에 있어서는 각 사업부간 직면하고 있는 환경이나 각 사업부의 성격이 서로 다르며 또한 각 사업부간의 관계도 매우 복잡하게 얽혀 있는 경우가 많기 때문에 기업 전체적인 관점에서 자원을 효과적으로 배분하고 각 사업부간의 관계를 원활히 조정하는 것이 매우 중요하고도 어려운 과제가 된다.
- 다각화된 기업을 관리하는 전략적 분석의 수단으로서 실제 기업에서 많이 활용하는 분석기법은 포트폴리오 분석이다.

포트폴리오 분석을 통한 시사점
- 자원의 효율적인 배분
- 각 사업부 전략의 도출
- 성과목표의 설정
- 사업균형 평가

③ 성과목표의 설정 : 각 사업에 대한 객관적인 평가를 기초로 사업별로 실현 가능한 성과목표를 설정할 수 있으며, 이는 사업부간의 성과에 대한 비교에도 시사점을 줄 수 있다.
④ 사업균형 평가 : 기업 전체의 사업구조가 가지는 강점과 약점 등을 평가할 수 있다.

포트폴리오 분석기법

1. BCG 매트릭스

(1) 개념

① BCG 매트릭스(BCG matrix)
  ㉠ BCG 매트릭스는 보스턴컨설팅그룹(Boston Consulting Group)에 의해 1970년대 초반 개발된 것으로, 기업의 경영전략 수립에 있어 하나의 기본적인 분석도구로 활용되는 사업 포트폴리오 분석기법이다.
  ㉡ BCG 매트릭스는 자금의 투입, 산출 측면에서 사업(전략사업 단위)이 현재 처해 있는 상황을 파악하여 상황에 알맞는 처방을 내리기 위한 분석도구이다.
  ㉢ 시장성장률과 상대적 시장점유율에 의해 각 사업부를 평가하고 기업 전체의 자원배분기준과 각 사업부의 전략 방향을 나타낸다.
  ㉣ 성장-점유율 매트릭스(growth-share matrix)라고도 불리며, 산업을 점유율과 성장성으로 구분해 4가지로 분류했다.

② BCG모형의 구성 : X축을 '상대적 시장점유율'로 하고, Y축을 '시장성장률'로 하여, 미래가 불투명한 사업을 물음표(Question Mark), 점유율과 성장성이 모두 좋은 사업을 별(Star), 투자에 비해 수익이 월등한 사업을 자금젖소(Cash Cow), 점유율과 성장률이 둘 다 낮은 사업을 개(Dog)로 구분했다.
  ㉠ 시장성장률
    • 각 사업부가 속한 시장의 성장률이다.
    • 시장성장률을 고·저로 나누는 것은 뚜렷한 기준이 없으며, 경제성장률 등을 기준으로 분석자의 자의적인 판단이 다소 개입된다.
    • 시장성장률은 시장의 매력도로서 해당 사업분야의 향후전망을 보여준다.
    • 시장성장률이 높은 사업의 경우 사업의 확장을 위해 지속적인 투자가 필요하기 때문에 자금소요가 많다. 반면, 시장성장률이 낮은 경우에는 사업의 확장은 바람직하지 않기 때문에 자금소요는 많지 않다.
  ㉡ 상대적 시장점유율
    • 해당시장에서 경쟁자 가운데 가장 시장점유율이 높은 기업에 대한 자사

Key Point

▶ BCG 매트릭스
  • 미국의 경영컨설팅 전문기관인 Boston Consulting Group(BCG)에 의해 개발된 다각화된 사업부의 관리기법으로 '성장-점유율 매트릭스'라고도 불린다.
  • 사업부의 포트폴리오 기법으로서 차후의 포트폴리오 분석의 선구자가 되었으며 적용의 간결성으로 인해 경영기법에 널리 활용되어 왔다.

▶ 시장성장률
  • 시장성장률은 균형 포트폴리오를 수립하는 데 고려해야 할 외부환경으로부터의 기회와 위협을 반영한다.
  • 전략사업단위의 시장성장률은 전체 경제성장률과의 관계에 의해 결정되어진다.
  • 만약 전략사업단위의 시장성장률이 전체 경제성장률보다 높다면 좋은 사업적 기회를 가지는 전략사업단위라고 할 수 있다.

▶ 상대적 시장점유율
  • 산업내에서 가장 큰 경쟁회사가 가지는 시장점유율과 자사(自社)가 갖는 시장점유율간의 비율을 말한다.
  • 전략사업단위가 경쟁사에 비해 시장에서 어느 정도의 위치를 차지하는지를 평가할 수 있게 된다.

| 독 | 학 | 사 | 3 | 단 | 계 |

Key Point

전략사업단위의 비교
- 상대적 시장점유율과 시장성장률을 사용하여 매트릭스상에 각 사업단위를 표시하고 상호 비교한다.
- 전략사업단위란 개별적인 사업과 목표를 갖는 기업의 구성단위로서, 기업의 다른 사업단위와는 독립적으로 계획이 이루어질 수 있는 사업단위를 의미한다.
- 전략사업단위는 하나의 기업부문, 한 사업부내의 제품계열, 단일제품 또는 단일상품 등이 모두 해당될 수 있다.

물음표(Question Mark)
- 낮은 상대적 시장점유율과 높은 시장성장률을 가지므로 경쟁적 위치는 약하지만, 확장을 위한 기회는 좋다.
- 물음표의 전략사업단위는 장차 별이 될 수 있는 잠재력이 있다. 그러나 그렇게 하기 위해서는 많은 자본투자가 요구된다. 따라서 최고경영층의 신중한 선택이 요구된다.

별(Star)
- 시장 성장률도 높으면서 시장에서 강력한 지위를 구축하고 있는 사업분야이다.
- 이 사업은 많은 수익이 발생하지만 높은 시장성장률의 이점을 충분히 활용하고 시장 지위를 유지하기 위해 많은 자금투자가 소요되기 때문에 현금흐름의 측면에서는 대체로 균형을 유지하거나 어떤 경우에는 추가적인 자금투입이 요구된다.

의 시장점유율의 비율이다.
- 상대적 시장점유율은 1.0을 기준으로 결정된다.
- 상대적 시장점유율은 시장에서 해당 사업부의 경쟁지위를 나타내는 것이다.
- 상대적 시장점유율은 자금의 창출과 관계가 있는데, 상대적 시장점유율이 높을수록 해당 사업으로부터 잉여자금이 창출될 가능성이 높아진다.

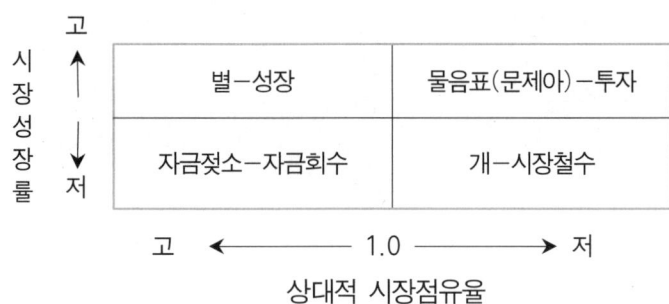

| 그림 7-1 | BCG 매트릭스

ⓒ 시장성장률과 상대적 시장점유율의 비교 : 시장성장률은 기업의 자금 소요와 관련이 있고, 상대적 시장점유율은 자금창출과 관련이 있다.

(2) 각 사업부의 평가

① 물음표(Question Mark, 문제아) : 고성장률, 저점유율
  ㉠ 이 사업영역은 시장의 전망은 밝으나 상대적으로 취약한 시장지위 때문에 성공적으로 사업을 영위할 수 있을지가 의문시되는 사업이다.
  ㉡ 시장에 처음 출시하는 사업부들이 출발하는 시점이 바로 물음표이며 신규로 시작하는 사업이기 때문에 기존의 선도기업을 비롯한 경쟁기업에 대응하기 위하여 상당한 자금투입을 필요로 한다.
  ㉢ 전략대안 : 성장할 가능성이 있을 경우는 시장점유율을 높이도록 자원을 많이 배분해주기도 하지만 가능성이 없으면 철수시켜서 사업단위를 매각하거나 철수한다.
  ㉣ 한 기업에서 이 물음표에 해당하는 사업부가 여러 개인 경우 : 전략적으로 유망한 소수의 사업부에 집중투자하는 것이 효과적이다.

② 별(Star) : 고성장률, 고점유율
  ㉠ 시장성장률도 높으면서 시장에서 높은 지위를 가지고 있는 사업분야이다.
  ㉡ 별의 전략사업단위는 높은 시장점유율을 유지하면서 높은 성장률이 주는 장점을 활용하기 위해 적극적인 투자가 요구되는 사업단위이다. 따라서 벌어들이는 수익이 크지만 시장지위의 유지에는 많은 자금이 소요되는 사업단위이다.

ⓒ 장기적으로 시장성장률이 떨어짐에 따라 자금젖소가 된다.
③ 자금젖소(Cash Cow) : 저성장률, 고점유율
  ㉠ 높은 상대적 시장점유율과 낮은 시장성장률을 가진다.
  ㉡ 타기업과의 경쟁에 있어 강점을 가지는 사업단위이기는 하나, 확장기회는 적고 시장기회가 줄어듦에 따라 위험이 따른다.
  ㉢ 전략사업단위는 높은 시장점유율에 의해 많은 이윤을 창출하므로 별이나 물음표 사업을 지원할 수 있는 중요한 자금원천이 된다.
④ 개(Dog) : 저성장률, 저점유율
  ㉠ 낮은 시장점유율과 낮은 성장률로 시장매력도와 경쟁적 지위가 취약한 사업이다.
  ㉡ 예외적인 경우(시장성장률이 높아질 가능성이 크거나 상대적 시장점유율이 현저히 개선될 가능성이 있는 경우)를 제외하고는 사업의 축소 내지는 시장에서의 완전한 철수가 필요하다.

(3) 전략적 활용

BCG 매트릭스는 기업의 성장과 이익창출 능력을 극대화시킬 수 있도록 자금이라는 제한된 자원을 전략적으로 사용할 수 있게 한다.
① 전략적 활용방안
  ㉠ 자금젖소 : 사업단위로부터 유입된 자금을 성장률이 높은 물음표 사업단위에 투자한다. 그럼으로써 장기적으로 별의 위치를 갖는 사업단위로 키운다.
  ㉡ 물음표 : 사업단위는 시장점유율이 낮기 때문에 경쟁력이 떨어지고 불확실성이 높은 사업단위이다. 따라서 물음표 사업단위 중 부적당한 것은 자금의 효율적인 배분을 위해서 투자환수 전략을 사용한다.
  ㉢ 개형 사업 : 현재 자금흐름이 좋은 경우 현 상태를 유지하면서 수확 전략을 사용하고 그렇지 못한 경우 시장에서 철수한다.
  ㉣ 별형 사업 : 대체로 자금창출과 자금소요가 균형을 유지한다.
② 사업유형별 전략방향과 재무성과 및 투자특성
  ㉠ 기업에 바람직한 사업구조 : 자금젖소, 별, 물음표 사업이 적절한 균형을 유지하고 있는 것이다.
  ㉡ 기업전체의 경쟁력이 나빠서 불리한 사업구조 : 개형 사업과 물음표형 사업으로만 구성되어 있는 경우이다.
  ㉢ 사업 포트폴리오가 취약한 사업구조 : 자금젖소형 사업이 없이 별형 사업과 물음표형 사업으로만 이루어진 기업의 경우이다.
③ 사업 포트폴리오의 관점
  ㉠ 성공적 순환
    • 자금젖소의 사업으로부터 충분한 자금을 지원받아서 물음표 사업에 투자

Key Point

▶ 자금젖소(Cash Cow)
• 높은 상대적 시장 점유율과 낮은 시장 성장률을 가진 사업영역이다.
• 시장 내에서 선도기업으로서 많은 이익을 창출할 수 있는 반면 시장성장률이 낮기 때문에 투자의 필요성이 크지 않기 때문에 자금소요는 많지 않다.
• 자금젖소의 사업단위는 높은 시장점유율에 의해 많은 이윤을 창출함으로써 별이나 물음표 사업에 사업을 지원할 수 있는 중요한 자금원천이 된다.

▶ 개(Dog)
• 개로 분류된 전략사업단위는 낮은 점유율과 낮은 성장률을 가짐으로 경쟁적 위치도 약하고 산업의 매력도 거의 없다.
• 시장성장률이 낮기 때문에 별도의 대규모 자금수요는 없으나 수익이 저조하여 현금흐름이 좋지 않은 편이다.

▶ BCG 분석에 의한 사업부 전략 대안
• 구축 : 시장점유율 제고를 목표로 하는 전략, 물음표나 별에 해당하는 사업부에 적합하다.
• 유지 : 지속적인 현금창출을 목표로 하는 자금젖소형 사업에 적합하다.
• 수확 : 현재의 단기적인 자금창출을 증대시키기 위한 것으로 물음표형 사업 및 자금젖소형 사업에 적합하다.
• 철수 : 개나 가망이 없는 물음표형 사업에 적용될 수 있다.

> **Key Point**
>
> 사업구조의 순환
> - 포트폴리오의 요체는 '자금젖소'사업에서 충분한 자금을 얻어 '물음표'사업을 '별'사업으로 키우는 것이다.
> - 만약 '자금젖소'사업이 충분한 자금을 얻지 못하면 '별'사업을 제대로 지원할 수 없어 '별'사업도 언젠가는 '개'사업이 되어 버릴 것이다.
> - '별'사업이 없어지면 '자금젖소'사업에서 얻어진 자금유입으로 자금의 여유를 갖게 될 것이지만, 언젠가 '자금젖소'사업마저 '개'사업이 되어 버릴 것이므로, 기업은 결국 쇠퇴해 버릴 것이다.
>
> BCG 매트릭스의 장점
> - 균형사업 포트폴리오 구성을 위한 자금사용방법 제시
> - 사업부간 재무자원의 효율적 분배방법 제시
> - 전략방향 도출

한다.
- 성공을 거두면 별 사업이 되고 성장률이 둔화됨에 따라 자금젖소 사업이 되어 다시 물음표 사업을 지원할 수 있게 된다.
ⓒ 실패의 순환 : 시장경쟁에 대처할 만한 투자를 못할 경우 각 사업들은 시장점유율과 시장성장률이 떨어지면서 궁극적으로 개 사업이 될 것이다.

| 그림 7-2 | 사업구조의 순환

(4) BCG 매트릭스의 장·단점

① BCG 매트릭스의 장점
　㉠ 현금흐름(cash flow)의 관점에서 사업단위들을 유형화하고 분석함으로써 균형된 사업 포트폴리오를 구성할 수 있는 자금 사용방법을 제시해 준다.
　㉡ 다각화된 기업을 현금창출과 현금소요의 관점에서 파악하여 사업부 간 재무자원의 효율적 분배방법을 제시한다.
　㉢ 언제 새로운 사업에 투자하고, 언제 기존 사업에서 손을 떼야 할지를 알 수 있게 해준다.
　㉣ 사업 포트폴리오의 전반적인 매력도를 평가하고 전략방향을 도출할 수 있다.

② BCG 매트릭스의 단점
　㉠ 전략사업단위를 단지 상대적 시장점유율과 시장성장률만을 이용하여 평가함으로써 지나친 단순화의 오류에 빠지기 쉽다. 이에 따라 사업 잠재력에 중요한 영향을 미치고 있는 다른 요인들을 무시하기 쉽다.
　㉡ 각 사업부에 대한 포괄적이고 정확한 분석을 어렵게 한다.
　㉢ 시장성장률은 산업의 매력도를 나타내는 지표로서는 충분하지 않다.

2. GE/Mckinsey 매트릭스

(1) 개요

① BCG 매트릭스가 시장성장률과 상대적 시장점유율이라는 두 가지 요인에 의해 사업부를 평가함에 따라 그 단순성에 비판이 대두되었고 이를 보완하기 위한 방법으로 GE/Mckinsey 매트릭스가 도입되었다.

② GE/Mckinsey 매트릭스는 미국의 가전회사인 GE가 다각화된 사업부를 효율적으로 관리하기 위해 컨설팅회사인 Mckinsey의 도움을 받아 개발하였기 때문에 GE/Mckinsey 매트릭스라고 불린다.

(2) 전략사업단위의 평가

① 산업매력도의 평가
  ㉠ 산업매력도의 결정지표 : 시장의 규모와 성장률, 기술적 특성, 경쟁강도, 진입 및 철수장벽, 경기변동성, 자본소요, 현재 및 미래의 산업 수익성, 정부정책 등이다.
  ㉡ 회사의 입장에 따라 각각의 지표에 대해 가중치를 부가한다. 이때 가중치의 합계는 1이 되어야 한다.
  ㉢ 각 지표의 매력도를 결정한다. 이때 사용되는 매력도는 1에서 5 사이의 값을 가진다. 1은 매력적이지 못함을 의미하고 5는 매력적임을 의미한다.
  ㉣ 각 지표에 할당된 가중치와 지표의 매력도를 서로 곱함으로써 산업의 매력도를 가중점수로 나타낸다.
② 경쟁지위의 평가
  ㉠ 경쟁지위의 결정요소 : 시장점유율, 원가경쟁력, 제품의 품질이나 서비스, 기술능력, 경영능력 등의 요인들을 포괄적으로 반영한다.
  ㉡ 경쟁지위결정의 요인들에 대하여 가중치를 부가한다. 이때 가중치의 합계는 1이 되어야 한다.
  ㉢ 전략사업단위의 강점(경쟁력)과 할당된 가중치와 곱함으로써 가중점수를 구한다. 이 가중점수의 합계로 각 전략사업단위의 강점을 평가할 수 있다.

(3) 전략적 활용

① 시장매력도가 '고'이고 경쟁지위가 '강'일 경우 : 성장을 통한 시장지배추구, 투자 극대화
② 시장매력도가 '중'이고 경쟁지위가 '강'일 경우 : 현 시장지위의 유지, 적극적 투자
③ 시장매력도가 '저'이고 경쟁지위가 '강'일 경우 : 현 시장지위의 유지, 현금창출 추구, 현상유지 수준의 투자
④ 시장매력도가 '고'이고 경쟁지위가 '중'일 경우 : 약점의 보완과 강점의 적극적 개발, 시장세분화를 통해 세분시장에서의 시장지배 기회 모색
⑤ 시장매력도가 '중'이고 경쟁지위가 '중'일 경우 : 전문화, 선택적 투자
⑥ 시장매력도가 '저'이고 경쟁지위가 '중'일 경우 : 사업축소, 투자최소화, 사업철수의 준비
⑦ 시장매력도가 '고'이고 경쟁지위가 '약'일 경우 : 적소시장의 탐색과 전문화,

Key Point

▶ GE/Mckinsey 매트릭스
- 산업의 매력도와 자사의 경쟁지위라는 두 가지 차원에 의거하여 9가지 상한으로 매트릭스를 나누고 이에 따라 각 사업부를 평가한다.
- 사업공간은 산업의 매력도와 사업의 경쟁적 지위의 두 차원으로 구성되지만 각각의 차원은 가중치가 다른 몇 개의 지표로 된 복합척도로 되어 있다.

▶ 산업매력도 및 경쟁지위를 평가하는 절차
- 산업매력도 및 경쟁지위 구성 요인의 도출
- 각 요인에 대한 가중치 부여
- 사업부별로 각 요인에 따라 평가
- 각 요인별 가중치와 각 요인에 대한 평가 점수를 곱하여 점수를 합산함으로써 산업매력도 및 경쟁지위 평가

▶ 산업 매력도와 경쟁지위
- **산업의 매력도** : 시장의 규모와 성장률, 기술적 특성, 경쟁강도, 진입 및 철수장벽, 경기변동, 자본소요, 현재 및 미래의 산업 수익성 등 다양한 요인들에 의해 평가된다.
- **경쟁지위** : 시장 점유율, 원가 경쟁력, 제품의 품질이나 서비스, 기술능력, 경영능력 등의 요인들을 포괄적으로 반영한다.

| 독 | 학 | 사 | 3 | 단 | 계 |

Key Point

매킨지 매트릭스의 구성
- 매킨지 매트릭스의 수평축은 여러 요인들을 고려해 도출한 사업단위들의 강점(경쟁력)을 나타낸다.
- 수직축은 산업매력도를 나타낸다.
- 원은 전략사업단위를 나타내며, 원의 크기는 산업의 전체 규모를 나타낸다.

GE/Mckinsey 매트릭스의 장점과 단점
- 장점 : 다양한 요인들에 의해 산업의 매력도와 경쟁지위를 평가하고 사업의 유형도 보다 세분화함으로써 각 사업부에 대한 정확한 평가가 가능하고 이에 따라 다양한 전략대안을 제시해준다.
- 단점 : 평가자의 주관이 지나치게 개입될 소지가 있으며, 태동기에 있는 산업의 경우 해당 산업의 특성을 제대로 이해하지 못하여 올바른 매트릭스의 작성이 힘들어질 경우도 있다.

산업수명주기 매트릭스 : GE/McKinsey 매트릭스가 안고 있는 문제점, 즉 사업의 발전 추세를 반영하지 못한다는 점을 극복하기 위한 방안으로서 개발되었다.

다른 기업의 인수고려(현 사업부의 약점 보완)

⑧ 시장매력도가 '중'이고 경쟁지위가 '약'일 경우 : 전문화, 적소시장의 탐색, 철수 고려

⑨ 시장매력도가 '저'이고 경쟁지위가 '약'일 경우 : 적절한 시기에 사업철수

(4) 매킨지 매트릭스의 장·단점

① 매킨지 매트릭스의 장점
　㉠ 복수의 사업단위가 서로 다른 성공요인을 가진다는 것을 인식하게 하는 데 있다. 따라서 기업은 환경으로부터의 기회와 위협에 보다 유연하게 대처할 수 있는 포트폴리오를 구성할 수 있다.
　㉡ 다양한 요인들을 고려함으로 단순화의 오류를 피할 수 있고, BCG 매트릭스에 비해 보다 세분화(9개의 셀)하여 정확한 평가가 가능하고 다양한 전략대안을 제시해 준다.

② 한계
　㉠ 평가요인의 선정과 가중치 부여시 평가자의 주관이 지나치게 개입될 소지가 있다.
　㉡ 사업을 새로 시작하는 기업이나 산업이 도입기 혹은 성장 초기 단계에 있으면 해당 사업부의 특성을 제대로 반영해 주지 못한다.

3. 산업진화 매트릭스(산업수명주기 매트릭스)

(1) 개요

① 산업진화 매트릭스는 산업진화에 따라 전략산업단위들이 직면하는 전략적 상황을 분석함으로써 매킨지 매트릭스의 약점을 해소할 수 있다.

② 사업의 발전 추세를 반영하지 못한다는 점을 극복하기 위한 방안으로서 개발되어 산업발전단계별로 각 사업부의 분포를 제시해 준다.

(2) 전략사업단위

① 수명주기 매트릭스는 산업의 진화차원인 산업의 성숙도와 경쟁지위의 차원으로 구분된다.

② 수명주기 매트릭스는 산업의 진화과정을 네 단계의 수명주기, 즉 도입기, 성장기, 성숙기, 쇠퇴기의 4단계로 파악하고 있다.

③ 산업진화 매트릭스는 20개의 영역으로 전략사업단위들을 분류한다. 수평축은 전략사업단위의 강점을 나타내고 수직축은 산업진화의 단계를 나타낸다. 각 원은 전략사업단위를 나타내고 원의 크기는 산업규모를 나타낸다.

(3) 산업진화 매트릭스의 장·단점

① 산업진화 매트릭스의 장점
  ㉠ 기업의 현재 사업 포트폴리오가 산업의 진화단계에 따라 어떻게 변화되어야 하는지 정보를 제공한다.
  ㉡ 각 사업부별로 바람직한 전략방향을 이끌어낼 수 있다.
  ㉢ 회사로 하여금 보다 안정된 균형포트폴리오를 구성하도록 하는 장점을 갖는다.
  ㉣ 산업진화 매트릭스를 통해 각 사업부에 요구되는 전략이 무엇인지를 전체 조직구성원들이 알 수 있다.
② 산업진화 매트릭스의 단점 : 산업진화단계만으로는 산업매력도를 종합적으로 파악할 수 없다.

포트폴리오 분석의 공헌, 한계 및 활용방안

(1) 포트폴리오 분석의 공헌

① 복수의 사업을 운영하고 있는 기업의 경우, 포트폴리오 분석을 통하여 기업이 취해야 할 전략적 활동에 대한 정보를 획득할 수 있다. 즉 포트폴리오 분석에 의해 여러 사업단위들을 전사적 입장에서 관리해 나갈 수 있다.
② 최고경영자의 주관적 판단에 위기의식을 부여하며, 다각화된 기업 간에 사업구조의 장단점에 대한 비교를 할 수 있다.
③ 각 사업부의 전략적 방향에 대해 유용한 정보를 주게 된다.
④ 각 전략사업단위에서 요구되는 자금흐름이 서로 다르다는 것을 알게 한다. 이와 같은 자금흐름에 대한 정보는 최고경영층이 자금이라는 제한된 자원을 효율적으로 분배하는 데 많은 도움을 준다.
⑤ 현 사업구조의 강점과 약점 등에 대한 경영자의 이해를 돕는다.
⑥ 각 사업부별 타당한 성과지표와 합리적인 성과기준을 차별적으로 설정할 수 있다.
⑦ 장기적으로 기업의 성장과 이윤을 최적화할 수 있는 균형포트폴리오를 구성할 수 있도록 한다. 또한 현재 포트폴리오가 불균형포트폴리오라면 그것을 바로 조정해 주는 기능도 수행한다.
⑧ 모든 사업에 대한 동시적 평가를 가지고 신규 혹은 인수 및 철수사업을 구별해 낼 수 있다.

(2) 포트폴리오 분석의 한계

① 특정 사업단위가 다른 사업단위와 밀접하게 관련되어 있는 제품을 생산할 경우, 특정 사업단위에 대한 투자전략과 기업 전체에 대한 전략 사이에 이해가

상충될 수 있다.
② 사업부 간 상호 관련성을 고려하지 못한다.
③ 시장점유율에 지나치게 의존하게 된다.
④ 전략사업단위를 효율적 관리가 가능한 일정한 수로 나눌 수 있다고 가정하고 있으나, 실제로는 전략사업단위에 관한 기준이 없기 때문에 전략사업단위를 적정한 수로 나눈다는 것은 쉽지 않다.
⑤ 포트폴리오 분석의 기계적 적용으로 전략적 사고가 제약받을 가능성이 있다.
⑥ 모형의 단순성으로 사업부에 대한 평가가 잘못되는 때가 나타난다.
⑦ 수직적으로 통합된 기업과 관련된 제품으로 다각화 전략을 추구하는 기업의 경우 포트폴리오 분석은 한계점을 갖는다. 즉 수직적으로 통합된 기업의 경우 특정 전략사업단위가 다른 전략사업단위에게 투입요소를 공급할 수 있다.
⑧ 실제 적용에서 사업분야 혹은 사업부의 명확한 구분에 어려움이 있다.

(3) 포트폴리오 분석의 활용 방안

① 포트폴리오 분석의 한계 인식
  ㉠ 성장, 유지, 철수 등 전략 방향이 추상적이며, 복잡한 현상을 지나치게 단순화했다.
  ㉡ 단지 전략 분석이나 전략적 의사결정을 지원하는 수단이나 도구이며 전략 분석의 최종 결과물은 아니다.
② 포트폴리오 분석의 활용
  ㉠ 향후 사업구조의 방향 혹은 개략적인 자원배분의 기준을 설정하는 데 활용한다.
  ㉡ 활용시 BCG 분석은 오류의 가능성이 크기 때문에 제한적이며, GE/Mckinsey 매트릭스와 산업발전 매트릭스는 보다 합리적이다.
  ㉢ 자산 포트폴리오에 대한 분석결과는 실질수익률을 검증하고 구성형태상의 잠재적 문제점을 파악함으로써 향후 투자 포트폴리오의 방향을 결정하는 매우 중요한 근거로 활용된다.

사업구조 관리와 본사의 역할

1. 본사와 사업부관리

(1) 개요

① 기업전략 : 어떤 사업분야에 어떤 방법으로 진출 혹은 철수할 것인가 하는 사업영역의 결정과 그에 따른 자원배분의 문제, 그리고 모기업이나 본사는 기업전략의 효과를 제고하기 위해 각 사업부에 어떤 영향을 미치고 이를 어

Key Point

포트폴리오 분석의 한계
- 밀접하게 관련되어 있는 제품을 생산할 경우, 전략 사이에 이해 상충
- 사업부 간 상호 관련성에 대한 고려 미비 - 수직적 통합 기업과 다각화 전략 추구 기업의 경우 상호관련성을 통해 시너지효과를 추구해야 하나 포트폴리오 분석이 상호관련성을 고려하지 못함
- 시장점유율에 지나친 의존
- 전략사업단위의 적정한 수 구분 어려움
- 포트폴리오 분석의 기계적 적용으로 전략적 사고의 제약 가능성
- 모형의 단순성으로 사업부에 대한 평가의 어려움
- 실제 적용에서 사업분야 혹은 사업부의 명확한 구분의 어려움

포트폴리오 분석의 활용 방안
- 포트폴리오 분석의 한계 인식 : 추상적 전략방향, 복잡한 현상을 지나치게 단순화, 전략분석의 결과물이 아닌 수단이나 도구에 불과함
- 포트폴리오 분석의 활용 : 산업구조 방향이나 자원 배분의 기준으로 활용 가능

떤 방법으로 통제할 것인가 하는 문제를 다루게 된다.
② 본사의 의미
　㉠ 외국의 parent company, head office, headquarter 등의 개념으로, 기업의 최고경영자와 이를 보좌하는 스탭이다.
　㉡ 우리나라에서는 기업 혹은 최고경영자와 중앙 스탭부문을 말한다.
　㉢ 기업의 전체수준에서 전략적 의사결정이 이루어지는 기본단위이다.
③ 본사의 존재의의 : 전체 기업의 사업영역 결정, 사업부 간 자원배분, 각 사업부의 활동 조정 및 성과통제 등을 통해서 기여를 해야 한다.

(2) 본사의 사업부 통제

① 각 사업부에 대한 개별적 관여 : 본사가 영향을 미쳐 사업부의 성과를 향상시키는 것이다.
　㉠ 사업부 경영자의 임명, 예산통제, 전략 검토, 자본투자 결정 등은 본사가 각 사업부에 개별적으로 영향을 행사하여 가치를 창출할 수 있는 부분이다.
　㉡ 부적절한 경영자(사업부)의 임명, 잘못된 자원배분, 부적절한 성과기준의 설정 등은 오히려 사업부 가치를 저하시킬 수 있다.
　㉢ 본사는 해당 사업부 경영층의 능력이 부족하거나 본사가 전문성을 가진 부분에만 관여하는 것이 효과적이다.
② 사업개발
　㉠ 본사의 사업개발 : 사업재구축, 새로운 사업의 창출은 기업생존과 성장에 핵심적인 요소가 되므로 본사의 주요 역할이며 주도권을 가지고 해야 하는 것이다.
　㉡ 본사 사업개발의 폐해 : 잘못된 사업개발은 기업의 장기적 성장에 걸림돌이 되기도 한다.
③ 사업부 간 관계 조정
　㉠ 본사 : 각 사업부 간의 여러 가지 상호관계 형성을 장려하여 기업 전체 차원의 시너지를 가져오게 할 수 있다.
　㉡ 사업부간 관계 제고를 위한 본사의 노력 : 부적절하거나 비효과적일 수 있으며, 비합리적인 결과를 가져올 수도 있다.
④ 전문기능과 서비스의 제공
　㉠ 본사 스탭의 긍정적 효과 : 사업부의 효율적인 통제를 위하여 다양한 스탭진과 전문 서비스 기능을 보유하는데 이는 전문적인 기능과 효율적인 서비스를 제공하여 가치 창출에 기여한다.
　㉡ 본사 스탭의 부정적 효과 : 본사의 과다한 스탭의 보유는 가치를 창출하기보다는 간접비를 증대시키고 사업부의 자율성을 저해함으로써 기업의 관료화를 초래하는 경우가 있다.

Key Point

▶ 본사의 특징
- 다각화된 기업에 있어서 특정 사업부에 소속되지 않고 전체 기업의 성과에 책임을 지고 있는 최고경영자와 이를 지원하는 보좌역이다.
- 한국기업의 경우에는 최고경영자와 이를 보좌하는 기획조정실, 비서실, 회장실, 기획실 등의 중앙스탭들이 여기에 해당된다.
- 기업의 전체수준에서 전략적 의사결정을 하며, 기업의 전략수립과 밀접히 연결되어 있다.
- 전략적 의사결정의 주요 과제는 사업영역의 결정, 사업부간 자원배분, 사업부 전략의 수립과 조정, 성과통제 등이 있다.

▶ 본사가 각 사업부의 활동에 개별적 관여 : 권한 위양이나 분권화 계약 등을 통해 사업부에 최대한의 권한과 책임을 부여하는 기업에 있어서도 각 사업부의 성과기준 설정 및 관리, 대규모의 자본투자의 승인, 사업부 경영자의 임면 등 어떤 형태로든 관여하게 된다

▶ 본사의 사업개발
- 본사는 새로운 사업을 인수하거나 기존 사업의 철수결정을 내림으로써 사업 포트폴리오의 구성을 결정하고 이를 통해 가치를 창출할 수 있다.
- 특히 사업의 구조조정이나 새로운 사업으로의 진출은 기업의 생존과 장기적인 존속을 위한 핵심적인 요소가 된다.

Key Point

본사의 사업부간 관계 조정
- 본사는 상이한 사업부간에 존재하는 상호관련성을 효과적으로 관리함으로써 가치를 창출할 수 있다.
- 본사는 각 사업부간 내부거래나 자원 및 능력의 공유, 제품범위의 조정 등과 같은 여러 가지 형태의 상호관계 형성을 장려함으로써 기업 전체의 시너지 효과를 창출할 수 있다.

본사조직의 가치창출
- 각 사업단위들의 경영성과 개선을 위한 각종지원과 통제기능
- 사업단위간 연계를 강화하고 전사적 시너지 창출을 도모하는 기능
- 각 사업단위들이 공통적으로 활용할 수 있는 서비스를 제공하는 기능
- 개별 사업단위차원에서 수행할 수 없는 신규사업개발을 본사차원에서 추진하는 기능

사업부 간의 관련성 제고를 통한 혜택
- 무형자산의 효율적 활용과 개발 : 아이디어, 노하우, 내부역량과 기능, 기업이미지 및 상표 명성 등의 공동 활용
- 유형자산의 효율적 활용과 개발 : 공장, 판매인력, 정보시스템, 건물, 기계, 유통망 등의 공동 활용
- 외부 집단에 대한 공동의 영향력 행사 : 주주, 공급자, 고객, 금융기관, 압력단체, 정부 등
- 전략의 조정 : 불필요한 경쟁이나 잠재적인 악영향 회피, 경쟁기업에 공동 대응
- 내부거래의 증진 : 내부거래를 통한 공동이익 증대

⑤ 본사의 가치창출을 위한 전제조건
  ㉠ 가치창출 기회의 존재 : 본사의 역할을 확실히 인식해야 하며, 사업부의 성과향상을 위한 기회가 있어야 한다.
  ㉡ 가치창출 능력의 보유 : 유능한 인력과 역량, 조직구조나 시스템, 의사결정 프로세스, 관련 기능 및 자원의 보유 등을 보유해야 한다.
  ㉢ 가치파괴의 방지 : 꼭 필요한 부분의 소수 정예의 인력으로 사업부를 구성하는 것이 효과적이다.

2. 본사의 전략경영 스타일과 성과

(1) 재무통제형

① 사업부 전략의 수립
  ㉠ 사업부는 완전히 자율적이며, 본사는 사업부 간의 전략의 조건에도 관여하지 않는다.
  ㉡ 사업부에 대한 본사의 조정은 거의 없다.
② 사업부의 성과 목표 : 단기적인 재무성과를 강조한다.
③ 전략의 특성
  ㉠ 사업부의 자율성을 보장하고 단지 결과에 의해서만 사업을 통제하여 사업부 경영자의 의욕을 높이고 성과위주 경영이 되도록 한다.
  ㉡ 사업부 전략은 이윤창출 기회를 탐색한다.
  ㉢ 장기 투자를 회피하여 재무성과 극대화를 추구한다.
④ 재무통제형의 장점
  ㉠ 최고경영자의 양성 효과가 있다.
  ㉡ 본사 스탭 축소로 간접비 감소 및 기업의 관료화가 방지된다.
  ㉢ 사업부의 자율성과 의욕이 증대된다.
  ㉣ 기업의 수익성이 증대된다.
⑤ 재무통제형의 단점
  ㉠ 단기적인 수익성의 강조로 장기적인 투자나 기술개발의 경쟁력이 저하될 수 있다.
  ㉡ 각 사업부는 독립된 기업으로 간주되고 사업부 간 협조 혹은 조정을 위한 수단의 결여로 시너지 창출이 저해된다.
⑥ 재무통제형이 효과적인 경우
  ㉠ 환경이 안정적이고 사업성공요인이 명확한 경우
  ㉡ 성장보다 수익성을 추구하며 수확이 중요한 경우
  ㉢ 대규모 복합기업의 경우
  ㉣ 투자의 성격이 단기적이고 위험이 낮으며 비교적 규모가 작은 경우

ⓜ 이윤 및 현금창출이 중요한 성숙기나 쇠퇴기 산업의 경우
ⓑ 기존 사업에서 재무성과 개선의 여지가 큰 경우

(2) 전략통제형

① 사업부 전략의 수립
  ㉠ 사업부 책임 하에 본사가 조언한다.
  ㉡ 사업부 간 전략의 조정은 본사와 사업부가 협의한다.
  ㉢ 전략계획형과 재무통제형의 절충형으로 탄력적인 스타일이다.
  ㉣ 사업부의 자율성을 강조하며 본사는 장기적인 관점에서 전략수립이 이루어지도록 한다.
② 성과목표 : 재무적 목표보다 전략적 목표를 우선시하지만, 단기적인 목표도 활용하여 장기적인 성장과 단기적 성과의 조화를 추구한다.
③ 전략 특성
  ㉠ 성공적 사업분야의 점진적 발전을 추구한다.
  ㉡ 경쟁지위의 강화를 통해 경쟁지위와 재무성과의 조화를 추구한다.
④ 전략통제형의 장·단점
  ㉠ 장점
    • 성공적 부문에 집중한다.
    • 성장과 수익의 조화로 포트폴리오 안정성이 증대된다.
  ㉡ 단점
    • 전략 의사결정의 경직성(투자 또는 철수)이 있다.
    • 목표설정과 통제의 괴리(목표는 모호한 반면 통제는 엄격함)가 있다.
⑤ 효과적인 상황 : 사업부 간의 관련성 정도가 중간수준인 경우, 사업부의 수, 사업분야의 다양성, 경쟁이 치열한 환경에서 보다 적합하다.

(3) 전략계획형

① 전략의 수립
  ㉠ 본사는 사업부의 전략 수립 과정에 깊이 관여하며, 사업부가 전략을 조정한다.
  ㉡ 본사와 사업부간에 긴밀한 협의를 하며, 본사가 최종 결정한다.
② 사업부의 성과 목표 : 장기적인 목표를 우선하고, 전략적 목표(국제화, 시장점유율, 기술혁신, 국제화)를 강조한다.
③ 사업부에 대한 통제 : 느슨하고 유연한 통제가 이루어진다.
④ 전략계획형의 장점
  ㉠ 사업부간 시너지를 창출한다.
  ㉡ 핵심 사업에서 장기적인 경쟁우위 확보가 용이하다.

Key Point

▶ 전략경영의 본사스탭 특성
• 전략계획형 : 규모가 크고 다양한 기능 보유
• 전략통제형 : 중간 수준
• 재무통제형 : 규모가 작고 소수의 기능만 보유

▶ 전략통제형이 효과적인 경우
• 환경 : 경쟁이 치열한 경우
• 전략방향 : 성장과 수익의 조화, 성공적인 분야에 집중
• 투자특성 : 전략계획형과 재무통제형의 중간
• 포트폴리오 구성 : 전략계획형과 재무통제형의 중간

▶ 재무통제형이 효과적인 경우
• 전략방향 : 수익성 극대화, 이윤 및 현금 창출
• 투자특성 : 안정적, 성숙기나 쇠퇴기 산업
• 포트폴리오 구성 : 사업부의 수 많음, 사업분야 광범위, 사업부 간 관련성 낮음.

▶ 전략계획형이 효과적인 상황
• 환경 : 불확실성이 높고 산업 성장속도가 빠른 경우, 경쟁이 치열한 경우
• 전략방향 : 적극적 성장 전략, 기술혁신 및 국제화추진
• 투자특성 : 대규모, 높은 위험, 투자회수에 장기소요
• 포트폴리오 구성 : 사업부의 수 적음, 사업분야 한정적, 사업부 간 밀접한 관련

> **Key Point**
>
> 전략계획형이 효과적인 경우
> - 기술경쟁과 글로벌 경쟁이 요구되는 경우
> - 현재 성과보다 장기적인 경쟁우위 획득이 중요한 경우
> - 투자규모가 크고 투자회수에 장기간이 소요되는 경우
> - 적극적인 성장전략을 추구하는 경우
> - 사업부 간에 상호관련성이 높은 경우
> - 사업의 수가 적고 제품이나 산업의 범위가 비교적 제한적인 경우

  ⓒ 빠른 매출성장이 이루어진다.
 ⑤ 전략계획형의 단점
  ㉠ 사업부의 성과 통제가 느슨하여 사업부 경영자의 책임감이 결여될 수 있다.
  ㉡ 사업부의 자율성이 낮아 사업부 경영자의 의욕이 낮아질 수 있다.
  ㉢ 전략적, 장기적 관점으로 그릇된 전략의 몰입 가능성이 있다.
  ㉣ 변화 적응의 유연성과 신속성이 떨어진다.
  ㉤ 본사 스탭규모의 증대로 관료화 비용이 증대된다.

참고문헌

- 김형준, 「전략경영론」, 형설출판사, 2011
- 정동섭·추교완·박재희, 「경영전략」, 경영과 미래, 2010
- 김영수·이영진, 「경영전략」, 학현사, 2010
- 유기현·황용식, 「전략경영론」, 무역경영사, 2009
- 김길성, 「경영전략」, 전남대학교출판부, 2009
- 니와 데츠오, 「경영전략」, 새로운 제안, 2007

Bachelor's Degree

2 실전예상문제

객관식

1 다각화된 기업의 사업구조를 분석하는 방법으로 올바른 것은?

① 기능별 분석 ② 사업 포트폴리오 분석
③ 가치사슬 분석 ④ SWOT 분석

▶ 사업포트폴리오 분석은 다각화된 기업의 전략적 분석을 위한 하나의 수단으로서 가장 잘 알려져 있으며 실제 기업에서 널리 활용되어 온 분석기법이다.

2 다각화된 기업인 태평기업이 각 사업부문에 대한 평가를 통해 사업재구축을 단행하고자 할 때 우선적으로 요구되는 것은?

① 벤치마킹 ② 조직재설계
③ 사업 포트폴리오 분석 ④ 비지니스 리엔지니어링

▶ 사업 포트폴리오 분석은 다각화된 기업의 전략적 분석을 위한 하나의 수단으로서 가장 잘 알려져 있으며 실제 기업에서 널리 활용되어온 분석이다. 이 방법은 전체 기업의 사업 포트폴리오 하에서 각 사업부의 위상과 특성을 분석하고 이를 통해 전략적 시사점을 얻는 데에 그 목적이 있다. 그 구체적인 시사점으로는 자원의 배분, 사업부 전략의 수립, 성과목표의 설정, 사업균형의 평가 등을 들 수 있다.

3 다음 중 포트폴리오 분석을 통한 시사점이 <u>아닌</u> 것은?

① 자원의 배분 ② 성장률의 등락
③ 사업부 전략의 수립 ④ 성과 목표의 설정

▶ 포트폴리오 분석을 통한 시사점 : 자원의 배분, 사업부 전략의 수립, 성과목표의 설정, 사업균형평가

4 다음 중 BCG 매트릭스를 구성하는 두 차원끼리 서로 연결된 것은?

① 산업매력도 - 상대적 시장점유율 ② 시장성장률 - 경쟁지위
③ 산업매력도 - 경쟁지위 ④ 시장성장률 - 상대적 시장점유율

▶ BCG 매트릭스는 외부환경요인인 시장성장률과 산업 내 기업의 위상을 의미하는 상대적 시장점유율에 의해 각 사업부를 평가하고 기업전체의 자원배분기준과 각 사업부의 전략 방향을 제시해 준다.

5 다음 중 포트폴리오 도표에 관한 설명으로 그 내용이 올바른 것은?

Keypoint & Answer

▶ 다각화된 기업의 사업구조를 분석하는 방법
→ ❷

▶ 사업 포트폴리오 분석의 특징
→ ❸

▶ 포트폴리오 분석을 통한 시사점
→ ❷

▶ BCG 매트릭스를 구성하는 두 차원
→ ❹

| 독 | 학 | 사 | 3 | 단 | 계 |

Keypoint & Answer

포트폴리오 도표에 관한 내용 ➡ ❹

① 시장점유율과 시장성장률은 모두 일반적 스케일에 의해 작성한다.
② 시장점유율은 전체 시장에서 그 기업의 제품이 점유하는 절대적 비율을 말한다.
③ 시장성장률은 제품이 속한 시장의 총매출 증대에 대한 그 제품의 성장률이다.
④ 시장성장률과 시장점유율의 두 변수에 따라 제품구성을 설명하고자 한다.

▶ 외부환경요인인 시장성장률과 산업내 기업의 위상을 의미하는 상대적 시장점유율에 의해 각 사업부를 평가한다.

사업포트폴리오 분석방법 ➡ ❹

6 사업부 간에 재무자원(자금)의 효율적 분배방법을 제시하는 데 초점을 두고 있는 사업포트폴리오 분석방법은?

① 산업구조 분석　　　　② 산업진화 매트릭스
③ GE/McKinsey 매트릭스　④ BCG 매트릭스

▶ BCG 매트릭스 : 외부환경요인인 시장성장률과 산업 내 기업의 위상을 의미하는 상대적 시장점유율에 의해 각 사업부를 평가하고 기업 전체의 자원배분과 각 사업부의 전략방향을 제시해 주는 포트폴리오 분석기법이다.

자금소요-자금창출 ➡ ❸

7 다음의 〈보기〉에서 괄호에 알맞은 것은?

> 보기　BCG 매트릭스에서 시장성장률은 (　　)(와)과 밀접하고 시장점유율은 (　　)(와)과 긴밀한 관계가 있다.

① 차별화우위 - 원가우위　　② 원가우위 - 차별화우위
③ 자금소요 - 자금창출　　　④ 자금창출 - 자금소요

▶ 시장성장률은 기업의 자금소요와 밀접한 관련, 상대적 시장점유율은 자금창출과 긴밀한 관계에 있다.

BCG 매트릭스에 대한 내용 ➡ ❸

8 다음 중 BCG 매트릭스에 대한 설명으로 바르지 못한 것은?

① 상대적 시장점유율을 표시할 때는 log척도를 취하게 된다.
② 시장성장률은 해당 사업분야의 향후 전망을 의미한다.
③ 시장점유율은 기업의 자금소요와 밀접한 관련이 있다.
④ 시장점유율은 해당사업부의 경쟁지위를 의미한다.

▶ 시장성장률은 기업의 자금소요, 상대적 시장점유율은 자금창출과 관계가 있다.

사업 포트폴리오 분석기법 ➡ ❶

9 다음 각 사업부 간의 현금흐름과 재무자원의 배분 방법을 가장 잘 제시해 주는 사업 포트폴리오 분석기법으로 알맞은 것은?

① BCG 매트릭스 ② 산업진화 매트릭스
③ GE / McKinsey 매트릭스 ④ 산업구조 분석

▶ BCG 매트릭스의 유용성
- 사업 포트폴리오의 전반적인 매력도 평가 및 기업 전체와 각 사업부의 전략 방향 도출
- 각 사업부 간 재무자원의 효율적 분배 방법 제시

10 BCG 매트릭스 도표에서 자금배분에 대한 설명이 옳은 것은?

① 회사의 모든 자금을 물음표에 쏟아부어야 한다.
② 별에 해당되는 사업에 많은 자금을 투자한다.
③ 자금젖소에 해당되는 사업에 많은 자금을 투자한다.
④ 개에 해당되는 사업에 많은 자금을 투자한다.

▶ 별에서는 많은 수익이 발생하지만 높은 시장성장률의 이점을 충분히 활용하고 시장지위를 유지하기 위해 많은 자금투자가 소요된다.

11 다음 중 BCG 매트릭스에서 원의 크기가 나타내는 것은 무엇인가?

① 해당 사업부의 설비 ② 해당 사업부의 매출액
③ 해당 사업부의 자산 ④ 해당 사업부의 인력

▶ BCG 매트릭스에서의 원 : 해당 사업부의 매출액을 나타내며, 원의 크기가 클수록 해당 사업부가 기업의 전체 매출액에서 차지하는 비중이 크다는 것을 의미한다.

12 BCG 매트릭스에서 시장성장률은 높으나 상대적 시장점유율이 낮은 사업으로서 문제아라고도 하는 것은?

① 물음표 ② 별
③ 자금젖소 ④ 개

▶ 물음표는 시장의 전망은 좋으나 상대적으로 시장지위가 취약하다.

13 다음 중 BCG 매트릭스에서 자금 투자의 필요성이 가장 큰 사업유형은 어느 것인가?

① 개 ② 자금 젖소
③ 별 ④ 문제아

▶ 별은 시장성장률도 높으면서 시장에서 강력한 지위를 구축하고 있는 사업분야이다. 이는 시장지위를 유지하기 위해 많은 자금투자자가 소요되기 때문에 대체로 현금흐름측면에서 균형을 유지하거나 추가적인 자금투입이 요구된다.

Keypoint & Answer

➡ BCG 매트릭스 도표에서 자금배분에 대한 내용 ➡ ❷

➡ BCG 매트릭스에서 원의 크기가 나타내는 것 ➡ ❷

➡ 시장성장률은 높으나 상대적 시장점유율이 낮은 사업 ➡ ❶

➡ BCG 매트릭스에서 자금 투자의 필요성이 가장 큰 사업유형 ➡ ❸

Keypoint & Answer	
BCG 매트릭스의 영역 → ②	

14 다음 BCG 매트릭스의 영역 중에 시장점유율이 높아 사업수익은 많이 발생하지만, 시장지위를 유지하기 위해 자금투자도 많이 소요되는 사업 분야는 무엇인가?

① 개 ② 별
③ 물음표 ④ 자금젖소

▶ 문제 13번 해설 참조

잉여자금이 가장 많이 창출되는 사업유형 → ②

15 다음 중 BCG 매트릭스에서 잉여자금이 가장 많이 창출되는 사업유형은 무엇인가?

① 개 ② 자금 젖소
③ 별 ④ 문제아

▶ BCG 매트릭스는 시장성장률과 상대적 시장점유율을 기준으로 사업유형을 네 가지로 구분하게 된다. 이렇게 구분된 각 사업유형은 각각 특징을 갖게 되는데, 현금창출이 가장 많이 이루어지는 사업유형은 시장점유율이 높아서 수익이 많은 반면, 시장성장률이 낮아서 투자비용이 적은 자금젖소가 된다. 이에 비하여 별은 수익도 높지만 투자되는 비용도 높아서 현금창출은 크지 않다.

BCG 매트릭스의 사업영역 중에서 매출액의 규모가 가장 큰 것 → ④

16 다음 중 BCG 매트릭스의 사업영역 중에서 매출액의 규모가 가장 큰 것은 무엇인가?

① 개 ② 물음표
③ 별 ④ 자금젖소

▶ 자금젖소 : 성장률이 낮은 시장에서 선도적인 지위를 구축하고 있는 사업으로 가장 많은 잉여자금을 창출한다.

BCG 매트릭스에서 시장의 성장가능성이 높고 기업의 현 시장지위도 강한 사업유형 → ③

17 다음 중 BCG 매트릭스에서 시장의 성장가능성이 높고 기업의 현 시장지위도 강한 사업유형에 해당되는 것은?

① 개 ② 자금 젖소
③ 별 ④ 문제아

▶ 별은 시장성장률도 높으면서 시장에서 강력한 지위를 구축하고 있는 사업분야이다. 이 사업은 많은 수익이 발생하지만 많은 자금투자가 소요된다.

시장점유율 제고를 목표로 하는 전략 → ①

18 BCG 분석에 대한 전략대안 중 시장점유율 제고를 목표로 하는 전략은?

① 구축 ② 유지
③ 수확 ④ 철수

▶ BCG 분석에 대한 전략대안 : 구축, 유지, 수확, 철수

19 다음 BCG 분석에 대한 전략대안 중 유지가 적합한 사업은 어느 것인가?

① 물음표
② 별
③ 자금젖소
④ 개

▶ 유지는 현재의 시장점유율을 유지하는 것을 우선시하는 전략으로서 지속적인 현금 창출을 목표로 하는 자금젖소형 사업에 적합하다.

20 다음 BCG 매트릭스의 사업영역 중 저성장 분야에서의 시장지위가 취약한 분야는 무엇인가?

① 자금젖소
② 개
③ 물음표
④ 별

▶ BCG 매트릭스의 각 사업부 평가 : 개
• 시장성장률과 상대적 시장점유율 모두 낮은 사업
• 이익이 크지 않고 자금소요도 크지 않음.
• 시장점유율이 특히 취약한 사업은 예외적인 경우를 제외하고는 사업을 축소하거나 완전철수가 필요하다.

21 자원의 전략적 활용방안 중 현재의 자금흐름이 긍정적인 경우에는 현상태를 유지하면서 수확 전략을 사용하고 그렇지 못한 경우에는 시장에서 철수하는 경우는?

① 자금젖소형 사업
② 물음표형 사업 중 경쟁력이 취약하고 시장전망도 불투명한 사업
③ 개형 사업
④ 별형 사업

▶ 개형 사업에 대한 활용방안이다.

22 기업에 바람직한 사업구조와 관계없는 것은?

① 자금젖소
② 별
③ 물음표
④ 개

▶ 기업에 바람직한 사업구조 : 자금젖소, 별, 물음표 사업에 적절한 균형을 유지하고 있는 것

23 다음 〈보기〉의 경우에 가장 효과적인 사업 포트폴리오 분석 방법은 무엇인가?

Keypoint & Answer

➡ BCG 분석에 대한 전략대안 중 유지가 적합한 사업 ➡ ❸

➡ 저성장 분야에서의 시장지위가 취약한 분야 ➡ ❷

➡ 개형 사업에 대한 활용방안 ➡ ❸

➡ 기업에 바람직한 사업구조 ➡ ❹

| 독 | 학 | 사 | 3 | 단 | 계 |

Keypoint & Answer

가장 효과적인 사업 포트폴리오 분석 방법 ➡ ④

바람직한 사업구조의 발전방향 ➡ ②

GE / McKinsey 매트릭스를 구성하는 두 차원 ➡ ③

GE / McKinsey 매트릭스가 등장하게 된 가장 큰 원인 ➡ ②

GE / Mckinsey 매트릭스에서 경쟁지위와 관련된 요인 ➡ ③

[보기] 다각화된 기업인 태평상사는 각 사업부문별로 자금의 소요 정도를 파악하여 제한된 자금을 사업부문의 특성에 따라 효율적으로 배분하려고 한다.

① 산업구조 분석   ② 산업진화 매트릭스
③ GE/McKinsey 매트릭스   ④ BCG 매트릭스

▶ BCG 매트릭스는 다각화된 기업을 현금창출과 현금소요의 관점에서 파악함으로써 전사적 전략의 주요과제 중의 하나인 각 사업부 간 재무자원의 효율적 배분방법을 제시해 준다. 이에 비하여 GE/McKinsey 매트릭스에서 도출되는 가장 중요한 시사점은 각 사업부에 대한 투자우선순위의 결정에 관한 것이다.

24 다음 중 바람직한 사업구조의 발전방향으로 올바른 것은?

① 별 → 물음표   ② 자금젖소 → 물음표
③ 물음표 → 개   ④ 자금젖소 → 개

▶ 바람직한 사업구조 방향 : 물음표 → 별, 별 → 자금젖소, 자금젖소 → 물음표

25 다음 중 GE / McKinsey 매트릭스를 구성하는 두 차원끼리 서로 연결된 것은?

① 산업매력도 – 상대적 시장점유율   ② 시장성장률 – 경쟁지위
③ 산업매력도 – 경쟁지위   ④ 시장성장률 – 상대적 시장점유율

▶ BCG 매트릭스가 시장성장률과 상대적 시장점유율이라는 두 가지 요인에 의해 사업부를 평가함에 따라 그 단순성에 대한 비판이 대두되었고, 이를 보완하기 위한 방법으로 GE/McKinsey 매트릭스가 개발되었다. 이는 컨설팅회사인 Mckinsey의 도움을 받아 GE가 자사의 다각화된 사업부를 분석하기 위한 방법으로 개발한 것인데, 그 기준이 되는 두 가지 축은 산업매력도와 경쟁지위이다.

26 다음 중 GE / McKinsey 매트릭스가 등장하게 된 가장 큰 원인은?

① 제조업 분야에 특별히 알맞은 분석을 하기 위해서
② BCG 매트릭스의 단순성을 보완하기 위해서
③ BCG 매트릭스의 복잡성을 단순화하기 위해서
④ 산업의 발전단계를 반영하기 위해서

▶ BCG 매트릭스가 시장성장률과 상대적 시장점유율이라는 두 가지 요인으로 사업부를 평가하는 단순성을 보완하기 위한 방법으로 GE / McKinsey 매트릭스가 개발되었다.

27 GE / Mckinsey 매트릭스에서 경쟁지위와 관련된 요인이 아닌 것은?

① 시장점유율   ② 원가경쟁력
③ 경기변동성   ④ 서비스

164 경영전략

▶ 경쟁지위는 시장점유율, 원가경쟁력, 제품의 품질이나 서비스, 기술능력, 경영능력 등과 같은 다양한 요인들을 포괄적으로 반영한다.

28 다음 중 GE/Mckinsey 매트릭스에서 원의 크기가 나타내는 것은 무엇인가?

① 해당 사업이 속한 시장의 매력도 ② 해당 사업이 속한 시장의 규모
③ 해당 사업부의 매력도 ④ 해당 사업부의 규모

▶ GE/Mckinsey 매트릭스의 구성
- 세로축 : 해당 산업의 매력도
- 가로축 : 자사의 경쟁지위
- 각 원의 크기 : 해당 사업이 속한 시장의 규모
- 원 내의 음영 부분 : 해당 사업부의 시장점유율

Keypoint & Answer

➡ GE/Mckinsey 매트릭스에서 원의 크기가 나타내는 것 ➡ ❷

29 GE/Mckinsey 매트릭스상에서 경쟁지위가 '중'이고 시장매력도가 '저'일 때의 전략방향으로 옳지 <u>않은</u> 것은?

① 사업축소 ② 투자 최소화
③ 현금창출 추구 ④ 사업철수의 준비

▶ 경쟁지위(중)와 시장매력도(저)의 전략 : 사업축소, 투자최소화, 사업철수의 준비

➡ 경쟁지위(중)와 시장매력도(저)의 전략 ➡ ❸

30 사업 발전 추세를 가장 적절하게 반영하는 사업포트폴리오 분석방법은 무엇인가?

① 산업구조 분석 ② 산업진화 매트릭스
③ GE/McKinsey 매트릭스 ④ BCG 매트릭스

▶ 산업진화 매트릭스 또는 산업수명주기 매트릭스는 GE/McKinsey 매트릭스가 안고 있는 문제점, 즉 사업의 발전 추세를 반영하지 못한다는 점을 극복하기 위한 방안으로서 개발되었다.

➡ 사업 발전 추세를 가장 적절하게 반영하는 사업포트폴리오 분석방법 ➡ ❷

31 어떤 사업의 대상 시장이 도입기에 있을 때 가장 적절한 사업포트폴리오 분석방법은?

① 산업구조 분석 ② 산업진화 매트릭스
③ GE/McKinsey 매트릭스 ④ BCG 매트릭스

▶ 산업진화 매트릭스의 특성
- GE/McKinsey 매트릭스가 지닌 문제점, 곧 사업의 발전추세를 반영하지 못한다는 점을 극복하기 위해 개발되었다.
- 사업의 발전추세를 가장 적절하게 반영하는 분석방법이라 할 수 있다.

➡ 산업진화 매트릭스의 특성 ➡ ❷

| 독 | 학 | 사 | 3 | 단 | 계 |

Keypoint & Answer	
이상적인 포트폴리오 유형	➡ ④

32 실제 기업이 추구하는 포트폴리오 전략 중 이상적 포트폴리오 유형이 <u>아닌</u> 것은?

① 성장 포트폴리오　　② 이윤 포트폴리오
③ 균형 포트폴리오　　④ 예측 포트폴리오

▶ 이상적인 포트폴리오 유형 : 성장 포트폴리오, 이윤 포트폴리오, 균형 포트폴리오

포트폴리오 분석의 공헌	➡ ③

33 다음 중 포트폴리오 분석의 공헌으로 거리가 <u>먼</u> 것은?

① 현 사업구조의 강점과 약점 등에 대한 경영자의 이해를 도와준다.
② 각 사업부의 전략적 방안에 대한 유용한 정보를 제공한다.
③ 사업부간의 상호관련성을 고려한다.
④ 재무자원의 균형을 유지할 수 있다.

▶ ①, ②, ④는 포트폴리오 분석의 공헌이다.

포트폴리오 분석의 한계	➡ ④

34 다음 중 포트폴리오 분석의 한계에 해당되지 <u>않는</u> 것은?

① 포트폴리오 분석의 기계적 적용으로 전략적 사고가 제약받을 수 있다.
② 모형의 단순성으로 각 사업부 평가가 잘못되는 경우가 있다.
③ 사업부간의 상호관련성을 고려하지 못한다.
④ 시장점유율을 등한시한다.

▶ 기업성과에 영향을 주는 요인으로 시장점유율에 지나치게 의존한다.

다각화된 기업에서 전략경영의 주요과제	➡ ③

35 다음 중 다각화된 기업에서 전략경영의 주요과제가 <u>아닌</u> 것은?

① 사업영역의 결정　　② 사업부간 자원배분
③ 개발투자분석　　　④ 성과통제

▶ 다각화기업의 전략경영의 주요과제 : 사업영역의 결정, 사업부간 자원배분, 사업부 전략의 수립과 조정, 성과통제

본사에 대한 내용 및 특성	➡ ④

36 다음 중 본사에 대한 설명으로 옳지 <u>않은</u> 것은?

① head office, parent company 등에 해당된다.
② 기업의 최고경영자와 이를 보좌하는 스탭이다.
③ 전략의사결정이 이루어지는 기본단위이다.
④ 사업단위이다.

▶ 본사는 사업단위가 아니므로 기업성과형성에 긍정적 기여를 할 수 있어야 비로소 존재의의를 갖는다.

37 본사가 각 사업부에 개별적인 영향을 행사함으로써 가치를 창출할 수 있는 영역이 <u>아닌</u> 것은?

① 사업부 경영자의 임명　　② 예산통제
③ 전략검토　　　　　　　　④ 사업부문의 확대

▶ 본사의 가치창출영역 : 사업부 경영자의 임명, 예산통제, 전략검토, 자본투자 결정

Keypoint & Answer

➡ 본사의 가치창출영역　　➡ ❹

38 사업부간의 관련성 제고를 통한 혜택에 해당되지 <u>않는</u> 것은?

① 내부거래의 증진　　　　　② 전략의 조정
③ 내부집단에 대한 영향력 행사　④ 유형자산의 효율적 활용과 개발

▶ 사업부간의 관련성 제고를 통한 혜택
• 내부거래의 증진　　　　• 전략의 조정
• 유형자산의 효율적 활용과 개발　• 무형자산의 효율적 활용과 개발
• 외부집단에 대한 공동의 영향력 행사

➡ 사업부간의 관련성 제고를 통한 혜택　➡ ❸

39 다음 중 본사가 가치를 창출하기 위한 전제 조건으로 <u>부적당한</u> 것은?

① 가치창출 기회의 존재　　② 가치창출 능력의 보유
③ 가치창출 의사결정의 방지　④ 가치파괴의 방지

▶ 본사가 가치를 창출하기 위해 충족되어야 할 전제 조건 : 가치창출 기회의 존재, 가치창출 능력의 보유, 가치파괴의 방지

➡ 본사가 가치를 창출하기 위한 전제 조건　➡ ❸

40 다음 중 본사의 전략경영 스타일의 유형과 관련 <u>없는</u> 것은?

① 전략계획형　　　　　② 전략통제형
③ 재무계획형　　　　　④ 재무통제형

▶ 전략경영스타일의 유형 : 전략계획형, 전략통제형, 재무통제형
• **전략계획형** : 기업 본사가 사업부의 전략수립에는 깊이 관여하나 성과에 대해서는 느슨하게 통제하는 유형으로, 대체로 장기적인 관점에서 경쟁우위의 획득을 목표로 한다.
• **재무통제형** : 계량적이고 단기적인 재무목표에 의해 사업부를 관리한다.
• **전략통제형** : 전략계획형과 재무통제형의 절충형태이다.

➡ 본사의 전략경영 스타일의 유형　➡ ❸

41 다음의 <보기>에서 빈칸에 들어갈 적합한 말은 무엇인가?

> 보기　기업 본사가 계열사나 사업부를 관리하는 데 있어서 전략수립에는 깊이 관여하는 반면, 성과나 결과에 대한 통제는 느슨하게 하는 전략경영스타일을 ( )이라 한다.

➡ 전략계획성의 특징　➡ ❹

① 사업개발형　　　　　② 재무통제형
③ 전략통제형　　　　　④ 전략계획성

▶ 문제 40번 해설 참조

전략계획형이 효과적인 상황 ➡ ❷

42 다음 중 기업의 본사가 계열사나 사업부를 관리하는데 활용되는 전략 경영 스타일 중에서 사업부 간에 상호 관련성이 높고 적극적인 성장전략을 추구하는 경우에 가장 효과적인 유형으로 알맞은 것은?

① 사업개발형　　　　　② 전략계획형
③ 전략통제형　　　　　④ 재무통제형

▶ 전략계획형이 효과적인 상황
- 사업수가 적고 제품 및 산업의 범위가 제한적이며 사업부 간 상호관련성이 높은 경우
- 적극적으로 성장전략 추구, 투자의 규모가 크고 투자회수에 장기간이 소요되는 경우
- 환경의 불확실성이 높고 산업의 성장속도가 빨라 장기적인 경쟁우위의 획득이 중요하고 기술경쟁·글로벌 경쟁이 요구되는 경우

전략통제형의 특성 ➡ ❹

43 다음 기업의 본사가 계열사나 사업부를 관리하는 전략 경영 스타일 중에서 전략수립에 대한 책임은 기본적으로 각 사업부에 있지만, 본사가 사업부간의 조정에 관여하며 전략의 실행 과정까지 지속적으로 점검하는 경우에 가장 효과적인 것은?

① 사업개발형　　　　　② 재무통제형
③ 전략계획형　　　　　④ 전략통제형

▶ 전략계획형과 재무통제형의 절충적인 전략통제형의 특성
- 사업부의 자율성을 강조하고, 본사는 사업부의 전략수립이 장기적 관점에서 이루어지도록 장려하는 역할을 하며, 사업부 간의 조정에 개입
- 장기적인 성장과 단기적인 성과의 조화를 추구
- 사업부의 수, 사업 분야의 다양성, 사업부 간의 관련성 정도가 중간수준인 경우 적합

전략계획형이 우선시하는 사업부의 성과목표 ➡ ❷

44 다음 중 전략계획형이 우선시하는 사업부의 성과목표가 아닌 것은?

① 시장점유율　　　　　② 단기적 목표
③ 기술혁신　　　　　　④ 국제화

▶ 전략계획형은 단기적 목표보다 장기적인 목표를 우선시한다.

전략계획형의 단점에 대한 내용 ➡ ❸

45 다음 중 전략계획형의 단점에 대한 내용으로 관련 없는 것은?

① 자율성 정도가 낮아 사업부 경영자의 의욕저하가 야기될 수 있다.
② 변화적응시 유연성과 신속성이 떨어진다.

③ 사업부 경영자의 책임감이 너무 높아 모든 것을 주도하려 한다.
④ 전략적, 장기적 관점으로 인해 지나치게 의욕적이고 위험이 따르는 전략을 택할 가능성이 높다.

▶ 사업부의 성과에 대한 통제가 느슨하므로 사업부 경영자의 책임감이 결여될 수 있다.

46 다음 중 기업본사가 계열사나 사업부를 관리하는 데 활용되는 전략경영스타일 중에서 사업부간에 상호관련성이 높고 적극적인 성장전략을 추구하는 경우에 가장 효과적인 유형은?

① 사업개발형 ② 재무통제형
③ 전략통제형 ④ 전략계획형

▶ 전략계획형의 경우 사업부에 대한 통제는 예외적인 경우를 제외하고는 느슨하고 유연하게 이루어지며, 다만 수립된 전략방향과 사업부 활동이 일관성 있게 이루어지는가만을 검토하게 된다.

➡ 전략계획형의 내용 및 특성 ➡ ❹

47 다음 중 전략계획형의 효과적인 상황으로 볼 수 <u>없는</u> 것은?

① 사업의 수가 적고 제품이나 산업의 범위가 비교적 제한적인 경우
② 적극적인 성장전략을 추구하는 경우
③ 투자규모가 작고 회수기간이 단기간 소요되는 경우
④ 기술경쟁과 글로벌 경쟁이 요구되는 경우

▶ 투자규모가 크고 투자회수에 장기간이 소요되는 경우 전략계획형이 효과적이다.

➡ 전략계획형의 효과적인 상황 ➡ ❸

48 사업부전략수립에 있어서 본사의 관여 정도가 가장 낮은 유형은?

① 전략계획형 ② 재무통제형
③ 전략통제형 ④ 모두 낮다.

▶ 재무통제형기업에 있어서 사업부전략은 진적으로 사업부의 몫이다.

➡ 사업부전략수립에 있어서 본사의 관여 정도가 가장 낮은 유형 ➡ ❷

49 다음 중 재무통제형 기업의 단점으로 <u>부적당한</u> 것은?

① 간접비가 과다하다.
② 단기적 수익성의 강조로 인해 장기적으로 기업경쟁력이 취약해질 수 있다.
③ 사업부경영자들이 장기적 투자에 등한시할 수 있다.
④ 시너지 창출이 제약받는다.

▶ 재무통제형은 본사의 스탭규모가 대폭 축소될 수 있어서 간접비가 절감된다.

➡ 재무통제형 기업의 단점 ➡ ❶

| 독 | 학 | 사 | 3 | 단 | 계 |

Keypoint & Answer

주로 단기적인 수익목표에 의해 사업부를 관리하는 방법 → ④

50 다음 본사의 전략 경영 스타일 중 주로 단기적인 수익목표에 의해 사업부를 관리하는 방법은?

① 사업개발형 ② 전략계획형
③ 전략통제형 ④ 재무통제형

▶ 재무통제형
• 사업부의 전략수립은 전적으로 사업부의 몫으로, 본사의 개입과 사업부 간의 전략 조정에 대한 관여가 거의 없다.
• 본사는 해당 사업부의 성과기준을 계량적·단기적 재무목표에 의해 설정하고 예산통제·재무목표의 달성 정도를 평가하는 것으로 사업부 관리

재무통제형 사업부 관리체제가 효과적인 상황 → ③

51 다음 중 재무통제형 사업부 관리체제가 효과적인 상황이 <u>아닌</u> 것은?

① 대규모 복합기업의 경우
② 기존 사업에서 재무성과 개선의 여지가 큰 경우
③ 도입기나 성장기 산업의 경우
④ 투자성격이 단기적이고 위험이 낮으며 비교적 규모가 작은 경우

▶ 이윤 및 현금창출이 중요한 성숙기나 쇠퇴기 산업의 경우 재무통제형이 효과적이다.

경쟁이 치열한 환경에서 보다 적합한 전략유형 → ②

52 특히 경쟁이 치열한 환경에서 보다 적합한 전략유형은 무엇인가?

① 재무통제형 ② 전략통제형
③ 전략계획형 ④ 모두 아니다.

▶ 전략통제형은 탄력적인 스타일로서 특히 경쟁이 치열한 환경에서 보다 적합하다.

주관식

1 산업진화 매트릭스의 장점을 3가지 이상 쓰시오.

BCG 매트릭스 : 자금의 투입, 산출 측면에서 사업(전략사업 단위)이 현재 처해있는 상황을 파악하여 상황에 알맞는 처방을 내리기 위한 분석도구이다.

Answer

1
• 기업의 현재 사업 포트폴리오가 산업의 진화단계에 따라 어떻게 변화되어야 하는지 정보를 제공한다.
• 각 사업부별로 바람직한 전략방향을 이끌어낼 수 있다.
• 회사로 하여금 보다 안정된 균형포트폴리오를 구성하도록 하는 장점을 갖는다.
• 산업진화 매트릭스를 통해 각 사업부에 요구되는 전략이 무엇인지를 전체 조직구성원들이 알 수 있다.

2 포트폴리오 분석의 공헌을 3가지 이상 쓰시오.

3 전략경영(전략계획형, 전략통제형, 재무통제형)의 사업부 전략의 수립형태를 비교 설명하시오.

> **Key Point**
>
> ➡ 포트폴리오분석 : 다각화된 기업의 사업구조를 간결하게 제시해 줌으로써 기업전체의 자원배분과 전략 의사결정에 하나의 지침이 된다.
>
> ➡ 산업진화 매트릭스 또는 산업수명주기 매트릭스 : GE / McKinsey 매트릭스가 안고 있는 문제점, 즉 사업의 발전 추세를 반영하지 못한다는 점을 극복하기 위한 방안으로서 개발되었다.
>
> ➡ 전략계획형이 효과적인 상황
> - 사업수가 적고 제품 및 산업의 범위가 제한적이며 사업부 간 상호관련성이 높은 경우
> - 적극적으로 성장전략 추구, 투자의 규모가 크고 투자회수에 장기간이 소요되는 경우
> - 환경의 불확실성이 높고 산업의 성장속도가 빨라 장기적인 경쟁우위 획득이 중요하고 기술경쟁·글로벌 경쟁이 요구되는 경우

Answer

2
- 복수의 사업을 운영하고 있는 기업의 경우, 포트폴리오 분석을 통하여 기업이 취해야 할 전략적 활동에 대한 정보를 획득할 수 있다.
- 최고경영자의 주관적 판단에 위기의식을 부여하며, 다각화된 기업 간에 사업구조의 장단점에 대한 비교를 할 수 있다.
- 각 사업부의 전략적 방향에 대해 유용한 정보를 주게 된다.
- 각 전략사업단위에서 요구되는 자금흐름이 서로 다르다는 것을 알게 한다. 이와 같은 자금흐름에 대한 정보는 최고경영층이 자금이라는 제한된 자원을 효율적으로 분배하는 데 많은 도움을 준다.
- 현 사업구조의 강점과 약점 등에 대한 경영자의 이해를 돕는다.
- 각 사업부별 타당한 성과지표와 합리적인 성과기준을 차별적으로 설정할 수 있다.
- 장기적으로 기업의 성장과 이윤을 최적화할 수 있는 균형포트폴리오를 구성할 수 있도록 한다. 또한 현재 포트폴리오가 불균형포트폴리오라면 그것을 바로 조정해 주는 기능도 수행한다.
- 모든 사업에 대한 동시적 평가를 가지고 신규 혹은 인수 및 철수사업을 구별해 낼 수 있다.

3
- 전략계획형 : 본사와 사업부의 긴밀한 협의, 본사가 최종 결정, 본사가 사업부 간 전략을 조정
- 전략통제형 : 사업부 책임 하에 본사 조언, 사업부 간 전략의 조정은 본사와 사업부가 협의
- 재무통제형 : 사업부의 완전 자율, 본사의 조정은 거의 없음.

| 독 | 학 | 사 | 3 | 단 | 계 |

Key Point

전략통제형의 사업부 전략의 수립
- 사업부 책임 하에 본사가 조언한다.
- 사업부 간 전략의 조정은 본사와 사업부가 협의한다.
- 전략계획형과 재무통제형의 절충형으로 탄력적인 스타일이다.
- 사업부의 자율성을 강조하며 본사는 장기적인 관점에서 전략수립이 이루어지도록 한다.

재무통제형의 사업부 전략의 수립
- 사업부는 완전히 자율적이며, 본사는 사업부 간의 전략의 조건에도 관여하지 않는다.
- 사업부에 대한 본사의 조정은 거의 없다.

BCG모형의 구성 : X축을 '상대적 시장점유율'로 하고, Y축을 '시장성장률'로 하여, 미래가 불투명한 사업을 물음표(Question Mark), 점유율과 성장성이 모두 좋은 사업을 별(Star), 투자에 비해 수익이 월등한 사업을 자금젖소(Cash Cow), 점유율과 성장률이 둘 다 낮은 사업을 개(Dog)로 구분했다.

4 사업 포트폴리오 분석에 대해 설명하시오.

5 매킨지 매트릭스의 도입배경을 설명하시오.

6 BCG 매트릭스에서 '물음표'의 특징을 설명하시오.

Answer

4 사업 포트폴리오 분석은 다각화된 기업의 전략적 분석을 위한 하나의 수단으로서 가장 잘 알려져 있으며 실제 기업에서 널리 활용되어온 분석이다. 이 방법은 전체 기업의 사업 포트폴리오 하에서 각 사업부의 위상과 특성을 분석하고 이를 통해 전략적 시사점을 얻는 데에 그 목적이 있다. 그 구체적인 시사점으로는 자원의 배분, 사업부 전략의 수립, 성과목표의 설정, 사업균형의 평가 등을 들 수 있다.

5 BCG 매트릭스가 시장성장률과 상대적 시장점유율이라는 두 가지 요인에 의해 사업부를 평가함에 따라 그 단순성에 대한 비판이 대두되었고, 이를 보완하기 위한 방법으로 GE/McKinsey 매트릭스가 개발되었다. 이는 컨설팅회사인 Mckinsey의 도움을 받아 GE가 자사의 다각화된 사업부를 분석하기 위한 방법으로 개발한 것인데, 그 기준이 되는 두 가지 축은 산업매력도와 경쟁지위이다.

6 이 사업영역은 시장의 전망은 밝으나 상대적으로 취약한 시장지위 때문에 성공적으로 사업을 영위할 수 있을지가 의문시되는 사업이다. 시장에 처음 출시하는 사업부들이 출발하는 시점이 바로 물음표이며 신규로 시작하는 사업이기 때문에 기존의 선도기업을 비롯한 경쟁기업에 대응하기 위하여 상당한 자금투입을 필요로 한다.

172 경영전략

7 BCG 매트릭스에서 '개'형의 특징을 설명하시오.

8 BCG 매트릭스의 장점을 설명하시오.

9 매킨지 매트릭스의 장점에 대해 설명하시오.

> **Key Point**
>
> ▶ 사업유형별 전략방향과 재무성과 및 투자특성
> - 기업에 바람직한 사업구조 : 자금젖소, 별, 물음표 사업이 적절한 균형을 유지하고 있는 것이다.
> - 기업전체의 경쟁력이 나빠서 불리한 사업구조 : 개형 사업과 물음표형 사업으로만 구성되어 있는 경우이다.
> - 사업 포트폴리오가 취약한 사업구조 : 자금젖소형 사업이 없이 별형 사업과 물음표형 사업으로만 이루어진 기업의 경우이다.
>
> ▶ 산업진화 매트릭스의 장점
> - 기업의 현재 사업 포트폴리오가 산업의 진화단계에 따라 어떻게 변화되어야 하는지 정보를 제공한다.
> - 각 사업부별로 바람직한 전략방향을 이끌어낼 수 있다.
> - 회사로 하여금 보다 안정된 균형 포트폴리오를 구성하도록 하는 장점을 갖는다.
> - 산업진화 매트릭스를 통해 각 사업부에 요구되는 전략이 무엇인지를 전체 조직구성원들이 알 수 있다.

Answer

7 낮은 시장점유율과 낮은 성장률로 시장매력도와 경쟁적 지위가 취약한 사업이다. 예외적인 경우(시장성장률이 높아질 가능성이 크거나 상대적 시장점유율이 현저히 개선될 가능성이 있는 경우)를 제외하고는 사업의 축소 내지는 시장에서의 완전한 철수가 필요하다.

8 BCG 매트릭스의 장점
- 현금흐름의 관점에서 사업단위들을 유형화하고 분석함으로써 균형된 사업 포트폴리오를 구성할 수 있는 자금 사용방법을 제시해 준다.
- 다각화된 기업을 현금창출과 현금소요의 관점에서 파악하여 사업부 간 재무자원의 효율적 분배방법을 제시한다.
- 언제 새로운 사업에 투자하고, 언제 기존 사업에서 손을 떼야 할지를 알 수 있게 해준다.
- 사업 포트폴리오의 전반적인 매력도를 평가하고 전략방향을 도출할 수 있다.

9 매킨지 매트릭스의 장점
- 복수의 사업단위가 서로 다른 성공요인을 가진다는 것을 인식하게 하는 데 있다. 따라서 기업은 환경으로부터의 기회와 위험에 보다 유연하게 대처할 수 있는 포트폴리오를 구성할 수 있다.
- 다양한 요인들을 고려하므로 단순화의 오류를 피할 수 있고, BCG 매트릭스에 비해 보다 세분화(9개의 셀)하여 정확한 평가가 가능하고 다양한 전략대안을 제시해 준다.

독|학|사|3|단|계

08 국제환경에서의 전략

단원개요

기업은 새로운 시장을 개척하기 위해서, 보다 저렴한 비용으로 제품을 생산하기 위해서, 또는 원료나 부품의 안정적 조달을 위해서 등의 여러 가지 목적으로 해외시장에 진출한다. 해외시장은 환경이 현저히 다르기 때문에 국내시장과는 상이한 전략적 접근이 필요하다. 특히 모든 분야에 걸쳐 글로벌화가 가속화됨에 따라, 국제화전략의 중요성은 더욱 증대되고 있다.

최근에 들어와서는 범세계화의 진전으로 전통적인 다국적기업의 전략적 특징과는 상당한 차이가 있는 새로운 전략유형이 등장하고 있다. 이 단원에서는 기업의 국제화 과정과 해외시장 진입방법, 국제전략 및 범세계화에 따른 기업의 대응방식, 그리고 최근 활발해지고 있는 전략적 제휴 등에 대해 살펴보기로 한다.

출제경향 및 수험대책

이 단원에서는 해마다 출제되는 비율이 약간씩 달라지기는 하지만 평균 2~3문제 정도는 출제되고 있는 편이다. 그 출제내용을 살펴보면 국제기업의 유형과 특성, 기업의 국제화단계과정, 지향형에 따른 국제기업 유형, 해외시장진출방식의 유형과 특성, 해외진출방식 선택에 영향을 미치는 요인, 다국적 경쟁과 범세계적 경쟁의 비교, 국제전략의 유형과 각각의 특성, 글로벌산업의 본원적 전략유형, 전략적 제휴의 개념 및 유형 등에 대해 묻는 문제들이 출제되고 있는 바, 이에 대한 자세하고 철저한 학습이 요구된다.

08 국제환경에서의 전략

- 기업의 국제화
- 해외시장 진출전략
- 국제전략의 유형과 특징
- 범세계화와 기업의 대응
- 전략적 제휴의 의미와 유형

1 핵심 중요내용 및 핵심요약

국제기업의 의미와 유형, 기업의 국제화 과정, 국제기업의 특성, 수출방식의 장·단점, 라이선싱의 장·단점, 프랜차이징의 장점, 해외직접투자의 장점, 해외진출방식의 선택에 영향을 미치는 요인, 해외시장 진출방식, 국제전략의 유형과 특징, 세계화 시대 환경변화의 특징, 글로벌 산업의 본원적 전략, 전략적 제휴의 유형

기업의 국제화

1. 개요

(1) 국제화(internationalization)의 의미

① 선진화를 목적으로 한 나라의 제도, 질서, 그리고 정책을 합리성에 맞추어 개선하는 과정이다.
② 국제적으로 용인될 수 있는 규범, 관행, 행태를 따르는 태도이며 자기의 고유질서의 준수와 동시에 새로운 국제질서의 준수를 의미한다.
③ 한 국가와 국민의 활동무대가 세계로 확장되는 것이다.
④ 한 개인이나 조직 또는 국가가 다른 나라의 개인이나 조직 또는 국가와의 거래를 통해 국제사회에 효과적으로 적응해 갈 수 있는 형태와 경험의 유형을 발전시켜 가는 총체적 과정이다.

(2) 국제기업의 의미와 유형

① 국제기업 : 두 개 이상의 나라에서 경영활동을 전개하는 기업으로 경영의사결정에서 국제적인 요인들을 중요하게 고려하는 기업이다.
② 국제기업의 유형
  ㉠ 협의의 국제기업 : 수출입 등 국제거래 활동만을 하는 기업이다. **예** 우리나라나 일본의 종합상사
  ㉡ 다국적기업
   • 동시에 둘 이상의 국가에서 법인을 등록하고 경영활동을 벌이는 기업이다.
   • 일반적으로 다국적기업은 어느 한 나라에 본사를 두고, 최소한 하나 이상의 다른 나라에 자회사를 설치하는 방식으로 구성된다. 본사는 100% 또는 부분적으로 소유한 자회사를 운영한다. 현지의 자회사들은 중앙본사의 지시를 받는다.
   • 다국적기업을 설립할 경우 경제적 측면에서 유리한 이유는 생산규모 확

Key Point

국제화
• 정치, 경제, 사회, 문화 등 모든 분야에서 국가간의 상호 의존성이 확대되어 가는 현상을 지칭한다.
• 문화적 국제화 또한 끊임없이 진행되어오고 있으며, 정보 통신의 혁명으로 인하여 그 속도가 빨라지고 범위는 더욱 넓어지고 있다. 문화에 해당하는 학문과 예술 분야는 물론이고 대중문화도 국제적 동질화의 물결에서 벗어나지 못하고 있다.

수출/국제 기업
• 제품과 서비스를 외국에 내다 팔지만 경쟁력 감각과 우위 감각은 아직 국내적인 성격을 띤 성공한 국내 기업이라고 볼 수 있다.
• 수출 기업은 제품이나 서비스를 해외로 판매할 때 수출 대행 기관이나 외국의 판매망을 이용한다. 수출이 신장되면 수출 부서를 설치해 국내 영업부서와 공존시키기도 한다.

대로 비용이 절감되어 수직적·수평적 규모의 경제를 누릴 수 있고, 그 결과 독점력을 확보할 수 있기 때문이다.
- 다국적기업은 일반적으로 전문기술자, 숙련공, 현실적응력이 있는 전략 등을 대상국가간에 쉽게 이전시킬 수 있다.

ⓒ 범세계기업 : 전세계를 하나의 시장으로 보고 국가의 개념을 초월하여 경영활동을 전개하고, 세계의 여러 자회사들의 활동을 유기적으로 조정하는 기업이다. 예 Philips, IBM

2. 기업의 국제화 과정

기업은 '수출 → 해외직접투자 → 범세계화'의 국제화 과정을 거친다.

① 수출단계
   ㉠ 간접수출과 직접수출로 구분되는데, 대다수는 간접수출의 단계를 거쳐 직접수출로 이행한다.
   ㉡ 국내에서 생산 및 기타 경영활동을 전개하고 단지 제품의 판매시장이 해외로 확대된다.

② 해외직접투자 단계
   ㉠ 기술, 자본, 경영노하우 등을 해외로 이전하여 현지의 노동, 토지 등과 결합하여 제품을 생산·판매하고 경영통제권을 행사하는 것이다.
   ㉡ 현지국의 환경에 적응하기 위한 현지화가 요구된다.

③ 범세계화의 단계 : 현지화 등의 제반 사업과 경영활동의 범세계적인 통합이 과제이다.

3. 국제기업의 유형과 특성

① 본국중심형
   ㉠ 글로벌기업의 모국에 있는 본사가 갖는 기본적 조치, 행동양식을 우선적인 것으로 생각하며, 이것을 자회사와의 관계에 반영시킨다.
   ㉡ 자회사에는 일방적인 명령, 지시가 행해지며 모국·본사의 경영방식 등은 현지국의 법적·정치적 제약 안에서 자회사가 준수토록 한다.
   ㉢ 본국에서 중앙집권적으로 해외자회사에 대한 통제가 이루어진다.
   ㉣ 본국이 전략수립을 담당하고 현지자회사는 실행만을 한다.

② 현지국지향형
   ㉠ 현지국의 각종 환경은 본국과 다르며 외국인은 이해하기 어렵다는 전제에서 출발한다. 따라서 현지자회사의 경영은 현지에 있는 관리자에게 맡긴다는 원칙을 세운다.
   ㉡ 자회사는 본사와 독립적으로 운영되며 전략적 의사결정도 자회사의 주도 하에 이루어진다.

Key Point

▶ 다국적 기업
- 단순히 국제적 사업을 전개하는 기업에서 한 걸음 나아가 각각의 현지 법인들이 상호 독자적으로 국가나 지역을 운영하는 기업이다.
- 다국적화의 정도가 높아지면 현지법인 상호간의 커뮤니케이션이나 효율적 운영상의 문제가 야기되는 경우가 많다.
- 전략적 계획은 본사 차원에서 매듭지어진다.

▶ 해외직접투자
- 기업이 성장하여 생산, 판매, 경영기술의 집합인 '경영자원'을 해외에 재분배하는 행위이다.
- 해외직접투자의 형태로 이루어지는 국제적 자본이동은 마치 한 국민경제 내에서 산업간 자본의 한계생산물(또는 투자의 한계효과)의 차이에 따라 자본이 재배분되는 것과 같은 원리로 이루어진다.
- 자본뿐만 아니라 생산 및 경영기술의 국제적 이동이 수반된다.

▶ 본국중심형의 특성
- 해외사업의 목적 : 본국수요의 충족
- 국제화전략의 근거 : 기업특유의 우위요인 활용
- 본사와 자회사 관계 : 권한 및 의사결정은 본사주도, 통제방법은 운영활동에 본사가 적극적으로 개입, 자회사 자율성은 낮음, 본사가 전략수립, 자회사는 전략실행
- 생산 : 본국생산
- 기술개발 : 본국중심
- 마케팅계획 : 본국고객중심
- 조직 : 국제사업부 조직
- 인사관리 : 본국의 인재를 주요 지위에 기용

ⓒ 경영방침의 현지화가 이루어지며, 해외자회사는 준 독립적으로 되어 상당한 자율성이 부여된다.
ⓔ 본사는 재무통제를 중심으로 자회사를 느슨하게 관리한다.
③ 지역지향형
㉠ 시장요구, 정치, 경제, 문화 등의 여러 조건이 유사한 국가군을 하나의 지역으로 묶어서 지역중심의 경영을 전개한다.
㉡ 현지지향이 초래할 수도 있는 자원의 중복을 피할 수 있으며, 보다 큰 지역시장을 상대로 규모의 경제를 누릴 수도 있다.
ⓒ 조직 면에서는 지역본부제가 채택되어 본사로부터 상당한 의사결정권한이 위양된다.
ⓔ 자회사는 지역사업본부의 의사결정과 통제에 의해 현지에서 경영활동을 수행한다.
④ 세계지향형
㉠ 세계적으로 분산되어 있는 해외 자회사간의 국제 분업의 발전에 따라 각 자회사간의 상호의존성이 세계적으로 높아짐으로 이들을 유기적으로 연결하여 글로벌한 협력 체제를 확립하고자 한다.
㉡ 국가나 지역에 구애받지 않고 범세계 시장을 목표로 기업활동을 영위한다.

해외시장 진출 전략

1. 해외시장 진출방법

(1) 수출에 의한 해외 진출

① 수출방식의 특징
㉠ 수출은 원료, 인력, 자본 등의 경영자원을 해외로 이전하지 않고 국내에서 제품을 생산하여 해외시장으로 이전하는 활동이다.
㉡ 수출은 해외시장 진출의 초보단계로서 점차 학습경험을 쌓아서 보다 해외시장의 개입이 높은 단계로 진출할 수 있는 발판이 된다.
ⓒ 해외시장 진출 초기 단계에서는 비교적 해외시장 개입의 정도가 낮은 수출이 적합하다.
② 수출방식의 장·단점
㉠ 수출방식의 장점
• 현지국에 생산시설을 설치하는데 드는 비용과 위험을 회피할 수 있다.
• 수출은 집중된 장소에서 제품을 생산하여 다른 국가시장에 판매함으로써 범세계적 판매로부터 오는 규모의 경제를 실현할 수 있다.
㉡ 수출방식의 단점

Key Point

지역지향형의 특성
• 해외사업의 목적 : 해외지역시장의 수요충족
• 국제화전략의 근거 : 경제의 블록화, 지역시장에서의 규모 및 범위의 경제실현
• 본사와 자회사 관계 : 지역본사 주도, 지역본사가 조정·통제, 지역본사가 전략수립, 자회사는 전략실행
• 생산 : 지역 내 분업
• 기술개발 : 지역제품 개발
• 마케팅계획 : 지역 내 표준화
• 조직 : 지역본사제
• 인사관리 : 동일 지역인 중용

세계지향단계 : 전 세계 시장의 체계가 더욱 공고하게 확립되고 관세장벽 등의 국경선이 사라지며, 세계적 수송망의 발달로 운송비의 비중이 낮아질 때, 그리고 세계 도처에서 경쟁 기업의 도전이 격심하게 나타날 때, 세계에서 가장 저렴한 원가구조를 갖는 국가에서 생산된 제품을 전 세계 시장에서 흡수하는 다변화된 생산, 판매체계를 갖추는 다국적 단계이다.

수출방식
• 재화의 국제간 이동을 통한 가장 기본적인 해외시장 진출방식이다.
• 간접적인 유통경로를 통하여 비교적 적은 비용과 낮은 위험을 부담하고 해외 시장에 접근할 수가 있다.
• 수출을 통하여 해외시장에 대한 경험을 축적할 수 있고, 이를 통해 국제경영활동에 대한 자원의 투입량을 점차 증대시켜 나갈 수 있다.

- 해외에서 제품을 직접 제조하는 것이 더 싸다면 수출은 부적절한 방법이 될 것이다. 왜냐하면 비용과 기술의 믹스가 더 우수한 장소에서 제조하여 세계의 다른 지역으로 수출하는 것이 규모의 경제 측면에서 이점이 있기 때문이다.
- 부피가 큰 제품의 경우 높은 수송비 때문에 수출이 비경제적일 수가 있다.
- 국가간 관세장벽이 수출을 통한 세계시장 개척을 제약할 수 있다.
- 현지 마케팅 대행업자가 최선을 다하지 않을 수도 있다.

③ 수출업무에 대한 개입 정도에 따른 수출의 구분
  ㉠ 간접수출 : 종합무역상사, 수출대행업자, 국내의 외국기업 등을 통해 제품을 해외시장에 판매하는 방법이다.
  - 간접수출의 장점
    ▶ 해외진출에 따른 경로비용(착수 및 유지비용)과 사업위험을 낮춰준다.
    ▶ 수출입업무관리(계약, 선적, 통관 등)에 대한 부담을 최소화시킬 수 있다.
    ▶ 해외시장에 대한 지식을 별로 필요로 하지 않으므로 수출을 처음 시작하는 기업이 비교적 쉽게 해외에 진출할 수 있다.
    ▶ 수출중간상이 제품을 매입하여 자기의 계정으로 수출하기 때문에 수출클레임에 따른 위험과 번거로움을 피할 수 있다.
    ▶ 추가적인 인력이나 고정 자본을 투입하지 않고도 수출판매 이익을 향유할 수 있다.
  - 간접수출의 단점
    ▶ 해외고객과 직접 접촉할 수 있는 기회가 적어 독자적인 해외시장 기반을 구축하기가 어렵다.
    ▶ 자사 제품에 대한 마케팅 통제를 하기 어렵다.
    ▶ 수출중간상에게 높은 수수료를 지급하거나 그들이 큰 폭의 중간마진을 취하기 때문에 제한적으로 이익을 향수할 수밖에 없다.
  ㉡ 직접수출 : 해외수요업체에 직접 판매 혹은 외국 소재 대리인이나 유통업자 또는 자사의 현지판매지사나 해외법인을 통해 해외에 직접 판매하는 방법이다.
  - 직접수출의 장점
    ▶ 국제마케팅에 대한 통제강화와 전문적인 지식의 축적이 가능하다.
    ▶ 일반적으로 간접수출의 경우보다 높은 마진을 기대할 수 있다.
    ▶ 제조업자의 상표, 특허권, 영업권 등을 보호할 수 있다.
    ▶ 지속적인 시장개척의 기회를 가질 수 있다.
    ▶ 적극적인 해외시장의 개척이 가능하다.
  - 직접수출의 단점
    ▶ 수출경로 유지비용(착수 및 유지비용)이 더 많이 든다.

Key Point

▶ 수출방식의 유형
- 간접수출 : 종합무역상사나 수출대행업자를 통해 이루어지는 것으로써 기업이 직접 수출관련업무를 수행하지 않으므로 해외시장을 개척하는데 큰 노력이 필요하지 않다.
- 직접수출 : 해외수요업체에 직접 판매 혹은 외국 소재 대리인이나 유통업자 또는 자사의 현지판매지사나 해외법인을 통해 해외에 직접 판매하는 방법이다.

▶ 간접수출방식
- 방식 : 수출중간업자를 활용
- 경로 : 국내수출대리점, 국내수출상
- 장점 : 해외시장의 경험이 없어도 됨, 비용과 위험 감소, 업무 및 절차의 감소
- 단점 : 마케팅 통제의 어려움, 장기적인 시장 구축의 어려움, 제한적인 이익

▶ 직접수출방식
- 방식 : 수출중간업사 없이 직접 유통
- 경로 : 외국(현지)판매대리인, 외국(현지)유통업자, 외국(현지)판매지사 및 법인
- 장점 : 적극적인 마케팅 가능, 현지 마케팅 계획에 대한 통제 기능, 지속적인 시장개척의 기회 제공, 제조업자의 무형재산 보호, 현지에 대한 빠른 정보 습득
- 단점 : 전문적인 수출업무관리 능력 필요, 더 높은 경로비용 필요, 정보수집능력과 분석능력 필요, 높은 비용과 위험 부담

| 독 | 학 | 사 | 3 | 단 | 계 |

Key Point

해외시장진출 방법
- 수출진입방식 : 간접수출, 직접수출
- 계약진입방식 : 라이선싱, 프랜차이징, 기술제휴, 용역계약, 경영관리계약, 건설·턴키계약, 계약생산, 상호거래협정
- 투자진입방식 : 단독투자, 합작투자

라이선싱
- 기술공급자가 무형자산이나 권리를 기술도입자에게 판매 또는 임대하는 계약이다.
- 국제 라이선싱은 외국의 라이선시(licensee)가 라이선서(licensor)에게 일정한 대가를 지불하고 자국에서 라이선서의 제품을 제조하는 권한을 획득하기 위한 계약을 말한다.

라이선싱이 효과적인 해외진출 방법이 되는 경우
- 해외진출 제품이 상품이 아니라 서비스인 경우
- 현지 소비자들의 기호에 부응하기 위해 제품의 개량 혹은 수정이 절대 필요한 경우
- 현지국의 투자에 정치적 위험이 높은 경우
- 높은 생산원가로 국내생산이 비효율적이거나 현지까지의 운송비용이 많이 소요되는 경우
- 관세, 쿼터 등 수입장벽이 높을 경우

▶ 더 높은 위험부담이 따른다.
▶ 전문적인 수출업무관리 능력이 요구된다.
▶ 더 많은 정보의 수집 및 분석이 요구된다.

(2) 계약방식

계약에 의한 진입방식은 기업 자신의 무형자산인 기술, 상표, 물질특허권, 저작권과 같은 지적소유권, 기술적 노하우, 경영관리 및 마케팅과 같은 경영 노하우 등 경영자산을 하나의 상품으로 취급하여 현지기업과 일정한 계약에 의해 국제경영활동을 수행하는 방식이다. 계약진입방식은 기업이 소유하고 있는 기술이나 지식을 외국의 기업에게 이전시키는 대가로 일정한 수수료를 받게 된다.

① 라이선싱(licensing)
  ㉠ 라이선싱의 의미 : 제조기술, 특허, 노하우, 상표, 상호 등의 무형자산이나 이를 사용할 수 있는 권리를 수혜기업에게 일정기간 제공하고, 대가로 사용료나 수수료 등을 수취하는 계약이나 협정이다.
  ㉡ 기업이 외국기업과 라이선싱을 체결하는 이유
    - 현지 자회사들로부터의 자금송출을 용이하게 하려고 자회사들에게 사용권을 허락하는 라이선싱을 체결하기도 한다.
    - 자사의 특허, 상표 등의 무단사용을 방지하려고 추진하기도 한다.
    - 라이선싱의 대가로 외국 수혜기업의 연구결과를 들여다 활용하려 하기도 한다.
    - 국내에서 이미 사용된 기술에 대해 단순히 추가적인 수익을 올리려는 의도가 있다.
  ㉢ 라이선싱의 장점
    - 라이선싱은 해외시장에 가장 손쉽게 진입할 수 있는 방식이다.
    - 수출 또는 직접투자의 대상국의 법적 제한 때문에 수출 또는 직접투자가 어려운 경우에 라이선싱으로 해당 외국시장에 진입한다.
    - 라이선싱은 가장 손쉬운 기술이전의 한 방편이다. 라이선싱 공여기업은 로열티에 의해 확실한 대가를 받을 수 있고 라이선싱 수혜기업은 자신이 개발할 수 없는 기술이나 노하우 또는 브랜드를 인수받을 수 있다.
    - 서비스산업이 외국에 진출할 때 라이선싱이 매우 유효한 수단이 된다.
    - 현지 소비자들의 기호에 맞추어 제품을 수정코자 할 때에 수출이나 해외 직접투자보다 투자비용이 적게 들며 위험도 적다.
  ㉣ 라이선싱의 단점
    - 라이선싱은 자사의 브랜드나 기술에 대한 보호와 통제가 힘들다.
    - 라이선싱은 자신이 직접 현지에서의 마케팅 활동 또는 생산활동을 하는 경우에 비해 이익이 적다.

- 기업이 기술, 특허, 상표 등 현지 시장에 매력적인 무형자산을 보유하고 있지 못하면 라이선싱을 활용할 수 없다.
- 현지 시장에서 수혜기업의 마케팅 활동이나 생산공정에 대한 통제가 어렵다.
- 정치적 위험은 낮은 반면 상업적 위험은 매우 높다.

② 프랜차이징(franchishing)
  ㉠ 프랜차이징의 의미
   - 프랜차이저(franchisor)가 프랜차이지(franchisee)의 이익 중 일정 몫이나 그 밖의 대가를 받고 자신의 브랜드를 사용할 수 있는 권한을 판매하는 것이다.
   - 가맹점이라 할 수 있는 프랜차이지에게 회사명, 상표, 기술 등에 대한 사용 권리의 이전 외에도 사업시스템을 지원해주는 방식이다.
  ㉡ 프랜차이징의 특징
   - 가맹점들의 영업에 대해 어느 정도 강력한 통제를 할 수 있다.
   - 적은 자본투자와 기술이 복잡하지 않은 소비 서비스재에 가장 적합한 진입방식이다.
  ㉢ 프랜차이징 계약
   - 가맹점들이 준수해야만 하는 영업지침이 명시된다.
   - 가맹점들이 협약된 규정이나 실적을 준수 못할 때 보통 사업본부측이 계약을 종료시킬 수 있도록 프랜차이징 계약이 체결된다.
  ㉣ 프랜차이징의 장점
   - 프랜차이지의 사업수행의욕이 높다.
   - 프랜차이징은 정치적 위험이 낮다.
   - 프랜차이징은 라이선싱과는 달리 마케팅의 통제가 가능하며 기술적 유출 위험이 적다.
   - 원료와 관리서비스를 공급하므로 가맹점의 입장에서는 비용과 위험에 대한 우려가 적다. 그러므로 가맹점 모집이 손쉽다.
   - 독특한 이미지 구축과 표준화된 마케팅 프로그램을 사용할 수 있다.
   - 프랜차이징은 적은 비용으로도 해외시장에 신속하게 진입할 수 있다.
  ㉤ 프랜차이징의 단점
   - 프랜차이지의 운영을 완전히 통제할 수 없다.
   - 프랜차이징에 대한 현지국 정부의 규제가 있을 수 있다.
   - 프랜차이징 수혜기업은 예비경쟁자가 될 수 있다.
   - 라이선싱의 경우와 같이 수출이나 직접투자에 비해 프랜차이징은 이익이 제한된다.

③ 계약생산(contract manufacturing)

Key Point

▶ 라이선싱의 단점
- 기술이 이전된 이후 기술에 대한 통제가 약화되며 기술에 대한 비밀이 누설될 가능성이 높아진다.
- 라이선싱 계약 중에 기술모방이 이루어져서 계약이 끝난 후에는 라이선스 공여자와 수혜자간에 경쟁관계에 서게 될 우려가 있다.

▶ 프랜차이징(franchising) : 일반 관리자원 및 마케팅자원을 포함하는 서비스의 내용을 제공하기로 약정하는 계약방식으로 소유나 경영면의 이전은 없고 단지 마케팅 및 관리 노하우가 거래대상이 된다.

▶ 진입방법에서 프랜차이징의 유리한 점
- 적은 자본으로 해외시장에서의 신속한 확산이 가능하다.
- 독특한 이미지로 표준화된 마케팅이 가능하다.
- 동기부여가 높은 다수의 가맹점을 보유할 수 있다.
- 현지 몰입 정도가 낮으므로 정치적 위험이 적다.

▶ 프랜차이징의 불리한 점
- 본부 이익이 적다.
- 가맹점의 운영에 대한 완벽한 통제가 어렵다.
- 경쟁사의 양성 가능성이 높다.
- 계약상에 대한 정부의 규제가 많다.

| 독 | 학 | 사 | 3 | 단 | 계 |

Key Point

계약생산이 활용되는 경우
- 현지 정부의 규제 등의 장벽으로 통상적인 수출로는 해외고객에게 제품을 공급할 수 없는 경우
- 현지 생산이 원가측면에서 유리한 경우
- 자사 제품을 직접 공급할 수 있는 생산여력이 미치지 못하거나 현지 시장이 협소하여 직접투자 형태의 진출이 타당하지 않은 경우

계약생산
- 계약생산은 라이선싱과 직접투자의 중간적 성격을 띠고 있지만 지분 참여가 없다는 점에서는 직접투자와 확실히 구분된다.
- 대개의 경우 원하는 명세에 따른 제품을 얻기 위해 현지의 생산업체에게는 기술제공이나 기술적 지원이 이루어진다.
- 계약생산은 통상 해외고객에게 자사가 제품을 직접 공급할 수 있는 생산 여력이 미치지 못하거나 현지시장이 협소하여 직접 투자형태 진출이 타당하지 않은 경우에 이용된다.

턴키계약 : 특정의 프로젝트 수행 시 모든 설비가 완공되어 운영할 수 있는 상태로 소유주에게 인도하기로 하는 일괄수주계약 형태를 말한다.

㉠ 계약생산의 의미 : 한 기업이 외국의 다른 기업에게 생산 및 제조기술을 제공하면서, 동시에 특정제품의 생산을 주문하고, 그 주문생산된 제품을 공급받아 현지시장이나 제3국의 시장에 재판매하는 전략으로서 라이선싱과 해외직접투자의 중간형이라고 할 수 있다.

㉡ 계약생산의 장점
- 자본 등 소규모 기업자원 투입, 외국시장으로의 신속한 진출, 현지국의 소유권 문제 회피 등을 들 수 있다.
- 생산된 제품을 직접 판매하기 때문에 마케팅과 애프터 서비스에 대한 통제력을 발휘할 수 있다.
- 현지국의 시장규모가 작아서 투자할 가치가 없거나, 수출을 할 경우 무역장벽이 존재하는 경우에 이용할 수가 있다.
- 진입방식의 유연성을 보장한다. 제품의 품질이 기업이 요구하는 수준에 미치지 못하거나 생산자가 납기를 준수하지 못하는 경우 계약의 만료와 동시에 다른 제조업자를 찾을 수 있다.
- 기업이 특정시장으로부터 철수를 결정할 경우 생산설비를 포기해야 하는 손해를 피할 수 있다.
- 현지의 값싼 노동력이나 원자재를 이용할 수 있다.

㉢ 계약생산의 단점
- 기술을 제공받은 기업이 장래의 잠재적 경쟁기업이 될 수 있다.
- 현지 생산기업을 발굴한 때도 일정 수준의 품질을 유지하려면 상당한 기술지원을 제공해야 한다.
- 위탁기업의 입장에서 적절한 현지 생산기업을 찾아내기가 어렵다.

④ 턴키(turnkey)건설계약

㉠ 의미 : 공장을 가동하는 키를 돌리면 모든 설비가 가동되는 상태로 공사 발주자에게 인도한다는 뜻으로, 설계·조달·시공·건설 시운전까지 맡게 되는 일괄수주계약으로 플랜트 수출이라고도 한다.

㉡ 턴키프로젝트의 특징
- 어떤 기업체에게는 턴키프로젝트는 새로운 수출기회를 제공할 수 있다. 턴키프로젝트에 포함시키지 않고는 불리한 가격조건 등의 이유로 수출하기 어려운 산업시설과 제품을 생산하는 기업체의 경우에는 특히 그러하다.
- 기술과 자본능력을 갖춘 대기업이 주로 활용한다.
- 개발도상국을 대상으로 선진 기업에 의해 주로 활용된다.
- 대체로 부가가치가 매우 높다.

㉢ 단점
- 상당한 자본과 시간을 요구한다.

- 정치적 위험에 노출될 가능성이 크다.
- 대금지급이 지연될 위험이 크다.

⑤ 경영관리계약(management contract)
　㉠ 경영관리계약의 의미
　　- 해외기업의 일상적 영업활동을 관리하는 것에 관한 계약이다. 소유와 경영을 분리시켜 경영에 관한 권한만을 위임하는 것이다.
　　- 한 기업이 일정 기간 타국가에 있는 기업의 경영을 대신해서 관리하는 것이다.
　㉡ 계약의 범주 : 기업의 계속적인 운영에만 국한되며 보통은 신규투자, 장기차입, 배당, 소유권 등의 사안에는 관여하지 않는다.
　㉢ 주로 합작투자 또는 턴키 프로젝트 등과 결부되어 활용된다.
　㉣ 자체만으로는 적은 위험부담으로 해외시장에 참여할 수 있는 기회를 제공하지만 수익이 제한적이다.

(3) 직접투자에 의한 해외시장 진출

① 직접투자의 개념 및 특성
　㉠ 해외직접투자의 의미
　　- 정의 : 외국법인의 경영에 참가할 목적으로 해외에 법인을 설립하거나, 이미 설립된 외국법인을 인수하는 것을 말하며 국내의 자본, 인력, 기술 등의 생산요소를 해외에 이전시키는 것이다.
　　- 생산적 측면 : 모든 부품을 본국으로부터 수입하여 현지국내에서 단순히 조립 및 가공만 하는 형태로부터 완전히 현지국의 생산요소를 사용하여 제품을 생산하는 형태까지 이른다.
　　- 소유 및 경영관리 통제의 측면 : 현지자회사는 단독소유 자회사와 외부기업과의 공동투자에 의한 합작회사의 형태로 구분된다.
　㉡ 해외직접투자의 특징
　　- 해외직접투자는 수출이나 계약방식에 의한 진입방법에 비해 해외사업에 대하여 보다 강한 통제력을 가질 수 있는 방법이다.
　　- 가장 적극적인 해외시장 진출방식이다.
　　- 근본적으로 회사 자체를 현지국에 이전시키는 것이다.
　　- 직접적인 통제가 가능하므로 기업에게 현지국에서 자신의 경쟁 우위를 최대한 활용할 수 있는 기회를 제공한다.
　㉢ 해외직접투자의 주요한 동기
　　- 경쟁우위를 활용하기 위하여 해외직접투자를 한다. 기업은 비용, 기술, 브랜드, 마케팅 능력에 기반한 경쟁우위를 가지고 있을 때 내수시장뿐만 아니라 해외시장에서 활용할 수 있으면 더 많은 수익을 보장받을 수 있다.

Key Point

▶ 경영관리계약
- 해외기업의 일상적인 영업활동을 관리하는 것에 관한 계약이다.
- 소유와 경영을 분리시켜 경영에 관한 권한만을 위임하는 것이므로 이 관리에는 새로운 자본투자, 장기부채의 기채, 배당정책, 기본적인 경영정책, 소유권 등에 대한 결정권한은 포함되지 않는다.
- 경영관리계약상의 경영통제는 진행중인 사업운영에만 국한되는 것이 보통이다.
- 경영관리계약은 보통 합작투자나 턴키프로젝트의 일환으로 해외진입시 사용되는 방법이다.

▶ 직접투자에 의한 진입방식
- 경영참가를 목적으로 하는 글로벌 비즈니스 활동으로 현지국에 소유권을 보유한 자회사를 설치하는 방법이다.
- 기업이 보유한 모든 자원, 즉 관리·생산·마케팅·재무·회계·인사측면의 자원을 이동시켜 자사의 통제 하에 둠으로써 기업이 보유한 경쟁우위를 최대로 이용하는 방식이다.

▶ 해외 직접투자의 동기
- 경쟁우위의 활용 : 기업이 기술, 브랜드, 마케팅 능력과 같은 경쟁우위를 갖고 있을 때, 이를 내수시장뿐 아니라 해외시장에서 활용하면 더 큰 수익보장
- 내부화 : 기업이 해외경영을 하는데 필요한 지적 자산과 원자재 등의 거래를 수행함에 있어서 시장을 이용하는 것보다 기업내부 거래를 통해 수행하는 것이 더 효율적이기 때문이다.
- 환율위험 및 무역장벽의 회피 : 보호무역 장벽의 우회수단으로 사용하며, 직접투자를 통한 생산지역의 다변화는 환율변동의 위험으로부터 기업을 보호한다.

Key Point

해외직접투자의 과정
- 국가간의 순차적 진입 : 기업이 세계의 여러 국가로 진출할 때에 동시다발적으로 진출하기 보다는 문화, 언어, 경제적 환경이 비슷한 국가로부터 상이한 국가의 순서로 순차적으로 진입한다.
- 사업부의 점진적 확충 : 경쟁우위가 강한 사업부에 최초의 투자가 이루어지고 점차적으로 경쟁우위가 약한 사업분야로 순차적으로 진입하게 된다. 투자기업 스스로가 강한 경쟁우위를 지니고 있는 경우에는 신설투자가 유리하고, 외국의 경쟁우위를 흡수할 목적이라면 인수합병이나 합작투자가 더 유리하다.

직접투자의 특징
- 투자가들로서는 새로운 시장의 개척, 현지의 각종 수입규제 극복, 원료공급원의 안정적 확보 등을 통해 본국에서의 투자보다 더 높은 투자수익을 얻는 것이 주요동기이다.
- 도입국측에서는 선진기술 및 자본의 효율적 도입과 그에 따른 새로운 산업의 육성 및 생산과 고용창출에 근본적 목적을 둔다.

단독투자가 선호되는 경우
- 현지의 마땅한 합작투자 대상기업을 찾기 어려운 경우
- 독자적 기술능력을 기초로 신제품 개발을 지향하는 경우
- 원료 및 자원생산을 통해 국제적 시장지배력을 행사하려는 경우
- 제조원가 절감을 위해 범세계적인 시야에서 생산설비 합리화 혹은 집중화가 요구되는 경우
- 차별화된 제품에 대해 보편적으로 통일된 마케팅 기법이 전세계적으로 사용되는 경우

- 기업이 해외경영을 하는데 필요한 지적 자산과 원자재 등을 해외로 이전하는데 있어 수출에 의한 시장거래나 계약방식을 이용하는 것보다 기업내부거래를 통해 하는 것이 효율적이기 때문이다.

㉣ 해외직접투자의 장점
- 해외직접투자는 자본이전을 수반하는 기업의 이전이다. 그러므로 해외 현지에 자회사를 설립하고 자회사에 기업의 생산시설, 마케팅, 재무, 기술, 지적재산권의 일부 또는 전부를 이전시켜 현지에서 생산하고 현지에서 판매한다.
- 수출의 경우에는 운송비, 관세, 각종 비과세장벽에 따른 비용이 소요되나 해외직접투자에서는 이러한 비용지출이 없다. 해외직접투자는 수입수량제한 또는 수입금지 조치가 실시되는 나라에 효율적으로 진입할 수 있는 방법이다.
- 현지 기업이미지를 소비자에게 심어줄 수 있다.
- 더 높은 수준의 애프터 서비스를 제공할 수 있다.
- 현지 중간상 또는 최종 소비자들에게 신속히 제품을 인도해 줄 수 있다.
- 현지 소비자의 기호에 맞게 제품을 수정할 수 있는 기회를 높일 수 있다.
- 생산비용의 절감, 그리고 쿼터 등의 수입장벽을 회피할 수 있다.

㉤ 직접투자의 단점
- 정치적 위험이 높다. 피투자국의 허가를 얻는 데 제한이 있거나 허가조건이 있는 경우가 많다. 해외투자의 이익송금을 제한하는 위험이 있다.
- 시장위험이 높다. 투자할 때는 사업성이 높으나 몇 년 안에 사업성이 낮아져 손실이 발생할 가능성이 있다.
- 해외직접투자는 외부환경의 영향을 가장 많이 받는 방식이므로 시장조사에 많은 비용이 소요된다.
- 사업착수비용이 높고, 자본회수 기간이 길며, 철수비용이 높다.

② 단독투자에 의한 진입
㉠ 단독투자의 의미 : 해당기업이 현지 기업의 지분을 거의 전부 소유하는 형태로 해외에 진출하는 것으로 신설이나 인수합병을 통해 이루어진다.
㉡ 인수에 의한 해외진출 : 기업이 부족한 경영자원을 외부로부터 일시에 취득하여 단기간 해외로 진출하려 할 때 이용된다.
- 장점 : 투자회수기간이 단축되고, 진출기업의 경쟁력 강화와 시너지 창출을 통해 시장점유율을 확대할 수 있으며, 위험회피 등이 가능하고, 현지 시장에 빠르게 침투할 수 있다.
- 단점 : 현지 정부의 부당한 간섭이나 개입이 일어날 가능성이 많고, 문화충돌이 일어날 수 있으며, 인수대상 기업의 선정이 쉽지 않다.

③ 합작투자에 의한 진입

ⓐ 합작투자의 의미 : 현지 기업 또는 현지 정부와 합작기업을 설립하여 해외시장에 진출하는 것이다.
ⓑ 합작투자의 특징 : 상대방 기업이 보유하고 있는 강점을 통해 위험을 분담하는 상호 호혜적인 해외투자방식이다.
ⓒ 합작투자의 장점 : 상호보완적인 기술이나 능력을 활용한 시너지 창출, 자본투자규모의 절감이나 해외시장에의 용이한 진입을 통한 위험의 축소, 규모의 경제에 따른 원가절감, 경쟁의 완화, 현지 정부의 투자제한 또는 무역장벽 등과 같은 진입규제의 극복
ⓓ 합작투자의 단점
- 투자기업이 합작기업의 경영 혹은 관리를 독자적으로 통제할 수 없다.
- 기업활동이 경직화될 가능성이 상존한다.

> **Key Point**
>
> **합작투자가 단독투자에 비해 선호되는 상황**
> - 해외사업 경험이 미흡한 경우
> - 자원의 확보가 투자기업의 사업 운영에 중요한 영향을 미칠 경우
> - 현지의 합작대상기업이 현지시장에서 보유하고 있는 강점이 해외사업 운영에 필수적인 경우
> - 현지 정부가 단독투자에 의한 외국기업의 진출을 금지하거나 규제하는 경우

2. 해외진출방식의 선택에 영향을 미치는 요인

(1) 내부 요인

① 제품관련 요인
  ⓐ 제품차별화 정도
  - 고 차별화된 제품 : 경쟁업체의 제품에 대해 어느 정도 경쟁우위를 차지하므로 탄력적인 가격정책이 가능하게 된다. 즉, 고(高) 차별화된 제품은 높은 수송비용과 수입관세를 지불하고도 어느 정도 경쟁력을 유지할 수 있으므로 수출에 의한 해외시장진출이 가능하다.
  - 저 차별화된 제품 : 가격경쟁력이 매우 중요한데 수송비용과 수입관세로 인한 가격인상 요인을 회피하기 위해서는 수출방식보다 현지생산방식을 택하여 진출하는 것이 유리할 것이다.
  ⓑ 제품 특성
  - 판매 전 또는 판매 후 서비스가 중요시되는 경우 : 현지 판매지사나 법인을 통한 직접수출 방식이나 현지생산 방식이 적합하다.
  - 기업의 제품이 엔지니어링, 광고, 정보서비스, 경영자문 등의 경우 : 해외 대리점의 설립이나 프랜차이징, 기술협약 등과 같은 계약진입방식이 요구된다.
  - 기술집약적 제품의 경우 : 기술에 대한 라이선싱이 선호된다.
  ⓒ 현지기호에 맞추기 위한 적응 정도 : 현지국 소비자의 기호에 맞추기 위하여 상당한 수준의 적응이 요구되는 제품에 대해서는 현지시장과 아주 밀접한 관계를 유지해야 하므로 간접수출보다는 현지판매지사나 법인을 통한 직접수출방식이나 또는 현지생산방식이 유리하다. 특히 제품 적응에 따른 새로운 생산설비가 필요하거나 또는 제품을 현지시장에서 판매하기

> **내부요인**
> - 경영·자본·기술 등의 기업자원과 핵심역량이 풍부하고 우수할수록 상대적으로 진출대안의 선정폭이 넓어진다.
> - 일반적으로 기술력이 강하거나 우수한 브랜드를 가진 기업은 합작, 라이선싱보다는 단독투자를 선호하는 경향이 있다.
> - 해외시장에 자원을 투입하려는 경영자의 의지가 추가적으로 고려되어야 한다. 공격적이고 적극적인 경영자는 해외직접투자 등 보다 적극적인 해외시장진출방법을 선호한다.
> - 국제경영활동의 경험이 높아질수록 직접적인 자원투입과 통제권을 수반할 수 있는 방법을 선택할 가능성이 높아지게 된다.
> - 제품관련요인은 해외시장 진입방법의 선정에 영향을 미친다. 여기에는 제품차별성, 서비스, 이전가능성, 제품기술의 특성 등을 들 수 있다.

에는 부적합할 경우 현지생산방식의 채택이 필수 불가결할 것이다.
      ㉣ 제품의 물리적 특성 : 제품의 무게, 부패가능성 등의 물리적 특성도 진입방식 결정에 영향을 미친다. 예컨대 고급시계와 같이 무게에 비해 제품의 가치가 높은 경우에는 현지생산보다 직접 수출이 적합하다.
  ② 기업자원 및 해외시장 개입 정도
      ㉠ 기업의 자원보유 상태 : 기업이 자본, 기술, 공정기술, 마케팅이나 경영관리 노하우 등의 자원이 풍부할수록 진입방식의 선택 폭이 넓다.
      ㉡ 해외사업의 경험 : 기업이 해외시장에서 활동해 온 현지사업 경험은 진입방식에 영향을 미친다. 해외사업활동 경험이 적을 경우 일반적으로 수출에서부터 시작하여 점차적으로 해외사업에 대한 경험이 축적됨에 따라 현지 판매조직, 현지 생산체제 구축 등으로 이행하는 방식을 선호한다.
      ㉢ 경영진의 의지
          • 해외시장 진출에 대해 소극적이고 제한적인 목표를 가지고 있는 기업들은 가급적 자원투입을 최소화하고자 한다. 따라서 투자 위험부담이 큰 직접투자 방식보다는 수출이나 라이선싱 등의 방식을 선호하게 된다.
          • 보다 적극적으로 해외시장에서의 기회를 포착 이용하려는 경영자는 더욱 적극적인 방식의 진입을 선택할 수 있다.

(2) 외부요인

① 현지국의 시장요인
  ㉠ 시장규모
      • 대규모 시장 : 직접수출이나 현지 직접투자 등이 선호된다.
      • 소규모 시장 : 간접수출이나 라이선싱 등의 계약형태의 진입방식이 선호된다.
  ㉡ 경쟁구조 : 완전경쟁, 과점, 독점 등 현지국 시장의 경쟁구조에 따라 진입방법을 달리하는 것이 바람직하다.
      • 완전경쟁시장 : 독과점시장보다 상대적으로 수출이 유리한 전략적 방법이다.
      • 독과점시장 : 효율적인 경쟁을 위해 직접투자방식이 선호된다.
  ㉢ 생산요소의 가용성 : 현지의 원자재, 노동력, 에너지 등 생산요소의 질·보유량·가격을 비교하여 생산비 차이가 큰 경우 해외직접투자를 통한 현지생산이 적극 고려되어야 한다.
  ㉣ 경제하부구조
      • 교통, 통신, 항만 등의 경제하부구조를 이용하는 데 소요되는 비용은 진입방법의 선정에 많은 영향을 미친다.
      • 마케팅 하부구조의 질과 활용 가능성 : 진입방법의 선정에 영향을 미

Key Point

기업의 자원보유 상태 : 기업이 자본, 기술, 공정기술, 마케팅이나 경영관리 노하우 등의 자원이 풍부할수록 진입방식의 선택 폭이 넓다.

해외시장에 대한 개입 정도 : 기업전략, 조직 내에서의 국제사업부문의 위상, 최고경영자의 태도와 의지 등에 의해 달라진다.

외부요인 : 현지국 요인과 본국 요인으로 구별해 볼 수 있다.
• 현지국 요인 : 현지국 요인은 진출대상국의 거시환경요인과 시장 및 생산요인으로 나누어 볼 수 있다.
• 본국 요인 : 진출대상국 뿐만 아니라 본국의 거시환경, 시장 및 생산요인도 진입방법의 결정에 큰 영향을 미친다.

경쟁구조
• 불완전 경쟁구조를 지닌 현지시장으로의 진출시에는 독과점적인 강력한 현지기업들과 경쟁할 수 있도록 진출기업은 적극적으로 시장개입을 해야 하고 이 경우 직접투자가 필요시 된다.
• 상대적으로 소극적 진출방식이라 할 수 있는 수출에 의한 진출은 독과점적 기업들이 존재하는 불완전경쟁구조를 지닌 시장보다도 완전경쟁구조를 가진 현지국 시장에 대해 더욱 적합하다.

친다. 예를 들어 현지에 믿을 만한 대리점 또는 유통업체가 존재하지 않거나, 이미 경쟁기업에 선점 당하고 있는 경우에는 단순수출보다는 지점이나 현지자회사를 설립할 필요가 있다.

② 현지국의 기업환경
　㉠ 정부의 정책 및 규제
　　• 높은 관세율, 수량제한, 기타 무역장벽들이 존재하는 경우 수출보다는 다른 진입방법이 선호된다. 또한 현지국 정부는 정책적으로 단독투자보다는 합작투자를, 인수·합병보다는 신규투자를 선호하는 경우가 많다.
　　• 현지국이 기술수준이 낮아 육성이 필요하거나 지역의 고용문제의 해결에 도움이 되는 기업들은 전략적으로 갖가지 지원을 제공하면서 유치하기도 한다. 이런 다양한 지원은 외국 기업의 현지 진입을 매우 손쉽게 하는 효과가 있다. 따라서 이런 경우 단순하게 수출에 의존하기보다 해외직접투자를 통한 진입방식이 보다 매력적일 수 있다.
　㉡ 지리적 거리 차이 : 만일 본국과 현지국과의 지리적 거리 차이가 클 경우 수출방식으로의 진출은 높은 운송비용으로 인하여 가격경쟁력이 저하될 것이므로 다른 대안적인 진출방식 즉 현지국에서의 조립가공방식 등을 고려해 보아야 한다.
　㉢ 현지국의 경제규모와 절대적 경제성과
　　• GNP와 일인당 국민소득 등은 현지국의 잠재적 시장규모의 지표가 된다. 이러한 정태적 경제 요인뿐만 아니라 투자율, 경제성장률, 실업률 등과 같은 현지국 경제의 '동태성' 또한 진입방식의 결정에 있어서 신중히 고려되어야 한다.
　　• 현재 현지국의 시장규모가 적정의 손익분기점에 못 미치더라도 앞으로 현지국의 시장규모가 증대될 것으로 예측될 경우 높은 손익분기점을 요하는 진출방식의 사용도 가능한 것이다.
　㉣ 문화적 차이
　　• 문화적 거리감이 높은 현지국 시장에 진출할 경우에는 기업은 현지경영의 어려움과 높은 관리비용을 회피할 수 있는 진입방식 즉 라이선싱, 간접수출방식 등을 사용하는 것이 유리하다.
　　• 현지국과의 문화적인 차이가 클수록, 비지분투자 형태의 진출방식을 이용하는 것이 효과적이다.
　㉤ 정치적 위험
　　• 기업은 해외시장 진입시 정치적으로 불안정하고 위험이 큰 나라에 대해서는 많은 경영자원을 투입하려고 하지 않으며 현지 공장의 신설 등과 같이 깊숙하게 개입하고 상당한 투자가 요구되는 진입방식을 가급적 회피하려고 한다.

Key Point

▶ 현지국 기업환경 : 진출대상국의 거시 환경요인인 정치, 경제, 지리, 사회·문화적 환경들은 구체적인 진입방법의 선정에 결정적인 영향을 미치는데, 그 중에서도 중요한 요인으로는 정부정책과 규제, 경제체제, 지리적 거리, 문화적 차이, 정치적 위험 등을 들 수 있다.

▶ 지리적 거리 : 진출 대상국이 지리적으로 멀리 떨어져 있는 경우 과도한 운송비 부담으로 인하여 단순수출을 통해서는 현지 상품과의 경쟁에서 불리하다. 이러한 경우 현지에서의 조립생산이 운송비를 줄일 수 있는 대안이다.

▶ 문화적 차이 : 본국과의 가치관, 언어, 사회구조, 생활습관 등의 차이가 클 경우 해외직접투자에 의한 진입방식은 높은 외국비용을 유발하여 불리할 수 있다.

▶ 정치적 위험 : 정치불안정, 몰수위험 등의 정치적 위험도가 높을 경우 기업은 현지에 대한 개입 정도가 상대적으로 낮은 진출방법을 선호하게 된다.

| 독 | 학 | 사 | 3 | 단 | 계 |

Key Point

현지국의 생산적 요소 : 현지국의 풍부한 자원과 저임금은 외국기업으로 하여금 직접투자를 하도록 유인할 것이며 반대로 열악한 생산부존자원과 고임금 등은 현지국에 대한 외국기업의 투자의욕을 감소시킬 것이다.

시장규모
- 우리나라와 같이 시장규모가 작은 나라의 기업들은 규모의 경제를 달성하기 위해 수출을 일차적으로 고려하게 된다.
- 미국과 같이 국내시장의 규모가 클 경우 기업들은 상대적으로 국내지향적이 되기 쉽다. 그러나 이런 나라의 기업들이 해외진출을 고려하기로 한 경우에는 적극적인 자원투입을 할 가능성이 높다.

경쟁구조
- 국내시장에서 과점상태에 있는 기업들은 경쟁기업의 행동을 모방하는 경향이 있다.
- 이러한 경우 한 기업이 해외직접투자를 하게 되면, 다른 경쟁기업들도 선도기업을 따라 해외로 동반 진출하는 현상이 나타난다. 이런 형태의 해외직접투자를 과점적 반응 또는 선도기업 추종형 투자라 한다.

본국정부의 정책 : 해외진출기업에 대한 본국 정부의 지원정책과 제한정책이 있다.
- 해외투자기업에 부여되는 조세·금융상의 지원 정도, 이중과세 방지협약, 투자위험에 대한 지원과 보증 등은 해외직접투자를 장려하는 요인이 된다.
- 국제수지상의 문제로 자본유출억제 정책이나 고용문제로 인한 해외생산시설 이전제한정책은 해외직접투자방식을 억제하는 효과가 있다.

- 국유화나 수용 등의 정치적 위험을 내포하고 있는 국가들로의 진출 시 : 경영자들은 위험부담을 낮출 수 있는 자본참여가 낮은 진입방식, 즉 구상무역, 간접수출, 라이선싱, 계약방식, 합작투자 등의 방안을 강구할 필요가 있다.
- 정치적 위험이 낮은 현지국으로의 진출시 : 높은 자본투자가 요구되는 단독투자의 사용이 가능하다.

③ 현지국의 생산요인
  ㉠ 현지국에서의 생산비가 낮은 경우 : 수출보다 현지생산이 선호된다.
  ㉡ 생산비가 높은 경우 : 현지생산을 기피하게 된다.

④ 본국 관련 요인
  ㉠ 국내시장 규모
    - 국내시장 규모가 클 경우 : 국내에서 대기업으로 성장하게 되고, 이러한 대기업들이 자본참여형태의 진출방식을 이용하는 경향이 높다.
    - 시장규모가 작은 국가의 기업 : 수출을 최적 규모의 경제에 도달하기 위한 수단으로 이용한다.
  ㉡ 시장의 경쟁구조
    - 국내의 독과점적 경쟁구조 하에서의 기업 : 경쟁적 균형상태를 위협하는 경쟁업체의 행위를 모방하는 경향을 보인다. 즉, 한 특정기업이 해외시장에 진출하면 다른 경쟁상대 기업들은 자신의 합리적인 의사결정에 의해서라기보다는 무조건적으로 선도적인 경쟁업체를 따라 해외시장으로의 진출을 도모하는 경향을 보인다.
    - 높은 생산비용 : 본국에서의 생산비용이 증대될수록 수출을 통한 해외진출에는 많은 제약이 있다. 인건비와 원자재대의 상승 또는 화폐절상 등의 요인에 의한 비용상승은 수출보다는 현지생산이나 라이선싱 같은 계약형태의 진출전략을 적극 고려하게 하는 요인이다.
    - 수출활동과 해외투자에 대한 본국 정부의 정책 : 만일 정부가 기업의 수출에 대해서는 금융지원, 세금감면 등의 혜택을 주는 반면 해외투자에 대해서는 까다로운 규제를 하는 등의 편협한 정책을 적용하게 되면 기업들로 하여금 해외직접투자보다는 수출활동에 더 많은 노력을 기울이도록 유도할 것이다.
    - 경쟁이 심한 산업의 기업 : 수출이나 라이선싱을 이용하여 해외시장에 진출하는 경향이 높다.

(3) 해외시장 진출방식

① 러그먼(Rugman) 등의 단순모형
  ㉠ 국제기업

- 위험수준이 낮고 많은 양의 자원투입이 필요치 않은 수출방식으로 해외에 진입하는 것을 좋아한다.
- 높은 무역장벽으로 인해 수출이 불가능하게 되면, 그때야 라이선싱 혹은 해외직접투자 등을 찾게 된다.

ⓒ 단순모형의 장점 : 시간과 비용이 적게 들고 간편하고 신속한 의사결정이 가능하다.

ⓒ 단순모형의 단점
- 기업의 해외시장 진입을 무역장벽의 회피 혹은 위험회피 등 소극적인 관점에서 본다.
- 진입에 따르는 다양한 요인들을 단순화하여, 해외시장에서의 사업기회를 활용하는 데 효과적인 진출방법을 모색할 수 없다.

② 허슈(Hirsch) 모형

ⓐ 허슈에 의해 처음으로 제시된 이 모형은 그 후 약간의 수정을 거쳤으나 기본적인 골격은 크게 변하지 않았다. 이 모형에서는 수출·라이선싱·해외직접투자 등의 세 가지 대표적인 해외시장 진입방법에 따른 비용항목과 그 기울기의 형태변화 추세에 따라 동태적인 최적 해외시장 진입방법을 간단한 수식으로 제시하고 있다.

ⓑ 허슈 모형의 장점 : 해외진입방식에 따라 수반되는 비용을 중심으로 타당한 해외진입방식을 제시하고 있다.

ⓒ 허슈 모형의 단점
- 비용 측면에만 중점을 두어 상이한 시장진출방식에 상관없이 수익이 동일하다고 묵시적으로 가정한다.
- 상이한 시장진입방식간에 위험의 차이를 무시하고 있다.

③ 동태적 변화과정 모형

ⓐ 기업의 국제사업 : 위험이 가장 낮은 간접수출에서 점진적으로 위험이 가장 높은 현지 생산자회사의 설립까지 행해진다.

ⓑ 일반적인 해외진출방식의 발전과정
- 간접수출 → 대리인이나 유통업자를 통한 수출 → 합작투자 → 단독투자
- 간접수출 → 대리인이나 유통업자를 통한 수출 → 해외지사나 현지자회사를 통한 수출 → 단독투자

ⓒ 한계 : 언제 어떤 상황에서 어떤 방식으로 외국시장 진입이 이루어져야 효과적인지 규범적 기준은 제시하지 못하고 있다.

국제전략

(1) 국제경쟁의 유형

Key Point

▶ 러그먼의 단순모형
- 대다수 기업들은 해외시장 진출방법의 선택에 있어서 비교적 단순한 러그먼의 모형을 활용한다.
- 러그먼(A.M. Rugman)은 기업이 국제화를 추진하면서 선택할 수 있는 전략유형을 수출, 라이선싱, 해외직접투자 등 세 가지로 나누고 이들의 선택과정을 비교적 단순하게 설명하고 있다.
- 이 모형에 따르면 국제기업들은 우선 위험수준이 낮고 자원투입이 많이 요구되지 않는 수출방식으로 해외시장에 진출하는 것을 선호한다.
- 기업들이 무역장벽으로 수출이 불가능하게 될 경우에는 기술이 유출되어 경쟁우위를 잠식당할 위험성이 그리 크지 않다면 라이선싱을 선택하게 되고 기술유출 위험이 높으면 상대적으로 자원투입이 많이 요구되는 해외직접투자를 선택하게 된다.

▶ 허슈의 모형 : 수출, 라이선싱, 해외직접투자 등의 세 가지 대표적인 해외시장 진입방법에 따른 몇 가지 비용항목과 그 변화추이에 대한 예측을 중심으로 최적의 해외시장 진입방식을 간단히 수식으로 제시하고 있다.

▶ 글로벌 시장에 관계하는 기업들이 고려해야 할 이슈
- 보다 개방적이고, 보다 용이한 시장 접근기회
- 요구사항이 까다로워진 고객
- 성과의 지속적인 향상
- 제품 생산의 균등화
- 신속하고 유연한 대응의 필요성
- 기술 혁신과 신속한 제품화
- 관계 설정과 관리의 중요성 증대

글로벌 경쟁력을 유지·강화해야 하는 도전에 직면해 있는 모든 기업들은 세계 경제 환경의 급속하고 갑작스러우며 복합적인 변화에 어떻게든 대응해야만 한다. 기업 조직, 통제 메커니즘, 자원과 관련된 가정들과 기본 틀을 재편해야 하고 앞으로도 부단히 변화시켜 나가야 할 것이다.

① 다국가적 경쟁
  ㉠ 경쟁이 국가별로 이루어지는 것으로 각 국가시장에서의 경쟁은 본질적으로 독립적이다.
  ㉡ 어느 한 국가에서의 기업의 전략과 경쟁우위는 해당 국가에 국한된다.
  ㉢ 다국가적 경쟁 산업의 예 : 금속가공, 소매업, 생명보험, 맥주, 음식료품 등

② 범세계적 경쟁
  ㉠ 여러 국가간에 가격이나 경쟁상황이 서로 밀접하게 관련되어 있다.
  ㉡ 다른 국가에서의 경쟁지위에 한 국가에서의 기업의 경쟁지위는 영향을 미치면서 영향도 받는다.
  ㉢ 범세계적 경쟁 산업의 예 : 통신장비, 자동차, 가전제품, 타이어, 복사기, 시계, 상용 비행기 등의 산업

(2) 국제전략의 유형과 특징

① 국제화 전략
  ㉠ 국제화 전략 추구 기업 : 현지 기업들이 보유하지 못한 제품 혹은 기능을 해외 시장으로 이전하여 새로운 가치를 창출하려 한다.
  ㉡ 장점 : 기업능력의 해외시장 이전이다.
  ㉢ 단점 : 현지적응성의 결여, 낮은 통합의 정도, 규모의 경제나 입지의 경제성을 활용 못함.

② 다국가 전략
  ㉠ 현지적응성의 극대화를 추구하는 것으로 현지국지향형 혹은 지역시장지향형 기업에서 많이 쓰인다.
  ㉡ 다국가 전략의 장점
    • 각 국가의 환경과 기업의 전략을 부합시킬 수 있다.
    • 기업이 활동하는 여러 국가간 정치·경제·문화·경쟁적 상황이 상당히 다를 때 효과적이다.
    • 현지 특성에 맞는 제품공급 및 마케팅 전략으로 현지적응성이 제고된다.
  ㉢ 다국가 전략의 단점
    • 상호 연계성에 의한 이점을 활용할 수 없다.
    • 규모의 경제를 활용 못한다.
    • 해외시장으로 기업능력의 이전이 곤란하다.
    • 시간의 흐름에 따라 기업특유의 능력이 축적되지 않는다.

Key Point

시장의 세계적 확대와 세계적 영업활동
• 범세계적 단일시장에의 전개는 기업들의 무한경쟁을 가속화시키고 있고 이 과정에서 세계경제의 상호의존 역시 깊어지고 있다.
• 글로벌 시장의 고객은 구매하고자 하는 상품의 국적을 따지기보다는 더 나은 품질과 가격, 그리고 최상급의 서비스를 한결같이 요구한다.
• 소비자 입장에서는 보다 광범하고 유리한 구매기회를 향유하기 위해 글로벌 시장을 찾으려는 강한 동기가 나타나게 마련이다.
• 서비스산업 부문에서는 이미 많은 회사들이 여러 나라의 국내시장에 침투하여 정착하는 단계에 와 있다.
• 세계적인 네트워크를 가진 다국적기업들의 사업형태 그 자체가 세계경제의 상호의존도의 증가를 유도하고 있다.

다국가 전략의 특성
• 전략적 영역 : 특정 국가나 지역
• 전략의 특징 : 각 국가의 환경 특성에 전략을 맞춤, 국가간 전략의 조정은 거의 이루어지지 않음
• 원료 및 부품의 공급원 : 각 국가별로 유리한 공급자 선택
• 마케팅 및 유통 : 각 국가의 관습이나 문화에 적응
• 제품 전략 : 현지 고객욕구에 따라 수정
• 생산 전략 : 주요 국가별로 생산시설 분산

③ 글로벌 전략
  ㉠ 범세계적으로 기업의 전략적 행태의 통합·조정에 초점을 두며, 범세계적 경쟁의 특성을 지닌 산업에 적합하다.
  ㉡ 글로벌 전략의 장점
    • 경험곡선 효과와 입지의 경제성으로 원가절감 효과를 가져온다.
    • 기업활동의 통합을 통한 범세계적 경쟁우위를 창출한다.
    • 현지 적응의 필요성이 크지 않고, 범세계적 통합에 의한 원가절감의 압력이 높은 경우 유리하다.
  ㉢ 글로벌 전략의 단점
    • 현지적응성이 결여된다.
    • 본사 스탭진의 확대와 관리비용이 증대된다.
    • 본사로의 권한의 집중화는 조직의 유연성을 저하시켜 현지국의 경영효율성이 저하된다.
④ 초국적 전략
  ㉠ 세계시장을 대상으로 범세계적 통합에 의한 원가우위와 시너지 창출을 추구하며 전세계 고객의 차별적 요구도 동시에 충족시키려는 것이다.
  ㉡ 초국적 전략의 장점
    • 규모의 경제와 입지경제성이 실현된다.
    • 범세계적인 범위에서 차별화와 원가우위의 동시 달성을 목표로 한다.
    • 현지적응성이 제고된다.
    • 범세계적 학습에 의한 시너지가 창출된다.
  ㉢ 초국적 전략의 단점 : 차별화와 원가우위는 본질적으로 상충관계에 있으며, 이 두 요인을 범세계시장에서 효과적으로 통합하기는 더욱 어렵다.

범세계화와 기업의 대응

(1) 범세계화의 진전과 산업의 글로벌화

① 세계화 시대 환경변화의 특징
  ㉠ 오늘날 각각 분야에서 일어나는 변화들을 장기적인 안목에서 보면 세계경제를 통합하는 방향으로 즉, 세계경제를 구성하는 단위들이 보다 유기적이고 긴밀한 관계를 갖도록 하는 방향으로 나아가고 있다.
  ㉡ 무국경시대가 도래하고 있으며, 경영규칙이 표준화되고 있다.
  ㉢ 세계화의 진전으로 범세계적인 경쟁이 가속화되고 있다.
② 산업 글로벌화 촉진 요인
  ㉠ 시장요인

Key Point

▶ 글로벌 전략의 특징
• 범세계적 경쟁의 특성을 지닌 산업에 적합하며, 원가절감효과를 극대화할 수 있다.
• 기업이 활동하는 여러 국가간에 경쟁행태가 유사한 특성을 지닐 때 적합한 전략이다.
• 현지 적응의 필요성이 크지 않고 원가절감의 압력이 높은 경우에 효과적이다.
• 주요한 의사결정은 기업 본부에서 긴밀히 조정하다.
• 세계 시장에 판매하는 제품의 표준화를 중시한다.

▶ 글로벌 전략
• 본사가 전세계적으로 주요한 몇 지역에 해외자회사를 설치하고 본사에서 자회사들을 강하게 통제하는 전략을 의미한다.
• 대부분의 한국과 일본의 다국적 기업들이 글로벌전략을 구사하고 있다.

▶ 초국적 전략
• 세계 여러 지역에 직접 투자를 통하여 자회사를 설립한 후 통제로써 이들을 하나의 기업으로 묶는 전략을 의미한다.
• 초국적 기업은 지역적으로 널리 퍼져있으면서 동시에 자회사간에도 아주 긴밀하게 협조하고 조정 시스템도 잘 형성되어 있다.
• 초국적 전략은 기업이 비용과 현지화에 대한 대응에 대해 높은 압력을 받을 때 적합한 전략이라 할 수 있다.

- 글로벌 소비자 증가, 생활패턴과 소비자 기호의 국가간 수렴, 동질화
- 글로벌 또는 지역별 유통망의 증가
- 글로벌 브랜드의 구축, 글로벌 광고 등장

ⓒ 경쟁요인 : 글로벌 전략을 활용하는 경쟁자들의 등장, 세계 무역규모의 지속적 증대, 많은 국가가 주요 경쟁시장으로 등장, 글로벌 네트워크의 구축, 인수합병 및 글로벌 전략적 제휴의 증대

ⓒ 정부요인 : 경제 블록의 출현, 관세 및 비관세 장벽 감소, 정부 역할 감소

ⓔ 비용요인 : 운송수단의 발달, 규모의 경제 실현을 위한 지속적 노력, 가속화되는 기술혁신, 제품수명의 단축으로 제품개발비 부담의 과다

(2) 글로벌 전략과 경쟁우위

① 최적 입지에서 기업활동 수행

ㄱ 기업활동을 여러 지역으로 분산시키는 것이 유리한 경우 : 유통, 판매, 광고 및 애프터 서비스와 같은 고객관련 활동

ㄴ 국제적인 환율변동이 심하고 주요 공급자의 원활한 제품 공급에 차질이 예상되거나 정치적 위험이 큰 경우 : 기업은 위험을 감소시키기 위해 그 활동을 각 국가로 분산시키게 된다.

ㄷ 전통적인 수출중심 전략 : 가치사슬의 가능한 많은 활동을 본국에 입지시키고 판매, 유통, 고객 서비스 등의 활동만을 해외에 입지시키게 된다.

ㄹ 부품생산이나 조립생산에서 규모의 경제 효과가 매우 큰 산업의 경우 : 기업은 한 지역에 대규모의 공장을 설립하고 제품을 세계시장에 공급한다.

ㅁ 기업활동이 한두 국가에 집중되는 경우
- 해당 활동의 수행에 있어서 규모의 경제성이 중요한 경우
- 보다 원활한 조정을 위해 동일 지역에 관련 활동들을 위치시키는 것이 유리할 때
- 단일 지역에서 특정 활동을 수행하는 것이 상당한 경험곡선 효과가 있을 때

② 기능적 활동과 전략의 조정 및 통합

ㄱ 글로벌 전략을 추구하는 기업 : 서로 다른 나라에 위치한 기업의 각 활동들을 조정·통합하여 지속적 경쟁우위를 확보할 수 있다.

ㄴ 단지 모국시장에서만 활동하는 기업 : 범세계적 기업활동을 조정하여 창출되는 경쟁우위의 기회를 누릴 수 없다.

(3) 글로벌 산업의 본원적 전략 — 포터(Porter)

① 범세계적 저원가 전략

ㄱ 전세계 시장을 대상으로 다른 기업들과 경쟁하며 저원가로 경쟁우위의 확

Key Point

글로벌 전략의 틀
- 글로벌 전략 수단 : 글로벌 시장 참여, 글로벌 제품, 글로벌 입지 활동, 글로벌 마케팅, 글로벌 경쟁행동
- 산업 글로벌화 영향요인 : 시장, 원가, 정부, 경쟁
- 글로벌 잠재력이 낮은 산업에 속해 있는 사업 : 글로벌화의 정도가 낮은 전략을 채택해야 한다.
- 글로벌 잠재력이 높은 산업에 속한 사업 : 보다 글로벌한 전략을 추구해야 한다.

글로벌 기업의 경쟁영역
- 글로벌 비즈니스 환경에서 성공하려는 조직은 변화하는 현실에 끊임없이 관심을 가져야 한다.
- 글로벌 기업의 핵심 경영진은 종래의 경계 개념도 사라지고 지역 환경에 따라 변화하는 세계에서 조직이 제자리를 잡을 수 있도록 새로운 사고방식으로 이끌어주어야 한다.
- 국제적 발전의 각 단계에서 요구되는 효과적인 비즈니스 경영은 글로벌시장 여건을 감시하고, 전략적 계획을 세우며, 지역 운영을 관리하는 일들을 포함해 매우 복잡한 작업들로 이루어진다.
- 글로벌 기업으로 성공할 각오가 되어 있는 조직은 전략과 구조, 기업문화, 인력 등의 차원에서 변신이 요구된다.

글로벌 산업 : 한 국가 내 기업의 경쟁지위가 다른 국가에서 해당 기업의 경쟁지위에 중요한 영향을 미치거나 영향을 받는 산업이다.

보를 추구한다.
ⓛ 생산, 기술개발, 구매, 마케팅 등에서 규모의 경제와 범위의 경제를 추구한다. **예** 미국이나 일본의 주요 자동차 회사

② 범세계적 차별화 전략 : 경쟁기업과 기술이나 품질, 상표이미지 등을 차별화하여 경쟁우위 획득을 추구한다. **예** IBM

③ 보호시장 추구전략
㉠ 보호정책을 활용하여 해당 산업 내 광범위한 세분시장을 대상으로 한다.
ⓛ 식품산업 등에서 활용되나 장기적인 효과를 기대하기 어렵다.

④ 범세계적 세분화 전략
㉠ 산업내 특정 세분시장만을 그 대상으로 한다. **예** 로렉스 시계나 벤츠
ⓛ 기업의 자원이 한정되어 있는 경우에 사용된다.
㉢ 소규모의 다국적 기업에 적합하며, 고수익 추구 기업의 범세계적 세분화 전략은 효과적인 전략 대안이 된다.

⑤ 현지시장 적응 전략 : 현지국의 독특한 상황에 큰 영향을 받는 세분 시장을 대상으로 하는 제품별 적소전략이다.

(4) 초국적 기업의 등장

① 초국적 조직의 의미
㉠ 강력한 단일 기업적 이미지를 가지면서 전 비즈니스 단위에 걸쳐 국경에 관계없이 자원과 책임을 통합한다는 데 특징이 있다.
ⓛ 국가시장에서의 현지 적응성과 범세계적 통합을 동시에 달성할 수 있도록 새로운 경영관리시스템 능력을 갖춘 조직을 의미한다.

② 초국적 기업의 주요 특징
㉠ 의사결정과정을 공유하게 해주고, 기업의 구성요소, 제품, 자원, 정보, 인력들이 상호의존적인 단위들 사이를 자유롭게 움직일 수 있게 해주는 통합된 단일 네트워크가 존재한다. 조직의 모든 부분이 서로 협력하고 정보를 공유하며 함께 문제를 해결하고 함께 전략을 수행한다.
ⓛ 글로벌 본사는 유연한 방법으로 각 사업체들간의 관계를 조정하는 경영관리체제를 확립해야 한다.
㉢ 특정 제품 혹은 부품, 특정 기능활동에 대한 기업의 범세계적 원천으로서 범세계적 규모를 실현한다.
㉣ 각국의 사업체는 그 자체가 전체 조직의 이익에 공헌한다.

전략적 제휴

(1) 전략적 제휴의 의의

Key Point

▶ 원가우위전략
• 경쟁기업보다 낮은 원가로 재화 또는 용역(서비스)을 생산하여 제공함으로써 경쟁자에 대해 비교우위를 확보하려는 전략이다.
• 이 전략은 저원가로 인해 원가선도기업(cost leader)으로 시장을 주도해 나갈 수 있으며, 특히 산업이 성숙기에 있을 때 가격경쟁이 시작되면 원가선도기업은 유리한 위치에 서게 된다.

▶ 차별화전략
• 기업이 제공하는 제품이나 서비스를 차별화함으로써 산업전반에 걸쳐서 그 기업이 독특하다고 인식될 수 있는 기업 특유의 것을 창조하여 경쟁적 우위를 달성하는 것이다.
• 고품질, 고급 이미지 등을 통해 경쟁기업과 경쟁에서 차별화의 대가로 프리미엄 가격(premium price)을 요구할 수 있다.

▶ 세분화전략
• 특정시장, 즉 특정 소비자 집단, 일부제품 종류, 특정지역 등을 집중적으로 공략하는 것을 의미한다.
• 차별화에 의한 집중전략은 적은 범위의 제품에 집중함으로써 오히려 대규모의 차별화를 추구하는 기업보다 더 빠른 혁신이 가능하다.

▶ 초국적 조직의 특성 : 분산되고 상호의존적인 자원과 능력의 통합네트워크이다.

Key Point

기업간 협력 형태
- 일방향적 관계 : 협력기업간에 상호의존성이 상당히 낮다.(기술교육, 공급계약, 프랜차이징, 라이선싱)
- 쌍방향적 관계 : 협력기업간에 상호의존성이 매우 높다.(전략적 제휴)

전략적 제휴
- 전략적 제휴는 상호협력을 바탕으로 기술·생산·판매·자본 등 기업 기능의 모든 부분에 걸쳐 2개 또는 다수의 기업이 제휴하는 것을 말한다. 이를테면 기술의 공동개발, 특허의 공동사용, 생산라인·판매라인의 공유, 합작회사 설립 등 새로운 형태의 '동업'이다.
- 과거의 동업은 단순히 '돈'만 내면 되었지만 전략적 제휴는 서로의 '경영자원'을 서로 보완한다는 점에서 과거의 제휴와는 다르다.
- 경영자원에는 원자재, 부품 등 생산에 필요한 물건 뿐 아니라 기술, 경영방법 등 물건을 만들고 유통하는 과정에서 쓰여지는 무형의 자원도 포함된다.

최근의 전략적 제휴 : 상호기술공여, 공동유통경로의 이용, 공동연구개발, 부품상호구매, 공동생산, 공동브랜드 등 다양한 분야에서의 협력을 통하여 기업의 국제경쟁력을 제고시키려는 기업의 전략적 의도가 내재되어 있다.

---

① 전략적 제휴의 의미
  ㉠ 둘 또는 그 이상의 기업이 각각의 경영활동을 효율화시키기 위해 상호간에 유익한 기술 등 경영자원을 공유하거나 협업하는 협력관계를 말한다.
  ㉡ 둘 이상의 기업들이 서로 독립성을 유지하면서 특정사업이나 특정 업무분야에 걸쳐 비교적 장기적인 협력관계를 구축하는 것이다.
② 전략적 제휴의 일반적 속성 : 책임의 공유, 비교적 장기적인 관점, 각 기업의 독립성 유지, 수평적 관계
③ 최근의 전략적 제휴의 특징
  ㉠ 전략적 제휴의 본원적 특성은 위험과 성과의 공유에 있다. 각 제휴 파트너는 자신이 정책결정에 참여하고 공헌한 만큼에 대해서만 위험과 성과를 분담하는 것을 원칙으로 한다.
  ㉡ 각 제휴 파트너가 독자성을 가지면서 제휴 업무영역의 일부분에만 관련된다. 즉, 제휴 파트너는 각자의 독자성을 그대로 유지하면서 제휴에 참여하게 된다.
  ㉢ 전략적 제휴는 시너지 효과를 만든다. 전략적 제휴는 제휴 파트너 간에 자원을 공유함으로써 보다 큰 가치를 창출하는 데 목표를 둔다.
  ㉣ 최근에는 독립성을 최대한 유지하면서 다양한 업무분야에 걸쳐 협력관계를 구축하고 있다.
  ㉤ 기업활동의 각 분야에서 여러 기업들과 다양한 제휴관계를 구축하고 있다.
  ㉥ 선진 경쟁업체들간에 전략적 제휴가 활발해지고 있다.

(2) 전략적 제휴의 유형

① 기능제휴 : 지분참여는 이루어지지 않으며 연구개발, 생산, 마케팅 등 특정 기능부문을 대상으로 협력관계를 구축하는 것이다.
  ㉠ 기술제휴 : 글로벌기업들은 기술정보를 공유하여 기술혁신에 필요한 기간을 단축시키고, 시장 경쟁에서 안정적인 경쟁 지위를 구축하는 한편, 자사의 취약기술을 보완하여 기술개발 효과를 극대화하기 위해 전략적 제휴를 추진하고 있다. 이러한 기술제휴는 파트너 기업의 기술, 특허, 노하우를 도입하여 상호보완하고 기술력 격차를 해소하며, 기술개발위험을 경감시키는 협력관계이다.
    • 공동연구개발 : 신제품이나 신기술 개발을 위하여 파트너간에 협력관계를 맺는 것을 말한다. 이 경우 대부분 제휴의 범위는 연구개발에 국한되며, 연구결과물인 신제품의 생산과 판매는 파트너 각자가 독자적으로 수행하는 것이 보통이다.
    • 연구개발벤처 : 파트너들이 상호 출자하여 연구개발벤처를 설립하는 것을 말하는데 기술개발비용이 높고, 제품수명주기가 단축되어 신제품

을 시장에 지속적으로 내놓기 어려운 산업분야에서 유용한 방법이다.
- 게스트 엔지니어링 : 완제품 메이커인 대기업체와 중소협력 업체간에 이루어질 수 있는 공동연구 개발방안이다.
- 교차라이선싱 : 기업간에 서로 필요한 기술을 주고받는 것을 말한다.

ⓒ 생산제휴 : 참여 기업들이 경영자원을 상호 공급하여 공동으로 생산활동을 수행하는 제휴이다.
- 공동생산 협약 : 공동생산을 통해 규모의 경제를 이루어 원가의 절감을 꾀한다.
- 부품공용화 : 동종업계의 원가 절감과 경쟁력 제고를 위해 활용된다.

ⓒ 업무제휴 : 비용절감, 선진기업의 업무노하우 획득, 현지 거점 확보 등을 위해 추진된다.

ⓔ 판매제휴
- 교차유통협약 : 제휴기업간에 상대 제품을 대신 판매해 주기로 하는 협약이다.
- 대리판매 : 자사 유통망을 통한 타사 제품의 판매를 통해 자사 제품계열의 폭을 넓힐 수 있다.

② 복합제휴
㉠ 현실적으로 제휴는 어느 한 업무분야에만 국한해서 이루어지기보다 여러 분야에 걸쳐 복합적으로 이루어지는 것이 보통이다.
㉡ 처음에 특정 분야에 국한해서 협력관계가 이루어졌을지라도 점진적으로 폭넓은 제휴관계로 발전하는 양상을 띤다.

③ 합작투자 및 지분참여
㉠ 합작투자 : 제휴선들의 자본투자에 의해 독립된 하나의 사업체를 설립하는 것이다.
㉡ 지분참여(지분제휴)
- 유망한 파트너의 지분 중 일부를 취득하는 것으로 서로의 강점을 활용하려는 다양한 기능제휴가 수반된다.
- 제휴관계에 대한 파트너의 몰입도를 높여주어 공고한 제휴관계 구축에 유용하다.

④ 컨소시엄
㉠ 많은 파트너가 존재하고 대체로 아주 특정한 목적을 위해서 형성된 대규모의 활동이다.
㉡ 방위산업이나 우주항공산업의 대규모 프로젝트에서 흔히 볼 수 있다. 예 제궤도 위성통신산업, 에어버스(Airbus)

(3) 전략적 제휴의 효과적 활용

Key Point

▶ 기술제휴
- 목적 : 기술의 공동개발과 상호교환
- 종류 : 공동기술개발, 특허공유 연구 참여, 교차 라이선싱
- 특징
  - 자사의 부족한 기술에 대해 타 기업의 기술, 특허, 노하우를 도입·공유하여 기술력 격차를 해소
  - 신기술, 제품의 공동개발추진 (계약 또는 합작기업형태)→생산, 판매제휴로 발전하는 경우가 많음

▶ 생산제휴
- 목적 : 생산비절감 및 자사브랜드의 시장지배력 강화
- 종류 : 공동생산, 위탁수탁 O-EM
- 특징
  - 각사의 경영자원 등 상호공급, 공동생산
  - OEM 및 생산위탁, 수탁을 통하여 생산비 절감, 자사브랜드의 지배력 강화
  - 생산에서 판매단계까지 지속되는 경우가 많음(주로 합작기업형태)

▶ 판매제휴의 특징
- 판매능력(경영 노하우 등)을 활용, 자사품목의 상호공동판매
- 판매지역이나 제품의 선택적 활용으로 교차마케팅

▶ 합작투자
- 2개국 이상의 기업·개인·정부기관이 특정기업체 운영에 공동으로 참여하는 해외투자방식이다.
- 2개국 이상의 기업·개인·정부기관이 영구적인 기반 아래 특정기업체 운영에 공동으로 참여하는 국제경영방식으로 전체 참여자가 공동으로 소유권을 갖는다.

| 독 | 학 | 사 | 3 | 단 | 계 |

Key Point

지분 제휴
- 파트너 간 지분 투자가 이루어지며, 때로는 이들 투자는 쌍방간에도 이루어진다.
- 지분 제휴를 통해 제휴 계약이 이루어진다.

전략적 제휴의 동기와 목적
- 목표시장에의 용이한 접근
- 규모와 범위의 경제 실현
- 글로벌 리더십의 추구
- 기술과 시장의 급속한 통합에 대응
- 취약한 능력과 위험의 보완

e-파트너링의 유형
- 기능보완형 파트너링 : 비즈니스 프로세스와 관련된, 기능에 대해 상호협력하기 위한 것이다.
- 경쟁자와의 파트너링 : 고객공유, 컨소시엄을 통한 솔루션제공 등 시너지 창출을 위해 협력하는 것이다.
- 공급망 최적화형 파트너링 : 수요자와 공급자가 IT를 활용하여 협업하는 것으로 궁극적으로 참여기업들의 경쟁력제고를 추구하는 것이다.

최근 국제무대에서의 경쟁형태 : '개별기업 간의 경쟁'에서 '기업군 간의 경쟁'형태로 변화하면서 기업들 간 협력과 협업의 중요성이 커지고 있다.

① 제휴선의 선택
  ㉠ 제휴의 목적과 비전을 상호 이해·공유해야 한다.
  ㉡ 자신 이익만을 충족하려는 기회주의적 속성이 없어야 한다.
  ㉢ 현재 결여하고 있는 능력을 가지고 있어야 한다.
② 제휴구조
  ㉠ 계약상의 보호책이 제휴계약서에 명시될 수 있어야 한다.
  ㉡ 미리 각 참여기업들의 진지한 몰입을 이끌어낼 수 있으면 위험이 줄어든다.
  ㉢ 제휴 당사자간 원하는 기술과 노하우의 교환 범위를 미리 합의한다.
  ㉣ 핵심기술의 유출 혹은 이전이 불가능하도록 제휴구조를 설계해야 한다.

(4) e-파트너링

① e-파트너링의 의미
  ㉠ 인터넷 및 e-business의 발전을 기초로 한다.
  ㉡ 기업 간 제휴 및 협력을 IT와 인터넷기술을 통해 구현하는 것으로써, 전략적 제휴를 작동시키는 전략적인 수단이다.
② 공급망 전체를 대상으로 한 e-파트너링의 구분
  ㉠ 단순형 : 거래접점부문 중심의 개선에 초점을 두며, 개선방식은 정보시스템에만 의존한다.
  ㉡ 협력형 : 공급망 전체의 비효율제거를 위해 협력이 필요한 부분 전체를 대상으로 하며, 개선방식은 정보시스템과 더불어 물리적 인프라스트럭처의 개선도 포함한다.
  ㉢ 통합형 : 가상조직처럼 프로세스를 운영하는 체제로서 공통 플랫폼으로 협업을 구현하며, 물리적 인프라스트럭처도 운영된다.

참고문헌

- 김형준, 「전략경영론」, 형설출판사, 2011
- 정동섭·추교완·박재희, 「경영전략」, 경영과 미래, 2010
- 김영수·이영진, 「경영전략」, 학현사, 2010
- 유기현·황용식, 「전략경영론」, 무역경영사, 2009
- 김길성, 「경영전략」, 전남대학교출판부, 2009
- 니와 데츠오, 「경영전략」, 새로운 제안, 2007

2 실전예상문제

객관식

1 다음 중 국제전략의 유형 중에서 현지적응성보다는 범세계적 통합을 중요시하는 국제전략의 유형은?

① 다국가전략　　　　② 초국적 전략
③ 글로벌전략　　　　④ 국제화전략

▶ 글로벌전략은 기업이 활동하는 모든 나라에서의 전략이 기본적으로 동일한 특성을 보이는 것으로 범세계적 경쟁의 특성을 지닌 산업에 적합하다.

Keypoint & Answer

➡ 현지적응성보다는 범세계적 통합을 중요시하는 국제전략의 유형 ➡ ❸

2 다음 중 국제기업의 유형에 속하지 <u>않는</u> 것은 어느 것인가?

① 협의의 국제기업　　② 다국적기업
③ 기술기업　　　　　④ 범세계기업

▶ 국제기업의 유형 : 협의의 국제기업, 다국적기업, 범세계기업

➡ 국제기업의 유형 ➡ ❸

3 다음 중 UN에서 초국적기업이라고 하는 것은 무엇인가?

① 협의의 국제기업　　② 수출입기업
③ 다국적기업　　　　④ 범세계기업

▶ UN에서는 다국적기업에 해당하는 의미로 초국적기업을 공식용어로 사용하고 있다.

➡ UN에서 초국적기업이라고 하는 것 ➡ ❸

4 다음 중 일반적인 기업의 국제화 과정이 올바르게 나열된 것은?

① 수출 → 해외직접투자 → 범세계화
② 해외직접투자 → 수출 → 범세계화
③ 수출 → 범세계화 → 해외직접투자
④ 범세계화 → 수출 → 해외직접투자

▶ 기업국제화 이론에 따르면 기업의 해외시장 진출은 점진적 과정을 거치는 것이 보편적이라고 알려져 있다. 해외시장에 처음으로 진출하는 기업은 수출과 같이 상대적으로 위험부담이 낮은 방법으로 진출하게 되며, 해외시장에서의 경험이 증가되고 자본 및 경영능력이 축적되면 높은 위험이 수반되는 해외직접투자의 형태로 변화되어 간다는 것이다. 물론 모든 기업들이 천편일률적인 경로를 따라 국제화되는 것은 아니다.

➡ 일반적인 기업의 국제화 과정 ➡ ❶

5 국제기업의 해외활동에 대한 지향성에 따른 유형과 관련 <u>없는</u> 것은?

Keypoint & Answer

국제기업의 해외활동에 대한 지향성에 따른 유형 → ❷

자회사가 아무런 재량권을 갖지 못하는 국제기업의 형태 → ❷

현지국지향성의 특징 → ❷

해당시장에서의 전략적 의사결정도 자회사의 주도 아래 이루어지는 국제기업 → ❸

국적에 관계없이 최적의 인력을 중용하는 국제기업 → ❹

① 본국중심형 ② 관점지향성
③ 현지국지향성 ④ 세계지향성

▶ 국제기업의 지향성에 따른 유형 : 본국중심형, 현지국지향형, 지역지향형, 세계지향형

6 다음 중 주요 경영의사결정에 대하여 자회사가 아무런 재량권을 갖지 못하는 국제기업의 형태는 무엇인가?

① 지역지향형 ② 본국중심형
③ 현지국지향형 ④ 세계지향형

▶ 본국중심형 국제기업은 해외에서의 기업활동이 본국활동의 부수적인 것일 뿐, 경영의 주요 의사결정은 본국을 중심으로 이루어지고 해외자회사에는 아무런 재량권이 없다.

7 주로 피투자국의 시장수요를 충족할 목적으로 해외활동을 수행하는 국제기업은?

① 본국지향성 ② 현지국지향성
③ 지역지향성 ④ 세계지향성

▶ 현지국지향성은 재무, 기술개발 등의 몇 가지 중요사항에 대해서만 본사가 의사결정권을 가질 뿐, 자회사는 모회사의 간섭없이 비교적 자율적으로 운영된다.

8 다음 중 자회사가 본사와 독립적으로 운영되며, 해당시장에서의 전략적 의사결정도 자회사의 주도 아래 이루어지는 국제기업은 무엇인가?

① 세계지향형 ② 지역지향형
③ 현지국지향형 ④ 본국중심형

▶ 국제기업 : 현지국지향형
  • 피투자국의 시장수요를 충족할 목적으로 해외활동을 수행
  • 본사는 몇 가지 중요사항에 대해서만 의사결정권을 가지며, 자회사가 자율적으로 운영
  • 피투자국의 시장규모가 크며 시장여건이 특수하여 현지사정에 적합한 경영관리가 필요한 경우 활용

9 다음 중 국적에 관계없이 최적의 인력을 중용하는 국제기업은 무엇인가?

① 본국중심형 ② 현지국지향형
③ 지역지향형 ④ 세계지향형

▶ 세계지향형은 국적에 관계없이 인력을 중용한다.

10 다음 중 계약진입방식에 속하지 <u>않는</u> 해외시장 진출방법은?

① 프랜차이징 ② 라이선싱
③ 기술제휴 ④ 합작투자

▶ 기업이 해외시장에 진출하기 위한 방법은 크게 수출에 의한 진입, 국제계약에 의한 진입, 해외 직접투자의 세 가지가 있다. 이 가운데에서 계약진입 방식을 보다 더 구체적으로 보면 라이선싱·프랜차이징·기술제휴·용역계약·경영관리계약·건설/턴키 계약·계약생산·상호 거래 협정 등이 계약진입방식에 속한다.

11 다음 중 수출에 의한 해외진출의 기술로 옳지 <u>않은</u> 것은?

① 간접수출은 본격적인 국제기업활동이라고 보기는 어렵다.
② 국제적 학습경험으로서의 수출활동은 외국시장으로의 더 깊은 개입을 위한 준비기간이라 볼 수 있다.
③ 해외진출의 경험이 높아감에 따라 직접수출에서 간접수출방식으로 전환한다.
④ 해외시장진출 초기단계에서의 진출방식으로서는 비교적 해외시장개입의 정도가 낮은 수출이 적합하다.

▶ 해외시장진출 경험이 높아감에 따라 진입초기에 느끼는 외국시장에 대한 두려움이나 본국 중심적인 사고방식에서 점차 탈피할 수 있게 된다. 따라서 간접수출활동에서 적극적인 직접수출방식으로 전환하게 된다.

12 계약진입방식이 기술이나 지식의 이전수단이고 자본투자가 요구되지 <u>않는</u> 방법은?

① 수출에 의한 해외진출 ② 계약방식에 의한 해외시장진출
③ 직접투자에 의한 해외시장진출 ④ 단독투자에 의한 진입

▶ 계약진입방식은 기업이 소유하고 있는 기술이나 지식, 노하우, 능력 등을 해외기업에게 이전시키는 대가로 일정한 사용료나 수수료를 보장받는 장기적 계약체결을 통해 해외시장에 진출하는 형태이다.

13 다음의 <보기>에서 설명하고 있는 해외시장 진출방법은?

> **보기** 제조기술, 특허, 노하우 등의 무형자산이나 이를 사용할 수 있는 권리를 일정 기간 제공하고 그 대가로 사용료나 수수료를 받는다.

① 해외직접투자 ② 계약생산
③ 라이선싱 ④ 프랜차이징

▶ 라이선싱은 공여기업이 무형자산인 이를 사용할 수 있는 권리를 수혜기업에게 일정기간 제공하고 그 대가로 사용료나 수수료 등을 수취하는 다양한 계약이나 협정이다.

Keypoint & Answer

➡ 해외시장 진출방법 중 계약진입방식 ➡ ④

➡ 수출에 의한 해외진출의 기술 ➡ ③

➡ 계약방식에 의한 해외시장진출 ➡ ②

➡ 라이선싱의 내용 및 특징 ➡ ③

| 독 | 학 | 사 | 3 | 단 | 계 |

Keypoint & Answer

라이선싱의 특성 → ❶

라이선싱이 효과적인 해외진출방법
이 되는 상황 → ❸

라이선싱의 단점 → ❹

해외시장 진출방법 → ❹

14 공여기업이 상표 등의 무형자산이나 이를 사용할 수 있는 권리를 수혜기업에게 일정기간 제공하고, 그 대가로 사용료나 수수료 등을 수취하는 계약이나 협정은?

① 라이선싱 ② 프랜차이징
③ 계약생산 ④ 턴키건설계약

▶ 라이선싱이 서로 다른 국가의 기업간에 이루어지게 되는 경우, 공여기업의 입장에서는 하나의 해외진출이 되는 것이다.

15 라이선싱이 효과적인 해외진출방법이 되는 상황으로 거리가 먼 것은?

① 관세, 쿼터 등으로 인해 수입장벽이 높을 때
② 높은 생산원가로 국내생산이 비효율적일 때
③ 해외진출상품이 서비스가 아니라 상품인 경우
④ 현지국의 투자에 따르는 정치적 위험이 높은 경우

▶ 해외진출제품이 상품이 아니라 서비스인 경우 라이선싱이 효과적이다.

16 다음 중 라이선싱의 단점으로 옳지 않은 것은?

① 현지 시장에 매력적인 무형자산을 보유하고 있지 못한 경우 라이선싱을 활용할 수 없다.
② 현지 시장에서의 성과는 전적으로 수혜기업에 의존하게 된다.
③ 수출이나 해외투자에 따르는 수익에 비해 라이선싱의 수익은 현저히 낮다.
④ 정치적 위험은 높고 상업적 위험은 낮다.

▶ 라이선싱은 정치적 위험은 낮은 반면 상업적 위험은 매우 높다는 단점이 있다.

17 다음의 <보기>에서 설명하고 있는 해외시장 진출방법은?

> **보기** 어떤 기업이 다른 기업이나 개인에게 회사명, 상표, 기술 등을 사용할 수 있는 권리를 이전하고, 더 나아가서는 마케팅이나 경영관리 등과 같은 사업수행방법도 전수해준다.

① 해외직접투자 ② 계약생산
③ 라이선싱 ④ 프랜차이징

▶ 프랜차이징이란 프랜차이징제공 기업이 독립된 다른 기업이나 개인, 즉 가맹점이라 할 수 있는 프랜차이지에게 회사명·상표·기술 등에 대한 사용권리의 이전 외에도 사업 시스템을 지원해 주는 방식으로서 라이선싱의 한 유형으로도 볼 수 있다. 그러나 프랜차이징은 가맹점들의 영업에 대해 어느 정도 강력한 통제를 할 수 있다는 점에서 일반적인 라이선싱과는 구별된다.

18 다음 중 소비 서비스재에 가장 적합한 진입방식은 무엇인가?

① 라이선싱　　　　② 프랜차이징
③ 경영관리계약　　④ 계약생산

▶ 프랜차이징은 가맹점이라 할 수 있는 프랜차이지에게 회사명, 상표, 기술 등에 대한 사용권리의 이전 이외에도 사업시스템을 지원해 주는 방식이다.

Keypoint & Answer

소비 서비스재에 가장 적합한 진입 방식 ➡ ❷

19 다음 중 프랜차이징의 장점으로 옳지 <u>않은</u> 것은?

① 적은 자본비용으로 해외시장에 신속한 진입이 가능하다.
② 독자적 이미지에 의해 표준화된 마케팅 방법을 활용한다.
③ 프랜차이지의 운영을 완전히 통제한다.
④ 프랜차이지의 사업수행의욕이 높고 정치적 위험이 낮다.

▶ 프랜차이징은 프랜차이지의 운영을 완전히 통제할 수 없다.

프랜차이징의 장점 ➡ ❸

20 다음 중 계약생산의 장점으로 거리가 <u>먼</u> 것은?

① 적은 자본과 경영자원으로 해외시장에 신속하게 진출할 수 있다.
② 현지의 값싼 노동력이나 원자재를 이용할 수 있다.
③ 현지에서의 소유권 문제 등에 따른 충돌을 피할 수 있다.
④ 위탁기업의 입장에서 적격한 현지 생산기업을 찾아낼 수 있다.

▶ 계약생산은 위탁기업 입장에서 적격한 현지 생산기업을 찾아내기가 어렵다.

계약생산의 장점 ➡ ❹

21 다음 중 턴키건설계약에 대한 설명으로 그 내용이 옳지 <u>않은</u> 것은?

① 플랜트 수출이라고도 한다.
② 기술과 자본능력을 갖춘 대기업이 주로 활용한다.
③ 대체로 부가가치가 매우 높다.
④ 정치적 위험이 매우 낮다.

▶ 턴키계약은 현지국 정부에 의한 계약취소, 강압적인 재협상, 일방적 은행보증요구 등의 정치적 위험에 노출되기가 쉽다.

턴키건설계약에 대한 내용 ➡ ❹

22 다음 중 해외직접투자를 통한 현지생산의 이점이 <u>아닌</u> 것은?

① 생산비용의 절감, 쿼터 등의 수입장벽을 회피할 수 있다.
② 현지 소비자에 맞게 제품을 수정할 수 있는 기회를 높일 수 있다.
③ 사업착수비용이 낮다.
④ 현지 기업이라는 이미지를 소비자에게 심어줄 수 있다.

해외직접투자를 통한 현지생산의 이점 ➡ ❸

| 독 | 학 | 사 | 3 | 단 | 계 |

Keypoint & Answer

직접투자에 의한 해외시장진출에 대한 내용 ➡ ❷

▶ 해외직접투자는 사업착수비용이 높고, 자본회수기간이 길다.

23 직접투자에 의한 해외시장진출에 대한 설명으로 그 내용이 옳지 <u>않은</u> 것은?

① 가장 적극적인 해외시장진출방식이다.
② 제품을 해외에 이전시키는 것이다.
③ 많은 자본투자와 아울러 현지경영이 요구된다.
④ 기업에게 현지국에서 자신의 경쟁우위를 최대한 활용할 수 있는 기회를 제공한다.

▶ 수출이 제품을 해외에 이전시키는 것이고 라이선싱은 기술이나 여타 공업소유권을 이전시키는 것이라면, 해외직접투자는 근본적으로 회사자체를 현지국에 이전시키는 것이다.

단독투자가 선호되는 경우 ➡ ❹

24 다음 중 단독투자가 선호되는 경우로 볼 수 <u>없는</u> 것은?

① 차별화된 제품에 대해 전세계적으로 통일된 마케팅 기업이 보편적으로 사용되는 경우
② 제조원가의 절감을 위해 범세계적인 시야에서 생산설비를 합리화하거나 집중화하는 것이 요구되는 경우
③ 원료 및 자원생산을 통해 국제적 시장지배력을 행사하려는 경우
④ 해외사업 경험이 미흡한 경우

▶ ①, ②, ③은 단독투자가 선호되는 경우이고, ④는 합작투자의 경우이다.

인수에 의한 해외진출의 이점 ➡ ❹

25 다음 중 인수에 의한 해외진출의 이점으로 거리가 <u>먼</u> 것은?

① 현지 시장에 신속히 침투할 수 있다.
② 투자회수기간이 단축된다.
③ 시장점유율 확대, 위험회피 등의 효과를 동시에 거둘 수 있다.
④ 인수대상기업 선정이 쉽다.

▶ ①, ②, ③은 인수의 장점이고, 인수대상기업의 선정이 쉽지 않다.

합작투자의 이점 ➡ ❷

26 다음 중 합작투자의 이점으로 볼 수 <u>없는</u> 것은?

① 규모의 경제에 따른 원가절감   ② 기업활동의 유연성
③ 경쟁의 완화   ④ 무역장벽 등의 진입규제의 극복

▶ 합작투자는 상호 이해관계의 조정에 많은 시간이 소요되어 기업활동이 경직화될 가능성이 상존한다.

202 경영전략

27 현재 10%에 머물고 있는 자사 제품의 시장점유율을 30%까지 증대하려고 하는 태평기업의 성장전략으로 옳은 것은?

① 제품개발 ② 시장개발
③ 시장침투 ④ 다각화

▶ 기업의 성장유형은 제품과 시장영역의 선택에 따라 달라지게 된다. 즉, 기업의 성장은 시장침투·제품개발·시장개발, 그리고 다각화의 네 가지 유형으로 나눌 수 있다. 이 가운데에서 기존 제품을 가지고 기존 시장에서 시장점유율을 제고함으로써 기업성장을 이루는 유형은 시장침투이다. 기업에 있어서는 단기적으로는 가장 효과적이며 위험이 적은 방법이다.

Keypoint & Answer

▶ 시장침투의 특징 ➡ ❸

28 해외진입방식의 결정요인 중 외부요인이 <u>아닌</u> 것은?

① 현지국의 시장요인 ② 해외시장 개입정도
③ 현지국의 기업환경 ④ 본국관련요인

▶ 해외진입방식의 결정요인
• 외부요인 : 현지국 시장요인, 현지국의 기업환경, 현지국 생산요인, 본국관련요인
• 내부요인 : 제품특성, 내부자원 및 해외시장 개입정도

▶ 해외진입방식의 결정요인 중 외부요인 ➡ ❷

29 다음 중 현지국의 시장요인에 해당되지 <u>않는</u> 것은?

① 시장규모 ② 경쟁구조
③ 생산비 ④ 현지의 마케팅 하부구조

▶ 현지국의 시장요인 : 시장규모, 경쟁구조, 현지의 마케팅 하부구조

▶ 현지국의 시장요인 ➡ ❸

30 현지국의 시장규모가 클 때 진입방식으로 적합한 것은?

① 라이선싱 ② 직접수출
③ 계약방식 ④ 간접수출

▶ 현지국 시장규모가 크면 지사나 판매법인을 통한 직접수출이나 직접투자가 보다 적합하다.

▶ 현지국의 시장규모가 클 때 적합한 진입방식 ➡ ❷

31 다음 해외진입방식 결정요인에 대한 설명으로 그 내용이 옳지 <u>않은</u> 것은?

① 현지국의 외국인 투자에 대한 규제정책은 지분투자, 단독투자, 취득을 선호한다.
② 시장규모가 작은 국가의 기업들은 수출을 최적 규모의 경제에 도달하기 위한 수단으로 이용한다.
③ 현지국에서의 생산비가 낮은 경우 현지생산이 선호된다.

▶ 해외진입방식 결정요인에 대한 내용 ➡ ❶

④ 현지국과의 문화적 차이가 클수록 비지분투자가 효과적이다.

▶ 현지국의 외국인 투자에 대한 규제정책은 지분투자보다는 여타 형태의 진출방식을, 단독투자보다는 합작투자를, 취득보다는 신설을 선호한다.

| 해외진입방식의 결정요인 중 내부요인 ➡ ④

32 해외진입방식의 결정요인 중 내부요인에 대한 설명으로 옳지 않은 것은?
① 제품차별화 정도가 높은 경우 수출에 의한 해외시장진입이 선호된다.
② 판매 전 또는 판매 후 서비스가 중시되는 경우 현지 판매지사나 법인을 통한 직접수출방식이 적합하다.
③ 기술집약적 제품의 경우 기술에 대한 라이선싱이 선호된다.
④ 기업의 해외사업경험이 높아질수록 해외시장에 대한 개입정도는 낮다.

▶ 기업의 해외사업경험이 높아질수록 해외시장에 대한 개입정도는 높아진다.

| 러그먼(Rugman)의 전략유형 ➡ ②

33 러그먼(Rugman)이 구분한 기업이 국제화를 추진하는 전략유형이 아닌 것은?
① 수출　　　　　　　　　② 수입
③ 라이선싱　　　　　　　④ 해외직접투자

▶ 러그먼(Rugman)의 전략유형 : 수출, 라이선싱, 해외직접투자

| Hirsch 모형의 내용 및 특성 ➡ ②

34 주로 해외진입방식에 따라 수반되는 비용을 중심으로 타당한 해외진입방식을 제시하고 있는 모형은?
① Rugman 모형　　　　② Hirsch 모형
③ 동태적 변화과정 모형　④ 범세계적 모형

▶ 허슈(Hirsch)는 수출과 해외직접투자간의 선택에 대한 모형을 개발하고, 그후 라이선싱을 추가하여 확장된 모형을 개발했다.

| 서비스 업체의 전형적인 해외시장 진입과정 ➡ ④

35 서비스 업체의 전형적인 해외시장 진입과정을 순서대로 연결한 것은?
① 합작투자-직접투자-라이선싱　② 직접투자-합작투자-라이선싱
③ 합작투자-라이선싱-직접투자　④ 라이선싱-합작투자-직접투자

▶ 서비스업체의 경우 수출을 통한 해외진출이 불가능하므로 라이선싱을 통해 진입한 후 현지시장에서의 더 높은 통제력을 발휘할 수 있는 방향으로 발전해 나가는데, 보통 합작투자, 단독투자의 경로를 거친다.

| 범세계적 경쟁에 대한 내용 ➡ ①

36 다음 중 범세계적 경쟁에 대한 기술로 옳지 않은 것은?
① 경쟁이 국가별로 이루어진다.

② 여러 국가간에 가격이나 경쟁상황이 밀접하게 관련되어 있다.
③ 한 국가에서의 기업의 경쟁지위는 다른 국가에서의 경쟁지위에 영향을 미치며 또 영향을 받는다.
④ 특정기업의 전반적 경쟁우위는 다른 국가에서의 운영체로부터 얻어지는 우위 요인에 의해 보완된다.

▶ ②, ③, ④는 범세계적 경쟁이고, ①은 다국가적 경쟁에 대한 설명이다.

37 다음 중 범세계적 경쟁산업의 예가 <u>아닌</u> 것은?

① 자동차　　　　　　② 맥주
③ 타이어　　　　　　④ 통신장비

▶ 범세계적 경쟁은 자동차, 가전제품, 타이어, 통신장비, 복사기, 시계, 상용비행기 등의 산업에서 현저하다.

범세계적 경쟁산업의 예 ➡ ②

38 범세계적 경쟁이 이루어지는 세분시장과 다국가적 경쟁이 이루어지는 세분시장을 동시에 포함하는 예는?

① 생명보험　　　　　② 음식료품
③ 숙박업　　　　　　④ 소매업

▶ 숙박업은 다국가적 경쟁의 특성과 범세계적 경쟁의 특성을 갖는다.

범세계적 경쟁과 다국가적 경쟁 ➡ ③

39 바틀렛(Bartlett)과 고셜(Ghoshal)의 구분한 국제전략의 유형이 <u>아닌</u> 것은?

① 글로벌 전략　　　　② 경쟁자 전략
③ 국제화 전략　　　　④ 다국가 전략

▶ 바틀렛(Bartlett) & 고셜(Ghoshal)의 국제전략 유형 : 글로벌 전략, 초국적 전략, 국제화 전략, 다국가 전략

바틀렛(Bartlett)과 고셜(Ghoshal)의 국제전략의 유형 ➡ ②

40 가장 초보적인 단계에 있는 국제전략의 유형에 해당하는 것은?

① 다국가 전략　　　　② 초국적 전략
③ 글로벌 전략　　　　④ 국제화 전략

▶ 국제화 전략은 국제화의 초기단계에서 경영자는 해외 운영체를 일종의 해외 전초기지로서 간주하고, 본국 제품의 매출증대와 원료 및 부품의 공급자로서 본국의 모기업을 지원하는 역할을 하는 것으로 규정한다.

가장 초보적인 단계에 있는 국제전략의 유형 ➡ ④

41 1970년대와 1980년대 해외로 진출한 우리나라 기업이 해당되는 국제전략은?

Keypoint & Answer

1970년대와 1980년대 우리나라 기업의 국제전략 ➡ ❶

다국가 전략 ➡ ❸

다국가 전략의 내용 및 특성 ➡ ❷

국제화 전략의 내용 ➡ ❸

여러 국가간에 경쟁행태가 유사한 특성을 지닐 때 적합한 국제전략 유형 ➡ ❹

---

① 국제화 전략 ② 글로벌 전략
③ 초국적 전략 ④ 다국가 전략

▶ 국제화 전략은 현지적응성도 낮고 통합의 정도도 낮다.

42 현지적응성의 극대화를 추구하는 국제전략에 해당하는 것은?

① 국제화 전략 ② 글로벌 전략
③ 다국가 전략 ④ 초국적 전략

▶ 다국가 전략 : 현지국지향성 국제기업이나 지역시장지향형 기업에서 흔히 사용되는 전략

43 다음 중 기업이 활동하는 여러 국가간에 정치적, 경제적, 문화적, 경쟁적 상황이 상당히 다를 때 적합한 국제전략은 무엇인가?

① 국제화 전략 ② 다국가 전략
③ 초국적 전략 ④ 글로벌 전략

▶ 국제전략은 범세계적 통합의 정도와 현지적응성의 정도를 기준으로 하여, 네 가지 유형으로 나뉘게 된다. 이는 다국적기업들에 있어서 해외활동의 발전형태를 나타내 주기도 하는 것으로서 각각의 장점과 단점을 지닌다. 이들 네 가지 국제전략의 유형 가운데 다국가전략은 각 국가간에 경쟁의 형태나 상황이 서로 다를 때 효과적인 전략이다. 즉, 이 전략은 차별화와 분권화를 통해 현지 적응성을 극대화하는 전략이다.

44 다음 중 국제화 전략의 내용으로 옳지 않은 것은?

① 현지 기업들이 보유하지 못한 제품 혹은 기능을 해외 시장으로 이전하여 새로운 가치를 창출하려 한다.
② 기업능력의 해외시장 이전을 특징으로 한다.
③ 현지적응성이 매우 높다.
④ 규모의 경제나 입지의 경제성을 활용 못하는 단점이 있다.

▶ 국제화 전략은 현지적응성이 결여되어 있다.

45 다음 중 기업이 활동하는 여러 국가간에 경쟁행태가 유사한 특성을 지닐 때 적합한 국제전략 유형은?

① 국제화 전략 ② 다국가 전략
③ 초국적 전략 ④ 글로벌 전략

▶ 글로벌 전략은 기업이 활동하는 모든 나라에서의 전략이 기본적으로 동일한 특성을 보이는 것으로, 범세계적 경쟁의 특성을 지닌 산업에 적합하다.

46 글로벌 전략의 특징으로 볼 수 없는 것은 어느 것인가?

① 기업의 전략을 각 지역(국가)별로 차별화한다.
② 현지 적응의 필요성이 크지 않고 원가절감의 압력이 높은 경우에 효과적이다.
③ 주요한 의사결정은 기업 본부(headquarter)에서 긴밀히 조정한다.
④ 세계 시장에 판매하는 제품의 표준화를 중시한다.

▶ 글로벌 전략은 기업이 활동하는 모든 나라에서의 전략이 기본적으로 동일한 특성을 보이는 것으로, 범세계적 경쟁의 특성을 가진 산업에 적합하다. 다시 말해서 기업의 전략적 특성이 지역에 관계없이 범세계적으로 유사하며, 생산, 마케팅 등의 기업활동을 가장 효율적으로 수행할 수 있는 곳에 배치하는 등 범세계적인 원가우위를 확보하기 위한 목적으로 활용된다.

Keypoint & Answer

➡ 글로벌 전략의 특징 ➡ ❶

47 다음 중 국제전략의 유형 중에서 현지적응성보다는 범세계적 통합을 중요시 하는 것은 무엇인가?

① 다국가적 전략 ② 초국적전략
③ 국제화전략   ④ 글로벌전략

▶ 문제 46번 해설 참조

➡ 현지적응성보다는 범세계적 통합을 중요시하는 국제화 전략 ➡ ❹

48 다음 중 글로벌 전략에 대한 설명으로 옳지 않은 것은?

① 기본적으로 전략적 지향은 전세계적으로 동일하다.
② 경쟁우위 극대화를 위한 최적입지에 생산시설을 위치한다.
③ 자회사는 현지상황에 맞게 자율적으로 운영한다.
④ 세계 어느 곳이든 가장 좋은 조건의 공급자를 선택한다.

▶ ③은 다국적 전략이고, 글로벌 전략의 주요전략의사결정은 범세계 본사에서 긴밀히 조정하는 집권화이다.

➡ 글로벌 전략에 대한 내용 ➡ ❸

49 범세계적인 범위에서 차별화와 원가우위의 동시달성을 목표로 하는 전략은?

① 국제화 전략 ② 글로벌 전략
③ 다국가 전략 ④ 초국적 전략

▶ 초국적 전략은 학습을 통해 범세계적 통합으로부터 창출될 수 있는 효과를 극대화한다.

➡ 초국적 전략의 내용 및 특성 ➡ ❹

50 다음 중 다국가적 전략(multidomestic strategy)의 특징으로 볼 수 없는 것은?

① 범세계적인 관점에서 각 국가나 지역 간에 전략을 긴밀히 조정한다.

➡ 다국가적 전략(multidomestic strategy)의 특징 ➡ ❶

② 각 국가의 관습이나 문화에 적응하는 것을 중시한다.
③ 자회사는 현지상황에 맞게 자율적으로 운영된다(분권화).
④ 해외시장에서의 전략을 특정 국가나 지역의 상황에 따라 차별화한다.

▶ 다국가적 전략은 현지국지향형 국제기업이나 지역시장 지향형기업에서 흔히 사용되는 전략으로서 현지적응성의 극대화를 추구하는 전략이다. 다국적 전략은 각 국가 간에 문화적·경제적·정치적·경제적 상황에 상당한 차이가 있을 때 적합하다.

51 다음 중 본사나 자회사의 구분이나 국가·지역시장의 경계에 전혀 상관없으면서도 전 세계 고객의 차별적 요구를 충족시키기 위한 전략은 무엇인가?

① 초국적전략
② 다국가적 전략
③ 글로벌전략
④ 국제화전략

전 세계 고객의 차별적 요구를 충족시키기 위한 전략 → ❶

▶ 초국적전략
• 국가나 지역시장의 경계에 구애받지 않고 세계시장을 대상으로 원가우위나 시너지 창출을 추구하며, 전세계 고객의 차별적 요구를 충족시키기 위한 전략이다.
• 범세계적 통합으로부터 창출될 수 있는 효과를 글로벌 학습을 통해 극대화한다.
• 범세계적 통합의 필요성과 현지적응의 압력에 동시에 직면하고 있는 경우에 초국적 전략이 효과적이다.

52 다음 중 초국적 전략의 장점으로 알맞지 않은 것은?

① 규모의 경제
② 입지 경제성의 실현
③ 현지 적응성 제고
④ 범세계적 경쟁우위 창출

초국적 전략의 장점 → ❹

▶ ①, ②, ③은 초국적 전략의 장점이고, ④는 글로벌 전략의 장점이다.

53 다음 중 세계화시대 환경변화의 특징으로 볼 수 없는 것은?

① 무국경시대의 도래
② 경영규칙의 다양화
③ 범세계적 경쟁의 가속화
④ 세계가 하나의 시장으로 변화

세계화시대 환경변화의 특징 → ❷

▶ 각국마다 차이가 나던 기업경영의 규칙들이 세계적으로 표준화되어 가는 추세에 있다.

54 다음 중 산업 글로벌화 촉진요인으로 거리가 먼 것은?

① 시장요인
② 물가요인
③ 비용요인
④ 경쟁요인

산업 글로벌화 촉진요인 → ❷

▶ 산업 글로벌화 촉진요인 : 시장요인, 비용요인, 정부요인, 경쟁요인, 기타 요인

55 다음 중 기업활동이 한두 국가에 집중되는 경우가 아닌 것은?

① 해당활동의 수행에 있어서 규모의 경제성이 중요한 경우
② 보다 원활한 조정을 위해 동일지역에 관련활동들을 위치시키는 것이 유리할 때
③ 단일지역에서 특정활동을 수행하는 것이 상당한 경험곡선효과가 있을 때
④ 수송비용이 높고 무역장벽이 있는 경우

▶ ①, ②, ③은 기업활동이 집중되는 경우이고, ④는 분산시키는 것이 효과적인 경우이다.

Keypoint & Answer

➡ 기업활동이 한두 국가에 집중되는 경우 ➡ ④

56 포터(Porter)가 구분한 글로벌 산업의 전략유형이 <u>아닌</u> 것은?

① 범세계적 저원가 전략
② 범세계적 차별화 전략
③ 국경무역 적응전략
④ 보호시장 침투전략

▶ 포터(Porter)가 구분한 글로벌 산업의 전략유형 : 범세계적 저원가 전략, 범세계적 차별화 전략, 보호시장 침투전략, 현지시장 적응전략

➡ 포터(Porter)가 구분한 글로벌 산업의 전략유형 ➡ ③

57 다음 중 IBM의 대표적인 글로벌 산업의 전략유형은 무엇인가?

① 범세계적 저원가 전략
② 범세계적 차별화 전략
③ 범세계적 세분화 전략
④ 현지시장 적응전략

▶ 범세계적 차별화 전략은 경쟁기업과 기술이나 품질, 상표이미지 등을 차별화함으로써 경쟁우위의 획득을 추구하는 전략유형이다.

➡ IBM의 대표적인 글로벌 산업의 전략유형 ➡ ②

58 다음 중 범세계적 세분화 전략에 대한 설명으로 그 내용이 옳지 <u>않은</u> 것은?

① 범세세시장에서 경쟁하되 산업내 특정 세분시장만을 그 대상으로 한다.
② 소규모의 다국적 기업에 적합하다.
③ 글로벌화의 초기단계에서 기업의 자원이 한정되어 있는 경우에 주로 사용한다.
④ 고수익보다 성장을 추구하는 기업에만 효과적이다.

▶ 범세계적 세분화 전략은 성장보다는 고수익을 추구하는 기업의 경우에도 효과적인 전략대안이 된다.

➡ 범세계적 세분화 전략에 대한 내용 ➡ ④

59 다음 중 초국적 기업의 특징으로 볼 수 <u>없는</u> 것은?

① 범세계적 통합보다는 현지 적응성을 중시한다.
② 의사결정은 분권화와 집권화의 적절한 조화를 통해 이루어진다.
③ 통합적 네트워크 형태의 조직 특성을 가진다.

➡ 초국적 기업의 특징 ➡ ①

| 독 | 학 | 사 | 3 | 단 | 계 |

④ 기업의 국제화 단계에서 가장 발전되고 바람직한 형태이다.

▶ 국가시장에서의 현지 적응성과 범세계적 통합을 동시에 달성할 수 있도록 조직능력을 개발하는 것은 단순한 다국적 조직 또는 글로벌 조직에서와 같은 국제경영과정과는 전혀 다른 새로운 경영관리시스템을 필요로 한다. 이런 새로운 능력을 갖춘 조직을 초국적 조직이라 한다.

초국적기업의 특징 ➡ ④

60 다음은 초국적기업의 특징이다. 바르지 못한 것은?

① 각국에 위치한 사업체는 전체 조직의 이익에 공헌한다.
② 각국의 사업체들은 범세계적 규모를 실현한다.
③ 글로벌 센터는 새롭고 매우 복잡한 경영관리체제를 확립해야 한다.
④ 글로벌 센터는 각 사업체의 활동을 직접 관리 조정하는 것에 초점을 둔다.

▶ 초국적 기업에서 글로벌 센터는 조직여건을 창출하는 데 초점을 두어야 한다.

오늘날 기업의 생존을 위협하고 있는 기업환경 ➡ ①

61 오늘날 기업의 생존을 위협하고 있는 기업환경과 관련 없는 것은?

① 소비계층의 확대
② 산업의 글로벌화
③ 산업간 경계를 초월한 급속한 기술혁신
④ 제품 라이프 사이클의 단축

▶ 산업의 글로벌화와 범세계적 경쟁, 산업간 경계를 초월한 급속한 기술혁신, 제품 라이프 사이클의 단축 등과 같은 급변하는 기업환경은 오늘날 기업의 생존에 엄청난 위협이 되고 있다.

전략적 제휴의 내용 및 특성 ➡ ③

62 둘 이상의 기업들이 서로 독립성을 유지하면서 특정 사업이나 특정 업무분야에 걸쳐 비교적 장기적인 협력관계를 구축하는 것을 의미하는 것은?

① 동기부여   ② 협력체제의 구축
③ 전략적 제휴   ④ 생산의 공유

▶ 범세계적 경쟁에 대응하기 위한 차원에서 범세계적 전략적 제휴가 급속히 확대되고 있다.

쌍방향적 협력관계 ➡ ②

63 다음 중 쌍방향적 협력관계에 해당하는 것은?

① 기술교육   ② 전략적 제휴
③ 공급계약   ④ 프랜차이징

▶ 기업간 협력형태
  • 일방향적 관계 : 기술교육, 공급계약, 프랜차이징, 라이선싱
  • 쌍방향적 관계 : 전략적 제휴

210 경영전략

64 다음 중 전략적 제휴의 특징으로 볼 수 <u>없는</u> 것은?

① 일시적인 문제해결을 위한 방법이 아니라 비교적 장기적인 관점에서 제휴가 형성된다.
② 제휴 관계에 있는 기업간에 수평적 관계가 형성된다.
③ 제휴에 참여한 기업들은 독립성을 상실한다.
④ 제휴 기업간에 성과와 위험을 공유한다.

▶ 전략적 제휴란 둘 이상의 기업들이 서로 독립성을 유지하면서 특정 사업이나 특정 업무 분야에 걸쳐 비교적 장기적인 협력관계를 구축하는 것을 의미한다. 따라서 전략적 제휴는 제휴 기업 간에 성과와 위험을 공유하게 되고, 제휴 관계에 있는 기업 간에는 상호동등한 수평적 관계가 형성되게 된다. 또한 일시적인 문제해결을 위한 방법이 아니라 비교적 장기적인 관점에서 형성되는 관계이다.

Keypoint & Answer

➡ 전략적 제휴의 특징 ➡ ❸

65 다음 중 전략적 제휴의 일반적 속성과 거리가 <u>먼</u> 것은?

① 책임의 공유　　② 각 기업의 독립성 유지
③ 수직적 관계　　④ 비교적 장기적인 관점

▶ 전략적 제휴의 일반적 속성 : 책임의 공유, 각 기업의 독립성 유지, 수평적 관계, 비교적 장기적인 관점

➡ 전략적 제휴의 일반적 속성 ➡ ❸

66 다음 중 전략적 제휴의 형태와 관련 <u>없는</u> 것은?

① 기능제휴　　② 합작투자
③ 개발제휴　　④ 컨소시엄

▶ 전략적 제휴의 형태 : 기능제휴, 복합제휴, 합작투자 및 지분참여, 컨소시엄

➡ 전략적 제휴의 형태 ➡ ❸

67 다음 중 기능제휴의 유형에 속하지 <u>않는</u> 것은 어느 것인가?

① 기술제휴　　② 고객제휴
③ 판매제휴　　④ 업무제휴

▶ 기능제휴의 유형 : 기술제휴, 생산제휴, 판매제휴, 업무제휴

➡ 기능제휴의 유형 ➡ ❷

68 다음 중 엄청난 규모의 자금과 광범위한 영역의 전문기술이 필요한 방위산업이나 우주항공산업의 대규모 프로젝트에서 흔히 볼 수 있는 전략적 제휴의 형태로 알맞은 것은?

① 트러스트　　② 컨소시엄
③ 기능제휴　　④ 컨그로머릿

➡ 우주항공산업의 대규모 프로젝트에서 흔히 볼 수 있는 전략적 제휴의 형태 ➡ ❷

| 독 | 학 | 사 | 3 | 단 | 계 |

Keypoint & Answer

전략적 제휴의 동기와 목적 ➡ ❷

▶ 컨소시엄 : 파트너가 많고 아주 특정한 목적을 위해 형성된 대규모의 활동으로 특히 엄청난 규모의 자금과 광범위한 영역의 전문기술이 필요한 방위산업이나 우주항공산업의 대규모 프로젝트에서 흔히 볼 수 있는 전략적 제휴의 독특한 형태이다.

69 다음 중 전략적 제휴의 동기와 목적으로 <u>부적당한</u> 것은?

① 취약한 능력과 위험의 보완 ② 범위의 경제만을 실현
③ 기술과 시장의 급속한 통합에 대응 ④ 목표시장에의 용이한 접근

▶ 규모의 경제 및 범위의 경제를 최대한 실현할 수 있을 정도로 충분한 생산규모를 확보할 필요가 있다.

전략적 제휴의 직접적인 장점 ➡ ❷

70 다음 중 전략적 제휴의 직접적인 장점으로 옳지 <u>않은</u> 것은?

① 목표시장에 대한 용이한 접근 ② 거래비용의 감소
③ 규모의 경제 및 범위의 경제실현 ④ 취약한 능력과 위험의 보완

▶ 전략적 제휴의 동기와 목적 : 취약한 능력과 위험의 보완, 기술과 시장의 급속한 통합에 대응, 글로벌 리더십의 추구, 규모와 범위의 경제실현, 목표시장에의 용이한 접근

기업이 제휴선의 기회주의로부터 자사의 이익을 보호할 수 있는 방법 ➡ ❹

71 기업이 제휴선의 기회주의로부터 자사의 이익을 보호할 수 있는 방법으로 옳지 <u>않은</u> 것은?

① 핵심기술의 유출이나 이전이 불가능하거나 어렵도록 제휴구조를 설계해야 한다.
② 계약상의 보호책이 제휴계약서에 명시될 수 있어야 한다.
③ 제휴 당사자간에 서로로부터 원하는 기술과 노하우의 교환범위에 대해 미리 합의해야 한다.
④ 지분참여를 가급적 피한다.

▶ 전략적 제휴에 각 참여기업들의 진지한 몰입을 미리부터 이끌어낼 수 있으면 기회주의에 따르는 위험은 현저히 줄어들 수 있다. 이는 합작기업의 설립이나 지분참여를 통해 강화될 수 있다.

다국가적 전략 : 현지국지향형 국제기업이나 지역시장 지향형기업에서 흔히 사용되는 전략으로서 현지 적응성의 극대화를 추구하는 전략이다. 다국적 전략은 각 국가 간에 문화적·경제적·정치적·경제적 상황에 상당한 차이가 있을 때 적합하다.

주관식

1 다국적 기업에 대해 설명하시오.

2 지역지향형 국제기업에 대해 설명하시오.

3 라이선싱의 의미를 간략하게 설명하시오.

4 계약생산의 의미를 간략하게 설명하시오.

Key Point

▶ **전략적 제휴** : 둘 이상의 기업들이 서로 독립성을 유지하면서 특정 사업이나 특정 업무 분야에 걸쳐 비교적 장기적인 협력관계를 구축하는 것을 의미한다. 따라서 전략적 제휴는 제휴 기업 간에 성과와 위험을 공유하게 되고, 제휴 관계에 있는 기업 간에는 상호동등한 수평적 관계가 형성되게 된다. 또한 일시적인 문제해결을 위한 방법이 아니라 비교적 장기적인 관점에서 형성되는 관계이다.

▶ **합작투자에 의한 진입**
- **합작투자의 의미** : 현지 기업 또는 현지 정부와 합작기업을 설립하여 해외시장에 진출하는 것이다.
- **합작투자의 특징** : 상대방 기업이 보유하고 있는 강점을 통해 위험을 분담하는 상호 호혜적인 해외투자방식이다.

Answer

1 동시에 둘 이상의 국가에서 법인을 등록하고 경영활동을 벌이는 기업이다. 일반적으로 다국적기업은 어느 한 나라에 본사를 두고, 최소한 하나 이상의 다른 나라에 자회사를 설치하는 방식으로 구성된다. 본사는 100% 또는 부분적으로 소유한 자회사를 운영한다. 현지의 자회사들은 중앙 본사의 지시를 받는다.

2 시장요구, 정치, 경제, 문화 등의 여러 조건이 유사한 국가군을 하나의 지역으로 묶어서 지역중심의 경영을 전개한다. 현지지향이 초래할 수도 있는 자원의 중복을 피할 수 있으며, 보다 큰 지역시장을 상대로 규모의 경제를 누릴 수도 있다. 조직 면에서는 지역본부제가 채택되어 본사로부터 상당한 의사결정권한이 위양된다.

3 공여기업이 제조기술, 특허, 노하우, 상표, 상호 등의 무형자산이나 이를 사용할 수 있는 권리를 수혜기업에게 일정기간 제공하고, 그 대가로 사용료나 수수료 등을 수취하는 다양한 계약이나 협정을 말한다.

4 한 기업이 외국의 다른 기업에게 생산 및 제조기술을 제공하면서, 동시에 특정제품의 생산을 주문하고, 그 주문생산된 제품을 공급받아 현지시장이나 제3국의 시장에 재판매하는 전략으로서 라이선싱과 해외직접투자의 중간형이라고 할 수 있다.

| 독 | 학 | 사 | 3 | 단 | 계 |

Key Point

다국적기업
- 국적을 뛰어넘어 경영이 이루어지는 범세계적인 기업을 지칭하는 말로, 세계기업이라고도 한다.
- 다국적기업은 자국의 시장만으로는 대량생산과 대량판매가 이루어지기에는 충분하지 않아 해외에 시장을 개척하여 생산하여 판매하는 기업군이다.

계약생산
- 계약생산은 라이선싱과 직접투자의 중간적 성격을 띠고 있지만 지분 참여가 없다는 점에서는 직접투자와 확실히 구분된다.
- 대개의 경우 원하는 명세에 따른 제품을 얻기 위해 현지의 생산업체에게는 기술제공이나 기술적 지원이 이루어진다.
- 계약생산은 통상 해외고객에게 자사가 제품을 직접 공급할 수 있는 생산 여력이 미치지 못하거나 현지시장이 협소하여 직접 투자형태 진출이 타당하지 않는 경우에 이용된다.

5 국제기업의 유형에 대해 설명하시오.

6 해외직접투자의 장점을 3가지 이상 쓰시오.

Answer

5
- 본국중심형 : 글로벌기업의 모국에 있는 본사가 갖는 기본적 조치, 행동양식을 우선적인 것으로 생각하며, 이것을 자회사와의 관계에 반영시킨다. 자회사에는 일방적인 명령, 지시가 행해지며 모국·본사의 경영방식 등은 현지국의 법적·정치적 제약 안에서 자회사가 준수토록 한다.
- 현지국지향형 : 현지국의 각종 환경은 본국과 다르며 외국인은 이해하기 어렵다는 전제에서 출발한다. 따라서 현지자회사의 경영은 현지에 있는 관리자에게 맡긴다는 원칙을 세운다.
- 지역지향형 : 시장요구, 정치, 경제, 문화 등의 여러 조건이 유사한 국가군을 하나의 지역으로 묶어서 지역중심의 경영을 전개한다. 현지지향이 초래할 수도 있는 자원의 중복을 피할 수 있으며, 보다 큰 지역시장을 상대로 규모의 경제를 누릴 수도 있다.
- 세계지향형 : 세계적으로 분산되어 있는 해외 자회사간의 국제 분업의 발전에 따라 각 자회사간의 상호의존성이 세계적으로 높아짐으로 이들을 유기적으로 연결하여 글로벌한 협력 체제를 확립하고자 한다.

6
- 해외직접투자는 자본이전을 수반하는 기업의 이전이다. 그러므로 해외현지에 자회사를 설립하고 자회사에 기업의 생산시설, 마케팅, 재무, 기술, 지적재산권의 일부 또는 전부를 이전시켜 현지에서 생산하고 현지에서 판매한다.
- 수출의 경우에는 운송비, 관세, 각종 비과세장벽에 따른 비용이 소요되나 해외직접투자에서는 이러한 비용지출이 없다.
- 현지 기업이미지를 소비자에게 심어줄 수 있다.
- 더 높은 수준의 애프터 서비스를 제공할 수 있다.
- 현지 중간상 또는 최종 소비자들에게 신속히 제품을 인도해 줄 수 있다.
- 현지 소비자의 기호에 맞게 제품을 수정할 수 있는 기회를 높일 수 있다.
- 생산비용의 절감, 그리고 쿼터 등의 수입장벽을 회피할 수 있다.

7 해외시장의 계약에 의한 진입방식에 대해 3가지 이상 쓰시오.

8 국제전략의 유형에 대해 쓰시오.

> **Key Point**
>
> ▶ **프랜차이징** : 프랜차이징제공 기업이 독립된 다른 기업이나 개인, 즉 가맹점이라 할 수 있는 프랜차이지에게 회사명·상표·기술 등에 대한 사용권리의 이전 외에도 사업시스템을 지원해 주는 방식으로서 라이선싱의 한 유형으로도 볼 수 있다. 그러나 프랜차이징은 가맹점들의 영업에 대해 어느 정도 강력한 통제를 할 수 있다는 점에서 일반적인 라이선싱과는 구별된다.
>
> ▶ **라이선싱**
> - 라이선싱의 로열티는 일반적으로 총 판매액의 일정비율로 정해지는데 산업 내의 관례, 경쟁상태 및 현지국 정부의 규제 등에 의해 결정된다.
> - 라이선스 당사자간에 계약위반 사례가 발생하였을 경우에 이에 관한 법적 조치를 취하는데 시간과 비용이 많이 소요된다.
> - 라이선싱은 라이선싱 공여기업의 기술노출로 경쟁력이 약화되므로 새로운 기술을 계속 개발하여야 라이선싱 공여기업이 기술우위를 계속 유지할 수 있다.

Answer

7
- **라이선싱(licensing)** : 제조기술, 특허, 노하우, 상표, 상호 등의 무형자산이나 이를 사용할 수 있는 권리를 수혜기업에게 일정기간 제공하고, 대가로 사용료나 수수료 등을 수취하는 계약이나 협정이다.
- **프랜차이징(franchishing)** : 프랜차이저(franchisor)가 프랜차이지(franchisee)의 이익 중 일정 높이나 그 밖의 대가를 받고 자신의 브랜드를 사용할 수 있는 권한을 판매하는 것이다. 가맹점이라 할 수 있는 프랜차이지에게 회사명, 상표, 기술 등에 대한 사용 권리의 이전 외에도 사업시스템을 지원해주는 방식이다.
- **계약생산(contract manufacturing)** : 한 기업이 외국의 다른 기업에게 생산 및 제조기술을 제공하면서, 동시에 특정제품의 생산을 주문하고, 그 주문생산된 제품을 공급받아 현지시장이나 제3국의 시장에 재판매하는 전략으로서 라이선싱과 해외직접투자의 중간형이라고 할 수 있다.
- **턴키(turnkey)건설계약** : 공장을 가동하는 키를 돌리면 모든 설비가 가동되는 상태로 공사발주자에게 인도한다는 뜻으로, 설계·조달·시공·건설 시운전까지 맡게 되는 일괄수주계약으로 플랜트 수출이라고도 한다.
- **경영관리계약(management contract)** : 해외기업의 일상적 영업활동을 관리하는 것에 관한 계약이다. 소유와 경영을 분리시켜 경영에 관한 권한만을 위임하는 것이다. 한 기업이 일정 기간 타국가에 있는 기업의 경영을 대신해서 관리하는 것이다.

8
- **국제화 전략** : 현지 기업들이 보유하지 못한 제품 혹은 기능을 해외 시장으로 이전하여 새로운 가치를 창출하려 한다.
- **다국가 전략** : 현지적응성의 극대화를 추구하는 것으로 현지국지향형 혹은 지역시장지향형 기업에서 많이 쓰인다.
- **글로벌 전략** : 범세계적으로 기업의 전략적 행태의 통합·조정에 초점을 두며, 범세계적 경쟁의 특성을 지닌 산업에 적합하다.
- **초국적 전략** : 세계시장을 대상으로 범세계적 통합에 의한 원가우위와 시너지 창출을 추구하며 전세계 고객의 차별적 요구도 동시에 충족시키려는 것이다.

독|학|사|3|단|계

09

전략의 실행

단원개요

아무리 효과적인 전략이라 하더라도 기업에서 효과적으로 실행되지 않으면 그 목적을 달성할 수 없다.
전략실행은 행동지향적이며 특정과업을 효과적으로 수행하는 것과 관련된 것으로써, 조직의 변화를 이끌어내고 업무 프로세스를 재설계하고 감독하며 사람들을 동기부여함으로써 목표성과를 달성하는 것이다. 따라서 전략실행은 전략의 수립보다 훨씬 어렵고 많은 시간이 필요한 도전적인 과제이다.
이 단원에서는 운영목표의 설정과 기능전략 및 정책개발 등의 전략실행의 주요 활동과 여기에 영향을 미치는 조직구조, 리더십, 기업문화 등을 살펴본다.

출제경향 및 수험대책

이 단원에서는 해마다 출제되는 비율이 약간씩 달라지기는 하지만 평균 2~3문제 정도는 출제되고 있는 편이다. 그 출제내용을 살펴보면 전략실행과 관련된 주요 활동요소와 특성, 정책의 역할, 조직구조의 유형과 장단점, 전략과 조직구조의 관계, 국제화에 따른 조직구조의 유형과 발전과정, 국제전략과 조직구조의 관계, 조직발전의 최근 추세내용과 조직문화 개념, 경영자의 과업 등에 대해 묻는 문제들이 출제되고 있는 바, 이에 대한 자세하고 철저한 학습이 요구된다.

09 전략의 실행

- 전략실행의 구성요소
- 전략실행을 위한 주요 활동
- 조직구조의 설계와 선택
- 조직문화와 리더십

1 핵심 중요내용 및 핵심요약

전략실행의 의미와 주체, 전략실행의 구성요소, 단기운영목표의 요건과 효과, 전략 실행에서의 정책의 역할, 사업부 조직의 특징, 매트릭스 조직의 장·단점, 헤테라키의 의미와 특성, 네트워크 조직의 장·단점, 조직문화의 개념, 경영자의 주요 과업

전략실행의 틀

(1) 개요

① 전략실행(strategy inplementation)의 의미
  ㉠ 전략의 집행을 위해 요구되는 활동과 선택에 관련된다. 이 과정에서 전략과 정책은 프로그램, 예산, 절차를 실행하게 된다.
  ㉡ 일반적으로 전략의 실행은 형성된 전략에 따라 이루어지지만 전략적 관리가 핵심부문이 된다. 이와 같이 전략형성과 전략실행은 동시에 고려되어야 한다.

② 전략실행의 주체
  ㉠ 규모가 큰 다수산업의 기업일 경우 모든 사람이 해당된다.
  ㉡ 일단 대규모 실행계획이 수립되면 기능부서의 부사장, 부서별 감독자 또는 사업단위부서는 모든 아랫 사람과 함께 일을 추진하게 된다.

③ 전략실행의 내용 : 부서와 기능별 분야의 관리자는 전략실행을 위한 프로그램, 예산, 절차를 함께 개발해야 한다. 또한 이들은 기업의 고유한 역량을 확립하고 보유하기 위해 서로 시너지 효과를 얻으려고 함께 노력해야 한다.

(2) 전략실행의 구성요소

① 맥킨지의 7-S 모형
  ㉠ 경영자들은 전략이 수립되면 조직구조, 시스템, 기업문화, 기업능력, 인력구성 및 리더십 등을 고려하여 실행을 한다.
  ㉡ 7-S 모형의 한계 : 단기목표의 설정 및 기능전략의 개발, 예산과 인력의 배분, 정책결정 등의 활동들은 제시하지 못하고 있다.

② 기업이 전략의 성공적 실행을 위해 고려할 사항
  ㉠ 단기 운영목표의 설정, 각 부문별 기능전략의 수립
  ㉡ 전략의 성공적 수행을 위한 조직구조(조직의 재설계)
  ㉢ 전략에 적합한 기업문화의 창출

Key Point

전략실행의 주요 구성요소 : 단기운영목표와 기능전략, 조직구조, 리더십, 보상시스템, 기업문화, 정책개발, 예산과 인력의 배분 등

맥킨지 7S 모델 : 전략, 조직구조, 시스템, 기업문화, 기업능력, 인력구성 및 리더십

　　ⓔ 전략적으로 적합한 정책과 운영절차 개발
　　ⓜ 전략의 실행방법 개선과 전략실행을 주도할 수 있는 리더십
　　ⓗ 전략적 중요성에 따른 자원과 인력 재배분

전략실행을 위한 주요 활동

(1) 단기 운영목표와 행동계획의 설정

① 단기 운영목표의 의의
　㉠ 대체로 1년 또는 그 이하의 기간을 대상으로 설정된다.
　㉡ 각 조직단위 또는 기능부문에 요구되는 활동과 그 결과를 구체화한 것이다.
　㉢ 장기적 목표와 전략을 달성하는 방향으로 기업활동이 이루어지도록 구체적인 기준을 제시해 주는 것이다.

② 단기 운영목표의 요건
　㉠ 도전적이면서도 달성가능한 목표
　㉡ 구체적이고 측정가능한 목표
　㉢ 각 부문별 목표와 활동의 조정 및 통합
　㉣ 장기목표와의 연계성

③ 단기운영목표의 효과
　㉠ 전략통제의 합리적 기준이 된다.
　㉡ 전략의 효과 제고에 장애가 되는 부문들의 상충되는 의견을 조정·수용하는 기반이 된다.
　㉢ 측정가능하며 도전적이고 달성가능한 운영목표는 역할을 명확히 하고 관리 성과를 제고하는 데 주요 요인이 된다.
　㉣ 기업의 목표달성과 전략실행에서 자신의 역할을 명확히 이해하게 한다.

(2) 기능전략의 개발

① 기능전략의 의미 : 기업 내의 각 기능부문들이 전사전략 및 경쟁전략의 효과적 실행을 위해 수행해야 할 활동들을 구체화한 것이다.
② 기능전략의 역할
　㉠ 구체적인 단기 운영목표의 달성을 위해 사고(전사전략 및 경쟁전략)를 행동으로 전환한다.
　㉡ 회사의 장기목표와 전사전략 및 경쟁전략과 일치되도록 수립되어야 한다.
　㉢ 기업 내 특정 부문의 운영활동을 조직화·활성화하여 효과적 전략실행에 도움이 된다.

(3) 예산과 인력의 배정

Key Point

▶ **단기적 운영 목표**
　• 기업 전체 목표와 전략의 성공적인 실행을 위해 각 조직 단위 또는 기능부문에 요구되는 활동과 그 결과로 구체화한 것을 말한다.
　• 전략의 효과적인 실행을 위해서는 구체적인 행동계획이 필요하게 되는데 단기 운영목표가 이러한 역할을 수행하게 된다.

▶ **기능전략과 상위전략의 차이점**
　• 대상기간 : 기능전략은 당장 혹은 가까운 장래에 수행되어야 할 활동들을 규명하며, 전사전략이나 경쟁전략은 3년 내지 5년 또는 그후의 사업영역이나 경쟁지위에 초점을 둔다.
　• 구체성 : 전사전략이나 경쟁전략보다 기능전략은 훨씬 구체적이다.
　• 전략개발에의 참여자 : 기능전략은 각 기능부문의 관리자를 참여시키며, 전사전략은 최고경영자의 책임하에 수립되며 경쟁전략은 각 사업부문의 전반경영자들이 담당한다.

▶ **기능전략** : 사업전략을 실행하기 쉽도록 각 기능조직 단위로 실행할 전략을 구체화한 것으로 개별사업부 내에 있는 인사, 재무관리, 생산, 마케팅 등의 기능별 조직에서 제품 기획, 영업활동, 자금조달 등 세부적 수행방법을 결정한다.

| 독 | 학 | 사 | 3 | 단 | 계 |

① 전략실행자
  ㉠ 필요한 경우 전략의 특성과 우선순위에 따라 자원을 특정부문에서 타부문으로 재배치한다.
  ㉡ 예산의 수립이나 인력의 배치과정에 깊이 관여하여 각 부문의 요구를 세밀히 검토해야 한다.
② 자원의 재배분 능력 : 기업의 성공에 큰 영향을 미친다.

(4) 정책의 개발

① 정책의 의미
  ㉠ 전략 실행에서 관리자나 구성원들의 사고나 의사결정 및 행동을 의도한 방향으로 이끄는 고안된 지침이다.
  ㉡ 표준업무절차라고도 하며, 관리자나 직원들의 재량권에 영향을 미쳐 관리의 효과성을 증대시킨다.
② 전략 실행에서의 정책의 역할
  ㉠ 새로운 정책을 도입하여 조직내부 분위기에 변화를 가져온다.
  ㉡ 명확하고 구체적인 지침의 정책은 신속한 의사결정을 하게 하며, 관리자들의 의사결정에 일관성을 갖도록 한다.
  ㉢ 조직전체를 통해 여러 행동과 활동들이 전략과 일관성을 가지도록 한다.
  ㉣ 새로운 전략이나 변화에 대한 저항을 완화시킨다.
  ㉤ 경영자나 관리자의 직접적인 개입없이 간접적 통제수단으로 작용한다.

조직구조의 설계

1. 조직구조의 유형과 장단점

(1) 단순조직

① 단순조직의 의미 : 가장 오래되고 일반화된 조직으로 작고 단일하며, 창업관리자가 거의 모든 것을 결정한다.
② 단순조직의 특성
  ㉠ 주로 작은 기업에서 제한된 자원을 사용하는 조직이므로 관리자는 유연하고 다양한 직무에 임한다.
  ㉡ 비공식적인 측면이 강하며, 직무의 전문화가 이루어져 있지 않다.
  ㉢ 리더의 관리방식에 의존한 나머지 조직전략의 실행은 다수 또는 한 사람 리더가 될 수 있다.
  ㉣ 소규모의 창업자형 기업에서 보통 볼 수 있으며, 조직구조는 비공식적이다.
  ㉤ 과업의 조정은 직접 감독에 의해 이루어지며, 경영자 개인에게 의사결정

Key Point

정책 : 전략 실행에서 관리자나 구성원들의 사고나 의사결정 및 행동을 의도한 방향으로 이끄는 고안된 지침

조직 구조화 시 고려해야 할 사항
- 조직을 구조화하는 것은 마지막 단계를 위한 수단에 불과하다.
- 최상의 조직이란 존재하지 않는다. 조직크기, 전략, 내적 환경, 이해관계자와의 관련성, 관리방법 등은 주어진 조직의 적정성에 영향을 미친다.
- 일단 새로운 조직이 구조화된다면 조직은 장래 전략적 선택의 제약조건으로써 영향을 미치게 된다.
- 관리적 비능률, 고객 서비스의 부족, 의사소통의 문제, 종업원의 갈등 등은 조직구조가 잘못되었다는 것을 나타내고 있다.

단순조직 : 가장 오래되고 일반화된 조직으로 작고 단일하며, 창업관리자가 거의 모든 것을 결정한다.

권한이 집중된다.
③ 단순조직의 장·단점
　㉠ 단순조직의 장점
　　• 유연하다.
　　• 신속한 의사소통과 조정이 용이하다.
　　• 개인의 능력이나 창의성이 최대한 발휘될 수 있다.
　㉡ 단순조직의 단점
　　• 구성원들의 역할이나 책임을 명확히 하지 않으면 갈등이나 혼란, 이기적인 행동이 나타날 수 있다.
　　• 구성원들의 동기부여나 만족이 힘들고 유능한 인력확보가 어렵다.
　　• 규칙이나 절차가 거의 없어 공식화의 정도가 낮다.

(2) 기능식 조직

① 기능식 조직의 의미 : 직무의 유사성을 기능중심으로 집단화하고 기능분야의 전문가가 관리하는 조직형태이다. 이때 기능구조는 마케팅, 생산, 재무, R&D와 같이 제품 및 서비스를 생산하는 데 필요한 투입이나 활동을 위해 조직화되는 것이다.
② 특징 : 가장 기본적이며 보편적인 조직형태이다.
③ 경영자의 중요한 역할 : 각 기능부문들의 활동을 조직 전체적인 관점에서 조정한다.
④ 기능식 조직의 장·단점
　㉠ 기능식 조직의 장점
　　• 조직원들을 각각 기능별로 전문화시킴으로써 전문화의 이점을 가질 수 있다. 즉, 사람의 정보처리능력과 기억력에는 한계가 있을 뿐만 아니라 여러 가지 작업을 동시에 수행하기에도 부족하다. 따라서 기업규모가 커짐에 따라 종업원들을 영업, 생산, 재무관리와 같은 각각의 기능별로 전문화시킴으로 훨씬 더 작업의 효율성을 높일 수 있다.
　　• 기업활동의 효율성이 증대되고 비용이 절감된다.
　　• 보다 조직활동을 효과적으로 통제할 수 있다.
　㉡ 기능식 조직의 단점
　　• 전문영역 지향으로 인해 기업전체 입장에서 의사소통과 조정이 방해받는다.
　　• 기능적 영역이 서로 상충되어 최고 경영자의 의사결정에 부담이 될 수 있다.
　　• 획일적인 성과표준을 확립하기 어렵다.
　　• 환경변화에 신속한 대응이 어렵다.

Key Point

▶ 단순구조
• 규정이나 규칙의 개념도 희박하며, 소유주가 관리의 거의 모든 부문에 참여한다.
• 규칙이나 규정의 유연성으로 인해 해당 기업은 종종 창조성과 개인주의를 촉진시킬 수도 있다.
• 조직구조의 비공식으로 인해 시장기회와 고객서비스 요구에 신속하게 대응할 수 있다.

▶ 기능구조
• 규모가 다소 작거나 새로 출발하는 기업의 경우 이를 매우 효과적으로 채택하고 있다.
• 조직범위(제품과 시장의 수)와 이해관계자의 요구사항이 상대적으로 안정적일 경우 시장 침투전략을 추구하는 기업에 대해 매우 효과적이다. 하지만 조직의 규모가 커지고 복잡할 경우 조직을 변경해야 한다.

▶ 기능구조의 장점
• 전문가 집단의 조정과 통제가 가능하다
• 기능을 통해 조직적 관점에서 의사결정을 집중화시킬 수 있다.
• 관리적, 기술적 재능을 효율적으로 사용할 수 있다.
• 전문화된 영역에서 경력과 전문적인 개발이 가능하다.
• 집중적인 전략통제가 가능하다.

- 경영자의 양성이 어렵다.
- 제품의 수가 증가할 경우 제품별로 기업성과에 기여한 정도를 측정하기 힘들다.

(3) 지역별 조직

① 특징 : 각 지역별 시장의 차이를 수용하기 위하여 필요한 조직형태이다.
② 지역별 조직의 장·단점
　㉠ 지역별 조직의 장점
　　- 현지 시장상황에 신속·탄력적으로 적응 가능하다.
　　- 입지의 이점을 활용할 수 있고 경영자의 양성이 쉽다.
　㉡ 지역별 조직의 단점
　　- 지역 조직 운영을 위해 관리 계층이 증대된다.
　　- 일관성 있게 회사의 통일된 이미지나 명성을 유지하기 어렵다.
　　- 관리부문이 커지고 스탭부문의 활동이 중복될 가능성이 높다.

(4) 사업부 조직

① 사업부 조직의 의미 : 1920년대 초반 GM에서 개발된 것으로 제품, 프로젝트, 시장을 중심으로 조직화하는 구조이다. 이때 각 사업부는 사업부별로 조직화된 기능적 전문가로 구성된다.
② 사업부 조직의 특징
　㉠ 조직의 상위에 각 사업부를 총괄하는 기업총괄부서가 있고 하위에 각 사업부가 있다.
　㉡ 각 사업부는 사업부서별 다른 고객, 공장, 운영방법을 가지며, 운영은 다른 사업부와 상대적으로 독립적으로 운영되며, 상품 및 서비스의 차이도 존재한다.
　㉢ 제품의 다양성과 규모의 증대로부터 야기되는 조정과 의사결정의 문제를 효과적으로 다룰 수 있다.
　㉣ 각 사업부의 전략의사결정 권한이 사업부 관리자에게 위양된다.
　㉤ 비관련 다각화를 추구하는 기업에 효과적으로 적용된다.
　㉥ 기업의 다각화가 진전되어 제품의 수와 다양성이 증대되고 규모가 확대되면 사업부의 수가 수십 개에 이를 수 있다.
③ 사업부 조직의 장·단점
　㉠ 사업부 조직의 장점
　　- 환경적 변화에 신속하게 대응할 수 있다.
　　- 전략적·운영적 통제가 증가하며, 전략적 문제를 다루기 위한 기업수준 관리를 허용한다.

Key Point

기능식 조직
- 기능식 조직은 과학적 관리법의 창안자인 테일러(F.W. Taylor)에 의해 제창된 것이다.
- 수평적 분업관계에서 연결되는 여러 전문기능별 직장들이 각기 그 전문적 입장에서 모든 작업자를 지휘, 감독하는 조직체계이다.

지역별 조직
- 조직을 고객과 상품에 상관없이 지역별로 분할하는 구조이다.
- 지역사무소를 통해 사업을 관리한다.
- 다국적기업이 많이 택하고 있으며 각국 사무소들은 그들 나름의 구조를 채택한다.

사업부조직의 대두 배경 : 기업의 경영규모가 확대되고, 기술혁신이 가속화되고, 다양한 사업으로 시장을 확대해 나감에 따라 이에 능동적으로 대처하기 위해서는 한 사람의 최고경영자만으로 모든 사업을 관리하는 것이 어렵게 되었다. 따라서 조직을 사업별로 독립적으로 운영해야 할 필요성이 대두되었다.

사업부조직
- 사업부조직은 다양한 사업을 수행하는 현대의 기업에서 가장 많이 채택하고 있는 조직이다.
- 사업부조직은 각 사업부별로 고객의 요구나 경쟁환경이 상이할 때 사업별로 이에 신속히 대처할 수 있다.
- 각 사업부별로 스태프기능을 갖게 되면 상당한 비용이 발생되므로 어느 정도 이상의 규모를 가진 기업에서나 채택이 가능한 조직이다.
- 사업부 조직운영의 기본적인 핵심은 사업부의 책임자에게 사업에 관한 권한을 위양하고 일정기간 동안의 경영성과에 대한 책임을 지도록 하는 것이다.

- 해당 사업영역에 집중할 수 있다.
- 기능부문 간 조정이 용이하다.
- 사업부의 성과에 대한 평가가 쉬워 경영자가 기업활동을 통제하기 쉽다.
- 기업의 활동이 사업 지향적으로 이루어질 수 있도록 한다.
- 최고경영자가 회사전체의 전략적 의사결정에만 시간과 노력을 집중할 수 있다.
- 전반관리자의 발전을 용이하게 한다.
- 기능부문 간 자원공유와 관련된 문제를 최소화할 수 있다.
- 제품 및 시장에 대한 집중력이 증가한다.

ⓛ 사업부 조직의 단점
- 기능상호 간 경쟁심화로 조정이 어렵다.
- 인적, 업무적, 투자의 중복으로 비용이 증가한다.
- 사업부서 간 역기능 경쟁으로 기업전체의 경영성과를 저해할 수 있다.
- 고유한 기업이미지를 유지하기 어렵다.
- 단기성과에 치중한다.
- 사업부 간 경쟁이 심화될 수 있다.
- 규모의 경제성을 누릴 수 없다.
- 사업부 관리자와 본사 스탭 간에 마찰이나 갈등의 소지가 있다.
- 자원활용에서 비효율성이 나타나며, 설비투자나 연구개발이 위축되어 장기적 경쟁력이 낮아질 수 있다.

(5) 매트릭스 조직

① 매트릭스 구조의 의미
  ㉠ 복수의 책임을 갖는 의사결정의 조직구조를 매트릭스구조라고 하는데, 이러한 구조는 기능적 형태와 제품/시장형태를 동시에 묶는 혼합된 조직이 된다.
  ㉡ 기능적 전문화와 제품/시장의 전문화를 동시에 결합시킨 형태로 기능구조와 사업부구조의 장점을 택한 구조이다. 따라서 매트릭스구조에서는 기능적 형태와 제품형태를 조직의 동일 수준에서 동시에 결합한 상태가 된다.
  ㉢ 관리체계는 프로젝트 관리와 기능부서의 관리로 이중적인 명령경로를 가지게 된다.

② 매트릭스 조직의 장·단점
  ㉠ 매트릭스 조직의 장점
    - 전문가 동료 간 협동과 시너지를 통해 시장의 반응성을 증가시킨다.
    - 자원의 효율적 이용이 가능하다.
    - 유연성, 조정, 의사소통이 증가된다.

Key Point

▶ 사업부제 조직
- 조직의 분권화과정에서 나타난 조직으로서 연방적 분권조직의 특성을 갖고 있으며 직능구조를 환경변화에 효율적으로 하기 위해 분할된 조직단위를 중심으로 책임경영을 할 수 있도록 조직을 구조화한 것이다.
- 사업부의 운영방침에 따라 판매, 생산, 인사, 재무 등의 업무수행이 각 사업부에서 독자적으로 이루어지고 본사는 사업부의 전반적, 장기적인 사항에 대하여 관리하게 된다.
- 사업부제는 기능별 부문조직과 달리 회사 내에, 자주성을 갖는 통일적인 경영단위를 형성하는 것과 같은 부문화로 행하는 조직형태로서 현대경영이 분권화의 경향이 짙어짐에 따라 생성되었다.

▶ 사업부제 조직의 장점
- 여러 기능부서가 한 부서 내에 속해 있기 때문에 기능간의 조정이 불확실한 환경변화에 효과적이며 능동적으로 대처할 수 있는 구조의 형태이다.
- 목표달성에 초점을 둔 책임경영체제이면서 통제와 평가가 용이하다.
- 조직구성원의 동기부여와 관리자의 능력개발 또한 용이하다.

▶ 사업부제 조직의 단점
- 모든 사업부마다 필요한 기능을 갖추어야 하므로 자원 활용 측면에서 비경제적이며 사업부 각 자원의 중복에 따른 능률이 저하된다.
- 기술의 전문화 및 표준화가 곤란하여 대외경쟁력이 약화될 가능성도 있다.
- 단기 업적 위주이며 최고경영자의 권한이 약화된다.
- 사업부 간 과다경쟁으로 인하여 조직전체의 목표달성 저해 우려가 있다.

| Key Point |

매트릭스 조직구조
- 매트릭스는 인사, 예산, 회계 등의 기능적 조직과 프로젝트 조직구조의 장점을 통합시킨 것이다.
- 환경의 변화에 역동적 신축성은 없으나 안정된 조직기능을 유지하는 기능적 조직과 역동적 신축성과 자율성 속에서 전문성과 쇄신성을 도입할 수 있는 프로젝트 조직구성의 장점을 모두 살려보려는 의도에서 만들어진 조직구조이다.

챈들러의 명제 : 조직구조는 전략을 따른다.
- 전략의 변화는 조직구조의 변화를 수반한다.
- 기업의 규모가 커짐에 따라 조직구조도 진화된다.

챈들러의 조직구조 변화과정 : 새로운 전략의 수립 → 과거의 조직구조로 인한 관리상의 문제발생으로 성과 저하 → 전략에 적합하도록 조직구조를 재설계 → 성과의 향상

기업의 다각화 정도와 조직구조간의 관계
- 기업은 다각화 정도가 높아질수록 사업부제 조직을 채택한다.
- 단일제품 생산 기업은 기능식 조직을, 관련 및 비관련 다각화 기업은 사업부제 조직이 타당하다.

- 특정한 전략적 상황에 적용할 수 있다.
- 탄력적인 인력활용을 가능하게 하며, 종업원들의 기능과 능력을 최대한 활용하도록 한다.
- 종업원들이 다양한 프로젝트에 참여하여 학습기회가 증대되어 전문성이 향상될 수 있다.
- 각 부문이 조직 전체적인 관점에서 균형된 시각을 가지고 업무를 수행할 수 있도록 하며, 이는 기업의 효과적 환경적응을 가능하게 한다.

ⓒ 매트릭스 조직의 단점
- 주요사안에서 참여자 간의 합의와 조정으로 인하여 의사결정이 느리고 복잡하다.
- 이중보고체제로 인하여 책임의 소재가 명확하지 못하다.
- 작업관계가 복잡하고, 인적 자원이 중복된다.
- 부서의 팀워크 부족으로 참가자 사이에 불화의 우려가 있다.
- 설계는 쉽지만 의도한 대로 실행하고 운영하는 것이 어렵다.
- 중간관리층의 비대로 조직 효율성이 저하될 수 있다.

2. 효과적 조직구조의 선택

① 기업의 환경, 전략 및 조직구조는 상호 밀접한 관련이 있는데, 이들이 상호 부합되지 못할 때 원래의 의도와는 달리 기업의 성과가 저하된다.
② 전략과 조직구조의 관계
  ㉠ 사업부의 수가 많고 사업부 간 시너지 창출이 중요한 경우 : 전략사업단위 조직이 효과적이다.
  ㉡ 다각화된 기업 : 사업부제 조직이 효과적이다.
  ㉢ 수직적 통합 기업 : 기능식 조직 혹은 사업부제 조직이 모두 활용 가능하며, 수직적 통합의 범위가 넓고 규모가 클 때는 사업부제 조직이 효과적이다.
  ㉣ 단일제품 기업 혹은 단일 업종 주력기업 : 기능식 구조가 효과적이다.

3. 국제화와 조직구조

(1) 국제 조직구조의 유형

① 수출부서 조직
  ㉠ 가장 초기 단계의 국제화 기업에서 볼 수 있다.
  ㉡ 국제기업활동은 본사 조직에 부수적인 역할만을 담당한다고 본다.
② 국제사업부 조직
  ㉠ 본사내 기업의 국제활동만을 전담하는 전문 조직을 갖게 되는 첫번째 형

태이다.
    ⓛ 처음으로 해외사업체를 운영하며, 국제 사업부문이 설치되어 있다.
③ 국제 지역사업부 조직
    ㉠ 전세계의 각 지역별로 본사를 가지는 형태의 조직이다.
    ㉡ 지역사업 본부장이 각 지역 생산이나 판매의 책임을 지고 관장한다.
    ㉢ 장·단점
        • 장점 : 해외사업활동의 조정 용이, 현지 시장상황에 신속한 대응
        • 단점 : 범세계적인 관점에서의 조정이 쉽지 않다.
④ 국제 제품사업부 조직
    ㉠ 제품 중심으로 해외사업을 총괄하는 조직 형태이다.
    ㉡ 제품이 다양하고 현지 시장의 요구에 따라 제품을 수정·개량할 필요성이 거의 없을 때 효과적이다.
    ㉢ 생산, 마케팅, 연구개발 등에서 범세계적인 전문화와 규모의 경제를 달성할 수 있다.
⑤ 국제 기능식 조직 : 국제활동이 해당 기능부문의 책임 하에 이루어지고 책임자는 범세계적인 활동에 권한과 책임을 가진다.
⑥ 국제 혼합형 조직
    ㉠ 제품과 지역 또는 기능을 혼합한 형태의 조직이다.
    ㉡ 어떤 제품은 글로벌 전략, 어떤 제품은 다국가전략을 추구하는 기업에서 활용된다.
⑦ 국제 매트릭스 조직 : 국제 제품사업부 조직, 국제 지역사업부 조직 및 국제 기능식 조직 중 둘 또는 그 이상을 혼용한 것이다.

(2) 국제 전략과 조직구조

① 국제화 전략과 조직구조
    ㉠ 국제화 전략 : 국제사업부 조직이 적합하다.
    ㉡ 다국가 전략 : 국제지역 조직이 적합하다.
    ㉢ 글로벌 전략 : 국제 제품사업부 조직이 적합하다.
    ㉣ 초국적 전략 : 국제 매트릭스 조직이 적합하다.
② 범세계적 헤테라키(heterarchy)
    ㉠ 범세계적 헤테라키의 등장 : 세계화 시대에 보다 복잡하고 다차원적인 형태의 조직구조가 요구되는데, 이의 대안으로 초국적 조직 또는 범세계적 헤테라키가 제시되고 있다.
    ㉡ 헤테라키의 의미 : 범세계적인 기업시스템의 원활한 운영을 가능케 하는 사고, 마음, 가치체계이다.
    ㉢ 헤테라키의 특성

Key Point

▶ 국제 조직구조의 발전단계(Stopford와 Wells)의 연구
• 낮은 국제화의 초기단계 : 수출부서 조직에서 국제사업부 조직으로 발전
• 해외 판매제품의 수는 크게 증가하지 않지만 해외에서의 매출액이 상당한 비중을 차지하게 되면 국제지역조직 선택
• 해외매출액 비중은 그다지 높지 않지만 해외 판매제품의 다양성이 증대되면 국제 제품사업부 조직을 선택
• 제품의 다각화와 해외활동의 비중이 일정 수준 이상으로 증대되면 국제 혼합형 조직이 효과적
• 해외 판매제품의 다양성도 상당히 높고 해외 매출액의 비중도 높은 경우, 국제 매트릭스 조직을 통해 제품과 지역을 관리해 나간다.

▶ 국제화 전략과 조직구조 : 국제화 전략, 다국가 전략, 글로벌 전략, 초국적 전략

- 서로 다른 유형의 여러 본사를 가지며, 본사 기능이 지역적으로 분산된다.
- 자회사 경영자는 전체 기업을 위한 전략적 역할을 수행한다.
- 헤테라키는 본질적으로 수평적 구조이며, 조정과 통합은 기업문화와 경영관리 스타일을 통해 이루어진다.

4. 조직발전의 최근 추세

(1) 프로세스 조직

① 개념 : 업무 프로세스의 리엔지니어링(BPR : business process reengineering)에 의해 나타난 조직형태이다.
② BPR 또는 리엔지니어링
  ㉠ 비용, 품질, 서비스, 시간 등의 향상을 위해 기업의 업무처리과정을 재설계하는 것이다.
  ㉡ 업무의 자연적 흐름에 따라 업무 프로세스를 재설계하는 것이다.

(2) 네트워크 조직

① 네트워크 조직의 의미 : 기업의 주요 기능들을 독립적인 기업이나 개인이 나누어 수행하게 하고 작은 본사조직에 의해 각 활동들을 조정하거나 중개한다.
② 네트워크 조직의 특징
  ㉠ 매우 분권화된 조직으로 고객그룹이나 지리적 영역 중심으로 결정된다. 따라서 독립적인 단위로 서로의 연관관계를 통제하거나 조직하기 위해, 또는 공식적으로 유용한 정보를 얻거나 공유하기 위해 직접, 간접적으로 다소 느슨하게 연결되어 있을 뿐이다.
  ㉡ 네트워크 조직은 새롭고 급진적인 구조에 속한다. 네트워크 구조에서 대부분의 활동들은 외부자원을 이용한다. 또한 여러 가지 의사소통과 지식 공유는 정면으로 이루어지는 것이 아니라 기술적 메카니즘에 의해 이루어지고 있다.
③ 네트워크 조직의 장·단점
  ㉠ 네트워크 조직의 장점
    - 조직이 간소화되며, 관리간접 부문은 거의 존재하지 않는다.
    - 핵심역량을 더욱 강화·발전시키며, 비용절감과 효율성을 동시에 달성한다.
    - 기업의 유연성과 적응력 제고에 기여한다.
    - 기술혁신의 필요성이 높은 상황에서 환경이 불안정하고 동태적일 때 효과적이다.

Key Point

최근 조직 변화의 특징과 효과
- 관리계층의 축소 : 정보흐름의 효율화, 신속한 의사결정
- 권한위양 : 구성원의 능력개발 및 일하는 보람 제고, 탄력적 환경대응
- 스탭 간소화 : 조직의 관료화 방지, 라인 조직(가치창출 부문)의 활성화
- 업무 프로세스에 따른 조직화 : 고객요구에 신속한 대응, 기능부문 간 장벽 제거, 생산성 향상
- 팀제 도입 : 구성원의 자율과 창의성 발휘
- 조직학습 중시 : 환경에 대한 적응능력 제고, 지식 창출에 의한 경쟁우위 확보
- 외주화 확대 : 핵심역량 배양, 비용 절감, 관료화 방지

네트워크 조직구조
- 사실상 기업 내부의 여러 기능을 없애버리고 지속적으로 변화하는 비위계적, 군집적인 네트워크에 의해 상호연계된 일련의 프로젝트 집단으로 구성되어 있다는 점에서 가상조직이라고도 불린다.
- 네트워크 구조는 현재의 기업환경이 불안정하고 앞으로도 계속적으로 불안정할 것으로 예측되어질 경우에 매우 유용한 조직구조이다.
- 정규 종업원을 고용하는 대신 특정한 프로젝터의 수행을 위하여 한시적으로 인력을 고용한다. 그 결과 연구개발 및 마케팅과 같은 핵심기능은 본사에서 담당하고 디자인, 제조, 포장, 광고 등은 외부의 다른 기업들에게 위탁하는 구조를 가지게 된다.

ⓒ 네트워크 조직의 단점
- 가치사슬의 어느 한 부문에만 활동을 지나치게 전문화할 때 기업이 공동화될 위험이 있다.
- 파트너 기업이 자사 요구에 부응하지 못하거나 파트너 기업을 찾지 못할 때 기업활동이 마비될 우려가 있다.
- 많은 독립적인 파트너 기업들에 의존적이 된다.

조직문화와 리더십

(1) 조직문화와 전략실행

① 조직문화의 개념

　㉠ 문화의 개념
- 문화는 지식·신앙·예술·도덕·법률·관습 등 인간이 사회의 구성원으로서 획득한 능력 또는 습관의 총체이다.
- 사회를 구성하고 있는 모든 사람들이 공통적으로 지니는 가치관과 신념, 이념, 관습, 지식과 기술 등을 총칭하며, 그 문화권에 속한 인간의 행동에 영향을 미치는 법칙들에 대한 거시적인 개념이다.

　㉡ 조직문화의 개념
- 조직구성원들이 공유하는 가치체계·신념체계·사고방식의 복합체를 말한다. 이러한 조직문화에는 조직이 활동하는 국가의 사회문화·관습·규범이 영향을 미치며, 조직 내 최고관리자의 조직관리 이념과 전략 그리고 구성원들의 특성을 반영한다.
- 조직문화는 조직구성원들에게 정체성을 제공하고 집단적 몰입을 가져오며 조직체계의 안정성을 높이고 조직구성원들의 행동을 형성하는 기능을 수행한다.
- 한 조직의 구성원들이 공유하고 있는 가치관, 신념, 이념, 관습, 지식과 기술을 총칭하며, 조직구성원과 조직의 행동에 영향을 미치는 기본적 요인이다.

② 조직문화의 수준

　㉠ 그 문화권에 소속된 사람들이 당연하다고 생각하는 가장 기본적인 전제들이다.
　㉡ 기본적인 전제가 표출되어 인식의 수준으로 나타난 것이다.
　㉢ 가치관이 표출되어 표면적으로 나타나는 물질적·상징적 그리고 행동적 인공창조물이다.

③ 전략실행에 있어서 조직문화의 중요성

Key Point

▶ 네트워크 조직의 등장 배경
- 경쟁에 따라 기업이 단독으로는 기업활동의 모든 부문에서 우위를 점할 수 없게 되었다.
- 조직이 비대화되면서 조직실패가 기업 경영에서 문제로 대두되고 있다.
- 정보통신기술의 발전으로 지리적인 거리가 조직간의 의사소통에 문제가 되지 못하고 있다.
- 범세계화의 진전으로 세계 어디에서나 유력한 협력대상자의 발굴이 가능해지고 있다.

▶ 조직문화의 기능
- 순기능
  - 조직문화는 조직구성원들에게 사고의 틀과 행동규범을 제공한다.
  - 조직문화는 경쟁조직에 대한 적대감, 특정 집단에 대한 우월감 등 조직구성원들에게 일체감을 제공한다.
  - 조직구성원의 행동을 규제하고 조직목표에 합치된 행동을 하도록 강요하는 등 조직의 통제메커니즘의 기능을 수행한다.
  - 조직의 외부사람이나 집단에 대하여 긍정적 조직 이미지를 심어줌으로써 조직의 신뢰와 안정을 가져온다.
- 역기능
  - 환경변화와 기술발전에도 불구하고 이에 신속하게 대처하지 못함으로써 환경에의 부적응을 초래하고 있다.
  - 독자성이 강한 하위부서들 간의 협력을 얻기가 어려워져서 조직의 조정·통합에 어려움이 있을 수 있다.

Key Point

조직문화의 형성요인
- 상호작용 : 집단을 중심으로 단결력과 소속감을 증대시키려는 목적으로 상호작용을 하다보면 공통된 문화가 형성될 수 있다.
- 리더십 : 관리자나 조직 창도자가 주도적으로 행동의 통일을 리드하면서 모든 사람을 따르도록 한다면 공통의 문화가 형성된다.
- 학습과 훈련 : 조직 내에서 생활을 통해 직접 부딪히면서 체험하다 보면 환경에 적응하는 과정에서 비슷한 행동을 하게 되고 그것이 강화되어 문화로 정착한다.

조직문화의 특징
- 기업의 성과와 밀접한 관계에 있다.
- 조직생활에서 구성원들의 사고나 행동에 영향을 미친다.
- 조직구성원들을 결합시키고 의미와 목적을 부여하면서 그들의 행동을 결정하는 요소가 된다.
- 기업을 이끄는 동인이며, 기업의 밑바닥에 흐르는 정신적 배경이다.

전략과 조직문화의 연계
- 전략실행의 요건에 조직문화가 잘 부합될 때 : 문화적으로 용인되는 행동은 촉진되며, 문화적으로 용인되지 않는 행동은 억제된다.
- 전략지원적인 문화 : 구성원들이 최선을 다하도록 독려하고 동기를 부여한다.

리더십 : 조직의 목적 달성을 위해 구성원들을 일정한 방향으로 이끌어 성과를 창출하는 능력이다. 지도력은 조직의 문제점을 개선하고, 조직이 환경 변화에 적응하도록 하며, 구성원에게 동기를 부여하는 등의 기능을 가진다.

㉠ 기업의 문화적 특징이 전략에서 요구되는 요인들과 상치되는 경우 기업문화는 가능한 한 빨리 변화되어야 한다.
㉡ 기업문화를 전략에 적합하도록 바꾸기가 어려울 때 전략을 다시 수립할 필요가 있다.

④ 전략-문화 관계의 관리
  ㉠ 변화와 문화의 연계
    - 새로운 전략 실행을 위해 조직구조, 시스템, 운영절차 등의 변화가 요구된다.
    - 기업이 고려할 요소 : 핵심변화는 기업의 기본사명과 연계되어야 하며, 새로운 전략의 실행에서의 중요한 지위는 기존 구성원들을 배치해야 한다.
  ㉡ 기존 문화의 강화
    - 전략실행을 위해 많은 변화가 요구되지 않으면서도 그러한 변화도 기존 조직문화와 잘 부합되는 상황에 있다.
    - 가장 바람직한 상황이다.
    - 문화의 관리
    - 전략 실행을 위해 요구되는 주요 조직요인의 변화는 적지만 이러한 변화가 조직문화와 일치되지 않는 경우이다.
    - 변화에 장애가 되는 기업문화적 요소에 대한 변화가 있어야 한다.
  ㉢ 새로운 전략의 수립
    - 문화 관계를 관리하는데 가장 어려운 도전에 직면한 경우이다.
    - 많은 조직요인에 변화가 수반되어야 한다.

(2) 리더십과 전략실행

① 경영자의 리더십
  ㉠ 최고경영자의 리더십은 기업문화의 창출과 유지, 그리고 새로운 전략에 맞추어 기업문화를 변화시키는 데 아주 중요한 역할을 한다.
  ㉡ 전략의 효과적인 실행을 위해서는 조직구조, 시스템, 기업문화의 새로운 변화가 요구되며, 이러한 변화를 주도하는 것이 경영자의 리더십이다.

② 경영자의 주요 과업
  ㉠ 방향설정
    - 최고경영자가 수행하는 중요한 역할 중의 하나는 대대적인 문화적 변혁을 주도하여야 한다는 것이다. 조직이 지금까지 수행했던 전략을 버리고 새로운 전략을 추구하는 것은 근본적으로 매우 어려운 일이다. 그런데 이러한 변화를 추구할 수 있는 사람이 최고경영자밖에 없는 경우가 많다.
    - 새로운 가치관을 정립시켜 줄 수도 있고 기업이 나아가야 할 비전을 제

시하여 주기도 한다. 또한 조직구성원으로 하여금 창의적인 생각을 하도록 변화의 주도자의 역할을 할 수 있다.
ⓒ 협상 : 최고경영자의 임무는 기업조직 내의 정치적 갈등을 되도록이면 잠재우고 내부의 정치적 역학관계를 효과적으로 통제하여 경영전략의 수행에 장애가 되지 않도록 조정하는 일이다.
ⓒ 조직의 설계 : 조직구조가 수립된 전략에 맞게 설계되었을 때 전략은 실행될 수 있는데, 리더는 조직구조나 조직과정을 재구축하는 데 적극 개입해야 한다.
ⓔ 기업윤리의 강조
- 최고경영자가 수행하는 주요한 업무 중의 하나는 기업윤리를 강조하는 것이다. 높은 윤리적인 기준을 갖고 있는 조직은 대부분 최고경영자들이 공개적으로 윤리적인 행동이나 도덕적인 활동을 강조하는 경우가 많다.
- 기업들은 또한 이러한 윤리적인 기준을 유지하기 위해서 윤리강령을 제시하여 종업원들에게 이런 윤리적인 행동의 필요성을 강조할 필요가 있다.
ⓜ 바람직한 기업문화의 창출 : 리더는 기업문화의 창출과정에 적극 개입하고 이를 이끌어나가야 한다.

Key Point

리더십의 특징
- 리더십은 목표지향적 활동이다. 즉 조직의 바람직한 목표를 달성하기 위하여 전개되는 과정이다.
- 리더십은 리더와 추종자 및 환경적 변수간의 관계이다.
- 리더십은 공식적 계층제의 책임자만이 갖는 기능은 아니다. 리더십은 동료간에도 발휘될 수 있다.
- 리더십은 리더의 권력(power)를 통하여 발휘되는 기능이다. 여기서 권력은 공식적·법적으로 주어진 지위뿐만 아니라, 전문성과 기타 여러 가지 리더의 자질 내지 특성에 내재하는 것이다.

리더십의 기능
- 목표의 설정과 임무·역할의 명확화 : 조직이나 집단의 목표를 설정하고 부하들의 임무와 역할을 명확하게 해주는 기능을 수행한다.
- 자원의 동원과 조작(操作) : 조직의 목표달성에 필요한 인적·물적·상황적 수단과 자원을 효율적으로 동원하게 한다.
- 조직의 안정성과 적응성의 확보 : 조직의 내적 변동에 따른 대립·갈등과 외부환경으로부터의 압력을 유화시켜 조직의 안정성과 변화하는 환경에 효율적으로 적응하도록 한다.
- 조직활동의 통합·조정·통제 : 조직 및 집단의 구성원들이 목표의 달성을 위하여 자발적이고 헌신적인 자세로 능력을 발휘할 수 있도록 그들을 자극하고 통합·통제·조정하는 기능을 수행한다.

참고문헌

- 김형준, 「전략경영론」, 형설출판사, 2011
- 정동섭·추교완·박재희, 「경영전략」, 경영과 미래, 2010
- 김영수·이영진, 「경영전략」, 학현사, 2010
- 유기현·황용식, 「전략경영론」, 무역경영사, 2009
- 김길성, 「경영전략」, 전남대학교출판부, 2009
- 니와 데츠오, 「경영전략」, 새로운 제안, 2007

Bachelor's Degree

■2 실전예상문제

객관식

Keypoint & Answer

성공인 전략실행에 영향을 주는 것 ➡ ❷

1 성공적인 전략실행에 큰 영향을 주는 것은 어느 것인가?
① 기업의 비전
② 조직구성원의 동기부여
③ 산업 및 경쟁자 분석
④ 기업가적 창의성

▶ ①, ③, ④는 성공인 전략개발에 영향을 주는 것이고, ②는 전략실행에 영향을 준다.

전략실행의 주요 구성요소 ➡ ❹

2 전략실행의 주요 구성요소로서 거리가 <u>먼</u> 것은?
① 조직구조의 재설계
② 기능전략의 수립
③ 예산과 인력의 배분
④ 내부 분석

▶ 전략실행의 구성요소로는 단기 운영목표와 기능전략, 조직구조, 리더십, 보상시스템, 기업문화, 정책개발, 예산과 인력의 배분이 있다.

맥킨지의 7-S 모형요인 ➡ ❶

3 다음 중 맥킨지의 7-S 모형요인으로 볼 <u>수 없는</u> 것은?
① 고객성향
② 기업능력
③ 시스템
④ 전략

▶ 맥킨지의 7-S 모형요인 : 전략, 조직구조, 시스템, 기업문화, 기업능력, 인력구성 및 리더십

전략실행을 위한 주요활동 ➡ ❶

4 다음 중 전략실행을 위한 주요활동으로 관련 <u>없는</u> 것은?
① 측정가능하고 구체적이며 의미있는 장기운영목표설정
② 각 부문별 기능전략의 개발
③ 전략적 중요성에 따라 기업내 제부문에 예산 및 인력의 배정
④ 의사결정과 행동에 지침이 되는 정책의 수립과 전파

▶ 측정가능하고 구체적이며 의미있는 단기운영목표의 설정은 전략실행의 주요활동이다.

단기운영목표의 요건 ➡ ❹

5 다음 중 단기운영목표의 요건으로 거리가 <u>먼</u> 것은?
① 도전적이면서도 달성가능한 목표
② 구체적이고 측정가능한 목표
③ 각 부문별 목표와 활동의 조정 및 통합

230 경영전략

④ 단기목표와의 연계성

▶ 단기운영목표는 기업의 장기적 목표 및 전략과 밀접하게 연계되어야 한다.

6 다음 중 단기운영목표의 이점으로 <u>부적당한</u> 것은?

① 단위조직이나 구성원들에게 자신의 역할을 보다 명확히 이해하게 한다.
② 관리자들이 운영목표의 수립과정에 참여하면 운영목표는 상충되는 의견을 조정하고 수용하는 기반이 된다.
③ 전략통제의 합리적 기준으로서의 역할을 한다.
④ 관리자들이 조직을 통제하는데 가장 중요하다.

▶ 측정가능하며 도전적이고 달성가능한 운영목표는 개인과 집단의 역할을 명확히 하고 관리성과를 제고하는데 주요한 동기요인으로 작용한다.

7 기능전략과 상위전략(경쟁·전사전략)의 차이점에 대한 기술 중 옳지 <u>않은</u> 것은?

① 기능전략은 당장 혹은 가까운 장래에 수행되어야 할 활동들을 규명한다.
② 기능전략은 경쟁전략보다 포괄적이다.
③ 상위전략은 기업활동에 전반적인 방향을 제시해주는 역할을 한다.
④ 전사전략은 최고경영자의 책임하에 수립된다.

▶ 기능전략은 전사전략이나 경쟁전략보다 훨씬 구체적이다.

8 다음 중 전략의 실행에 있어서 정책의 역할로 <u>부적당한</u> 것은?

① 경영자나 관리자의 직접적인 개입없이 간접적 통제수단으로서의 역할을 한다.
② 조직전체를 통해 여러 행동과 활동들이 전략과 일관성을 갖고 이루어지도록 한다.
③ 조직내부의 근무 분위기에 변화를 초래한다.
④ 변화에 대한 저항을 촉진시킨다.

▶ 정책은 새로운 전략이나 변화에 대한 저항을 완화시키는 역할을 한다.

9 다음 중 성장기업의 조직설계과정을 가장 정확하게 표현한 것은 어느 것인가?

① 기능별 조직 – 매트릭스조직 – 사업부조직 – 기업가형 조직
② 단순 조직 – 기능식 조직 – 사업부조직 – 매트릭스 조직
③ 기능별 조직 – 사업부조직 – 기업가형 조직 – 매트릭스조직

Keypoint & Answer

→ 단기운영목표의 이점 → ❹

→ 기능전략과 상위전략(경쟁·전사전략)의 차이점 → ❷

→ 전략의 실행에 있어서 정책의 역할 → ❹

→ 성장기업의 조직설계과정 → ❷

④ 기업가형 조직 – 기능별 조직 – 매트릭스조직 – 사업부조직

▶ 조직구조의 유형 : 단순조직, 기능식 조직, 지역별 조직, 사업부조직, 매트릭스조직

Keypoint & Answer

조직의 성장단계에 따르는 조직구조와의 연결관계 ➡ ❶

10 다음 중 조직의 성장단계에 따르는 조직구조와의 연결관계가 바르지 <u>못한</u> 것은?

① 조정에 의한 성장 – 매트릭스조직
② 권한위임에 의한 성장 – 사업부조직
③ 업무지시에 의한 성장 – 기능식 조직
④ 창의력에 의한 창업과 초기의 성장 – 단순조직

▶ 매트릭스조직은 기능식 조직과 사업부제 조직의 이점을 동시에 활용하고자 하는 의도에서 채택된다.

소규모의 창업가형 기업에서 흔히 볼 수 있는 조직 ➡ ❶

11 특정 시장영역을 대상으로 소수의 관련제품만을 생산·판매하는 소규모의 창업가형 기업에서 흔히 볼 수 있는 조직은?

① 단순조직　　　　　　② 기능식 조직
③ 사업부조직　　　　　④ 매트릭스조직

▶ 단순조직은 비공식적인 특징을 가지며 의사결정권한은 경영자개인에게 집중된다.

가장 기본적이며 보편적인 조직형태 ➡ ❷

12 가장 기본적이며 보편적인 형태로서, 당일 사업분야의 기업이나 수직적 통합을 이룬 기업에서도 나타나는 조직형태는?

① 단순조직　　　　　　② 기능식 조직
③ 사업부조직　　　　　④ 매트릭스 조직

▶ 기능식 조직은 기능의 유사성에 따라 조직단위를 구성하는 형태이다.

기능식 조직의 장점 ➡ ❸

13 다음 중 기능식 조직의 장점으로 알맞지 <u>않은</u> 것은?

① 기능의 숙련이 용이하고 기능적 전문성이 촉진된다.
② 기업활동의 효율성이 증대되고 비용이 절감된다.
③ 환경변화에 신속히 대응한다.
④ 조직활동을 보다 효과적으로 통제할 수 있다.

▶ 기능식 조직의 장점은 ①, ②, ④이고, 환경변화에 신속히 대응하기 어렵다.

기능식 조직에 대한 내용 ➡ ❹

14 기능식 조직에 대한 설명으로 그 내용이 바르지 <u>못한</u> 것은?

① 각 부문별로 전문성의 축적이 촉진된다.

232 경영전략

② 인력과 자원 활용의 효율성이 높아진다.
③ 기능의 유사성에 따라 조직을 구성한다.
④ 각 부문간에 업무의 조정이 용이하다.

▶ 기능식 조직
- 기능의 유사성에 따라 조직단위를 구성하는 조직형태를 말한다.
- 분업과 전문화를 통해 유사한 기능을 가지고 유사한 과업을 수행하는 사람들을 하나의 조직단위에 배치함으로써 기능의 숙련이 용이하고 구성된 상호간에 학습을 통해 기능적 전문성이 촉진된다.
- 조직 전체적인 관점에서의 부문간 활동조직이 어렵다는 단점이 지적되고 있다.

15 다음 중 지역별 조직의 전략적 이점으로 올바른 것은?

① 지역조직을 운영하기 위해 관리계층이 증대된다.
② 회사의 통일된 이미지나 명성을 일관되게 유지한다.
③ 현지 시장상황에 신속하고 탄력적으로 적응할 수 있다.
④ 관리부문이 커지고 스탭부문의 중복가능성이 낮다.

▶ ③이 지역별 조직의 전략적 이점이다.

16 다음 중 상이한 고객을 대상으로 여러 가지 제품을 판매하는 다각화된 기업에 가장 적절한 조직 유형은 무엇인가?

① 지역별 조직   ② 기능식 조직
③ 단순조직   ④ 사업부제 조직

▶ 조직구조의 유형
- 사업부제 조직 : 제품의 다양성과 규모의 증대로부터 야기되는 조정과 의사결정 문제를 효과적으로 다룰 수 있는 조직구조로, 여러 가지 제품을 생산·판매하고 제품별로 고객의 특성이 서로 다른 다각화된 기업의 경우에 적절한 유형이다.
- 단순조직 : 특정 시장영역을 대상으로 소수의 관련제품만을 생산·판매하는 소규모의 창업자형 기업에서 흔히 볼 수 있다.
- 기능식 조직 : 기능의 유사성에 따라 조직단위를 구성하는 조직형태이고, 지역별 조직은 각 지역별 시장의 차이를 수용하기 위하여 필요한 조직형태이다.

17 비관련 다각화를 추구하는 기업에 효과적인 반면 수직적 통합을 이룬 기업에서는 효과적이지 못할 수 있는 조직형태는?

① 지역별조직   ② 사업부제 조직
③ 단순조직   ④ 매트릭스조직

▶ 문제 16번 해설 참조

Keypoint & Answer

➡ 지역별 조직의 전략적 이점 ➡ ❸

➡ 사업부제 조직의 특성 ➡ ❹

➡ 비관련 다각화를 추구하는 기업에 효과적인 조직형태 ➡ ❷

제9장 전략의 실행 **233**

| 독 | 학 | 사 | 3 | 단 | 계 |

Keypoint & Answer

서로 다른 다각화된 기업의 경우에
적합한 조직 유형 ➡ ④

18 다음 중 여러 가지 제품을 생산, 판매하고 제품별로 고객의 특성이 서로 다른 다각화된 기업의 경우에 적합한 조직 유형은 무엇인가?

① 지역별 조직　　　　② 기능식 조직
③ 단순 조직　　　　　④ 사업부제 조직

▶ 기업이 다각화를 통하여 여러 가지 제품을 생산하고 상이한 고객집단을 대상으로 제품을 판매하게 되면 기능식 조직은 부적절하게 된다. 서로 상이한 특성을 가진 많은 제품을 생산, 판매하는 기업이 기능식 조직을 갖게 되면, 각 제품별로 조정이 이루어져야 하므로 최고 경영자는 과다한 조정활동에 시달리게 된다. 이처럼 제품의 다양성과 규모의 증대로부터 야기되는 조정과 의사결정의 문제를 효과적으로 다룰 수 있는 조직구조가 바로 사업부조직이다.

사업부조직의 이점 ➡ ④

19 다음 중 사업부조직의 이점으로 <u>부적당한</u> 것은?

① 환경변화에 신속·유연하게 대응한다.
② 최고경영자가 회사 전체의 전략적 의사결정에만 시간과 노력을 집중할 수 있다.
③ 기능부문간 조정이 용이하다.
④ 규모의 경제성을 누릴 수 있다.

▶ ①, ②, ③은 사업부조직의 이점이고, 사업부조직은 규모의 경제성을 누릴 수 없다.

이중적 보고체계와 권한구조를 갖
춘 조직 ➡ ④

20 기능식 조직과 사업부조직을 결합해 이중적 보고체계와 권한구조를 갖춘 조직은?

① 사업부조직　　　　② 기능식조직
③ 단순조직　　　　　④ 매트릭스조직

▶ 매트릭스조직은 수직축은 기능부문으로 구성되고 수평축은 제품이나 프로젝트 또는 지역별 유사성에 따라 형성되어 이중적인 권한 및 통제구조를 가진다.

기업내 직원들이 동시에 두 명의 상
사에게 보고하고 지시를 받게 되는
조직구조 ➡ ①

21 기업내 직원들이 동시에 두 명의 상사에게 보고하고 지시를 받게 되는 조직구조는?

① 매트릭스 조직　　　② 단순 조직
③ 사업부 조직　　　　④ 기능식 조직

▶ 매트릭스조직은 대체로 수직 혹은 기능부문으로 구성되고 수평축은 제품이나 프로젝트 또는 지역별 유사성에 따라 형성되어 이중적인 권한 및 통제구조를 가진다.

매트릭스조직에 대한 내용 ➡ ③

22 매트릭스조직에 대한 설명으로 그 내용이 바르지 <u>못한</u> 것은?

① 상황에 따라 탄력적으로 인력을 활용할 수 있다.

234 경영전략

② 구성원들은 두 명의 직속상사를 두게 된다.
③ 조직을 의도한 대로 실행·운영하기가 용이하다.
④ 기능식 조직과 사업부제조직의 장점을 동시에 활용하기 위한 목적에서 도입되었다.

▶ 매트릭스조직의 가장 큰 단점 : 설계는 쉽지만 의도한 대로 실행·운영하는 것이 어렵다는 점이다. 이중 권한구조로 인해 중간관리자층이 지나치게 비대해져 조직의 효율성이 저하될 수 있고, 주요 사안에서는 항상 제품부문과 기능부문의 관리자 간에 협조와 조정이 필요하므로 의사결정이 지연된다.

23 다음 중 매트릭스 조직의 장점으로 거리가 먼 것은?

① 탄력적인 인력활용이 가능하다.
② 종업원들의 기능과 능력을 최대한 활용할 수 있도록 한다.
③ 각 부문이 조직 전체적인 관점에서 균형된 시각을 가지고 업무를 수행할 수 있도록 해준다.
④ 단일명령구조로 각 기능부문과 프로그램 부문간의 협조가 원활하다.

▶ 매트릭스구조는 이중적인 권한구조로 마찰의 소지가 크다.

24 '조직구조는 전략을 따른다'라는 명제와 관련있는 사람은 누구인가?

① 스미스　　　　② 챈들러
③ 밀러　　　　　④ 버밍햄

▶ 챈들러의 '조직구조는 전략을 따른다'라는 것은 전략의 변화는 조직구조의 변화를 수반한다는 것이다.

25 다음 중 전략과 조직구조의 관계에 대한 설명으로 바르지 못한 것은?

① 사업부제 조직은 기능별로 전문성과 효율성 제고가 필요한 경우 바람직하다.
② 기업의 다각화 정도가 높아질수록 사업부제 조직이 바람직하다.
③ 전략이 바뀌면 이에 따라 조직구조의 변화가 필요하다.
④ 단일 제품을 생산하는 기업의 경우에는 기능적 구조가 바람직하다.

▶ 문제 14번 해설 참조

26 공식적 조직구조의 보완을 위해 활용되는 수단으로 옳지 않은 것은?

① 특별 프로젝트팀　　　② 복합기능 태스크포스
③ 벤처팀　　　　　　　④ 통합운영부

Keypoint & Answer

➡ 매트릭스 조직의 장점 ➡ ❹

➡ '조직구조는 전략을 따른다'라는 명제와 관련있는 사람 ➡ ❷

➡ 전략과 조직구조의 관계에 대한 내용 ➡ ❶

➡ 공식적 조직구조의 보완을 위해 활용되는 수단 ➡ ❹

Keypoint & Answer

▶ 공식적 조직구조의 보완수단 : 특별 프로젝트팀, 복합기능 태스크포스, 벤처팀, 독립적 작업팀

국제화에 따른 기업의 조직구조 과정 ➡ ❶

27 다음 중 국제화에 따른 기업의 조직구조 과정으로 알맞은 것은?

① 수출부서조직 – 국제사업부조직 – 국제지역조직 – 국제제품조직
② 수출부서조직 – 국제지역조직 – 국제제품조직 – 국제사업부조직
③ 국제제품조직 – 수출부서조직 – 국제지역조직 – 국제사업부조직
④ 국제제품조직 – 국제지역조직 – 국제사업부조직 – 수출부서조직

▶ 기업은 대체로 수출부서 조직으로부터 시작하여 해외활동이 증대됨에 따라 국제사업부조직, 국제지역조직, 국제제품조직으로 발전해 나간다.

국제사업부조직의 내용 및 특성 ➡ ❷

28 본사내 기업의 국제활동만을 전담으로 하는 전문조직을 갖게 되는 첫번째 형태 조직은?

① 수출부서조직　　　　② 국제사업부조직
③ 국제지역조직　　　　④ 국제제품조직

▶ 국제사업부조직에서는 기업의 해외활동이 증대되어 처음으로 해외사업체를 운영하게 된다.

국제 제품사업부 조직의 특징 ➡ ❷

29 다음의 〈보기〉와 관련이 깊은 조직 형태는 무엇인가?

보기 기업의 국제화 초기 단계에는 수출부서 조직에서 점차 국제사업부 조직으로 발전하게 된다. 기업의 국제화가 보다 진전되어 해외매출액의 비중은 크게 높지 않지만 해외에서 판매하는 제품의 종류가 다양한 경우에 적합하다.

① 국제 매트릭스 조직　　　② 국제 제품사업부 조직
③ 국제 지역 조직　　　　　④ 국제 혼합형 조직

▶ 국제 제품사업부 조직은 제품이 다양하고 현지 시장의 요구에 따라 제품을 수정·개량할 필요성이 별로 없는 경우에 적합하다.

국제 제품사업부 조직의 특징 ➡ ❹

30 마케팅, 연구개발, 생산 등에 있어서 범세계적인 전문화와 규모의 경제를 달성할 수 있는 조직은?

① 수출부서조직　　　　② 국제사업부조직
③ 국제지역조직　　　　④ 국제 제품사업부 조직

▶ 국제제품사업부조직은 제품다각화와 함께 범세계적으로 시장이 확대됨으로써 제품을 중심으로 해외사업을 총괄하는 조직형태이다.

31 다음 중 주로 유전개발 등의 원료추출기업에서 주로 채택되는 조직은?

① 수출부서조직   ② 국제사업부조직
③ 국제 기능식 조직   ④ 국제제품사업부조직

▶ 국제 기능식 조직은 주로 수직적 통합의 정도와 자본집중도가 높은 유전개발 등의 원료추출기업에서 채택된다.

Keypoint & Answer

유전개발 등의 원료추출기업에서 주로 채택되는 조직 ➡ ❸

32 해외 판매제품의 다양성도 상당히 높고 해외 매출액의 비중도 높은 경우의 조직은?

① 수출부서조직   ② 국제제품사업부조직
③ 국제혼합형 조직   ④ 국제매트릭스조직

▶ 국제 매트릭스 조직을 통해 제품과 지역이라는 두 측면에서 동시에 해외사업을 관리해 나간다.

국제매트릭스조직의 특징 ➡ ❹

33 다음 중 국제화 전략을 추구하는 기업에 적당한 조직구조는 무엇인가?

① 국제제품사업부조직   ② 국제매트릭스조직
③ 국제사업부조직   ④ 국제지역조직

▶ 국제화 전략에는 국제사업부조직이 적합하다.

국제화 전략을 추구하는 기업에 적당한 조직구조 ➡ ❸

34 다음 중 초국적 전략에 적합한 조직구조는 무엇인가?

① 국제제품사업부조직   ② 범세계적 헤테라키
③ 국제사업부조직   ④ 국제지역조직

▶ 초국적 전략에는 국제 매트릭스 조직이 바람직하나 한계점도 존재하기 때문에 범세계적 헤테라키가 제시되고 있다.

초국적 전략에 적합한 조직구조 ➡ ❷

35 다음 중 헤테라키의 특성에 대한 설명으로 바르지 <u>못한</u> 것은?

① 서로 다른 유형의 여러 가지 본사를 가진다.
② 본사기능이 지역적으로 분산된다.
③ 자회사 경영자는 전체 기업을 위한 전략적 역할을 수행한다.
④ 수직적 구조이다.

▶ 헤테라키는 본질적으로 수평적 구조이다.

헤테라키의 특성에 대한 내용 ➡ ❹

36 다음 중 최근 조직변화의 주요 특징에 대한 내용으로 거리가 <u>먼</u> 것은?

최근 조직변화의 주요 특징 ➡ ❹

제9장 전략의 실행 **237**

① 외주화 확대 ② 조직계층 축소
③ 권한위양 ④ 스탭 강화

▶ 최근 조직변화의 특징으로는 ①, ②, ③ 외에 관리계층의 축소, 스탭 간소화, 업무 프로젝트에 따른 조직화, 팀제 도입, 조직학습 중시 등이 있다.

조직변화 중 팀제도입이 갖는 효과 ➡ ❷

37 조직변화 중 팀제도입이 갖는 효과로 올바른 것은?

① 조직의 관료화 방지 ② 구성원의 자율과 창의성 발휘
③ 기능부문간 장벽 제거 ④ 라인조직의 활성화

▶ 팀제 도입은 구성원의 자율과 창의성 발휘의 효과를 갖는다.

리엔지니어링(BPR)에 의해 나타난 조직형태 ➡ ❶

38 다음 중 리엔지니어링(BPR)에 의해 나타난 조직형태는 무엇인가?

① 프로세스 조직 ② 네트워크 조직
③ 시장조직 ④ 분리조직

▶ 프로세스 조직은 업무 프로세스의 리엔지니어링에 의해 나타난 조직형태이다.

네트워크 조직의 내용 ➡ ❹

39 다음의 〈보기〉와 같은 조직 형태와 관련이 깊은 것은?

〈보기〉 나이키(Nike)사는 연구개발 및 마케팅 활동에 주력하고 생산활동은 전 세계의 기업들과 계약을 통해 수행하며, 각 생산회사에 자사의 인력을 파견하여 품질을 관리하고 있다.

① 사업부 조직 ② 매트릭스 조직
③ 프로세스 조직 ④ 네트워크 조직

▶ 네트워크조직
• 기업활동에서 조직보다는 시장을 활용하는 조직형태라고 할 수 있다.
• 네트워크조직은 기업의 주요 기능들을 독립적인 기업이나 개인이 나누어 수행하게 하고, 작은 본사조직에 의해 각 활동들을 조정하거나 중개한다. 따라서 제품개발, 생산, 판매, 회계 등의 전통적인 기업활동이 단일기업에서 수행되는 것이 아니라 특정 기업에 네트워크로 연결된 독립적인 조직들에 의해서 형성된다.
• 네트워크조직에는 나이키, 베네통 등이 있다.

네트워크조직의 특성 ➡ ❹

40 다음의 〈보기〉와 같은 조직형태와 관련이 깊은 것은?

〈보기〉 의류업체인 베네통(Benetton)은 제조, 유통 및 판매활동의 대부분을 통해 외부기업이 수행하도록 하고 자사는 하도급업체의 자재 및 생산계획과 품질향상을 위한 기술적 지원에만 전념하고 있다.

① 사업부조직 ② 매트릭스조직
③ 프로세스조직 ④ 네트워크조직

▶ 문제 39번 해설 참조

41 다음 중 네트워크조직의 등장배경으로 거리가 먼 것은?

① 경쟁이 치열해지면서 어느 기업도 단독으로 기업활동의 모든 부문에서 우위를 점할 수 없게 되었다.
② 조직이 비대화됨에 따라 조직실패가 기업경영에 있어서 심각한 문제로 대두되고 있다.
③ 정보통신기술의 발전으로 지리적 거리가 조직간의 의사소통에 아무 문제가 되지 못하고 있다.
④ 유력한 협력대상자의 발굴이 불가능하다.

▶ 범세계화의 진전으로 세계 어느 곳에서나 유력한 협력대상자의 발굴이 가능해지고 있다.

42 다음 중 네트워크조직의 장점으로 거리가 먼 것은?

① 환경이 불안정하고 동태적일 경우 효과적이다.
② 급속한 기술변화와 치열한 시장경쟁에 대응하여 기업의 유연성과 적응력 제고에 크게 기여한다.
③ 파트너기업들을 직접 통제한다.
④ 조직이 획기적으로 간소화된다.

▶ ①, ②, ④는 네트워크 조직의 장점이고, 네트워크로 연결된 파트너 기업을 직접적으로 통제할 수 없기 때문에 많은 독립적 파트너 기업들에 의존적이 된다.

43 다음 중 구성원들의 공유된 가치관을 가리켜 부르는 말은?

① 경영성과 ② 환경분석
③ 전략 ④ 문화

▶ 문화란 사회를 구성하는 모든 사람들이 공통적으로 지니고 있는 가치관, 신념, 이념, 관습 그리고 지식과 기술 등을 총칭하는 것이다.

44 외부환경에 적응하고 조직내부를 통합하는 문제에 대처하는 과정에서 특정 집단이 고안, 발견, 개발한 기본전제로서, 오랜 기간동안 조직구성원들에게 타당한 것으로 받아들여져 전수된 것을 무엇이라 하는가?

Keypoint & Answer

➡ 네트워크조직의 등장배경 ➡ ④

➡ 네트워크조직의 장점 ➡ ③

➡ 구성원들의 공유된 가치관을 가리켜 부르는 말 ➡ ④

➡ 조직문화의 내용 및 특성 ➡ ③

| 독 | 학 | 사 | 3 | 단 | 계 |

① 경험 　　　　　　　　② 학습
③ 조직문화 　　　　　　④ 가치관

▶ 조직문화는 조직구성원과 조직의 행동에 영향을 미치는 기본적 요인이다.

45 전략-문화관계의 관리에서 가장 바람직한 상황을 나타내는 것은?

① 변화와 문화의 연계 　　② 기존문화의 강화
③ 문화의 관리 　　　　　④ 새로운 전략의 수립

▶ 기존 문화의 강화는 전략실행을 위해서 많은 변화가 요구되지 않으면서도 그러한 변화도 기존 조직문화와 잘 부합되는 상황이다.

46 다음 중 변화의 대처에 그 본질이 있는 것은 무엇인가?

① 관리 　　　　　　　　② 리더십
③ 통제 　　　　　　　　④ 조정

▶ 변화를 주도할 수 있는 것이 경영자의 리더십이다.

47 다음 중 경영자의 주요과업에 해당되지 않는 것은?

① 방향설정 　　　　　　② 조직의 설계
③ 바람직한 기업문화의 창출 　④ 중앙집중화 능력

▶ 경영자의 주요과업 : 방향설정, 조직의 설계, 바람직한 기업문화의 창출

48 다음 중 벽없는 조직의 주창자는 누구인가?

① 잭 웰치 　　　　　　② 포터
③ 하이머 　　　　　　　④ 그라이너

▶ 잭 웰치는 벽없는 조직을 주창했고 워크아웃 미팅 등을 통해 실현시키려 했다.

주관식

1 기능식 조직에 대해 설명하시오.

Keypoint & Answer

전략-문화관계의 관리에서 가장 바람직한 상황 ➡ ❷

변화의 대처에 그 본질이 있는 것 ➡ ❷

경영자의 주요과업 ➡ ❹

벽없는 조직의 주창자 ➡ ❶

매트릭스조직 : 기업을 크게 두 개의 차원, 즉 제품차원과 지역차원으로 나누어서 조직에 속한 모든 사람들을 제품과 지역 양쪽 조직에 소속하게 만든 조직형태이다.

240 경영전략

2 사업부제 조직에 대해 설명하시오.

3 기능식 조직의 장·단점에 대해 쓰시오.

> **Key Point**
>
> ➡ 맥킨지 7S 모델
> - Strategy : 경쟁 우위 확보를 위한 방법
> - Structure : 수행과업을 전문화, 세분화하고 그에 따른 권한 역시 분할하는 방식. 필요 활동들을 그룹핑하고 그룹간 관련성을 조직 하부 단위에 리포팅하는 과정에서 조직내 활동들과 구성원들이 조정/통합되는 메카니즘
> - Systems : 조직 관리를 위해 사용되는 공식적인 프로세스와 절차들. 경영관리시스템, 성과측정 및 보상 시스템, 기획, 예산 편성, 자원할당 시스템, 정보시스템 및 배분시스템 등을 포함
> - Staff : 사람들과 그들의 배경, 역량, 리쿠르팅, 선택 및 사회화를 위한 조직의 접근방법. 사람 계발, 훈련, 사회화, 통합하는 방법과 조직 구성원들의 경력관리 방법
> - Skills : 조직내에서 그 존재가 구별될 수 있는 특이한 역량, 사람들, 경영 관행, 시스템, 기술 등
> - Shared Values : 조직에서 널리 공유되고 있으며, 중요한 행동원칙으로서 사용되는 핵심 또는 근본적인 가치. 이러한 가치들은 조직 구성원의 주의를 집중시키고, 보다 넓은 목적의식을 갖도록 하기 때문에 큰 의미를 지님
> - Style : 최고경영자의 리더십 스타일과 조직의 전체적인 운영관리 스타일. 스타일은 조직 구성원들이 따르는 규범과 그들 상호간, 또는 고객들과 일하고 상호교제하는데 영향을 주는 방법적 요소

Answer

1 기능식 조직은 기능의 유사성에 따라 조직단위를 구성하는 조직형태를 말한다. 기능식 조직은 분업과 전문화를 통해 유사한 기능을 가지고 유사한 과업을 수행하는 사람들을 하나의 소식난위에 배치함으로써 기능의 숙련이 용이하고 구성원 상호산에 학습을 통해 기능적 전문성이 촉진된다. 그러나 조직 전체적인 관점에서의 부문간 활동조직이 어렵다는 단점이 지적되고 있다.

2
- 조직의 분권화과정에서 나타난 조직으로서 연방적 분권조직의 특성을 갖고 있다. 직능구조를 환경변화에 효율적으로 하기 위해 분할된 조직단위를 중심으로 책임경영을 할 수 있도록 조직을 구조화한 것이 사업부제 조직이다.
- 사업부의 운영방침에 따라 판매, 생산, 인사, 재무 등의 업무수행이 각 사업부에서 독자적으로 이루어지고 본사는 사업부의 전반적, 장기적인 사항에 대하여 관리하게 된다.

3 ① 기능식 조직의 장점
- 조직원들을 각각 기능별로 전문화시킴으로써 전문화의 이점을 가질 수 있다.
- 기업활동의 효율성이 증대되고 비용이 절감된다.
- 보다 조직활동을 효과적으로 통제할 수 있다.

② 기능식 조직의 단점
- 전문영역 지향으로 인해 기업전체 입장에서 의사소통과 조정이 방해받는다.
- 기능적 영역이 서로 상충되어 최고 경영자의 의사결정에 부담이 될 수 있다.
- 획일적인 성과표준을 확립하기 어렵다.
- 환경변화에 신속한 대응이 어렵다.
- 경영자의 양성이 어렵다.
- 제품의 수가 증가할 경우 제품별로 기업성과에 기여한 정도를 측정하기 힘들다.

| 독 | 학 | 사 | 3 | 단 | 계 |

Key Point

정책의 의미
- 전략 실행에서 관리자나 구성원들의 사고나 의사결정 및 행동을 의도한 방향으로 이끄는 고안된 지침이다.
- 표준업무절차라고도 하며, 관리자나 직원들의 재량권에 영향을 미쳐 관리의 효과성을 증대시킨다.

국제제품사업부조직의 특성
- 제품다각화와 함께 범세계적으로 시장이 확대됨으로써 제품을 중심으로 해외사업을 총괄하는 조직형태를 말한다.
- 해외매출액 비중은 그다지 높지 않지만 해외판매제품의 다양성이 증대되면 국제제품사업부조직을 택하게 된다.

4 조직문화의 개념에 대해 설명하시오.

5 전략실행을 위한 단기운영목표의 효과를 3가지 이상 설명하시오.

6 단순조직의 특성을 간략하게 설명하시오.

Answer

4 조직구성원들이 공유하는 가치체계·신념체계·사고방식의 복합체를 말한다. 이러한 조직문화에는 조직이 활동하는 국가의 사회문화·관습·규범이 영향을 미치며, 조직 내 최고관리자의 조직관리 이념과 전략 그리고 구성원들의 특성을 반영한다. 조직문화는 조직구성원들에게 정체성을 제공하고 집단적 몰입을 가져오며 조직체계의 안정성을 높이고 조직구성원들의 행동을 형성하는 기능을 수행한다.

5
- 단위 조직이나 조직구성원들에게 기업의 목표달성과 전략실행에 있어서 자신의 역할을 보다 명확히 이해하게 한다.
- 운영목표의 달성에 책임을 지는 관리자들이 운영목표의 수립과정에 참여하게 되면 운영목표는 전략의 효과 제고에 장애가 되는 각 부문들의 상충되는 의견을 조정하고 수용하는 기반이 된다.
- 전략통제의 합리적 기준으로서의 역할을 한다.
- 측정가능하며 도전적이면서도 달성가능한 운영목표는 전략실행에 있어서 개인과 집단의 역할을 명확히 하고 관리 성과를 제고하는 데 주요한 동기부여 요인으로 작용한다.

6 단순조직은 일명 '작은 조직구조(small organization structure)'로써 주로 작은 기업에서 제한된 자원을 사용하는 조직이므로 관리자는 유연하고 다양한 직무에 임한다. 그리고 비공식적인 측면이 강하며, 직무의 전문화가 이루어져 있지 않다. 따라서 경영자 개인에게 의사결정권한이 집중되며, 과업세분화가 거의 이루어지지 않아 종업원들은 여러 일을 수행한다.

7 매트릭스 구조의 의미를 간략하게 설명하시오.

8 네트워크 조직의 특징을 간략하게 설명하시오.

9 조직문화의 의미를 간략하게 설명하시오.

Key Point

➡ **단순조직의 특성**
- 주로 작은 기업에서 제한된 자원을 사용하는 조직이므로 관리자는 유연하고 다양한 직무에 임한다.
- 비공식적인 측면이 강하며, 직무의 전문화가 이루어져 있지 않다.
- 리더의 관리방식에 의존한 나머지 조직전략의 실행은 다수 또는 한 사람 리더가 될 수 있다.
- 소규모의 창업자형 기업에서 보통 볼 수 있으며, 조직구조는 비공식적이다.

➡ **네트워크 조직의 장·단점**
- 네트워크 조직구조는 급격한 기술변화와 국제무역 및 변화하는 경쟁의 패턴에 대응할 수 있는 유연성과 적응성의 증대를 가져다준다.
- 특정분야에 강점을 가지고 있는 다른 기업들로부터 효율성의 효익을 제공받을 수 있다.
- 네트워크 조직구조를 통해 다양한 협력 파트너를 구할 수 있다는 점은 기업에게 갈등의 소지를 제공한다.
- 독립적인 공급기업 및 유통기업과의 다양한 활동에 대한 계약관계는 이들 활동들의 결합에서 창출될 수 있는 시너지의 확보 및 활용을 저해한다.

Answer

7 복수의 책임을 갖는 의사결정의 조직구조를 매트릭스구조라고 하는데, 이러한 구조는 기능적 형태와 제품/시장형태를 동시에 묶는 혼합된 조직이 된다. 즉, 기능적 전문화와 제품/시장의 전문화를 동시에 결합시킨 형태로 기능구조와 사업부구조의 장점을 택한 구조이다. 따라서 매트릭스구조에서는 기능적 형태와 제품형태를 조직의 동일 수준에서 동시에 결합한 상태가 된다.

8 네트워크 구조는 매우 분권화된 조직으로 고객그룹이나 지리적 영역 중심으로 결정된다. 따라서 독립적인 단위로 서로의 연관관계를 통제하거나 조직하기 위해, 또는 공식적으로 유용한 정보를 얻거나 공유하기 위해 직접, 간접적으로 다소 느슨하게 연결되어 있을 뿐이다. 네트워크 조직은 새롭고 급진적인 구조에 속한다. 네트워크 구조에서 대부분의 활동들은 외부자원을 이용한다. 또한 여러 가지 의사소통과 지식공유는 정면으로 이루어지는 것이 아니라 기술적 메카니즘에 의해 이루어지고 있다.

9 조직구성원들이 공유하는 가치체계·신념체계·사고방식의 복합체를 말한다. 이러한 조직문화에는 조직이 활동하는 국가의 사회문화·관습·규범이 영향을 미치며, 조직 내 최고관리자의 조직관리 이념과 전략 그리고 구성원들의 특성을 반영한다.

| 독 | 학 | 사 | 3 | 단 | 계 |

Bachelor's Degree

최종모의고사

제1회 모의고사

1 전략의 계획(수립)활동 뿐만 아니라 실행 및 통제활동까지도 비중 있게 고려한 좀 더 발전적인 개념을 무엇이라 하는가?

① 경영정책 ② 전략경영
③ 경영연구 ④ 전략정책

▶ 전략경영(경영전략) : 전략, 즉 전략의 계획(수립)활동 뿐만 아니라 실행 및 통제활동까지도 비중 있게 고려한 좀 더 발전적인 개념이다.

2 다음 중 전략에 대하여 가장 잘 설명하고 있는 것은 어느 것인가?

① 전략은 관리를 수행하기 위한 수단을 말한다.
② 기업의 현장에서 일어나는 구체적인 행위를 뜻한다.
③ 목표를 가장 효과적으로 달성하기 위한 여러 활동을 뜻한다.
④ 한 조직의 목표설정과 자원배분을 뜻한다.

▶ 전략은 조직의 장기적인 목표와 목적을 결정하고, 이를 달성하기 위해 필요한 일련의 행동을 선택하고 자원을 배분하는 것이다.

3 다음 중 전략경영론의 주된 탐구분야가 아닌 것은?

① 전사적 전략 ② 마케팅전략
③ 경쟁전략 ④ 사업부전략

▶ 전략경영론에서는 주로 전사적 전략과 사업부 전략을 다루며 기능전략은 각 기능부문의 영역에 속한다. 즉 마케팅전략이나 생산전략 등은 마케팅이나 생산관리의 영역에 해당하는 것이다.

4 태평기업은 다각화된 기업으로서, 각 사업부문에 대한 평가를 통해 사업재구축을 단행할 경우 이때 우선적으로 요구되는 것은?

① 벤치마킹 ② 조직재설계
③ 사업포트폴리오 분석 ④ 비지니스 리엔지니어링

▶ 다각화된 기업의 경우에는 포트폴리오지향적인 사업정의가 바람직하다. 포트폴리오란 기업이 영위하고 있는 사업분야의 집합을 의미한다.

5 다음 중 기업의 전략적 목표에 해당하는 것은?

① 매출액 부양 ② 배당률 증진
③ 주가 감소 ④ 기업이미지 제고

▶ 전략적 목표의 예 : 신규사업 분야의 진출을 통한 다각화, 해외 생산비율의 확대, 동종업계 최고의 품질 달성, 신속한 고객서비스를 통한 고객만족, 기업이미지 제고 등

Answer

1. ② 2. ④ 3. ② 4. ③
5. ④

6 다음 중 기업목표에 관한 설명으로 바르지 못한 것은?

① 하위계층의 목표는 각 상위계층의 목표설정에 지침이 된다.
② 마케팅부문의 목표에 따라 지역별 또는 제품별로 목표가 결정된다.
③ 하향적인 과정을 통해 설정된 조직목표는 조직의 전략수립과 관계가 있다.
④ 다각화된 기업의 경우 기업 전체의 목표가 설정되면 이에 따라 각 사업부의 목표가 설정된다.

▶ 목표는 상향적(bottom-up)이 아니라 하향적(top-down)인 과정으로 설정되는 것이 바람직하다. 즉 상위계층의 목표는 각 하위계층의 목표설정에 지침이 된다.

7 다음 중 최근의 환율 상승이 많은 기업들에게 큰 영향을 미치고 있는 것은 어떤 환경의 변화와 관련이 있는가?

① 과업환경   ② 산업환경
③ 경쟁 환경   ④ 일반환경

▶ 일반환경은 특정 산업분야에 관계없이 한 사회 내의 모든 조직에 대체로 유사한 영향을 미치며, 개별조직이 어떠한 노력을 기울이더라도 그에 영향을 미칠 수 없는 환경으로서 거시환경이라고도 한다.

8 산업환경에 대한 설명으로 옳은 것은?

① 경기추세나 물가변동 등이 산업환경에 해당된다.
② 모든 조직에 대하여 유사한 영향을 미친다.
③ 개별 조직이 영향을 미칠 수 없다.
④ 개별기업의 전략수립에 있어서 일반환경보다 중요하다.

▶ 산업환경(경쟁환경)
• 산업환경은 기업의 활동공간으로서 기업의 전략에 직접적인 영향을 미치며, 산업환경의 분석은 개별기업의 전략수립에 있어서 가장 중요한 요소 중 하나이다.
• 산업 내 기업들에게 직접적인 영향을 미치며 기업들간의 경쟁 정도를 결정한다는 점에서 경쟁환경이라고도 한다.
• 과업환경은 조직론분야에서 기업환경을 분석할 때 사용하는 명칭이다.
• 산업환경의 구성요소 : 잠재적 진입자의 위협, 기존 기업들 간의 경쟁, 구매자의 교섭력, 공급자의 교섭력, 대체품의 위협, 기술, 정부

9 다음 중 구매자의 교섭력이 강하지 못한 상황은 어느 경우인가?

① 구매자가 자세한 정보를 갖고 있는 경우
② 구매자의 구매량이 많은 경우
③ 교체비용이 낮은 경우
④ 제품차별화가 용이한 경우

6.❶ 7.❹ 8.❹ 9.❹

▶ 구매자의 교섭력이 강해지는 상황
- 해당 산업은 소규모의 많은 기업으로 구성되어 있는데 비해, 구매자 집단은 소수이며 규모가 큰 경우
- 구매자의 구매량이 많고 해당 기업의 판매에서 차지하는 비중이 클 때
- 제품이 규격화되어 있어 차별화가 어려운 경우
- 제품의 교체비용이 낮고 구매자가 후방통합의 의도를 가질 때
- 해당 제품이 구매자의 제품원가에서 차지하는 비중이 클 때
- 구매자가 해당 산업에 대한 자세한 정보를 가지고 있는 경우

10 다음 중 가치사슬에 대한 설명으로 바르지 못한 것은?

① 기업의 활동을 본원적 활동과 지원 활동으로 나누어 파악한다.
② 기업이 수행하는 각 활동들을 상호 관련하에서 체계적으로 파악한다.
③ 다각화된 기업의 사업영역을 결정하는 방법이다.
④ 기업의 내부능력을 분석하기 위한 방법이다.

▶ 가치사슬은 고객에게 제품을 공급하기 위해 기업이 수행하는 일련의 활동들을 규명하고 이러한 제반 활동들이 어떻게 상호작용하는가를 체계적으로 파악함으로써 경쟁우위의 원천을 규명할 수 있게 하는 기업능력의 분석도구이다.

11 원가우위를 확보하고 있는 기업의 경쟁요인에 대한 효과적인 대응이 아닌 것은?

① 기존 경쟁기업 – 저가격을 무기로 효과적으로 경쟁할 수 있다.
② 잠재적 경영자 – 가격인상을 무기로 진입기업에 적극 대처할 수 있다.
③ 공급자 – 유력한 공급회사들의 영향력으로부터 훨씬 자유로울 수 있다.
④ 대체품 – 가격경쟁에서 유리한 위치를 확보할 수 있다.

▶ 잠재적 경영자에 대해서는 가격인하를 무기로 새로운 진입기업에 적극 대처할 수 있으며, 원가주도자가 가지고 있는 규모의 경제성은 진입장벽으로 작용한다.

12 다음 중 차별화 전략이 특히 효과적인 상황이 아닌 것은?

① 제품이나 서비스를 차별화하는 다양한 방법들이 존재하며, 많은 구매자들이 이러한 차별화를 가치 있는 것으로 인식하는 경우
② 산업 내 이질적인 세분시장들이 상당수 존재하는 경우
③ 고객의 욕구가 다양하고 그 사용목적이 서로 다른 경우
④ 경쟁기업들이 유사한 차별화를 추구하지 않으며, 자사의 차별화를 모방하기 힘든 경우

▶ 차별화 전략이 특히 효과적인 상황
- 제품이나 서비스를 차별화하는 다양한 방법들이 존재하며, 많은 구매자들이 이러한 차별화를 가치 있는 것으로 인식하는 경우

10. ③ 11. ② 12. ②

- 고객의 욕구가 다양하고 그 사용목적이 서로 다른 경우
- 경쟁기업들이 유사한 차별화를 추구하지 않으며, 자사의 차별화를 모방하기 힘든 경우
- ②는 집중화전략의 경우이다.

13 다음 중 집중화 전략이 특히 효과적인 상황이 <u>아닌</u> 것은?

① 산업내 이질적인 세분시장들이 상당수 존재하는 경우
② 세분시장이 산업내 선도기업들의 성공에 중요하지 않을 경우
③ 세분시장의 성장 잠재력이 크거나 수익성이 높은 경우
④ 고객욕구가 다양하고 그 사용목적이 서로 다른 경우

▶ 집중화전략이 효과적인 상황
- 산업내 이질적인 세분시장들이 상당수 존재하는 경우
- 세분시장이 산업내 선도기업들의 성공에 중요하지 않을 경우
- 세분시장의 성장 잠재력이 크거나 수익성이 높은 경우

14 기업의 성장 유형은 결국 ( )과 ( )의 선택문제이다. 괄호에 알맞은 단어는?

① 제품 - 인력   ② 자본 - 기술
③ 제품 - 시장영역   ④ 자본 - 인력

▶ 기업의 성장 : 기존 제품을 가지고 기존 시장에서 시장점유율을 제공함으로써 이루어질 수 있으며, 또한 기존 시장을 대상으로 새롭고 다양한 제품을 개발하거나, 기존 제품으로 시장영역을 확대, 새로운 제품으로 새로운 시장을 개척하여 성장 가능

15 다음 중 다각화의 방법으로서 합작 투자가 가지는 이점으로 거리가 <u>먼</u> 것은?

① 기업의 경영관리가 용이해진다.
② 해외기업과의 합작투자를 통해 수입규제나 관세를 피할 수 있다.
③ 합작대상 기업의 장점을 활용할 수 있다.
④ 자금부담이 줄고 위험이 분산된다.

▶ 다각화를 하기 위한 방법에는 기업의 인수나 내부개발 및 합작투자라는 세 가지가 있다. 이 중에서 합작투자란 두 기업이 공동출자를 통해 새로운 회사를 설립하는 것을 말하는데, 이 이점으로는 사업개발에 필요한 자금비용의 감소, 위험의 분산, 각 회사의 단점을 상호보완, 수입규제나 관세의 회피 등을 들 수 있다.

16 다음 BCG 매트릭스의 사업영역 중 저성장 분야에서의 시장지위가 취약한 분야는 무엇인가?

① 자금젖소   ② 개
③ 물음표   ④ 별

13. ❹ 14. ❸ 15. ❶
16. ❷

▶ BCG 매트릭스의 각 사업부 평가 : 개
  • 시장성장률과 상대적 시장점유율 모두 낮은 사업
  • 이익이 크지 않고 자금소요도 크지 않음.
  • 시장점유율이 특히 취약한 사업은 예외적인 경우를 제외하고는 사업을 축소하거나 완전철수가 필요하다.

17 다음 기업의 본사가 계열사나 사업부를 관리하는데 활용되는 전략 경영 스타일 중에서 사업부 간에 상호 관련성이 높고 적극적인 성장전략을 추구하는 경우에 가장 효과적인 유형으로 알맞은 것은?

① 사업개발형　　　　　　② 전략계획형
③ 전략통제형　　　　　　④ 재무통제형

▶ 전략계획형이 효과적인 상황
  • 사업수가 적고 제품 및 산업의 범위가 제한적이며 사업부 간 상호관련성이 높은 경우
  • 적극적으로 성장전략 추구, 투자의 규모가 크고 투자회수에 장기간이 소요되는 경우
  • 환경의 불확실성이 높고 산업의 성장속도가 빨라 장기적인 경쟁우위의 획득이 중요하고 기술경쟁·글로벌 경쟁이 요구되는 경우

18 다음 기업의 본사가 계열사나 사업부를 관리하는 전략 경영 스타일 중에서 전략수립에 대한 책임은 기본적으로 각 사업부에 있지만, 본사가 사업부간의 조정에 관여하며 전략의 실행 과정까지 지속적으로 점검하는 경우에 가장 효과적인 것은?

① 사업개발형　　　　　　② 재무통제형
③ 전략계획형　　　　　　④ 전략통제형

▶ 전략계획형과 재무통제형의 절충적인 전략통제형의 특성
  • 사업부의 자율성을 강조하고, 본사는 사업부의 전략수립이 장기적 관점에서 이루어지도록 장려하는 역할을 하며, 사업부 간의 조정에 개입
  • 장기적인 성장과 단기적인 성과의 조화를 추구
  • 사업부의 수, 사업 분야의 다양성, 사업부 간의 관련성 정도가 중간수준인 경우 적합

19 다음 중 일반적인 기업의 국제화 과정이 올바르게 나열된 것은?

① 수출 → 해외직접투자 → 범세계화　② 해외직접투자 → 수출 → 범세계화
③ 수출 → 범세계화 → 해외직접투자　④ 범세계화 → 수출 → 해외직접투자

▶ 기업국제화 이론에 따르면 기업의 해외시장 진출은 점진적 과정을 거치는 것이 보편적이라고 알려져 있다. 해외시장에 처음으로 진출하는 기업은 수출과 같이 상대적으로 위험부담이 낮은 방법으로 진출하게 되며, 해외시장에서의 경험이 증가되고 자본 및 경영능력이 축적되면 높은 위험이 수반되는 해외직접투자의 형태로 변화되어 간다는 것이다. 물론 모든 기업들이 천편일률적인 경로를 따라 국제화되는 것은 아니다.

17. ② 18. ④ 19. ①

20 글로벌 전략의 특징으로 볼 수 없는 것은 어느 것인가?

① 기업의 전략을 각 지역(국가)별로 차별화한다.
② 현지 적응의 필요성이 크지 않고 원가절감의 압력이 높은 경우에 효과적이다.
③ 주요한 의사결정은 기업 본부(headquarter)에서 긴밀히 조정한다.
④ 세계 시장에 판매하는 제품의 표준화를 중시한다.

▶ 글로벌 전략은 기업이 활동하는 모든 나라에서의 전략이 기본적으로 동일한 특성을 보이는 것으로, 범세계적 경쟁의 특성을 가진 산업에 적합하다. 다시 말해서 기업의 전략적 특성이 지역에 관계없이 범세계적으로 유사하며, 생산, 마케팅 등의 기업활동을 가장 효율적으로 수행할 수 있는 곳에 배치하는 등 범세계적인 원가우위를 확보하기 위한 목적으로 활용된다.

21 다음 중 전략적 제휴의 직접적인 장점으로 옳지 않은 것은?

① 목표시장에 대한 용이한 접근 ② 거래비용의 감소
③ 규모의 경제 및 범위의 경제실현 ④ 취약한 능력과 위험의 보완

▶ 전략적 제휴의 동기와 목적 : 취약한 능력과 위험의 보완, 기술과 시장의 급속한 통합에 대응, 글로벌 리더십의 추구, 규모와 범위의 경제실현, 목표시장에의 용이한 접근

22 기능전략과 상위전략(경쟁·전사전략)의 차이점에 대한 기술 중 옳지 않은 것은?

① 기능전략은 당장 혹은 가까운 장래에 수행되어야 할 활동들을 규명한다.
② 기능전략은 경쟁전략보다 포괄적이다.
③ 상위전략은 기업활동에 전반적인 방향을 제시해주는 역할을 한다.
④ 전사전략은 최고경영자의 책임하에 수립된다.

▶ 기능전략은 전사전략이나 경쟁전략보다 훨씬 구체적이다.

23 마케팅, 연구개발, 생산 등에 있어서 범세계적인 전문화와 규모의 경제를 달성할 수 있는 조직은?

① 수출부서조직 ② 국제사업부조직
③ 국제지역조직 ④ 국제 제품사업부 조직

▶ 국제제품사업부조직은 제품다각화와 함께 범세계적으로 시장이 확대됨으로써 제품을 중심으로 해외사업을 총괄하는 조직형태이다.

24 다음 중 네트워크조직의 장점으로 거리가 먼 것은?

Answer

20. ① 21. ② 22. ②
23. ④ 24. ③

| 독 | 학 | 사 | 3 | 단 | 계 |

Answer

① 환경이 불안정하고 동태적일 경우 효과적이다.
② 급속한 기술변화와 치열한 시장경쟁에 대응하여 기업의 유연성과 적응력 제고에 크게 기여한다.
③ 파트너기업들을 직접 통제한다.
④ 조직이 획기적으로 간소화된다.

▶ ①, ②, ④는 네트워크 조직의 장점이고, 네트워크로 연결된 파트너 기업을 직접적으로 통제할 수 없기 때문에 많은 독립적 파트너 기업들에 의존적이 된다.

25 둘 이상의 기업들이 서로 독립성을 유지하면서 특정 사업이나 특정 업무 분야에 걸쳐 비교적 장기적인 협력관계를 구축하는 것은?

▶ 전략적 제휴란 둘 이상의 기업들이 서로 독립성을 유지하면서 특정 사업이나 특정 업무 분야에 걸쳐 비교적 장기적인 협력관계를 구축하는 것을 의미한다. 따라서 전략적 제휴는 제휴 기업 간에 성과와 위험을 공유하게 되고, 제휴 관계에 있는 기업 간에는 상호동등한 수평적 관계가 형성되게 된다. 또한 일시적인 문제해결을 위한 방법이 아니라 비교적 장기적인 관점에서 형성되는 관계이다.

26 차별화 전략에 대해 설명하시오.

25. 전략적 제휴

Answer

26 차별화 전략의 목적은 제품이나 서비스를 차별화하는 것, 즉 고객에게 자사의 제품이 독특한 것으로 인식되도록 함으로써 경쟁우위를 획득하는 것이다. 결국 고객에게 다른 경쟁사와 다른 '독특한 무엇'을 제공하는 것을 의미한다. 따라서 차별화 전략을 사용하는 기업들은 고객의 욕구나 행동을 주의 깊게 파악하고 그들이 무엇에 가치를 두는지를 면밀히 분석할 필요가 있다. 그러므로 차별화 전략은 다른 기업에 비해 제품의 품질이나 상표에 대한 고객들의 인지도가 높은 경우에 활용할 수 있다.

27 라이선싱의 의미를 간략하게 설명하시오.

28 정책의 의미에 대해 간략하게 설명하시오.

Answer

27 공여기업이 제조기술, 특허, 노하우, 상표, 상호 등의 무형자산이나 이를 사용할 수 있는 권리를 수혜기업에게 일정기간 제공하고, 그 대가로 사용료나 수수료 등을 수취하는 다양한 계약이나 협정을 말한다.

28 정책의 의미
- 전략 실행에서 관리자나 구성원들의 사고나 의사결정 및 행동을 의도한 방향으로 이끄는 고안된 지침이다.
- 표준업무절차라고도 하며, 관리자나 직원들의 재량권에 영향을 미쳐 관리의 효과성을 증대시킨다.

제2회 모의고사

Answer

1 다음 중 기업들이 기업환경의 중요성을 인식하는 결정적인 계기가 된 사건은 무엇인가?

① 오일쇼크 ② 걸프전쟁
③ 산업혁명 ④ 농업혁명

▶ 기업환경 중요성의 인식
• 오일쇼크가 계기가 되어 기업환경의 중요성에 대한 인식 증대
• 오일쇼크는 기업이 내부적으로는 아무리 효율적이라도 변화하는 환경에 적응하지 못하면 생존할 수 없음을 시사

2 전략 개념의 핵심적인 구성 요소로서 거리가 먼 것은?

① 경쟁우위 ② 자원동원
③ 사업영역 ④ 제품 및 서비스

▶ 전략 개념의 핵심적인 구성 요소는 조직과 환경과의 상호작용의 정도를 나타내는 사업영역(=활동영역), 목표달성을 위해 자원이나 능력을 결합하고 배분하는 자원동원, 경쟁자에 비해 지니는 독특한 경쟁적 위상인 경쟁우위, 그리고 기업의 활동영역 선택과 자원동원을 통해 기업이 추구하는 상승효과인 시너지의 네 가지이다.

3 다음 중 전략경영과정에서 제일 마지막 단계에 해당하는 것은?

① 전략계획 ② 전략수립
③ 전략실행 ④ 전략통제

▶ 전략경영의 과정은 전략수립과정과 전략실행과정 및 전략통제과정으로 나눌 수 있다. 이 중 전략수립은 기업의 사명과 목표를 선택하고 이를 달성하기 위하여 조직의 환경과 기업의 내부능력을 분석하여 적절한 전략을 선택하는 과정이며, 전략실행은 각 기능부문별로 세부전략인 기능전략을 수립하고, 조직구조나 조직문화 및 인사제도 등을 재설계하는 과정이다. 전략통제는 전략경영의 마지막 단계로서, 전략의 수립과 실행과정을 점검함으로써 문제만을 규명하고 바로잡는 과정을 의미한다.

4 기업의 사명이나 사명선언문에 포함되어야 할 핵심 요인으로 거리가 먼 것은?

① 기업문화 ② 조직운영철학
③ 사업의 목적 ④ 사업영역에 대한 정의

▶ 기업의 사명이란 기업의 존재의의와 목적을 규정하는 것으로서, 기업의 전략적 지향을 나타내며 해당 기업을 다른 기업과 구별시켜 주는 역할을 한다. 일반적으로 이러한 기업의 사명 또는 사명선언문에는 사업영역에 대한 정의, 사업의 목적, 그리고 조직운영철학이라는 세 가지 핵심요인이 포함되게 된다.

1. ❶ 2. ❹ 3. ❹ 4. ❶
5. ❶

5 다음 중 전략적 목표의 예가 아닌 것은 어느 것인가?

254 경영전략 | 부록

① 매출액에 대한 지표
② 신규 사업분야의 진출을 통한 다각화
③ 기업이미지 제고
④ 신속한 고객서비스를 통한 고객 만족

▶ 전략적 목표 : 신규 사업분야의 진출을 통한 다각화, 해외 생산비율의 확대, 동종 업계 최고의 품질달성, 신속한 고객서비스를 통한 고객만족, 기업이미지 제고

6 다음의 목표 중에서 장기적인 관점에서 설정되어야 하는 목표는 무엇인가?

① 단기목표　　② 중기목표
③ 장기목표　　④ 전략목표

▶ 단기적 목표는 비록 현재 또는 가까운 기간을 대상으로 하고는 있지만 항상 장기적인 관점에서 설정되어야 한다.

7 다음 중 환경분석의 목적에 대한 설명으로 가장 적합한 것은?

① 환경에서의 위협 요인과 기회요인의 파악
② 정부규제에 대한 효과적 대처방안 수립
③ 생산성을 극대화하기 위한 방안 마련
④ 기업의 강점과 약점의 파악

▶ 환경분석의 과제 : 환경으로부터의 위협에 적절히 대처하고, 환경에 잠재되어 있는 기회를 적극 활용하기 위한 것이다.

8 진입장벽의 원인으로 거리가 먼 항목은 어느 것인가?

① 소요 자본　　② 제품차별화 정도
③ 규모의 경제　　④ 대체품의 위협

▶ 잠재적 경쟁자들이 산업에 진입하는 것을 어렵게 만드는 구조적 요인을 진입장벽이라 한다. 진입장벽의 원천으로는 규모의 경제, 제품 차별화, 소요자본의 규모, 유통경로에의 접근, 교체비용·정부정책 등을 들 수 있으며, 이들 요인들이 독자적으로 또는 상호연관되어 진입장벽의 높이에 영향을 미치게 된다.

9 공급자의 교섭력이 강해지는 경우에 해당되지 않는 것은?

① 공급자들의 제품이 차별화되어 있는 경우
② 공급자가 소수의 회사로 제한되어 있는 경우
③ 공급자들이 판매하는 제품의 대체품이 거의 없는 경우
④ 해당 산업이 공급자 집단의 주요 고객인 경우

Answer

6.❶ 7.❶ 8.❹ 9.❹

> ▶ 공급자의 교섭력이 강해지는 경우
> • 공급자가 소수의 회사로 제한되어 있고 또 공급 대상 산업보다 집중되어 있는 경우
> • 해당 제품에 대한 대체품이 거의 없는 경우
> • 해당 산업이 공급자 집단의 주요 고객이 아닐 경우
> • 해당 제품이 구매자들에게 핵심이 되는 제품인 경우
> • 해당 제품이 차별화되어 있거나 교체비용이 큰 경우
> • 공급자들이 전방통합을 위협수단으로 삼는 경우

10 가치사슬 분석에 관한 설명으로 옳지 <u>않은</u> 것은?

① 애프터서비스 활동은 지원 활동에 해당한다.
② 기업에 따라 가치를 창출하는 활동들은 서로 다르다.
③ 기업의 제반활동의 상호작용을 체계적으로 파악할 수 있다.
④ 기업의 활동을 전략적으로 나누고 그 연계성을 제시하였다.

> ▶ 가치활동의 분류
> • 주요 활동 : 제품을 제조하는 물리적 과정, 판매, 최종구매자에게 전달되는 과정, 애프터서비스 활동 등
> • 지원 활동 : 주요 활동 및 다른 지원 활동을 보조해 주는 활동으로 원부자재의 확보, 기술개발, 인적 자원관리, 회사 전반에 걸친 기능 등

11 다음 중 차별화 전략은 어느 수준(계층)의 전략에 속하는가?

① 의도한 전략　　　　　　② 기능별 전략
③ 전사적 전략　　　　　　④ 사업부 전략

> ▶ 전략의 세 가지 수준 가운데 특정 산업영역 내에서의 경쟁우위의 획득을 위해 효과적인 경쟁방법을 결정하는 문제를 다루는 전략은 사업부 전략이다. 따라서 사업부 전략은 경쟁전략이라고도 하는데, 여기에는 포터(Porter)가 제시한 본원적 전략이 대표적으로 해당된다. 그리고 본원적 전략의 세 가지 형태는 원가주도 전략, 차별화 전략, 집중화 전략의 세 가지이다.

12 다음 중 제품을 차별화하는 방법으로 <u>부적당</u>한 것은?

① 디자인과 상품이미지를 차별화
② 우수한 기술이나 제품의 특성을 이용
③ 기업의 명성이나 신뢰성을 활용
④ 세분시장의 구조성을 활용

> ▶ 제품차별화 방법
> • 디자인과 상표이미지를 차별화　　• 우수한 기술이나 제품의 특성을 이용
> • 고객서비스를 제고　　　　　　　• 기업의 명성이나 신뢰성을 활용
> • 부품조달의 편리성을 제공

10. ① 11. ④ 12. ④

13 어중간한 상태의 기업에서 볼 수 있는 경우에 해당되지 <u>않는</u> 것은?

① 빠른 성장에 따라 계속적으로 잘못 수행되어진 전략이 성숙기에 와서 오류가 나타나는 경우이다.
② 경쟁전략을 채택하기가 힘든 경우에서는 소속 산업에서 철수하는 방안도 가능하다.
③ 경쟁전략 중 하나를 추구하다가 잘못된 의사결정을 내린 경우에 발생한다.
④ 어떠한 경우라도 수익성이 매우 낮다.

▶ 하나의 경쟁전략을 추구하지 못하는 기업은 대체로 수익성이 낮을 수밖에 없지만, 그 산업이 아주 매력적인 구조를 갖고 있거나 경쟁기업도 어중간한 상태에 있는 경우에는 수익을 올릴 가능성이 있다.

14 다음 중 기존 고객층을 대상으로 새로운 제품을 공급하여 기업의 성장을 달성하는 방법으로 알맞은 것은?

① 시장침투   ② 다각화
③ 시장개발   ④ 제품개발

▶ 기업의 성장전략 : 제품개발
  • 기존 시장에 새로운 제품을 공급하는 것으로 기존 고객층을 대상으로 신제품을 공급하여 성장을 달성하는 방법
  • 제품개발을 통해 기업성장을 제고할 수 있는 방법 : 제품기능의 추가, 제품라인의 확대, 신제품 개발

15 다음 중 진입장벽의 극복이 용이하고, 기존 공급자나 유통망의 활용이 가능한 다각화 방법은?

① 아웃소싱   ② 합작투자
③ 기업인수   ④ 내부개발

▶ 기업인수의 이점
  • 목표시장으로의 빠른 진입   • 진입장벽의 극복 용이
  • 기존 공급자나 유통망의 활용 가능
  • 상표인지도 제고를 위한 광고비·판촉비 필요 없음
  • 처음부터 경쟁기업 수준의 규모나 원가 확보 가능

16 다음 중 비관련 다각화의 이점으로 옳지 <u>않은</u> 것은?

① 다양한 사업분야로 인해 위험이 분산된다.
② 시행착오를 겪을 가능성이 낮다.
③ 수익성이나 성장성이 높은 사업분야를 선택하게 되면 경영성과가 보다 향상될 수 있다.

Answer

13. ❹ 14. ❹ 15. ❸
16. ❷

④ 재무자원의 관리나 투자자금의 배분이 용이하다.

▶ 비관련 다각화의 이점
- 다양한 사업분야로 인해 위험이 분산된다.
- 수익성이나 성장성이 높은 사업분야를 선택하게 되면 경영성과가 보다 향상될 수 있다.
- 재무자원의 관리나 투자자금의 배분이 용이하다.

17 다음 중 BCG 매트릭스에서 잉여자금이 가장 많이 창출되는 사업유형은?
① 개
② 자금 젖소
③ 별
④ 문제아

▶ BCG 매트릭스는 시장성장률과 상대적 시장점유율을 기준으로 사업유형을 네 가지로 구분하게 된다. 이렇게 구분된 각 사업유형은 각각 특징을 갖게 되는데, 현금창출이 가장 많이 이루어지는 사업유형은 시장점유율이 높아서 수익이 많은 반면, 시장성장률이 낮아서 투자비용이 적은 자금젖소가 된다. 이에 비하여 별은 수익도 높지만 투자되는 비용도 높아서 현금창출은 크지 않다.

18 다음 중 GE / McKinsey 매트릭스를 구성하는 두 차원끼리 서로 연결된 것은?
① 산업매력도 - 상대적 시장점유율
② 시장성장률 - 경쟁지위
③ 산업매력도 - 경쟁지위
④ 시장성장률 - 상대적 시장점유율

▶ BCG 매트릭스가 시장성장률과 상대적 시장점유율이라는 두 가지 요인에 의해 사업부를 평가함에 따라 그 단순성에 대한 비판이 대두되었고, 이를 보완하기 위한 방법으로 GE / McKinsey 매트릭스가 개발되었다. 이는 컨설팅회사인 Mckinsey의 도움을 받아 GE가 자사의 다각화된 사업부를 분석하기 위한 방법으로 개발한 것인데, 그 기준이 되는 두 가지 축은 산업매력도와 경쟁지위이다.

19 사업부간의 관련성 제고를 통한 혜택에 해당되지 않는 것은?
① 내부거래의 증진
② 전략의 조정
③ 내부집단에 대한 영향력 행사
④ 유형자산의 효율적 활용과 개발

▶ 사업부간의 관련성 제고를 통한 혜택
- 내부거래의 증진
- 전략의 조정
- 유형자산의 효율적 활용과 개발
- 무형자산의 효율적 활용과 개발
- 외부집단에 대한 공동의 영향력 행사

20 다음 중 자회사가 본사와 독립적으로 운영되며, 해당시장에서의 전략적 의사결정도 자회사의 주도 아래 이루어지는 국제기업은 무엇인가?
① 세계지향형
② 지역지향형

Answer
17. ② 18. ③ 19. ③
20. ③

③ 현지국지향형　　　　　④ 본국중심형

▶ 국제기업 : 현지국지향형
- 피투자국의 시장수요를 충족할 목적으로 해외활동을 수행
- 본사는 몇 가지 중요사항에 대해서만 의사결정권을 가지며, 자회사가 자율적으로 운영
- 피투자국의 시장규모가 크며 시장여건이 특수하여 현지사정에 적합한 경영관리가 필요한 경우 활용

21 다음 중 전략적 제휴의 특징으로 볼 수 없는 것은?

① 일시적인 문제해결을 위한 방법이 아니라 비교적 장기적인 관점에서 제휴가 형성된다.
② 제휴 관계에 있는 기업간에 수평적 관계가 형성된다.
③ 제휴에 참여한 기업들은 독립성을 상실한다.
④ 제휴 기업간에 성과와 위험을 공유한다.

▶ 전략적 제휴란 둘 이상의 기업들이 서로 독립성을 유지하면서 특정 사업이나 특정 업무 분야에 걸쳐 비교적 장기적인 협력관계를 구축하는 것을 의미한다. 따라서 전략적 제휴는 제휴 기업 간에 성과와 위험을 공유하게 되고, 제휴 관계에 있는 기업 간에는 상호동등한 수평적 관계가 형성되게 된다. 또한 일시적인 문제해결을 위한 방법이 아니라 비교적 장기적인 관점에서 형성되는 관계이다.

22 기능식 조직에 대한 설명으로 그 내용이 바르지 못한 것은?

① 각 부문별로 전문성의 축적이 촉진된다.
② 인력과 자원 활용의 효율성이 높아진다.
③ 기능의 유사성에 따라 조직을 구성한다.
④ 각 부문간에 업무의 조정이 용이하다.

▶ 기능식 조직은 기능의 유사성에 따라 조직단위를 구성하는 조직형태를 말한다. 기능식 조직은 분업과 전문화를 통해 유사한 기능을 가지고 유사한 과업을 수행하는 사람들을 하나의 조직단위에 배치함으로써 기능의 숙련이 용이하고 구성된 상호간에 학습을 통해 기능적 전문성이 촉진된다. 그러나 조직 전체적인 관점에서의 부문 간 활동조직이 어렵다는 단점이 지적되고 있다.

23 다음 중 초국적 전략에 적합한 조직구조는 무엇인가?

① 국제제품사업부조직　　　② 범세계적 헤테라키
③ 국제사업부조직　　　　　④ 국제지역조직

▶ 초국적 전략에는 국제 매트릭스 조직이 바람직하나 한계점도 존재하기 때문에 범세계적 헤테라키가 제시되고 있다.

Answer

21. ❸　22. ❹　23. ❷

24 다음 중 구성원들의 공유된 가치관을 가리켜 부르는 말은?

① 경영성과 ② 환경분석
③ 전략 ④ 문화

▶ 문화란 사회를 구성하는 모든 사람들이 공통적으로 지니고 있는 가치관, 신념, 이념, 관습 그리고 지식과 기술 등을 총칭하는 것이다.

25 2개국 이상의 기업·개인·정부기관이 특정기업체 운영에 공동으로 참여하는 해외투자방식을 무엇이라 하는가?

▶ 합작투자 : 2개국 이상의 기업·개인·정부기관이 특정기업체 운영에 공동으로 참여하는 해외투자방식이며, 합작에 참가하는 기업들이 소유권과 기업의 경영을 분담하여 자본·기술 등 상대방 기업이 소유하고 있는 강점을 이용할 수 있고 위험을 분담한다는 점에서 상호이익적 해외투자방식이고, 합작투자는 신설방식으로 이루어질 수도 있고, 기존 현지법인의 일부 소유권을 취득하는 방식으로 이루어질 수도 있다.

26 전략경영과정에 대해 설명하시오.

26 전략경영의 과정은 전략수립과정과 전략실행과정 및 전략통제과정으로 나눌 수 있다. 이 중 전략수립은 기업의 사명과 목표를 선택하고 이를 달성하기 위하여 조직의 환경과 기업의 내부능력을 분석하여 적절한 전략을 선택하는 과정이며, 전략실행은 각 기능부문별로 세부전략인 기능전략을 수립하고, 조직구조나 조직문화 및 인사제도 등을 재설계하는 과정이다. 전략통제는 전략경영의 마지막 단계로서, 전략의 수립과 실행과정을 점검함으로써 문제만을 규명하고 바로 잡는 과정을 의미한다.

24. ④
25. 합작투자

27 계약생산의 의미를 간략하게 설명하시오.

28 단기운영목표의 효과를 3가지 이상 설명하시오.

Answer

27 한 기업이 외국의 다른 기업에게 생산 및 제조기술을 제공하면서, 동시에 특정제품의 생산을 주문하고, 그 주문생산된 제품을 공급받아 현지시장이나 제3국의 시장에 재판매하는 전략으로서 라이선싱과 해외직접투자의 중간형이라고 할 수 있다.

28
- 단위 조직이나 조직구성원들에게 기업의 목표달성과 전략실행에 있어서 자신의 역할을 보다 명확히 이해하게 한다.
- 운영목표의 달성에 책임을 지는 관리자들이 운영목표의 수립과정에 참여하게 되면 운영목표는 전략의 효과 제고에 장애가 되는 각 부문들의 상충되는 의견을 조정하고 수용하는 기반이 된다.
- 전략통제의 합리적 기준으로서의 역할을 한다.
- 측정가능하며 도전적이면서도 달성가능한 운영목표는 전략실행에 있어서 개인과 집단의 역할을 명확히 하고 관리 성과를 제고하는 데 주요한 동기부여 요인으로 작용한다.

제3회 모의고사

1 1960~70년대에 경영학의 경영 정책 분야에서 나타난 특징이라 볼 수 <u>없는</u> 것은?

① 전략수립 및 실행의 중요성 인식 ② 기업의 규모와 복잡성의 증가
③ 기업 내 인간 감정의 중요성 인식 ④ 기업의 환경 적응의 중요성 인식

▶ 1960~1970년대의 특징(경영전략 연구의 필요성)
• 환경의 급속한 변화에 적응하지 못한 기업들이 도태되어 기업의 환경 적응의 중요성에 대한 인식이 증대
• 기업의 규모가 급성장함에 따라 기업의 복잡성을 초래하여 전략 및 정책수립의 효과적인 실행이 중요한 과제로 대두

2 다음 전략방법 중 '전략은 분석적·의도적인 과정을 통해 수립된다'는 관점을 비판할 수 있는 것은?

① 의도한 전략 ② 표출전략
③ 사업부 전략 ④ 숙고전략

▶ 표출전략 : 전략은 분석적·의도적인 과정을 통해 수립되기도 하지만 조직의 학습과정을 통해 자연스럽게 표출되는 경우도 있다.

3 기업의 미래상을 분명하게 나타내주는 것으로서 현재보다 더 나은 상태를 의미하는 것은?

① 전략 ② 비전
③ 목표 ④ 정체성

▶ 기업의 방향을 선택하기 위해서는 먼저 리더가 가능한, 그리고 바람직한 기업의 미래 상태에 대한 하나의 정신적 이미지를 개발해야 한다. 이러한 정신적 이미지가 바로 비전(vision)이다.

4 기업을 운영하는 데 있어서 전략적 의사결정자가 중시하는 기본 신념이나 가치관, 열망 등을 구체화한 것은?

① 성과지표 ② 기업철학
③ 전략적 의지 ④ 기업홍보

▶ 기업철학은 기업이 어떤 방식으로 사업을 수행하겠다는 것을 나타내 주며 종종 기업의 사회적 책임에 대한 기업 나름대로의 인식을 담고 있다.

5 기업의 단기 목표에 관한 설명으로 옳은 것은?

① 일반적으로 1년~3년의 목표를 의미한다.
② 기업의 목표 달성을 위해 '현재'를 대상으로 한다.

Answer

1. ❸ 2. ❷ 3. ❷ 4. ❷
5. ❹

③ 단기적인 관점에서만 설정되어야 한다.
④ 조직의 궁극적 목적 달성을 위해서 반드시 필요하다.

▶ 기업의 단기 목표 : 조직의 궁극적인 목적의 달성을 위해 거치는 단계로서의 역할

6 정부정책이나 법률 등의 형태로 나타나는 정치적·법적 환경 중 기업을 보호하고 혜택을 주는 요소는?

① 독과점규제 ② 공정거래법
③ 특허법 ④ 최저임금법

▶ 정치적·법적 환경에서 기업을 보호하고 혜택을 주는 요소 : 정부보조금이나 특허법, 연구개발기금의 제공, 중소기업이나 벤처기업 육성정책 등이 이에 해당된다.

7 다음 중 새로운 산업에 진입하려고 하는 경영자의 입장에서 기존 기업들의 보복이 크리라고 예상할 수 있는 예에 해당되는 것은?

① 기존 기업들의 자원능력, 생산능력 등이 여유가 없는 경우
② 경쟁제품들이 이질적인 경우
③ 진출대상산업의 성장속도가 빠른 경우
④ 기존 기업이 막대한 고정자본을 투자하고 있어 철수가 어려운 경우

▶ 기존기업들이 신규진입기업에 대해 자신들의 이익을 보호하기 위해 강력하게 대응할 것으로 예상되는 경우 시장진입을 억제하는 요인으로 작용하게 된다.

8 다음 중 기업의 자원분류 유형으로 거리가 먼 것은?

① 유형자원 ② 무형자원
③ 인적 자원 ④ 핵심자원

▶ 기업의 자원
• 유형자원 : 기업의 자금조달 능력, 신용도, 현금흐름 등과 같은 재무자원과 기업규모, 입지, 설비, 건물 등과 같은 물적 자원을 말한다.
• 무형자원 : 연구설비, 연구인력, 특허나 노하우의 보유 정도 등과 같은 기술자원과 기업의 명성 등을 의미한다.
• 인적 자원 : 구성원의 자질이나 능력, 기업에 대한 충성심 등을 포함한다.

9 다경쟁전략에 관한 설명으로 옳지 <u>않은</u> 것은?

① 경쟁전략을 실행하는데 필요한 행동은 산업별로 다양하다.
② 차별화·원가우위·집중화전략으로 구분된다.
③ 본원적 경쟁전략으로도 불린다.
④ 기능부서 수준의 전략에 해당된다.

6. ❸ 7. ❹ 8. ❹ 9. ❹

▶ 경쟁전략
  • 경쟁전략 : 특정 산업 내에서 기업이 경쟁자에 대해 경쟁우위를 획득함으로써 평균 이상의 성과를 얻기 위한 경쟁 방법이다.
  • 사업부 수준에서의 전략으로 본원적 경쟁전략이라고도 불린다.

10 기업의 강점과 약점을 세부적인 요인까지 상세히 파악할 수 있다는 이점을 지닌 기업능력 분석방법은 무엇인가?

① SWOT분석 ② 기능별 분석
③ 가치사슬 분석 ④ 차이분석

▶ 기능별 분석 : 기업의 강점과 약점을 세부적인 요인까지 상세히 파악할 수 있다는 이점이 있지만, 세분화된 분석에 따라 환경분석으로부터 도출되는 핵심 성공 요인과 내부능력의 평가 결과를 결부시키기가 어렵고, 여러 기능부문들의 상호결합에 의해 형성되는 기업의 전체적인 능력에 대해서는 평가가 곤란하다.

11 다음 중 다른 기업에 비해 제품의 품질이나 인지도가 높은 기업의 경우에 가장 적절한 본원적 전략은 무엇인가?

① 집중화 전략 ② 경쟁전략
③ 원가주도 전략 ④ 차별화 전략

▶ 차별화 전략의 목적은 제품이나 서비스를 차별화하는 것, 즉 고객에게 자사의 제품이 독특한 것으로 인식되도록 함으로써 경쟁우위를 획득하는 것이다. 결국 고객에게 다른 경쟁사와 다른 '독특한 무엇'을 제공하는 것을 의미한다. 따라서 차별화 전략을 사용하는 기업들은 고객의 욕구나 행동을 주의 깊게 파악하고 그들이 무엇에 가치를 두는지를 면밀히 분석할 필요가 있다. 그러므로 차별화 전략은 다른 기업에 비해 제품의 품질이나 상표에 대한 고객들의 인지도가 높은 경우에 활용할 수 있다.

12 다음 중 기업의 규모가 작고 내부능력에 한계가 있는 경우에 특히 효과적인 본원적 전략은 무엇인가?

① 집중화 전략 ② 경쟁전략
③ 원가주도 전략 ④ 차별화 전략

▶ 집중화 전략 : 산업전체가 아니라 특정 시장영역을 대상으로 하는 전략인데, 기업의 규모가 작고 내부능력에 한계가 있는 경우에 특히 효과적인 본원적 전략 유형이다. 요컨대 대부분의 산업은 복수의 세분시장을 가지고 있으므로, 각 세분시장에서의 상이한 구매자 욕구나 적정 생산규모의 필요성은 집중화 전략을 추구할 수 있는 조건이 된다.

13 조선업체인 태평기업이 배를 생산하는데 있어서 주요 소재가 되는 철강업에 진출하는 경우의 전략으로 올바른 것은?

① 수직적 통합 – 후방 통합 ② 수직적 통합 – 전방 통합

10. ❷ 11. ❹ 12. ❶
13. ❶

③ 다각화 – 비관련 다각화 ④ 다각화 – 관련 다각화

▶ 수직적 통합이란 기업에 원자재나 부품을 공급하는 투입 원천이나 생산 제품의 유통경로 등과 같이 현재의 사업영역에 수직적으로 관련된 활동들을 소유하거나 통제하는 것을 말한다. 이러한 수직적 통합에는 전방 통합과 후방 통합의 두 유형이 존재한다. 전방통합은 기업이 생산한 제품을 공급받아 가공 및 처리하거나 소비자에게 판매하는 유통활동을 통제하는 경우이다.

14 다음 중 다각화의 방법으로서 기업 인수가 가지는 이점으로 볼 수 <u>없는</u> 것은?

① 기존의 공급자나 유통망의 활용이 가능하다.
② 사업의 내부개발에 따라 시간이 단축된다.
③ 자금 부담과 위험이 크다.
④ 진입장벽의 극복이 어렵다.

▶ 기업인수의 이점 : 기존 기업의 인수를 통해 목표시장에 빨리 진입할 수 있다는 것이 큰 장점이다. 또한 진입장벽의 극복이 용이하고 기존 공급자나 유통망의 활용이 가능하고 상표인지도 제고를 위한 광고비나 판촉비가 필요없을 뿐만 아니라 처음부터 경쟁기업 수준의 규모나 원가를 확보할 수 있다는 이점이 있다.

15 다음 중 화학제품을 생산하는 기업이 통신사업에 진출하는 경우의 전략으로 올바른 것은?

① 수직직 통합 – 후방 통합 ② 수직적 통합 – 전방 통합
③ 다각화 – 비관련 다각화 ④ 다각화 – 관련 다각화

▶ 다각화란 기업이 새로운 제품으로 새로운 사업분야에 진출하는 것을 말한다. 이러한 다각화에는 크게 관련 다각화와 비관련 다각화의 두 가지 유형이 있다. 관련 다각화는 현재의 사업분야와 관련성이 있는 분야로 진출하는 것을 말하며, 비관련 다각화는 현재의 사업분야와 무관한 사업분야로 진출하는 것을 말한다.

16 사업부 간에 재무자원(자금)의 효율적 분배방법을 제시하는 데 초점을 두고 있는 사업포트폴리오 분석방법은?

① 산업구조 분석 ② 산업진화 매트릭스
③ GE/McKinsey 매트릭스 ④ BCG 매트릭스

▶ BCG 매트릭스 : 외부환경요인인 시장성장률과 산업 내 기업의 위상을 의미하는 상대적 시장점유율에 의해 각 사업부를 평가하고 기업 전체의 자원배분과 각 사업부의 전략방향을 제시해 주는 포트폴리오 분석기법이다.

17 어떤 사업의 대상 시장이 도입기에 있을 때 가장 적절한 사업포트폴리오 분석방법은?

14. ❹ 15. ❸ 16. ❹
17. ❷

① 산업구조 분석   ② 산업진화 매트릭스
③ GE/McKinsey 매트릭스   ④ BCG 매트릭스

▶ 산업진화 매트릭스의 특성
- GE/McKinsey 매트릭스가 지닌 문제점, 곧 사업의 발전추세를 반영하지 못한다는 점을 극복하기 위해 개발되었다.
- 사업의 발전추세를 가장 적절하게 반영하는 분석방법이라 할 수 있다.

18 다음 중 계약진입방식에 속하지 <u>않는</u> 해외시장 진출방법은?

① 프랜차이징   ② 라이선싱
③ 기술제휴   ④ 합작투자

▶ 기업이 해외시장에 진출하기 위한 방법은 크게 수출에 의한 진입, 국제계약에 의한 진입, 해외 직접투자의 세 가지가 있다. 이 가운데에서 계약진입 방식을 보다 더 구체적으로 보면 라이선싱·프랜차이징·기술제휴·용역계약·경영관리계약·건설/턴키 계약·계약생산·상호 거래 협정 등이 계약진입방식에 속한다.

19 현재 10%에 머물고 있는 자사 제품의 시장점유율을 30%까지 증대하려고 하는 태평기업의 성장전략으로 옳은 것은?

① 제품개발   ② 시장개발
③ 시장침투   ④ 다각화

▶ 기업의 성장유형은 제품과 시장영역의 선택에 따라 달라지게 된다. 즉, 기업의 성장은 시장침투·제품개발·시장개발, 다각화의 네 가지 유형으로 나눌 수 있다. 이 가운데 기존 제품을 가지고 기존 시장에서 시장점유율을 제고함으로써 기업성장을 이루는 유형은 시장침투이다. 기업에 있어서는 단기적으로는 가장 효과적이며 위험이 적은 방법이다.

20 다음 중 초국적 기업의 특징으로 볼 수 <u>없는</u> 것은?

① 범세계적 통합보다는 현지 적응성을 중시한다.
② 의사결정은 분권화와 집권화의 적절한 조화를 통해 이루어진다.
③ 통합적 네트워크 형태의 조직 특성을 가진다.
④ 기업의 국제화 단계에서 가장 발전되고 바람직한 형태이다.

▶ 국가시장에서의 현지 적응성과 범세계적 통합을 동시에 달성할 수 있도록 조직능력을 개발하는 것은 단순한 다국적 조직 또는 글로벌 조직에서와 같은 국제경영과정과는 전혀 다른 새로운 경영관리시스템을 필요로 한다. 이런 새로운 능력을 갖춘 조직을 초국적 조직이라 한다.

18. ④ 19. ③ 20. ①
21. ④

21 기업이 제휴선의 기회주의로부터 자사의 이익을 보호할 수 있는 방법으로 옳지 <u>않은</u> 것은?

① 핵심기술의 유출이나 이전이 불가능하거나 어렵도록 제휴구조를 설계해야 한다.
② 계약상의 보호책이 제휴계약서에 명시될 수 있어야 한다.
③ 제휴 당사자간에 서로로부터 원하는 기술과 노하우의 교환범위에 대해 미리 합의해야 한다.
④ 지분참여를 가급적 피한다.

▶ 전략적 제휴에 각 참여기업들의 진지한 몰입을 미리부터 이끌어낼 수 있으면 기회주의에 따르는 위험은 현저히 줄어들 수 있다. 이는 합작기업의 설립이나 지분참여를 통해 강화될 수 있다.

22 다음 중 상이한 고객을 대상으로 여러 가지 제품을 판매하는 다각화된 기업에 가장 적절한 조직 유형은 무엇인가?

① 지역별 조직 ② 기능식 조직
③ 단순조직 ④ 사업부제조직

▶ 사업부조직 : 제품의 다양성과 규모의 증대로부터 야기되는 조정과 의사결정 문제를 효과적으로 다룰 수 있는 조직구조로, 여러 가지 제품을 생산·판매하고 제품별로 고객의 특성이 서로 다른 다각화된 기업의 경우에 적절한 유형이다.

23 다음 중 전략과 조직구조의 관계에 대한 설명으로 바르지 못한 것은?

① 사업부제 조직은 기능별로 전문성과 효율성 제고가 필요한 경우에 바람직하다.
② 기업의 다각화 정도가 높아질수록 사업부제 조직이 바람직하다.
③ 전략이 바뀌면 이에 따라 조직구조의 변화가 필요하다.
④ 단일 제품을 생산하는 기업의 경우에는 기능적 구조가 바람직하다.

▶ 기능식조직은 기능의 유사성에 따라 조직단위를 구성하는 조직형태를 말한다. 기능식조직은 분업과 전문화를 통해 유사한 기능을 가지고 유사한 과업을 수행하는 사람들을 하나의 조직단위에 배치함으로써 기능의 숙련이 용이하고 구성원 상호간에 학습을 통해 기능적 전문성이 촉진된다. 그러나 조직 전체적인 관점에서의 부문간 활동조정이 어렵다는 단점이 지적되고 있다.

24 전략-문화관계의 관리에서 가장 바람직한 상황을 나타내는 것은?

① 변화와 문화의 연계 ② 기존문화의 강화
③ 문화의 관리 ④ 새로운 전략의 수립

▶ 기존 문화의 강화는 전략실행을 위해서 많은 변화가 요구되지 않으면서도 그러한 변화도 기존 조직문화와 잘 부합되는 상황이다.

Answer

22. ④ 23. ① 24. ②

25 가맹점이라 할 수 있는 프랜차이지에게 회사명, 상표, 기술 등에 대한 사용 권리의 이전 외에도 사업시스템을 지원해주는 방식을 무엇이라 하는가?

> ▶ 프랜차이징의 의미
> - 프랜차이저(franchisor)가 프랜차이지(franchisee)의 이익 중 일정 몫이나 그 밖의 대가를 받고 자신의 브랜드를 사용할 수 있는 권한을 판매하는 것이다.
> - 가맹점이라 할 수 있는 프랜차이지에게 회사명, 상표, 기술 등에 대한 사용 권리의 이전 외에도 사업시스템을 지원해주는 방식이다.

26 가치사슬에 대해 설명하시오.

27 기업인수의 장점을 설명하시오.

28 네트워크 조직의 특징을 간략하게 설명하시오.

---

26 가치사슬은 고객에게 제품을 공급하기 위해 기업이 수행하는 일련의 활동들을 규명하고 이러한 제반 활동들이 어떻게 상호작용 하는가를 체계적으로 파악함으로써 경쟁우위의 원천을 규명할 수 있게 하는 기업능력의 분석도구이다. 가치사슬은 업무활동에서 비용의 발생 위치를 파악하고, 설정된 사업수준전략을 용이하게 실행할 수 있게 하는 다양한 수단을 규명하기 위해 사용되며 연속된 기업 활동으로부터 가치가 생성되는 과정을 보여준다. 그리고 가치사슬 단계에 따른 자원과 능력에 대한 선택문제는 전략선택에 영향을 미치게 된다. 따라서 각 기업은 해당품목의 가치사슬 단계에서 서로 다른 자원과 능력을 적용하고 통합해야 한다.

27 기업인수의 장점
- 처음부터 경쟁기업 수준의 규모나 원가의 확보가 가능하며, 기존 공급자 혹은 유통망 활용이 가능하다.
- 상표인지도 제고를 위한 광고비 혹은 판촉비가 필요 없다.
- 진입장벽의 극복이 쉽고, 목표시장에 빨리 진입할 수 있다.

28 네트워크 구조는 매우 분권화된 조직으로 고객그룹이나 지리적 영역 중심으로 결정된다. 따라서 독립적인 단위로 서로의 연관관계를 통제하거나 조직하기 위해, 또는 공식적으로 유용한 정보를 얻거나 공유하기 위해 직접, 간접적으로 다소 느슨하게 연결되어 있을 뿐이다. 네트워크 조직은 새롭고 급진적인 구조에 속한다. 네트워크 구조에서 대부분의 활동들은 외부자원을 이용한다. 또한 여러 가지 의사소통과 지식공유는 정면으로 이루어지는 것이 아니라 기술적 매카니즘에 의해 이루어지고 있다.

25. 프랜차이징

제4회 모의고사

1 다음 중 1990년대 전략의 변화와 관계있는 것은 어느 것인가?

① 경영자원과 핵심역량 중시
② 산업구조분석
③ 장기전략계획의 수립
④ 효율성의 중시

▶ 전략의 변화
- 1950~1960년대 : 효율성의 중시
- 1970년대 : 장기전략계획의 수립
- 1980년대 : 산업구조분석, 경쟁전략 중시
- 1990년대 : 경영자원과 핵심역량 중시

2 다음 중 기업의 사업영역을 선택하고 여러 사업부문을 효과적으로 관리하는 문제를 다루는 전략에 해당되는 것은?

① 표출전략
② 전사적 전략
③ 숙고전략
④ 사업부전략

▶ 전사적 전략은 어떤 사업을 해야 할 것인가? 하는 문제와 여러 사업분야를 기업 전체적인 관점에서 어떻게 효과적으로 관리할 것인가? 하는 문제를 다룬다.

3 다음 중 전략 경영자에 관한 설명으로 옳은 것은?

① 전략담당자가 올바른 의사결정을 내릴 수 있도록 지원하는 역할을 수행한다.
② 이상적인 전략 경영팀은 최고경영층으로만 구성된다.
③ 전략의 수립·실행·통제와 관련된 경영자의 임무는 영리조직에만 적용된다.
④ 가장 확실한 전략 경영자는 기업의 최고경영자이다.

▶ 최고경영자는 가장 확실한 전략 경영자로서 전체 조직의 전략수립과 실행 과정을 이끌어가며 이에 대해 최종책임을 진다.

4 기업의 사명을 문장 형식으로 구체화한 것은 무엇인가?

① 직무기술서
② 사명선언문
③ 전략
④ 목표

▶ 사명선언문 : 기업의 사명을 문장의 형식으로 구체화한 것으로 우리는 누구이고, 무엇을 하며, 어디로 가는가 하는 내용이 포함된다.

5 다음 중 기업이 주주와 종업원의 욕구를 충족시킬 수 있는가에 대한 가장 명확한 지표가 되는 것은?

Answer

1. ❶ 2. ❷ 3. ❹ 4. ❷
5. ❸

① 단기적 이익에의 집착　　　② 기술적 진보
③ 장기적인 수익의 확보　　　④ 장기적인 생존 전략

▶ 수익성 : 기업의 생존을 보장해 주는 버팀목으로서, 장기적인 수익의 확보는 기업이 주주와 종업원의 욕구를 충족시킬 수 있는가에 대한 명확한 지표이다.

6 다음 중 재무적 목표의 예로 볼 수 있는 것은?

① 신규사업분야의 진출을 통한 다각화　② 기업이미지 제고
③ 동종 업계 최고의 품질달성　　　　　④ 현금흐름

▶ 재무적 목표는 매출액이나 이익에 대한 여러 지표나 현금흐름, 주가, 배당률 등과 같은 재무수치와 관계된 목표를 의미한다.

7 특정산업내 기업의 입장에서 가장 불리한 상황에 해당되는 경우는?

① 진입장벽이 낮고 철수장벽도 낮은 경우
② 진입장벽이 낮고 철수장벽이 높은 경우
③ 진입장벽이 높고 철수장벽도 높은 경우
④ 진입장벽이 높고 철수장벽이 낮은 경우

▶ 해당 산업 내 기업들간의 경쟁 강도를 진입장벽과 철수장벽이라는 두 가지 요인에 의해 설명한다면, 진입장벽의 높이는 경쟁 정도와 역의 관계이며, 철수장벽의 높이는 경쟁 정도와 정의 관계를 갖게 된다. 따라서 경쟁의 강도가 낮아지는 것은 진입장벽이 높고 철수장벽은 낮은 경우가 된다. 따라서 기업의 입장에서 가장 불리한 경우는 진입장벽이 낮고 철수장벽은 높은 경우가 된다.

8 특정산업의 핵심성공요인을 규명하기 위해 반드시 필요한 분석은 무엇인가?

① 산업환경 분석　　　　② 일반환경 분석
③ 내부 능력 분석　　　　④ 사업포트폴리오 분석

▶ 핵심성공요인이란 특정 산업에 있어서 성공을 결정짓는 주요 요인을 말한다. 핵심성공요인에 있어서 기업의 능력이 경쟁자보다 월등해야만이 기업의 경쟁우위를 확보할 수 있다. 따라서 핵심성공요인의 분석은 곧 경쟁우위의 창출을 위한 기회를 규명하는 것을 의미하며, 전력분석에 있어서의 최우선의 과제이다. 이러한 핵심성공요인의 규명을 위해 반드시 필요한 것은 산업환경 분석이다.

9 기업능력(firm capability)에 대한 설명으로 그 내용이 바르지 못한 것은?

① 가치사슬 분석은 기업능력을 평가하기 위한 하나의 방법이다.
② 기업이 보유하고 있는 자원을 효과적으로 결합하여 이를 생산적으로 활용할 수 있는 능력을 말한다.

6. ④　7. ②　8. ①　9. ④

③ 기업능력은 사용하면 할수록 그 가치가 증대된다.
④ 기업이 보유하고 있는 자원의 가치는 이를 활용하는 기업능력에 따라 관계없이 일정하다.

▶ 기업능력이란 기업이 보유하고 있는 자원을 효과적으로 결합하여 이를 생산적으로 활용할 수 있는 능력을 말한다. 조직에 있어서 능력이란 의미는 개인에게 있어서는 기능이 갖는 의미와 거의 동일하다. 따라서 기업능력은 사용하면 할수록 그 가치가 증대되고, 동일 산업에 속한 기업들이라고 하더라도 기업능력에는 차이가 나게 된다. 기업능력의 대표적인 분석기법은 가치사슬 분석이다.

10 다음 중 가치사슬에서 특정활동을 개별적으로 지원하지 않고 가치사슬 전체만을 지원하는 것은?

① 인적 자원관리　　② 기업하부구조
③ 기술개발　　　　④ 획득

▶ 가치사슬 : 기업의 내부능력을 분석하기 위한 방법의 하나로서 기업이 수행하는 각 활동들을 상호 관련하에서 체계적으로 파악하는 분석기법이다. 이 기법에 따르면 기업의 활동은 크게 본원적 활동과 지원활동으로 나뉘게 되는데, 지원활동이란 본원적 활동 및 다른 지원활동을 보조해 주는 활동을 의미한다. 특히, 기업의 하부구조는 다른 지원활동들과는 달리 특정 활동을 개별적으로 지원함이 없이 가치사슬 전체만을 지원하는 역할을 한다.

11 전략사업단위가 갖추어야 할 요건이라 할 수 있는 것은?

① 전략 실행에 있어서 방관자가 되어야 한다.
② 독특하고 희소한 자원이 있어야 한다.
③ 분명한 경쟁자를 가져야 한다.
④ 독자적인 사업과 분명한 목표가 꼭 필요하지는 않다.

▶ 전략사업단위가 갖추어야 할 요건
- 독자적인 사업과 분명한 목표가 있어야 한다.
- 분명한 경쟁자가 있어야 한다.
- 독자적인 능력을 가진 경쟁자로서 자격이 있어야 한다.
- 전략사업단위의 경영자는 기술, 생산, 마케팅, 자금 등의 수단을 사용해 전략과 성과에 대한 책임을 지며, 해당 사업단위의 이익에 영향을 미칠 수 있는 요인들을 통제해야 한다.
- 전략사업단위의 경영자는 해당 사업단위의 전략실행에 있어서 주체가 되어야 한다.

12 다음 중 원가우위전략 채택시 따르는 위험요소로서 거리가 먼 것은?

① 소비자 기호 변화 대응부족　　② 모방
③ 기술상의 변화　　　　　　　　④ 구매자의 차별화 욕구 감소

Answer

10. ❷ 11. ❸ 12. ❹

| 독 | 학 | 사 | 3 | 단 | 계 |

▶ 원가주도 전략에 따르는 위험요소
- 새로운 기술의 등장에 제대로 적응하지 못하는 경우
- 신규 진입기업이나 후발기업들의 모방이 성공한 경우
- 원가절감에만 관심을 집중하다가 소비자 기호의 변화에 적절히 대응하지 못하는 경우
- 원가상승으로 경쟁기업들의 차별화효과를 상쇄시킬 만한 가격차이를 유지할 수 없는 경우

13 다음 중 차별화 전략에 따르는 위험이 <u>아닌</u> 것은?

① 과도한 차별화로 인해 원가우위를 이룩한 경쟁기업의 제품보다 지나치게 가격이 높은 경우
② 구매자의 차별화 요인에 대한 욕구가 감소하는 경우
③ 경쟁사들이 손쉽게 모방할 수 있는 경우
④ 적소시장이 갑자기 사라지고 전체산업에 동화되는 경우

▶ 차별화전략에 따르는 위험
- 과도한 차별화로 인해 원가우위를 이룩한 경쟁기업의 제품보다 지나치게 가격이 높은 경우
- 구매자의 차별화 요인에 대한 욕구가 감소하는 경우
- 경쟁사들이 손쉽게 모방할 수 있는 경우

14 다음 중 집중화 전략에 따른 위험이 나타나는 경우가 <u>아닌</u> 것은?

① 기술변화나 소비자 기호의 변화로 인해 적소시장이 갑자기 사라지고 전체산업에 동화되는 경우
② 차별화 기업들이 집중화 기업들의 고객 욕구를 충족시킬 수 있는 제품을 공급하는 경우
③ 경쟁사들이 쉽게 모방할 수 있는 경우
④ 넓은 시장을 대상으로 경쟁하는 기업들과의 가격차이가 특정시장에 집중하여 얻는 원가상의 이점이나 차별화를 상쇄하는 경우

▶ 집중화 전략에 따르는 위험의 경우
- 기술변화나 소비자 기호의 변화로 인해 적소시장이 갑자기 사라지고 전체산업에 동화되는 경우
- 차별화 기업들이 집중화 기업들의 고객욕구를 충족시킬 수 있는 제품을 공급하는 경우
- 넓은 시장을 대상으로 경쟁하는 기업들과의 가격차이가 특정시장에 집중하여 얻는 원가상의 이점이나 차별화를 상쇄하는 경우

15 다음 중 수직적 통합이 특히 효과적인 상황이 <u>아닌</u> 경우는?

① 기존 공급자나 고객이 최종 수요자의 욕구를 충족시키지 못하는 경우
② 비교적 환경이 안정적이고 경쟁이 극심하지 않은 경우

13. ④ 14. ③ 15. ④

③ 공급자나 구매자의 활동을 통제하거나 이들에 대한 영향력을 행사하기 어려운 경우
④ 산업에서의 선도적 지위를 구축하는 경우

▶ 수직적 통합이 효과적인 상황
- 기존 공급자나 고객이 최종 수요자의 욕구를 충족시키지 못하는 경우
- 비교적 환경이 안정적이고 경쟁이 극심하지 않은 경우
- 공급자나 구매자의 활동을 통제하거나 이들에 대한 영향력을 행사하기 어려운 경우

16 합작투자의 성공적 운영을 위한 방안으로 옳지 <u>않은</u> 것은?
① 합작 대상 기업 간에 기업의 사명, 제품의 정의 등에 대한 이해를 명확히 설정할 것
② 법적 계약에 지나치게 의존하지 말 것
③ 위험분산에 집중하지 말 것
④ 단기적인 이해관계에 집착하지 말 것

▶ 합작투자의 성공적 운영방안
- 기업 간의 명확한 이해설정
- 법적 계약에 지나치게 의존하지 말 것
- 단기적인 이해관계에 집착하지 말 것

17 다각화된 기업인 태평기업이 각 사업부문에 대한 평가를 통해 사업재구축을 단행하고자 할 때 우선적으로 요구되는 것은?
① 벤치마킹
② 조직재설계
③ 사업 포트폴리오 분석
④ 비지니스 리엔지니어링

▶ 사업 포트폴리오 분석은 다각화된 기업의 전략적 분석을 위한 하나의 수단으로서 가장 잘 알려져 있으며 실제 기업에서 널리 활용되어온 분석이다. 이 방법은 전체 기업의 사업 포트폴리오 하에서 각 사업부의 위상과 특성을 분석하고 이를 통해 전략적 시사점을 얻는 데에 그 목적이 있다. 그 구체적인 시사점으로는 자원의 배분, 사업부 전략의 수립, 성과목표의 설정, 사업균형의 평가 등을 들 수 있다.

18 다음 중 GE / Mckinsey 매트릭스에서 원의 크기가 나타내는 것은 무엇인가?
① 해당 사업이 속한 시장의 매력도
② 해당 사업이 속한 시장의 규모
③ 해당 사업부의 매력도
④ 해당 사업부의 규모

▶ GE/Mckinsey 매트릭스의 구성
- 세로축 : 해당 산업의 매력도
- 가로축 : 자사의 경쟁지위
- 각 원의 크기 : 해당 사업이 속한 시장의 규모
- 원 내의 음영 부분 : 해당 사업부의 시장점유율

16. ❸ 17. ❸ 18. ❷

19 다음 본사의 전략 경영 스타일 중 주로 단기적인 수익목표에 의해 사업부를 관리하는 방법은?

① 사업개발형 ② 전략계획형
③ 전략통제형 ④ 재무통제형

▶ 재무통제형
  • 사업부의 전략수립은 전적으로 사업부의 몫으로, 본사의 개입과 사업부 간의 전략 조정에 대한 관여가 거의 없다.
  • 본사는 해당 사업부의 성과기준을 계량적·단기적 재무목표에 의해 설정하고 예산 통제·재무목표의 달성 정도를 평가하는 것으로 사업부 관리

20 직접투자에 의한 해외시장진출에 대한 설명으로 그 내용이 옳지 <u>않은</u> 것은?

① 가장 적극적인 해외시장진출방식이다.
② 제품을 해외에 이전시키는 것이다.
③ 많은 자본투자와 아울러 현지경영이 요구된다.
④ 기업에게 현지국에서 자신의 경쟁우위를 최대한 활용할 수 있는 기회를 제공한다.

▶ 수출이 제품을 해외에 이전시키는 것이고 라이선싱은 기술이나 여타 공업소유권을 이전시키는 것이라면, 해외직접투자는 근본적으로 회사자체를 현지국에 이전시키는 것이다.

21 다음 중 본사나 자회사의 구분이나 국가·지역시장의 경계에 전혀 상관없으면서도 전 세계 고객의 차별적 요구를 충족시키기 위한 전략은 무엇인가?

① 초국적전략 ② 다국가적 전략
③ 글로벌전략 ④ 국제화전략

▶ 초국적전략
  • 국가나 지역시장의 경계에 구애받지 않고 세계시장을 대상으로 원가우위나 시너지 창출을 추구하며, 전세계 고객의 차별적 요구를 충족시키기 위한 전략이다.
  • 범세계적 통합으로부터 창출될 수 있는 효과를 글로벌 학습을 통해 극대화한다.
  • 범세계적 통합의 필요성과 현지적응의 압력에 동시에 직면하고 있는 경우에 초국적 전략이 효과적이다.

22 다음 중 엄청난 규모의 자금과 광범위한 영역의 전문기술이 필요한 방위산업이나 우주항공산업의 대규모 프로젝트에서 흔히 볼 수 있는 전략적 제휴의 형태로 알맞은 것은?

① 트러스트 ② 컨소시엄
③ 기능제휴 ④ 컹그로머릿

Answer
19. ④ 20. ② 21. ①
22. ②

▶ 컨소시엄 : 파트너가 많고 아주 특정한 목적을 위해 형성된 대규모의 활동으로 특히 엄청난 규모의 자금과 광범위한 영역의 전문기술이 필요한 방위산업이나 우주항공 산업의 대규모 프로젝트에서 흔히 볼 수 있는 전략적 제휴의 독특한 형태이다.

23 매트릭스조직에 대한 설명으로 그 내용이 바르지 <u>못한</u> 것은?

① 상황에 따라 탄력적으로 인력을 활용할 수 있다.
② 구성원들은 두 명의 직속상사를 두게 된다.
③ 조직을 의도한 대로 실행·운영하기가 용이하다.
④ 기능식 조직과 사업부제조직의 장점을 동시에 활용하기 위한 목적에서 도입되었다.

▶ 매트릭스조직의 가장 큰 단점 : 설계는 쉽지만 의도한 대로 실행·운영하는 것이 어렵다는 점이다. 이중 권한구조로 인해 중간관리자층이 지나치게 비대해져 조직의 효율성이 저하될 수 있고, 주요 사안에서는 항상 제품부문과 기능부문의 관리자 간에 협조와 조정이 필요하므로 의사결정이 지연된다.

24 다음 중 리엔지니어링(BPR)에 의해 나타난 조직형태는 무엇인가?

① 프로세스 조직   ② 네트워크 조직
③ 시장조직   ④ 분리조직

▶ 프로세스 조직은 업무 프로세스의 리엔지니어링에 의해 나타난 조직형태이다.

25 시장성장률과 상대적 시장점유율을 기준으로 사업유형을 네 가지로 구분하게 되는 매트릭스 유형은?

▶ BCG 매트릭스는 시장성장률과 상대적 시장점유율을 기준으로 사업유형을 네 가지로 구분하게 된다. 이렇게 구분된 각 사업유형은 각각 특징을 갖게 되는데, 현금창출이 가장 많이 이루어지는 사업유형은 시장점유율이 높아서 수익이 많은 반면, 시장성장률이 낮아서 투자비용이 적은 자금젖소가 된다. 이에 비하여 별은 수익도 높지만 투자되는 비용도 높아서 현금창출은 크지 않다.

26 BCG 매트릭스의 장점을 설명하시오.

Answer

23. ❸ 24. ❶
25. BCG 매트릭스

27 지역지향형 국제기업에 대해 설명하시오.

28 매트릭스 구조의 의미를 간략하게 설명하시오.

Answer

26 BCG 매트릭스의 장점
- 현금흐름의 관점에서 사업단위들을 유형화하고 분석함으로써 균형된 사업 포트폴리오를 구성할 수 있는 자금 사용방법을 제시해 준다.
- 다각화된 기업을 현금창출과 현금소요의 관점에서 파악하여 사업부 간 재무자원의 효율적 분배방법을 제시한다.
- 언제 새로운 사업에 투자하고, 언제 기존 사업에서 손을 떼야 할지를 알 수 있게 해준다.
- 사업 포트폴리오의 전반적인 매력도를 평가하고 전략방향을 도출할 수 있다.

27 시장요구, 정치, 경제, 문화 등의 여러 조건이 유사한 국가군을 하나의 지역으로 묶어서 지역중심의 경영을 전개한다. 현지지향이 초래할 수도 있는 자원의 중복을 피할 수 있으며, 보다 큰 지역시장을 상대로 규모의 경제를 누릴 수도 있다. 조직 면에서는 지역본부제가 채택되어 본사로부터 상당한 의사결정권한이 위양된다.

28 복수의 책임을 갖는 의사결정의 조직구조를 매트릭스구조라고 하는데, 이러한 구조는 기능적 형태와 제품/시장형태를 동시에 묶는 혼합된 조직이 된다. 즉, 기능적 전문화와 제품/시장의 전문화를 동시에 결합시킨 형태로 기능구조와 사업부구조의 장점을 택한 구조이다. 따라서 매트릭스구조에서는 기능적 형태와 제품형태를 조직의 동일 수준에서 동시에 결합한 상태가 된다.

약 력

저자 송 광 선

- KAIST 경영공학 박사
- 미국 University of Illinois at Urbana-Champaign, California State University San Bernardino 교환교수
- 한국 인적자원개발학회 회장, 인사조직학회 부회장, 인사관리학회 부회장
- 순천향대학교 사회과학대학장, 산업정보대학원장, 글로벌경영대학원장
- 한국서비스강사협회 회장, 한국경력개발진흥원 원장
- 현 순천향대학교 글로벌경영대학 경영학과 교수

경영전략